熊野本宮大社（田辺市）

熊野古道中辺路（小雲取越え，田辺市）

那智大滝（東牟婁郡那智勝浦町）

味と匠

紀州てまり
(和歌山市)

紀州漆器
(海南市)

有田みかん
(有田市)

南高梅
(日高郡みなべ町)

南紀白浜空港

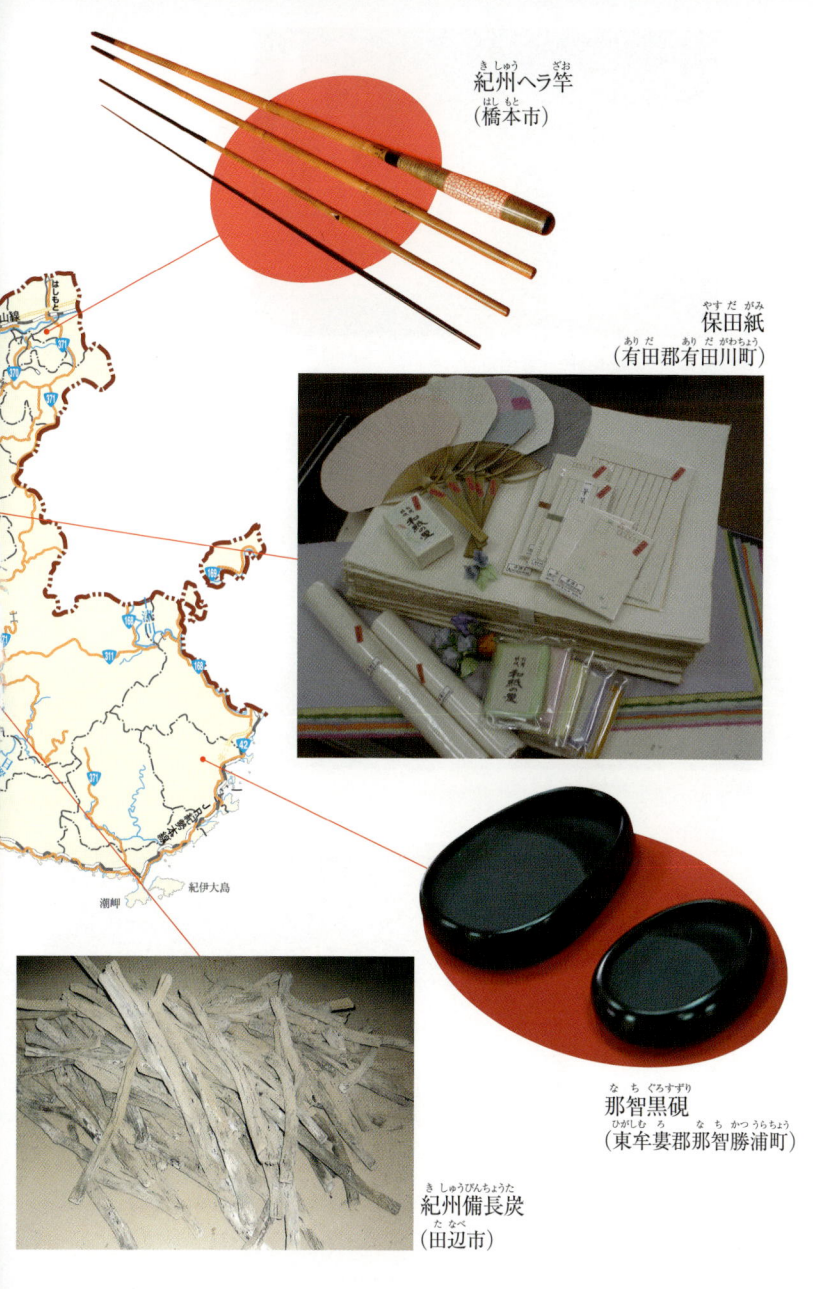

雛流し（淡嶋神社,和歌山市）

糸我得生寺の来迎会式
（得生寺,有田市）

笑い祭（丹生神社,日高郡日高川町）

高野山奥の院万燈会
(伊都郡高野町)

渡御祭
(熊野本宮大社, 田辺市)

那智の火祭
(熊野那智大社, 東牟婁郡那智勝浦町)

御燈祭(神倉神社, 新宮市)

徳川吉宗
(和歌山市)

有吉佐和子
(和歌山市)

浜口梧陵
(有田郡広川町)

南方熊楠
(田辺市)

華岡青洲
(紀の川市)

空海
(弘法大師, 伊都郡高野町)

中上健次
(新宮市)

佐藤春夫
(新宮市)

もくじ　　赤字はコラム

県都和歌山

❶ 和歌山城と和歌浦 -- 4
　和歌山城／丸の内／ぶらくり丁／寺町／鷺森別院／嘉家作丁／藩校跡／市堀川沿岸／大立寺／玉津島神社と片男波／紀州東照宮と和歌浦天満宮／紀三井寺／新和歌浦と雑賀崎

❷ 日前宮周辺 --- 19
　太田・黒田遺跡／日前宮／鳴神貝塚／太田城水攻め／紀伊風土記の丘／伊太祁曽神社／旧中筋家住宅

❸ 南海道を加太浦へ -- 25
　上野廃寺跡／大谷古墳／総持寺／木本八幡宮／加太春日神社／淡嶋神社／友ヶ島

❹ 豊かな文化財のまち海南 --- 37
　海南港／熊野街道／藤白神社／黒江漆器／了賢寺／黒江の町並み／温山荘園／室山古墳群と山崎山古墳群／岡村遺跡／且来八幡神社／大野城跡／禅林寺／願成寺／亀池／海南歴史民俗資料館／地蔵峰寺／福勝寺／熊野古道①／山路王子神社／熊野古道②／竹園社／立神神社(立神社)／三郷八幡神社／善福院／加茂神社／極楽寺／長保寺

❺ 野上谷 --- 60
　野上八幡宮／生石高原／十三神社／野上谷のシュロ(棕櫚)加工／国吉熊野神社／長谷丹生神社／弥市郎の墓／釜滝の甌穴／真国丹生神社

紀ノ川流域

❶ 高野山麓の町 --- 70
　真田庵／慈尊院と丹生官省符神社／町石道／丹生都比売神社／丹生酒殿神社／蟻通神社／玉川峡／京街道学文路口

❷ 金剛峯寺と密教 --- 81
　女人堂／金剛峯寺／壇上伽藍の諸堂をめぐる／大門／諸谷と諸寺院群／高野山霊宝館

❸ 奥の院への道 -- 92
　高野山大学／金剛三昧院／苅萱堂／真別所円通寺／奥の院と墓石群／御廟と経蔵

❹ 水陸交通の要衝橋本 -- 98
　真土山／隅田八幡神社／利生護国寺／隅田党と城跡／陵山古墳／応其寺／相賀大神社と市脇遺跡／相賀八幡神社／銭坂城跡／神野々廃寺塔跡／紀見峠／長藪城跡／橋本市郷土資料館／小峰寺

❺ 橋本市西部から華岡青洲の里へ ---------------------------- 113
　奈良三彩壺出土地と名古曽廃寺跡／引の池／地蔵寺五輪塔／名倉城跡と中世の館跡／小田井堰とその周辺／信太神社／佐野廃寺跡／宝来山神社と文覚井／背ノ山・船岡山・妹山／旧名手宿本陣／華岡青洲

❻ 西国札所粉河寺の周辺 -------------------------------------- 125
　粉河寺／粉河寺縁起絵巻と粉河祭／王子神社／竜門山／鞆淵八幡神社

❼ 紀伊国分寺跡から根来寺周辺 ------------------------------ 132
　紀伊国分寺跡／根来寺／根来寺今昔／大宮神社／増田家住宅／大国主神社／平池古墳群／岸宮八幡神社／三船神社

紀中の海岸を行く

❶ ミカンの里有田市へ 152
　椒古墳／箕島神社／浄妙寺／須佐神社／有田ミカンと蚊取線香／円満寺／得生寺

❷ 宗祇・明恵の里から阿氐河荘へ有田川を遡る 158
　浄教寺／長樂寺／宗祇屋敷跡／鳥屋城跡／歓喜寺／白岩丹生神社／法音寺／吉祥寺／城山神社と二川ダム周辺／あらぎ島／雨錫寺／保田紙と山椒

❸ 湯浅から由良へ 169
　湯浅城跡／湯浅の町並みと勝楽寺／施無畏寺／広村堤防／広八幡神社／衣奈八幡神社／興国寺

❹ 御坊市とその周辺 178
　高家王子社跡／亀山城跡／本願寺日高別院／煙樹ケ浜／日の岬／岩内古墳群

❺ 日高川を遡る 186
　道成寺／手取城跡／極楽寺／下阿田木神社／寒川神社／龍神温泉

❻ 印南から南部へ 192
　滝法寺／印南港／切目王子神社／名杭観音堂／中山王子跡／岩代の結松／千里の浜／安養寺／高田土居城跡／須賀神社／南部梅林と梅干し

世界遺産―熊野路

❶ 熊野の西の都・田辺 206
　芳養王子跡／芳養八幡神社／出立王子跡／高山寺／武蔵坊弁慶／扇ヶ浜／田辺城跡／南方熊楠顕彰館／紀州が生んだ世界の学者南方熊楠／闘雞神社／磯間岩陰遺跡／神島／秋津王子跡／紀州備長炭発見館／三栖廃寺塔跡

❷ 中辺路に沿って 222
　朝来・生馬／八上王子跡／興禅寺／住吉神社／春日神社／滝尻王子跡／高原熊野神社／西光寺／熊野九十九王子／近露王子跡／継桜王子跡／猪ノ鼻王子社跡／発心門王子社跡

❸ 海岸美の大辺路 -- 235
　白浜温泉／坂田山祭祀遺跡／権現平古墳群／富田坂／草堂寺／市江地蔵院／安宅本城跡／安居用水／仏坂／尤廷玉の墓／江須崎／長井坂
❹ 熊野川をくだる -- 247
　伏拝王子社跡から祓殿王子社跡まで／熊野本宮大社／大斎原／湯ノ峰温泉／瀞八丁／下尾井遺跡／少林寺
❺ 潮岬から那智勝浦まで ---------------------------------- 255
　串本海中公園／潮岬／無量寺／紀伊大島／成就寺／下里古墳／大泰寺／太地町立くじらの博物館／勝浦港／浜ノ宮王子社と補陀洛山寺／那智滝／熊野那智大社／青岸渡寺／妙法山阿弥陀寺
❻ 熊野観光の中心・新宮 ---------------------------------- 273
　三輪崎八幡神社／神倉神社／熊野速玉大社／丹鶴城跡／阿須賀神社／徐福公園／東仙寺／新宮共同墓地と真如寺／熊野の名物と観光スポット

あとがき／和歌山県のあゆみ／地域の概観／文化財公開施設／無形民俗文化財／おもな祭り／有形民俗文化財／散歩便利帳／参考文献／年表／索引

もくじ

[本書の利用にあたって]

1. 散歩モデルコースで使われているおもな記号は，つぎのとおりです。なお，数字は所要時間(分)をあらわします。
   ………………… 電車　　　━━━━━ 地下鉄
   ─────── バス　　　▬▬▬▬▬ 車
   ------------- 徒歩　　　〰〰〰〰〰 船

2. 本文で使われているおもな記号は，つぎのとおりです。
   🚶 徒歩　　　🚌 バス　　　✈ 飛行機
   🚗 車　　　🚢 船　　　Ｐ 駐車場あり
   〈M▶P.○○〉は，地図の該当ページを示します。

3. 各項目の後ろにある丸数字は，章の地図上の丸数字に対応します。

4. 本文中のおもな文化財の区別は，つぎのとおりです。
   国指定重要文化財＝(国重文)，国指定史跡＝(国史跡)，国指定天然記念物＝(国天然)，国指定名勝＝(国名勝)，国指定重要有形民俗文化財・国指定重要無形民俗文化財＝(国民俗)，国登録有形文化財＝(国登録)
   都道府県もこれに準じています。

5. コラムのマークは，つぎのとおりです。
   泊　歴史的な宿　　　憩　名湯　　　食　飲む・食べる
   み　土産　　　　　　作　作る　　　体　体験する
   祭　祭り　　　　　　行　民俗行事　芸　民俗芸能
   人　人物　　　　　　伝　伝説　　　産　伝統産業
   ‼　そのほか

6. 本書掲載のデータは，2013年9月末日現在のものです。今後変更になる場合もありますので，事前にお確かめください。

Wakayama 県都和歌山

和歌山城

生石高原

◎県都和歌山とその周辺散歩モデルコース

1. JR紀勢本線・南海電鉄南海本線ほか和歌山市駅_10_藩校跡_5_志磨神社_15_鷺森別院_10_ぶらくり丁_10_丸の内_5_和歌山城_5_刺田比古神社_15_寺町_5_大立寺_10_JR紀勢本線ほか・和歌山電鉄貴志川線和歌山駅

2. JR紀勢本線紀三井寺駅_5_紀三井寺_10_玉津島神社前バス停_1_玉津島神社・三断橋・観海閣・不老橋_10_紀州東照宮_5_和歌浦天満宮_5_新和歌浦バス停_10_雑賀崎バス停_15_番所庭園_15_養翠園_40_JR紀勢本線ほか・和歌山電鉄貴志川線和歌山駅

3. JR紀勢本線ほか・和歌山電鉄貴志川線和歌山駅_5_太田・黒田遺跡_10_太田城水攻め堤防跡_15_日前宮_5_鳴神遺跡_10_鳴神貝塚_20_紀伊風土記の丘_40_旧中筋家住宅_30_田井ノ瀬バス停_15_紀伊駅前バス停_5_紀伊団地バス停_1_府守神社(聖天宮・紀伊国府跡推定地)_1_紀伊団地バス停_10_上野バス停_5_上野廃寺跡_10_八王子社(川辺王子跡)_20_山口神社・山口廃寺跡_15_山口王子跡_20_中村王子跡_10_力侍神社_5_大屋津姫神社・宇田森遺跡_15_JR阪和線紀伊駅

①和歌山城	㉚了賢寺
②ぶらくり丁	㉛黒江の町並み
③寺町	㉜温山荘園
④鷺森別院	㉝室山古墳群
⑤嘉家作丁	㉞山崎山古墳群
⑥藩校跡	㉟岡村遺跡
⑦市堀川沿岸	㊱且来八幡神社
⑧大立寺	㊲大野城跡
⑨玉津島神社・片男波	㊳禅林寺
	㊴願成寺
⑩紀州東照宮・和歌浦天満宮	㊵亀池
	㊶海南歴史民俗資料館
⑪紀三井寺	
⑫新和歌浦	㊷地蔵峰寺
⑬雑賀崎	㊸福勝寺
⑭太田・黒田遺跡	㊹山路王子神社
⑮日前宮	㊺竹園社
⑯鳴神貝塚	㊻立神神社(立神社)
⑰紀伊風土記の丘	㊼三郷八幡神社
⑱伊太祁曽神社	㊽善福院
⑲旧中筋家住宅	㊾加茂神社
⑳上野廃寺跡	㊿極楽寺
㉑大谷古墳	51長保寺
㉒総持寺	52野上八幡宮
㉓木本八幡宮	53生石高原
㉔加太春日神社	54十三神社
㉕淡嶋神社	55国吉熊野神社
㉖友ヶ島	56長谷丹生神社
㉗海南港	57釜滝の甌穴
㉘熊野街道	58真国丹生神社
㉙藤白神社	

4. 南海電鉄南海本線紀ノ川駅_10_総持寺_30_釜山古墳_3_車駕之古址古墳_10_木本八幡宮_20_南海電鉄加太線八幡前駅_15_南海電鉄加太線加太駅_10_加太春日神社_5_加太港_30_友ヶ島_30_加太港_3_淡嶋神社_20_南海電鉄加太駅

5. JR紀勢本線海南駅_5_大野バス停_5_松代王子跡(春日神社)_10_菩提房王子跡_15_祓戸王子跡_15_JR海南駅_10_伊勢部柿本神社_15_川端通り_15_温山荘園・和歌山県立自然博物館_7_JR海南駅

6. JR紀勢本線海南駅_15_祓戸王子跡_10_鈴木屋敷(庭園)・藤白神社_3_有間皇子遺蹟_60_地蔵峰寺(藤代塔下王子跡)_45_福勝寺_20_橘本神社(所坂王子跡)_25_山路王子神社(一壺王子跡)_120_長保寺_20_JR紀勢本線下津駅

和歌山城と和歌浦

紀伊徳川家の居城とその城下町の寺社をめぐり、古代から都の人びとの憧れの的であった和歌浦の名勝・旧跡を訪ねる。

秀吉が築いた名城
サクラと紅葉の名所

和歌山城 ❶
073-435-1044
(和歌山城管理事務所)

〈M▶P.2,5〉和歌山市一番丁 P
JR紀勢本線・阪和線・和歌山線、和歌山電鉄貴志川線和歌山駅、またはJR紀勢本線、南海電鉄南海本線・和歌山港線・加太線和歌山市駅🚌市内循環公園前🚶10分

　公園前バス停で下車すると和歌山城の入口一の橋である。西へ向かうとすぐ和歌山城(国史跡)に着く。
　1585(天正13)年3月21日、羽柴秀吉は、前年の小牧・長久手の戦いで、織田信雄と徳川家康の連合軍に味方した雑賀衆や根来寺などの紀州勢を平定するため、10万余りの大軍を率いて陸海から紀州に攻め込んだ。圧倒的に優位な秀吉軍の前に、岸和田(現、大阪府岸和田市)の南部に築いていた紀州勢の諸城は陥落し、3月23日の夕刻には根来寺が炎上、翌24日には粉河寺も焼失した。
　こうして、紀州勢は敗退を重ねながら太田城(現、和歌山市太田)に籠城し、秀吉から水攻めを受けることになった。秀吉は、太田城を包囲しながら陥落を待ち、その間、紀三井寺や玉津島神社に参詣しながら周辺を遊覧し、紀州支配の拠点となる城郭を築造する場所を選定していた。そのとき着目したのが、現在和歌山城がある岡山であった。秀吉は、みずから縄張りして藤堂高虎に命じて築城させ、弟の秀長に与えた。しかし、秀長は、大和国郡山城(現、奈良県大和郡山市)に入ったため、和歌山城の城代を桑山重晴に命じた。
　1600(慶長5)年10月(一説に11月)、関ヶ原の戦いで徳川家康に味方した浅野幸長は、その功によって甲府(現、山梨

和歌山城一の橋御門

県)から和歌山に転封され、和歌山城と城下町の整備に着手した。浅野氏の時代に和歌山城の大手は現在の岡口門から一の橋に変更され、本通りは広瀬通から本町通となった。また、大天守・小天守・角櫓・多聞櫓が立ち並ぶ連立式天守閣は、建築様式から慶長年間(1596〜1615)中期に造営されたと考えられ、1717(享保2)年に作成された「御天守起シ御絵図」によれば、周囲の白壁部分は腰板張りとなっていることから、この頃の天守閣は白壁ではなかったと思われる。

1619(元和5)年7月、和歌山城に駿府城(駿河・遠江50万石〈ともに現、静岡県〉)から5万5000石を加増された徳川頼宣(家康10男)が入部した。頼宣は1621年、兄の江戸幕府2代将軍秀忠から銀2000貫を与えられて、和歌山城の拡張工事に取りかかった。このとき、城の西部に砂の丸を拡張して堀のかわりに高石垣を築き、南部は接続する岡山を掘り切って三年坂をつくり、岡口枡形の南堀を西に延ばして南の丸を築いている。南の丸の東側に、城の東入口である岡口門(国重文)がある。かつて門の脇には角櫓があり、門外の水堀に長さ約9mの木橋を斜めに架けていたが、浅野氏が大改修したときに堀を埋めて城外と陸続きにした。岡口門はそのとき築かれた渡櫓門で、明治時代初期に門の部分だけを残したものである。門を入ると高い石塁に囲まれた

和歌山城と和歌浦

和歌山城御橋廊下

60m四方の岡口枡形という武者溜があり、銃眼つきの土塀(岡口門の附 指定で国重文)がある。

天守閣は1846(弘化3)年7月26日、落雷により焼失した。御三家であることから再建を許可され、1850(嘉永3)年6月にほぼ旧型通りで白壁の天守閣が落成した。それから95年後の1945(昭和20)年7月9日、天守閣は和歌山大空襲で全焼し、1958年に鉄筋コンクリート造りの現在の天守閣が再建された。

天守閣から北側にくだっていくと右側に白い土塀、左側に青い石垣がみえてくる。その先の茅門をくぐると紅葉渓庭園(西之丸庭園、国名勝)がある。この庭園は頼宣が西の丸御殿に築いたもので、浅野氏の時代に築かれた内堀の一部が庭園に組み込まれている。堀に浮かぶ鳶魚閣、紅葉渓橋・土橋・石橋などが配され、四季折々の植物が生い茂り、深山幽谷の風情をかもし出している。なお、2006(平成18)年に完成した御橋廊下は、藩主と付き人だけが渡れた廊下橋を復元したもので、石垣の高さが異なる二の丸と西の丸の間に斜めに架けられた全国的にも珍しい橋である。

和歌山城南端の不明門跡から三年坂通り(県道138号線)に出て信号を渡った、三年坂切り通しの上に岡山時鐘堂(県史跡)がある。徳川吉宗が紀州藩主であった1712(正徳2)年9月に建てられた。1600年に建てられた現在の本町5丁目にあった時鐘堂とともに時を知らせたが、本町の時鐘堂は1917(大正6)年に取りこわされた。時鐘堂の鐘は、定時の刻限のほか、城下の火災や洪水、異国船の接近などの非常時に急を告げる役目もになった。岡山時鐘堂の釣鐘は、大坂夏の陣(1615年)で使用された大筒を鋳直したものと伝えられている。鐘楼は2階建てで、入口は西向きにあり、屋根は寄棟造・瓦葺きとなっている。釣鐘の撞き初めは1712年9月1日に行われ、1921(大正10)年3月31日をもって時報を廃止した。

丸の内

> コラム
>
> かつての和歌山城内

　丸の内は、和歌山城内の三の丸にあたり、本丸・二の丸を防備するために設けられた曲輪である。三の丸の西・北・東の三方に外堀があり、南は内堀で二の丸と分離され、北側の外堀は堀川・内川(現、市堀川)と称されて城下町と区分され、東の和歌川との合流点の西側に堀詰橋がある。外堀の三の丸側には石垣と白壁の大手御門が立っており、そこを入ると番所があった。堀川に架かる京橋の南には京橋大手御門(櫓門)があり、西には中橋があって中橋御門とともに城内と城下を画していた。

　三の丸東側の外堀には、北から三木町橋・東中橋が架けられ、三の丸側には見付門が、三の丸南東端の付近には広瀬口御門があった。西側の外堀には湊橋があり、三の丸側に湊橋御門が設けられ、城内への出入りを警備していた。

　一の橋から京橋に至る南北の大手筋(現在のダイワロイネットホテルとみずほ銀行の間の道路)を挟んで西側には、幕府からつけられた紀州藩付家老の田辺城(現、田辺市)主安藤家屋敷(現、和歌山市十二番丁)、東側には同じく付家老で新宮城(現、新宮市)主の水野家屋敷(現、十番丁・十一番丁)があった。その南に家老の三浦家屋敷(現、六番丁〜十番丁)があり、また、一の橋御門の前には家老の渡辺家屋敷が、広瀬口御門東側には家老の加納家屋敷(現、三番丁)があった。

　和歌山城下では、町人の屋敷地と下級武士の屋敷地には町名がつけられていたが、上級武家屋敷地は城内であったため町名がなく、「丸の内」「宇治」などとよばれていた。そのため、1872(明治5)年以降、丸の内には一番丁から十三番丁の町名がつけられた。1873年には、新政府の政策で三の丸の周囲を取り囲んでいた土塁が取りこわされ、城門も撤去されて民間に払い下げられた。1945(昭和20)年7月9日の和歌山大空襲で和歌山市の中心部が焼け野原となり、武家屋敷群も焼失し、現在では和歌山市役所・和歌山地方裁判所・和歌山地方検察庁などの官公庁や、銀行・証券会社・旅行会社などが立ち並ぶ中心街を形成している。

　岡山時鐘堂から三年坂通りに戻って右手へ進み、最初の小道を右折して南へ250mほど行くと剌田比古神社(祭神大伴佐弖比古命・道臣命)がある。『延喜式』式内社で、通称岡の宮とよばれる。徳川頼宣は、和歌山城の鎮護神として崇敬し、社殿を修築して領地を寄進した。また、吉宗の誕生のとき、当社の神主が仮親となり、その後吉宗が将軍の位に就いたことから、開運出世の神として崇敬され

たといわれる。

ぶらくり丁 ❷
073-423-6912
(ぶらくり丁商店街協同組合)

〈M▶P.2,5〉和歌山市本町2 P
JR・和歌山電鉄和歌山駅，JR・南海電鉄和歌山市駅
🚌市内循環本町二丁目 🚶1分

和歌山を代表する繁華街

　和歌山城丸の内と城下をつなぐ京橋から北へまっすぐ大手通りが延び，その通りに沿って本町が形成された。本町筋の東部には南北に走る幅3間(約5.4m)の道路があり，直交する東西の横丁は道幅が2間(約3.6m)と狭く寂しい通りであった。1830(文政13)年，現在の本町2丁目東部の匠町から出火し，周辺一帯は類焼した。その復興に際して，北町に居住していた町大年寄和田正主(九内)は，横丁に門を開いて商売することを紀州藩に願い出た。これにより，現在の本町1丁目と2丁目の境，元丸正百貨店前(現，フォルテワジマ)から雑賀橋に至る横丁には，呉服・古着類を吊り下げて販売する商店街が形成された。紀州の方言で吊り下げることを「ぶらくる」ということから，この横丁はぶらくり丁と称された。1855(安政2)年の大火や1945(昭和20)年7月の和歌山大空襲では，ぶらくり丁一帯も全焼したが，その都度復興し，和歌山を代表する繁華街として現在に至っている。

ぶらくり丁

寺町 ❸
073-435-1234
(和歌山市観光課)

〈M▶P.2,5〉和歌山市吹上
JR・和歌山電鉄和歌山駅，JR・南海電鉄和歌山市駅🚌運輸支局前行保健所前 🚶すぐ

各宗派の寺院が並ぶ町

　17世紀初頭，寺町は和歌山城の北東部，現在の元寺町にあったが，1633(寛永10)年の紀ノ川大洪水を契機として，本町御門付近(現，本町9丁目付近)が整備されたため，その周辺にあった寺院の大部分は和歌山城南部，現在の吹上地区に移転された。こうして新しい

寺町が成立し、旧寺町は元寺町と俗称され、武家町となった。新しい寺町を通る寺町通りの西端北側にある広徳山妙法寺(日蓮宗)には、儒学者祇園南海の墓碑がある。妙法寺の東に法性山本光寺(日蓮宗)、照

妙法寺

臨山三光寺(浄土宗)があり、1640年に岡町(現、岡山丁)から移転した増上山仙境院護念寺(浄土宗)には絹本著色十六羅漢像(国重文)、和歌山市指定史跡の南宋画家野呂介石の墓碑がある。

三光寺と護念寺の間の道を北に約200m入ると、右手に白雲山報恩寺(日蓮宗)がある。前身は要行院日忠が慶長年間(1596〜1615)に建立したといわれる要行寺で、1666(寛文6)年2月に紀州藩初代藩主徳川頼宣の正室瑤林院(加藤清正の女)が同寺に葬られた。1670年、2代藩主光貞は、母瑤林院追善のために諸堂を建立し、甲州本遠寺(山梨県身延町)日性上人の弟子日順を開山として寺号を報恩寺と改めた。本寺には瑤林院を始め、5代藩主吉宗の正室真宮理子(寛徳院)ら藩主夫人や子女が葬られている。報恩寺から北へ50mほど行くと、左に徳川吉宗生誕地の碑が立っている。

寺町通りを隔てた南側には、西から寛永年間(1624〜44)に元寺町から移転した蟠竜山法泉寺(曹洞宗)、1621(元和7)年に創建され、1789(寛政元)年に広厳寺から改号した大宝山恵運寺(曹洞宗)、1619(元和5)年創建の竜門山窓誉寺(曹洞宗)がある。通りを隔てて東に深信山現当院大恩寺(浄土宗)があり、同寺には本草学者小原桃洞の墓(県史跡)がある。また、大恩寺の東隣には、1829(文政12)年創建の里宮山寿経院無量光寺(浄土宗)があり、境内には首

無量光寺の首大仏

大仏が鎮座している。その東部の突き当りには、かつて紀阜山大智寺(浄土宗)があった。大智寺は、1632(寛永9)年に2代将軍徳川秀忠の菩提を弔うために創建されたもので、広大な寺地を所有していたが、1870(明治3)年に橋向丁の大立寺に併合され、同寺跡地は吹上から広瀬へ通じる東西の切り通しにされた。大恩寺の南には曹源山大泉寺(曹洞宗)がある。1600(慶長5)年に浅野幸長が紀州に入国した際、甲州大泉寺(山梨県甲府市)の9世陽山もつき従ってきて現在の禅林寺(鷹匠町)の地に一寺を建立し、大泉寺と号して浅野家の菩提寺となった。しかし、1631(寛永8)年の火災後、替地を現在地に与えられた。

鷺森別院 ❹ 〈M▶P.2,5〉和歌山市鷺ノ森1 P
073-422-4677 JR・南海電鉄和歌山市駅 🚶5分

一時、本願寺派の本山であった寺院

　和歌山市駅から城北通りを東へ300mほど行くと、左手に鷺森別院がある。浄土真宗本願寺派別院で、本尊は阿弥陀如来立像である。寺伝によれば、1476(文明8)年に本願寺8世蓮如が紀州布教の帰途、冷水浦の喜六太夫(了賢)が蓮如に帰依し、自宅を道場とした。1507(永正4)年に黒江に移り、1550(天文19)年に和歌浦弥勒寺山、ついで1563(永禄6)年に雑賀衆の本拠地である現在地に移った。戦国時代には雑賀衆の信仰を受け、石山本願寺と織田信長との戦いでは、本願寺軍の中心戦力となって活躍した。1580(天正8)年に信長と和睦した顕如は、石山本願寺から鷺森別院に移った。1583年に顕如が貝塚(現、大阪府貝塚市)に移るまで、当寺は浄土真宗本願寺派の本山であった。江戸時代には、本堂・太子堂・対面所・唐門・鐘楼など諸伽藍があったが、大半が1945(昭和20)年7月の和歌山大空襲で焼失し、現在は再建された本堂や焼失を免れた土蔵などがある。

鷺森別院

嘉家作丁 ❺
073-435-1234
(和歌山市観光課)

〈M ▶ P.2〉和歌山市嘉家作丁
JR・和歌山電鉄和歌山駅，JR・南海電鉄和歌山市駅🚌那賀営業所行紀の川町🚶すぐ，またはJR紀勢本線紀和駅🚶5分

堤防を活用した家並み

　嘉家作丁は，紀ノ川左岸，和歌山城北部の本町御門外大和街道(国道24号線)沿いに位置し，紀の川町バス停の南側である。1633(寛永10)年の紀ノ川大水害後に，堤防斜面を利用して懸造りの建造物が築造され，これが町名となった。城下への入口であったために人びとの往来で賑わい，町の道路南側には家並みが連なり，北側の土堤には松並木が続いていたという。嘉家作丁町内には，参勤交代などで紀州藩主が通行する際に休息所として利用された，万町の御用青物屋村橋善兵衛の別宅春泉堂が今も残っている。町内の各家は，「一文字の軒」と称され，高さが統一されていた。藩士が休憩するために「おだれ」とよばれる深い軒先が東西約3町(約330m)にわたってつくられ，通り抜けられるようになっていた。江戸時代には，その修繕費を藩が賄っていたというが，近年はしだいにもとの建物が消えていきつつある。

　嘉家作丁から国道を東に進み，地蔵の辻交差点を左折して北に向かうと，紀ノ川南岸の堤防近くに若宮八幡神社(祭神応神天皇・仁徳天皇・神功皇后)がみえる。同社は，もとは宇治の里前島(現，和歌山市宇治家裏)に鎮座していたが，初代藩主徳川頼宣が1636年，

嘉家作丁

地蔵の辻に立つ堂

和歌山城と和歌浦

和歌山城の表鬼門の方角にあたる現在地に，城の守護神として社殿を建立し，神体を遷したものである。同社には，国重文の太刀（銘備州長船秀光）が所蔵されている。

藩校跡 ❻
073-435-1234(和歌山市観光課)　〈M▶P.2.5〉和歌山市湊紺屋町1-15
JR・南海電鉄和歌山市駅🚶10分

徳川吉宗の屋敷跡に設けられた藩校

藩校跡(左前方建物一帯が藩校跡)

和歌山市駅から南西へ約400m行くと，藩校跡に着く。

1713(正徳3)年，紀州藩5代藩主徳川吉宗は湊御用屋敷跡に講釈所(1716年講堂と改称)を設置し，藩校の基礎を築いた。当時の教官には，伊藤仁斎の門弟荒川景元・蔭山元質，木下順庵の門弟祇園南海らが任じられ，常時170〜180人が出席して講義を聞いたとされる。室鳩巣をして，紀州の学問は諸国のなかでいちばん盛んであるといわしめたほどであったが，その後衰微した。1790(寛政2)年，10代藩主徳川治宝が講堂を再興して整備し，あらたに聖堂も築き，翌年「学習館」と改称して開校した。敷地は，東西約35m・南北約50mで，藩士とその子弟を教育したが，1866(慶応2)年に和歌山城南部の岡山(現，和歌山大学附属小・中学校)に移転した。

市堀川沿岸 ❼
073-435-1234(和歌山市観光課)　〈M▶P.2.5〉和歌山市中之島・北新 Ｐ
JR・南海電鉄和歌山市駅🚶10分

物資輸送に活用された和歌山城外堀

和歌山市駅から東へ約1km，紀ノ川南岸から嘉家作丁を南北に縦断して流れる真田堀川(北新町川)は，紀州藩初代藩主徳川頼宣が1633(寛永10)年の紀ノ川大洪水後に，紀ノ川の排水路として整備し，洪水に備えたものである。この際，真田堀川に沿って並んでいた寺院を吹上武家屋敷町の南部(現，和歌山市吹上)などに移したが，川の東部にあらたに開いた地は，北新町として町人町に編入された。こうした城下町の拡大に連動して，城下町の防備のために寺院配置

も重視され，真田堀川沿いの浄福寺や法林寺などは，大手門の防衛に考慮して配置されたものと考えられる。

　北新橋から北大通りを東へ約400m歩くと，志磨神社がある。祭神は，中津島姫命・生国魂神で，『延喜式』式内名神大社である。古くから，『延喜式』式内社伊達神社と静火神社（竈山神社に合祀）とともに「紀伊三所神」と称され，3社はもとはこの地にまつられていたと推測される。

　真田堀川に沿って南下すると川は東に流れ，和歌川（大門川・広瀬川）に合流する。合流点に架かる雑賀橋から南下して，浅野氏時代初期の東西に延びる大手通りであった広瀬通に架かる大橋にかけては，物資輸送の便がよく，なかでも右岸は広瀬河岸とよばれて船の出入りが頻繁であった。その途中にある堀詰橋で，和歌川は西に流れる市堀川と分岐する。市堀川は，紀ノ川河口の湊と和歌川を結ぶ重要な運河であり，また和歌山城の外堀であった。

大立寺 ❽

073-422-8605

〈M▶P.2〉和歌山市橋向丁5
JR・和歌山電鉄和歌山駅，JR・南海電鉄和歌山市駅🚌三木町・屋形町行（朝夕のみ運行）・市内循環大橋🚶1分

太田城の大手門と吉宗の祖母で有名な寺院

　大橋バス停から東へ約100m行くと，大立寺（浄土宗）に着く。当寺は広瀬山無辺院と号し，本尊は阿弥陀如来像である。境内には徳川吉宗の祖母の墓と伝える墓石がある。吉宗の母お由利の方（浄円院）は，母とともに巡礼姿で当寺に至り，住職の世話になったという。なお，当寺の山門は，1585（天正13）年に羽柴秀吉によって水攻めされた太田城（現，和歌山市太田）の大手門を移築したものである。

大立寺山門

玉津島神社と片男波 ❾

073-444-0472（玉津島神社）

〈M ▶ P. 2, 15〉和歌山市和歌浦中3-4-26 P 和歌山市和歌浦南3
JR・和歌山電鉄和歌山駅，JR・南海電鉄和歌山市駅🚌和歌浦行玉津島神社前🚶1分／和歌山駅🚌和歌浦行終点🚶8分

「万葉集」と徳川家のゆかりの地

玉津島神社前バス停で下車すると，すぐ前が玉津島神社の参道入口である。玉津島神社（境内は和歌の浦として県史跡）の祭神は，稚日女尊・息長足姫尊・衣通姫尊・明光浦霊で，社名は当社が鎮座する玉津島に由来する。風光明媚な和歌浦は，聖武・孝謙（称徳）・桓武天皇の三帝が相次いで行幸した。724（神亀元）年に紀伊国を行幸した聖武天皇は，玉津島に至り，浦の名を弱浜から明光浦に改めた。1186（文治2）年，藤原俊成が当社を京都の新玉津島神社（京都市下京区玉津島町）に勧請し，京都における和歌神とした。1600（慶長5）年に紀伊国に転封された浅野幸長は，1606年に社殿を造営して，社領30石を寄進し，万治年間（1658〜61）には，徳川頼宣が宝殿・拝殿・神庫を再興した。同社の裏山の奠供山は，1910（明治43）年に日本最初の観光用エレベーターが設置（1916年撤去）され，夏目漱石は翌年これに乗っている。

玉津島神社から東に歩くと，杭州西湖を模した三断橋が妹背山に架かっている。それを渡ってさらに東に行くと，海を隔てて紀三井寺を望む観海閣が立っている。その後ろの山には海禅院があり，徳川頼宣の母養珠院を供養するための多宝塔が立っている。そこから南西へ徒歩1分で，1851年（嘉永4）年に架けられた不老橋に行き着く。橋の名は，紀州藩10代藩主徳川治宝の長寿を祈念して名づけられたもので，和歌山では珍しいアーチ式の石橋である。不老橋を渡っ

玉津島神社

て南に約400mで片男波に至る。波静かな片男波は、多くの歌人に愛でられた景勝の地で、『万葉集』にゆかりの深い海岸である。

紀州東照宮と和歌浦天満宮 ❿
きしゅうとうしょうぐう わかうらてんまんぐう
073-444-0808／073-444-4769

〈M▶P. 2, 15〉和歌山市和歌浦西2-1-2 Ｐ／和歌浦西2-1-24 Ｐ
JR・和歌山電鉄和歌山駅，JR・南海電鉄和歌山市駅🚌新和歌浦行権現前・大道町 🚶1分

徳川家康と菅原道真をまつる神社

　権現前バス停から北へ100mほど行き、和歌山市役所和歌浦支所横の道をのぼると、紀州東照宮に至る。

　紀州東照宮(境内は和歌の浦として県史跡)は、徳川家康と家康の10男徳川頼宣を祭神とする。雑賀山(権現山)の中腹にあり、日光東照宮(栃木県日光市)と同様に壮麗で豪華な社殿をもつことから「紀州の日光」ともよばれる。頼宣が紀州に転封となった翌1620(元和6)年7月に起工し、翌年11月に竣工した。境内は方8町で、現在は権現造の本殿(附宮殿・棟札)のほか、石の間・拝殿・東西瑞垣・楼門・東西回廊・唐門(いずれも東照宮として国重文)などが立ち並ぶ。また、鎌倉〜南北朝時代の太刀10振、安土桃山〜江戸時代の刀3振、南蛮胴具足1領、安土桃山時代の特色を生かした紺地宝尽小紋小袖・藍地花菱唐草文散紋小袖・白地葵紋綾小袖(いずれも国重文)などが社宝としてある。

　紀州東照宮の西隣、雑賀山の中腹に和歌浦天満宮(祭神菅原道真、

紀州東照宮

和歌浦天満宮

境内は和歌の浦として県史跡)がある。天満宮の楼門からは,和歌浦を一望でき,対岸には紀三井寺も望める絶好の景勝地でもある。『紀伊国名所図会』には,菅原道真が大宰府(現,福岡県太宰府市)に左遷されるときに和歌浦に停泊したことや,橘 直幹が康保年間(964〜968)に大宰府からの帰途この地に立ち寄り,社殿を建立したことが記されている。

　1585(天正13)年の羽柴秀吉の紀州攻め後,和歌山城代桑山重晴が当社を修築したが,1605(慶長10)年に浅野幸長も山腹を整地し,社殿を再建した。急勾配の石段をのぼると美麗な楼門(天満神社楼門,国重文)があり,東西の回廊と接している。中門の奥に立つ本殿(天満神社本殿,附棟札,国重文)は,入母屋造・檜皮葺き,正面に千鳥破風をつけた桃山建築の特色を示している。末社の多賀神社本殿,天照皇太神宮,豊受大神宮本殿は,国重文。例祭は3月25日,毎年1月2日の書初めも盛大で,合格祈願の受験生の参拝も多い。

紀三井寺 ⓫
073-444-1002

〈M▶P.2〉和歌山市紀三井寺1201　P
JR紀勢本線紀三井寺駅🚶5分,またはJR・和歌山電鉄和歌山駅🚌海南藤白浜行紀三井寺🚶5分

　紀三井寺バス停で降りて,すぐ北の紀三井寺交差点を右折し,県道154号線を直進すると紀三井寺がある。紀三井山金剛宝寺と号し,救世観音宗総本山で,本尊は木造十一面観世音立像(国重文)であ

る。西国三十三カ所観音霊場の2番札所で、名草山の中腹にある。麓の楼門(護国院楼門、国重文)は入母屋造、1509(永正6)年再建のもので、そこから230段余りの石段をのぼると、和歌浦を一望できる境内に着く。境内には1759(宝暦9)年に建立された本堂のほか、国指定重要文化財の護国院多宝塔(附棟札、1449年建立)・護国院鐘楼(1588年建立)などの伽藍が立ち並び、松尾芭蕉が1688(貞享5)年に、「見上ぐれば 桜しまふて 紀三井寺」と詠んだ歌碑など、碑も多数ある。1985(昭和60)年に環境庁(現、環境省)選定の「日本名水百選」に認定された「吉祥水」「清浄水」「楊柳水」の三井水は、寺名の由来になったといわれる。

サクラの名所と名水、和歌浦を望む絶景の寺院

新和歌浦と雑賀崎 ⑫⑬
073-444-1430(養翠園)・073-444-6533(番所庭園)

〈M▶P. 2, 15〉和歌山市新和歌浦/和歌山市雑賀崎
JR・和歌山電鉄和歌山駅、JR・南海電鉄和歌山市駅🚍新和歌浦行終点🚶5分/和歌山駅・和歌山市駅🚍市内雑賀崎循環線雑賀崎🚶5分(番所庭園)

国立公園の景勝地と江戸時代の美しい庭園

　新和歌浦バス停から和歌浦漁港と魚市場がみえる。漁港から西側一帯が新和歌浦とよばれ、さらに西約1.5kmの雑賀崎周辺は、奥新和歌または奥和歌とよばれる。新和歌浦は明治時代末期に観光開発が始められ、1913(大正2)年には和歌浦口から新和歌浦まで路面電車が延伸された。新和歌浦からさらに奥和歌浦にかけて多くの旅館が建設され、1950(昭和25)年に新和歌浦・雑賀崎一帯が瀬戸内海国立公園に編入されると、1960年には章魚頭姿山(151m)にロープウェイが開通し、山頂に回転展望台が建設された。路面電車は1971年に廃止され、ロープウェイ・回転展望台もなくなったが、山頂からは和歌山市街が一望でき、紀三井寺・片男波から紀伊水道が見渡せる。また和歌浦漁港から雑賀崎にかけての海岸には遊歩道が設けられ、蓬莱岩などの岩礁や和歌浦湾の景色を楽しめる。

　東隣の田野浦とともに漁業で栄えた雑賀崎は、紀伊水道を一望できることから、江戸時代後期には岬の平坦地に、海岸防備のため紀州藩の遠見番所がおかれ、台場も設けられた。そのため岬は「番所の鼻」とよばれ、番所跡を整備した番所庭園には当時の土塁が残る。遠見番所はのちに現在の雑賀埼灯台がある鷹ノ巣山に移された。灯

雑賀崎全景

養翠園

台から断崖をおりると上人窟という洞窟があり、織田信長と戦った末、1580（天正8）年に石山本願寺を退去した教如が一時身を潜めた場所といわれる。

雑賀崎バス停から和歌山駅行きで養翠園前バス停まで行く。下車するとすぐ西側、水軒川を挟んで章魚頭姿山の北側に養翠園（国名勝）がある。紀州藩主の別殿として2代藩主徳川光貞が造営した西浜御殿を、10代藩主治宝が1819（文政2）年に隠居所として改修した池泉回遊式の大名庭園である。約3万3000m²の敷地のうち、約1万3000m²の大泉水は中国の西湖を模したといわれ、周囲に松ヶ枝堤とよばれるクロマツの並木が茂り、園内にめぐらした池には海水を引き入れている。1821年建立の養翠亭とよばれる茶室を備えた建物があり、ここから眺める庭園は、天神山・章魚頭姿山を借景として山の姿を池の水面に映し出すよう計画されている（養翠亭内部の見学は事前申込みが必要）。養翠園に隣接して、藩主別邸の一部（茶室）が移築された湊御殿が立つ。

養翠園から北に、紀ノ川河口に向かって松林が茂る砂堆が延び、それに沿って水軒堤防（県史跡）がある。寛永年間（1624〜44）に、防潮・防波堤として、紀州藩士の朝比奈段右衛門（隠居名水軒）が約13年かけて築造したといわれるが、石積みの方法によれば、17世紀後半〜18世紀前半の築造と考えられる。堤防の西側の砂浜は埋め立てられて景観はかわってしまったが、石積みでつくられた堤防の一部をみることができる。

2 日前宮周辺

日前宮周辺は，弥生時代から秀吉の水攻めと近世社会の到来を告げる刀狩りまで，つねに歴史の舞台であり続けた。

太田・黒田遺跡 ⑭

〈M▶P. 2, 22〉和歌山市太田・黒田
JR紀勢本線・阪和線・和歌山線，和歌山電鉄貴志川線和歌山駅 🚶 5分

和歌山駅の東側は米づくりの中心地

和歌山駅東口の駅前に太田・黒田遺跡のプレートが立っており，駅は遺跡の西端に位置している。太田・黒田遺跡は，和歌山駅の東側に広がる南北約850m・東西約500mの弥生時代前期〜江戸時代に至る遺跡であり，弥生時代の遺跡としては，県内最大の規模である。弥生時代前期の紀ノ川は大きく蛇行し，現在の和歌川が紀ノ川の流路であったとみられ，遺跡は当時の河口東岸の微高地に位置している。弥生時代の太田・黒田遺跡には環濠がみられるが，最初から集落を囲む環濠が存在したのではなく，のちにその掘削が行われており，環濠集落出現の意味を考えるうえで，重要な遺跡である。

中世の出土遺物では，瀬戸内地方と東海地方から持ち込まれた陶磁器が大量に発見されており，当時の紀伊が東西流通の結節点に位置することが明らかにされた。また遺跡は，太田城（現，和歌山市太田）との関係でも注目されており，中世の環濠遺構などが発見されたことで，戦国時代の太田が環濠集落であったことが判明した。

日前宮 ⑮
073-471-3730

〈M▶P. 2, 22〉和歌山市秋月365 🅿
和歌山電鉄貴志川線日前宮駅 🚶 3分

伊勢神宮と並ぶ由緒ある神社

日前宮駅から北東へ約100m行くと，『延喜式』式内名神大社で旧官幣大社の日前宮がある。日前大神と国懸大神を祭神とし，同一境内に社殿が並んで建てられ，西側が日前神宮，東側が国懸神宮であり，ともに南面する。両者をあわせて日前宮（日前・国懸宮とも）とよぶ。古代より紀伊国造家がまつってきた神社で，古代においては，紀伊国ばかりでなく，朝廷との関わりも強く，大きな勢力を有した。

日前宮の神体は日像鏡，国懸宮の神体は日矛鏡で，三種の神器の1つ八咫鏡とともにつくったものともいわれる。『日本書紀』には「天照大神が素戔嗚尊の乱暴な振る舞いに怒って天の岩戸に

日前宮

隠れて世界が暗黒になったとき,八百万の神々が天照大神を招き出すために日神の像を図ってつくろうということになった。そこで,石凝姥に天香具山の金で天照大神をかたどった日矛をつくらせた。その神が紀伊国にまします日前神なり」と記している。

日前宮は「名草上下溝口神」と記されたものがあり,「溝」とは,紀ノ川南岸の和歌山平野をうるおす宮井用水のことである。宮井用水は和歌山市上三毛を起点として,ここから紀ノ川の水を引き入れ,日前宮に近接する音浦で分水し,水田を灌漑する。宮井用水は古墳時代初めに開かれ,上三毛から音浦までの部分は,用水が開かれた時代には,紀ノ川の流路であったと推定されることから,音浦が直接紀ノ川に面した取水口であったとみられる。農地の開発に成功した紀氏が,水利権を掌握し,溝口に接して溝口神をまつった。これが日前宮の創始で,日前宮は元来地域農耕神であったとみられる。地域的農耕神が国家的皇祖神に転化したのは,紀ノ川河口の「紀の水門」が5世紀後半から6世紀前半にかけて,ヤマト政権の外港として機能していたためと考えられる。

日前宮を含む秋月一帯は秋月遺跡とよばれ,古代豪族紀氏に関係した遺跡とみられる。日前宮西側の県立向陽高校内では箸墓古墳(奈良県桜井市)と同時期(3世紀後半)とみられる前方後円形の墓がみつかっており,弥生時代の墓から古墳へ移行する重要な遺構である。

鳴神貝塚 ⓰　〈M ▶ P.2, 22〉和歌山市鳴神
JR・和歌山電鉄和歌山駅 🚶20分

日前宮を出て,宮街道(県道145号線)の花山交差点を右折して県道143号線を東進すると,阪和高速道高架橋の手前,標高5〜10mの所に鳴神貝塚(国史跡)がある。県道の北側の一段高くなった所に,

近畿地方の縄文時代研究の出発点はここ

太田城水攻め

コラム

秀吉の代表的な政策はこの地に始まる

　1585(天正13)年、羽柴秀吉は紀伊を平定したが、その終局において行われたのが太田城水攻めである。秀吉の紀伊侵攻に最後まで抵抗した人びとは、太田城(現、和歌山市太田)に立てこもり、秀吉は城を水攻めにした。開城に際し秀吉は、城内のおもだった者53人の首を求めたが、他の者は助命し、もとの土地で農耕を行うことを許した。その際、兵農分離の基礎である刀狩を実施したことでも知られている。秀吉は5日間ほどで全長5kmにおよぶ水攻め堤を築造したとみられる。

　和歌山駅の東側は、1970年代以降急速に開発が進み、現存していた水攻めの痕跡も、現在では出水地区に堤防の一部が残る程度となったが、開発にともなう発掘調査によって、太田が環濠集落であったことが判明した。つまり秀吉は太田の集落そのものを水攻めにしたのであり、これは、秀吉が太田城を水攻めにした理由を考えるうえでも、また、民衆が立てこもった城とは何かを考えるうえでも大きな意味をもつ。

　近年、出水地区に現存する堤体について、和歌山大学を中心に、歴史学・考古学のみならず、河川工学・土質工学なども含めた総合的な調査が実施された。その結果、短期間での5kmにおよぶ堤防の築造が技術的に可能であることと、堤体が水攻めに耐えうるものであることが証明された。

　秀吉が水攻めを行った理由については諸説あるが、注目されるのが、寺社王国紀伊を制圧し支配するにあたり、神威を示すためとする説である。この説では、日前宮の目前である太田の地で、籠城者が秀吉軍を防ぐ頼みとした水(環濠)を逆に利用して攻めたとする。秀吉は太田城水攻めで、水をも制御する統一権力者としての力をみせつけるとともに、刀狩を行うことで、中世社会の自力救済を否定したのである。太田城水攻めは中世と近世を分ける分水嶺であった。

太田城水攻め堤防跡

　貝塚の石碑と案内板がある。鳴神貝塚は、1895(明治28)年、下村武一郎によって存在が世に知られた近畿地方で初めての貝塚である。縄文時代前期の土器が出土しているが、同時期の土器は、禰宜貝塚(和歌山市禰宜)・吉礼貝塚(同市吉礼)からも出土しており、和歌山

日前宮周辺

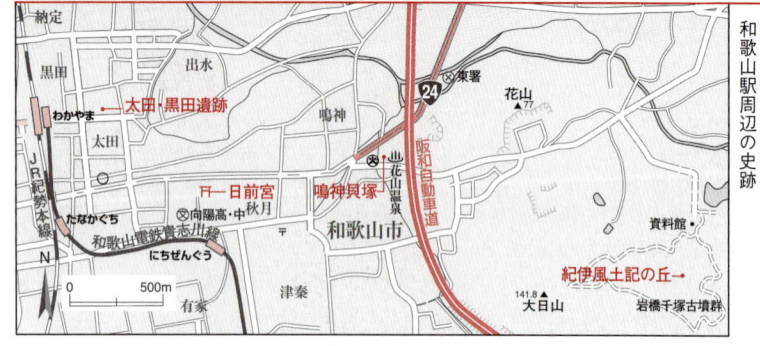

和歌山駅周辺の史跡

平野における縄文海進を示す遺跡となっている。

　鳴神貝塚の西側に位置するのが鳴神遺跡である。弥生時代から平安時代にかけての遺跡であるが，鳴神Ⅴ遺跡は，須恵器・初期貿易陶磁器など奈良〜平安時代の遺物や，掘立柱建物などの遺構が検出され，官衙に関連した遺跡と考えられる。

紀伊風土記の丘 ❶
073-471-6123
(紀伊風土記の丘資料館)
〈M▶P. 2, 22〉和歌山市岩橋1411(資料館) P
JR・和歌山電鉄和歌山駅 紀伊風土記の丘行終点 5分，または和歌山駅 10分

著名群集墳が史跡公園に

　和歌山市郊外に位置する紀伊風土記の丘は，国指定特別史跡岩橋千塚古墳群の保全と公開を目的として，1971(昭和46)年，全国で3番目の風土記の丘として開園した。現在，風土記の丘は，岩橋山塊の標高150mの丘陵から，その北斜面・麓まで約65haにおよび，430基余りの古墳が点在しているが，岩橋千塚古墳群全体からみれば一部にすぎない。

　紀伊風土記の丘バス停から東へ歩いて5分ほどの所に，和歌山県立紀伊風土記の丘資料館がある。資料館の周囲には復元された竪穴住居や水田・箱式石棺・製塩炉があり，水田では古代の米といわれる赤米づくりを行っている。資料館から古墳群の入口にかけて，移築された江戸時代の民家が4軒ある。県内の農家・商家・漁家の代表的な様式の建築であり，商家の旧柳川家住宅と漁家の旧谷山家住宅が国の重要文化財，農家の旧谷村まつ氏住宅と旧小早川梅吉氏住宅が県指定文化財である。

　石室や石棺などの古墳内部が見学できる公開古墳は横穴式石室8基，竪穴式石室2基，箱式石棺2基の計12基である。また，斜面の

旧小早川梅吉氏住宅

下には，発掘調査後に古墳が築造された，当初の状態を想定して復元した修復古墳が4基あり，その手前には万葉植物園がある。万葉植物園には『万葉集』に詠われた約170種の植物のうち約70種が栽培され，柿本人麻呂や山上憶良らの歌を記した歌碑が5基ある。

伊太祁曽神社 ⓲
073-478-0006

〈M▶P.2〉和歌山市伊太祈曽558 P
和歌山電鉄貴志川線伊太祈曽駅 🚶 2分

木の国発祥の神社

伊太祈曽駅から南へ約200m行くと伊太祁曽神社に着く。『延喜式』式内名神大社で，旧官幣中社。祭神は五十猛命・大屋津姫命・抓津姫命の3神で，一括して伊太祁曽三神とよばれる。五十猛命は，新羅から木を日本にもたらした神と伝えられる。社伝によれば，伊太祁曽三神はともに日前宮の地に鎮座していたが，その地を日前宮に譲って山東へ遷座したという。毎年1月15日には，魔除け・厄除けの祭りである卯杖祭が行われ，14日夜の粥占の神事では，その年の農作物の豊凶を占う。また，境内には3基の円墳が存在し，伊太祁曽神社古墳群とよばれる。

伊太祈曽駅には，JR和歌山駅と貴志駅を結ぶ和歌山電鉄貴志川線の車庫と検修所がある。貴志川線を走るいちご電車やおもちゃ電車など，ユニークな電車が伊太祈曽駅の車庫で休んでいることもある。また，貴志駅の駅長ネコの"たま"のグッズも，ここで販売している。

伊太祁曽神社

旧中筋家住宅 ⓭

073-435-1234（和歌山市観光課）

〈M►P.2〉和歌山市禰宜148
JR和歌山線千旦駅🚶15分

日本一の弓矢の名人と大庄屋宅

伊太祁曽神社から熊野古道（県道9号線）を北に進み、矢田峠から少しくだった所に、「和佐大八郎の墓」の案内板がある。そこから少し入った所に和佐家の墓所があり、京都蓮華王院三十三間堂の通し矢で有名な和佐大八郎の墓がある。和佐大八郎の墓の案内板から200mほどくだった所が熊野古道和佐王子跡である。

県道をさらに北へ約1km行くと、旧中筋家住宅がある。当家は江戸時代に禰宜村（現，和歌山市禰宜）一帯の大庄屋をつとめた中筋家の住宅であり、東西40m・南北55mの敷地を有する。1852（嘉永5）年に建造された主屋は、コ字形に部屋が連なる間取りで、入母屋造と寄棟造を組み合わせた複雑な形状の屋根や、20畳敷の大広間、3階の「望山楼」という接客用の設備をもつ。主屋を始め表門・長屋蔵・北蔵・内蔵・御成門が1972（昭和47）年に国指定重要文化財となった。現在、住宅は和歌山市が所有している。

旧中筋家住宅の約300m東側に高積山（237m）があり、その麓に歓喜寺がある。当寺は後鳥羽上皇ゆかりの寺院で、歓喜寺文書（県文化）を所蔵し、熊野参詣者を応接する接待所が設けられていた。高積山の西麓には禰宜貝塚があり、縄文時代にはこの辺りまで海がきていたことがわかる。山頂には高積神社があり、都麻都比売命・五十猛命・大屋都比売命をまつっている。

旧中筋家住宅

③ 南海道を加太浦へ

古代の七道の1つ南海道に沿う地域。紀ノ川河口の港と大和を結び，朝鮮半島との関係も深い古代遺跡が多い。

上野廃寺跡 ⑳
073-435-1194（和歌山市教育委員会文化振興課）

〈M ▶ P. 2, 26〉 和歌山市上野薬師壇558
JR阪和線紀伊駅 🚶15分

白鳳期に創建された紀ノ川北岸の大寺院跡

　JR紀伊駅から，県道7号線を東に400mほど行き，踏切を渡って北に約1km歩くと，霊園の麓に上野廃寺跡（国史跡）がある。白鳳期（7世紀後半）に創建されて平安時代中期まで存続したと考えられ，丘陵地形を削る造成工事を行ったうえで建てられていた。塔や金堂の土壇と礎石の一部が残るが，現状は充分に整備されていない。伽藍配置は，中門をくぐると左右に西塔・東塔，正面に金堂が設けられ，中門から左右に続く回廊が塔と金堂を取り囲む薬師寺式である。ただし地形上の制約からか，講堂は金堂の北ではなく西塔の西に回廊から突き出して建てられていた。出土した多量の瓦のうち，複弁八葉蓮華文軒丸瓦は，法隆寺西院（奈良市）で用いられた瓦の影響を受けた美術工芸的にもすぐれたものである。

上野廃寺跡

　紀伊駅から県道を東に約2km進むと山口神社の鳥居がみえ，その後方の谷集落の北東のはずれに山口廃寺跡（県史跡）がある。標高30～40mの段丘上に位置し，畑のなかに塔心礎と考えられる礎石が残っている。地上の遺構は確認されておらず，軒丸瓦が採集されたほ

山口廃寺跡の礎石

南海道を加太浦へ　25

紀伊駅周辺の史跡

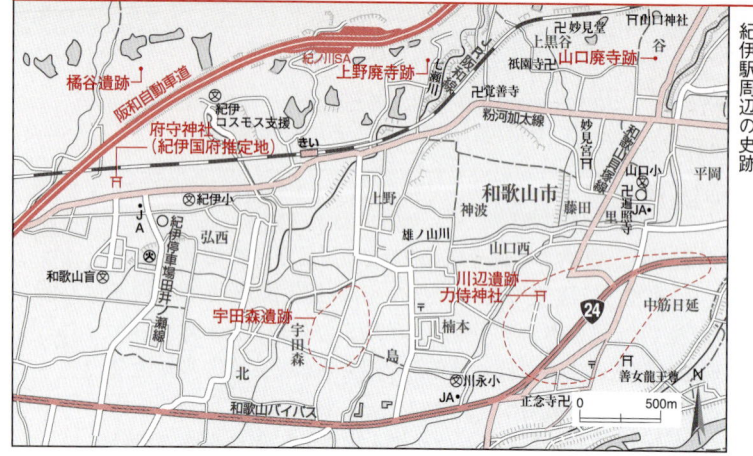

か，付近に「堂垣内」「門口」の小字名が確認できるのみである。

谷集落に南接する里集落はかつて「山口里村」ともよばれ，近世には，紀州街道最初の伝馬所がおかれた。現在も古い町並みが残り，市立山口小学校の地に本陣があった。里集落から南に向かい，国道24号和歌山バイパスと合流する山口交差点付近一帯は川辺遺跡で，縄文・弥生時代の住居跡のほか，7世紀中頃～後半の掘立柱建物集落跡が発見された。

熊野古道の紀伊国内の王子社（熊野三山に向かう沿道におかれた遙祠のこと）のうち，紀ノ川北岸にあったのは中山王子・山口王子・川辺王子・中村王子である。中山王子跡は雄ノ山峠北方の滝畑集落にある北側の踏切の向かい側にあった。山口王子跡は雄ノ山峠から県道を南に約1.5kmくだり，JR阪和線のガードをくぐって約200m南の最初の分岐を東側の旧道に向かうとみえる。川辺王子跡は，川辺集落にある力侍神社（祭神天手力男命，本殿は県文化）の摂社八王子社（本殿は県文化）が川辺王子跡として県の史跡に指定されているが，紀伊駅の東約600mにある上野集落南部の八王子社にあたると考える説が有力である。また中村王子跡は，力侍神社南西の楠本集落にあり，現況は水田である。

紀伊駅の南約1kmにある『延喜式』式内社大屋津姫神社の境内一帯は宇田森遺跡で，1966（昭和41）年から68年にかけて弥生時代の集落としては県内で最初に本格的な発掘調査が行われた。弥生時代

中期中頃から終わり頃の竪穴住居跡や溝跡，居住区域に隣接する土壙墓などの遺構のほか，多様な土器・石器類が検出され，紀ノ川下流域の集落遺跡の一般的なあり方を示す遺跡として貴重である。宇田森遺跡の西約500mにある北田井遺跡は，弥生時代中期から古墳時代にかけて存続した集落遺跡で，約75棟の住居跡が検出された。弥生時代中期から後期の平地集落のあり方や物資流通網を考えるうえで重要な遺跡である。北田井遺跡の南西に位置する西田井遺跡は，弥生〜古墳時代，および平安時代後期〜室町時代の集落遺跡で，個人用のベッドとみられる土盛りを数カ所に設けた弥生時代後期の竪穴住居は注目される。その西に位置する田屋遺跡でも，弥生時代後期の竪穴住居跡が検出されている。西田井遺跡および田屋遺跡はともに埋め戻され，現在は国道24号和歌山バイパスとなっている。

　紀伊駅から県道7号線を西に1km余り歩くと，府中集落に至る。県道沿いに聖天宮とよばれる府守神社があり，この辺りが紀伊国府跡と推定されている。発掘調査は行われていないが，ボーリング探査によって，8〜9世紀に属する遺物が府守神社以東に高密度で分布している可能性が指摘されている。

　紀伊駅の北西約1kmの阪和自動車道北側に橘谷遺跡がある。八王子山や妙見山とよばれる，標高約100mの山頂部から南斜面にかけて広がる弥生時代の高地性集落である。遺跡のすぐ東からは四区袈裟襷文銅鐸（京都国立博物館所蔵）が出土している。

大谷古墳 ㉑
073-435-1194
（和歌山市教育委員会文化振興課）

〈M ▶ P. 2, 29〉和歌山市大谷815-1ほか
JR阪和線六十谷駅🚌南海和歌山市駅行大谷東🚶
5分

国内で最初に発見された馬冑の出土地

　大谷東バス停の北西に，住宅地に囲まれた丘陵がみえる。バス停から北に約250m行き十字路を左折すると，この丘陵上に大谷古墳（国史跡）がある。墳丘は復元・保存され，隣接する晒山6号墳・7号墳とともに，史跡公園として整備されている。大谷古墳は晒山古墳群を構成する11基の古墳の1つで，和泉山脈から南に延びた尾根の突端につくられた全長67m・後円部径30mの前方後円墳である。造営時期は5世紀後半〜6世紀初頭とされる。埋葬施設は石室ではなく，後円部中央の墓壙に直接埋められた組合せ式の家形石棺であ

大谷古墳前方部越しに市街を望む

る。屋根形をした2枚継ぎの蓋石には,両側に6個の環状縄掛突起があり,石棺の石材は大分県の九重山系の安山岩質凝灰岩である。

多数の副葬品が発見され,そのほとんどが紀伊大谷古墳出土品として重要文化財に指定されている。そのうち,金銀垂飾付耳飾残欠,銀四葉形飾金具,唐草文がつく金銅鈴鏡板付轡や金銅鈴杏葉,金銅龍文透彫雲珠,馬甲小札,馬冑,銅馬鈴などは大陸とのつながりを示すものである。とくに馬冑は東アジアで初めての発見で,大陸でも出土例はきわめて少なく,国内で唯一ほぼ完全な形で発見されたものという貴重な遺物である。出土品に外来的色彩が濃いことから,被葬者はこの地域に基盤をおいていた紀氏一門の人物と想定される。馬冑など出土品の多くは和歌山市立博物館(和歌山市湊本町)に保管され,一部が展示されている。

大谷東バス停からすぐ西にみえる市立楠見小学校の校庭が楠見遺跡である。出土品(和歌山市立博物館保管)は須恵器と似た古墳時代の陶質土器であるが,くっきりとした突帯のほか,箆や櫛描きによる文様で飾られ,器台に円形・三角形・長方形などの透かしをもつなど特殊なもので,「楠見式土器」とよばれる。朝鮮半島には類例があるが,国内ではほとんどみられず,紀ノ川下流域に集中することから,紀氏と朝鮮半島の関わりを証明する例として重要である。

大谷古墳の北東約1kmにある近畿大学附属和歌山高校のテニスコート付近が鳴滝遺跡である。1982(昭和57)年に発見された,当時全国最大規模の古墳時代の巨大倉庫群遺跡で,その後発見された法円坂古墳(大阪市)と並んで貴重なものである。和泉山脈南麓の丘陵を削平したうえで,西側に5棟,東側に2棟の掘立柱建物が整然と配置され,1棟の規模はそれぞれ桁行4間・梁間4間で,最大のものは10.1m×8mであった。柱を抜き取った穴から楠見式土器が出

大谷古墳周辺の史跡

土したことから，5世紀前半から中頃のきわめて短期間に存在し，その後人為的に廃されたようである。束柱とは別に上屋柱を設けて切妻屋根の荷重を支えるこの建物群跡については，紀氏集団の倉庫跡とする説とヤマト政権の倉庫跡とする説に分かれる。遺構は埋め戻され，建物の復元模型と遺物は，和歌山市岩橋にある県立紀伊風土記の丘資料館に展示されている。鳴滝遺跡の北西約600mには，奥出古墳（古墳時代後期，円墳）がある。

鳴滝遺跡の約1.5km南東，市立有功小学校の西隣に『延喜式』式内社で「紀伊三所神」の1つである伊達神社（祭神五十猛命・神八井耳命）があり，その北西約800mにある地蔵寺境内に園部円山古墳がある。6世紀後半につくられた直径約25mの円墳で，紀ノ川下流域で石室の材として用いられることが多い結晶片岩でなく，和泉砂岩を用いた横穴式石室の規模は，岩橋千塚古墳群（国特別史跡）の盟主級の古墳のものにも匹敵し，玄室の入口に石梁が架けられる特殊な構造をもつ。

有功バス停の北東約600mに南叡山大同寺（天台宗）があり，寺の北側から銅製蔵骨器（県文化）と石櫃蓋身1対が出土している。

JR六十谷駅の北約1kmには，直川観音とよばれ役小角の開基と伝える本恵寺（日蓮宗）がある。ここから千手川沿いに約6km遡ると，墓の谷と通称される役ノ行者堂があり，役小角とその母をまつっている。

南海道を加太浦へ　　29

紀伊・和泉における西山派浄土宗の根本道場

総持寺 ㉒
073-455-1707

〈M▶P.2, 29〉 和歌山市梶取86 P

南海電鉄本線紀ノ川駅🚶10分

総持寺総門

紀ノ川駅の南西約600mに総持寺(西山派浄土宗)がある。受陽山知足院と号し、梶取本山ともよばれ、阿弥陀如来坐像を本尊とする。赤松則村の孫と伝える明秀上人によって1450(宝徳2)年に開かれたという。のちに皇室の帰依を受けるところとなり、16世紀なかばには後奈良天皇・正親町天皇からそれぞれ綸旨が出されて勅願寺となっている。しかし1585(天正13)年の羽柴秀吉による紀州攻めで焼失し、羽柴秀長によって再興されたという。恵心僧都作と伝える阿弥陀如来画像が残る。現在も和歌山における西山派浄土宗の根本道場で、1736(元文元)年建立の開山堂のほか、本堂・鐘楼・総門(いずれも県文化)・釈迦堂など江戸時代末期までの建造物が残る。また鎌倉時代後期の作とされる絹本著色釈迦三尊像3幀(国重文)や後奈良天皇宸翰などを蔵する。

紀ノ川駅の北東約500m、県立和歌山北高校の北に伊久比売神社(祭神伊久比売神)がある。市姫大明神ともよばれる楠見地区の産土神で、『延喜式』神名帳にある「伊久比売神社」に比定される。ただし『紀伊続風土記』では、この地を式内社伊久比売神社としたのは徳川頼宣入国以後とする。

紀ノ川駅の北約800mの山麓にある平井集落は、平安時代に「平井津」として知られ、戦国時代にも湊があった。この周辺は戦国時代の雑賀一揆(雑賀荘を中心に、織豊政権との闘いを繰り返した一揆的結合)の中心地で、その指導者の1人鈴木孫一の本拠地であった。集落内にある蓮乗寺は孫一道場ともよばれ、境内に「雑賀住　平井孫市藤原義兼　天正十七(1589)年五月二日」と記され

平井孫市郎の墓(蓮乗寺)

た墓がある。孫市郎は孫一重秀の子とされる。寺の北西には「政所ノ坪」といわれる東西約50m・南北約30mのやや小高い壇があり、孫一の邸宅があったと伝承されている。また、南海電鉄加太線東松江駅の北西約1km、市立貴志南小学校の南側にある中野城跡は、織田信長による1577(天正5)年の紀州攻めの際に、雑賀一揆の北方防御の重要関門となった所で、堀跡や石垣がわずかに残る。

木本八幡宮 ㉓
073-451-5915
〈M▶P.2〉和歌山市西庄1 **P**
JR紀勢本線、南海電鉄南海本線・和歌山港線・加太線和歌山市駅🚌ふれあいの郷行木の本🚶8分

伝統をもつ木ノ本の獅子舞で知られる神社

木の本バス停から北に歩いて約3分で木本八幡宮の鳥居がみえてくる。鳥居の奥は権殿で、ここが応神天皇の頓宮の古跡とされ、欽明天皇の勅命で造営されたという芝原八幡宮の跡でもある。広場の左側をさらに約5分歩いて石段をのぼると、木本八幡宮(祭神応神天皇・神功皇后・天照大神)がある。成立については、周辺の木本郷が奈良時代に奈良大安寺領であったことから、大安寺八幡宮を勧請したという説や、平安時代にこの地が大和国の崇敬寺(現、安倍文殊院〈奈良県桜井市〉)を領家とし東大寺を本家とする木本荘として成立したことから東大寺八幡を勧請したという説がある。1585(天正13)年の羽柴秀吉による紀州攻めで社殿などを焼失したが、1618(元和4)年に神殿を建立し、同年に芝原八幡宮は木本八幡宮に合祀されている。本殿(県文化)はこのときの建造とされ、三

木本八幡宮

南海道を加太浦へ

間社流造・檜皮葺きである。10月14・15日の例祭は，聖武天皇が玉津島行幸の際にここで魚鳥を放ったと伝わることから放生祭とよばれる。毎年10月第3日曜日に行われる秋祭で奉納される木ノ本の獅子舞(県民俗)は，500年余りの伝統をもつ勇壮なものである。

木本八幡宮から木の本バス停に戻り，県道146号線を東に約1km，木の本口バス停から北に徒歩約5分の所に車駕之古址古墳(県史跡)がある。5世紀中頃の築造とされ，長さ86m・後円部直径51mで，周囲に濠をめぐらしており，濠の外堤を含めた全長は120mにもおよぶと推定される，県内最大級の大型前方後円墳である。墳丘は削平されて埋葬施設は確認できないが，葺石が残り，2段築成で造り出しをもつ。出土品(県文化)のうち，金製勾玉は長さ1.8cm・頭部直径0.8cm・重さ1.8g，国内唯一の出土例で，朝鮮半島でも新羅の王陵級の古墳に副葬される遺物である。古墳は史跡公園として整備されているが，墳丘を忠実に復元しているとはいえない。すぐ東の釜山古墳(県史跡)は直径約40m・高さ約7mの5世紀の大型円墳で，周濠があったとみられるが，現在では半円形の畑地などになっている。車駕之古址古墳から県道を東に向かうと，国道26号線と交差する梅原交差点の北西に大年神社(祭神大年大明神ほか)がある。和歌山城の北西にあたることから乾の宮とよばれ，毎年1月4日に社地の土を奉書紙に包み登城して奉納したといわれる。

加太春日神社 ㉔
073-459-0368

〈M▶P.2〉和歌山市加太1343
南海電鉄加太線加太駅 🚶10分

社殿に珍しい彫刻のある集落の祭祀の拠点

　加太駅から西に約500m行くと，加太の古い町並みに入る。加太は古代より水陸交通の要衝で，南海道の本州最西端の渡津集落として栄えた。中世には摂関家領賀太荘として，広大な荘園となった。惣村も形成され，戦国時代の雑賀一揆では，雑賀五組とよばれる5郷のうちの十ヶ郷に属した。近世には田倉崎に遠見番所がおかれたほか，幕末には海防の拠点として注目され，勝海舟も海防のための巡見に訪れている。明治時代に入ると，友ヶ島とともに由良要塞として軍事上の要衝となった。漁業が盛んで，とくにタイの一本釣り漁業で知られ，古い町並みも漁村の風情を残している。

　加太駅からの道をそのまま西に町並みの狭い路地を歩くと，まも

加太春日神社本殿

なく中世から近世にかけて加太の宮座があった加太春日神社(祭神天照大神・住吉大神・天児屋根大神・武甕槌大神・経津主大神)がみえる。『紀伊続風土記』によれば、神武天皇東征の際に神鏡と矛を託された天道根命が加太浦に着き、このときの頓宮が加太春日神社であったとする。社号は、奈良の春日大社と同じく、藤原氏の祖神である天児屋根大神をまつることから生じたと考えられる。また、社伝によれば役小角が行場として友ヶ島を開いた際に守護神にしたといわれ、そのため聖護院門跡が山伏僧とともに毎年4月に参拝する。

　1596(慶長元)年の棟札が残る本殿(国重文)は一間社流造、正面に千鳥破風および軒唐破風をつけた檜皮葺きの建築で、現在は覆いに囲まれている。木鼻・蟇股・手挟・脇障子などの細部の彫刻は安土桃山時代の特色を示し、なかでも蟇股には豪快なエビや貝など、漁村ならではの珍しい彫刻が施されている。5月第3土曜日に行われる例大祭渡御祭は「えび祭り」とよばれるが、これはかつて各家庭で祭礼時にイセエビを神前に供えたり、宴席に用いたりしたためといわれる。

　役小角が開いたとされる葛城修験と結びついた伽陀寺跡は、加太駅北側の山麓にあったと考えられていて、付近には「堂ノ前」の小字が残る。

　加太駅から県道7号線を西へ約400m行くと、左手にある木造2階建ての洋館が旧加太警察署庁舎(中村家住宅主屋、国登録)である。大正時代に警察署として建てられたが、その後民

旧加太警察署庁舎

南海道を加太浦へ　33

報恩講寺

て大川峠を越えると、大川集落内に報恩講寺(西山派浄土宗)がある。梶取にある総持寺の末で、讃岐国(現、香川県)に配流された法然が許されて戻る帰途、この地の油生浜(現、大川浦)に流れ着き、自像を彫刻して村人に与え、村人が堂を営んだのが始まりとされている。本尊は法然自作と伝える木造法然上人像で、毎年4月と11月の法然上人着船記念円光大師大会式には多くの参詣者が集まり、また子授けの寺としても知られる。

宿として利用され、現在は個人の住宅となっている。

　加太駅前バス停から深山行きバスに乗り、終点で下車する。バス停から県道65号線を北に約20分歩い

淡嶋神社 ㉕
073-459-0043

〈M▶P.2〉和歌山市加太　P
南海電鉄加太線加太駅 🚶20分

雛流しの神事で全国に知られる古社

　加太駅から集落の古い町並みを抜け、港を右にみながら海岸に出た所に淡嶋神社(祭神 少彦名命・大己貴命・息長足姫命)がある。旧称は加太神社で『延喜式』神名帳の加太神社に比定され、一般には「あわしまさん」の名で親しまれている。創祀時期は明らかでないが、社伝によると神功皇后が新羅出兵の帰途に嵐に遭い、神に祈ったところ友ヶ島にたどり着き、少彦名命をまつる友ヶ島の祠に持ち帰った品々を奉幣し、のち仁徳天皇のときにこの地に遷して神功皇后をあわせてまつったという。古代から朝野の信仰を集め、

淡嶋神社

婦人病・安産祈願・縁結び・夫婦和合などに利益があるとされた。女性の守り神・航海の守り神の性格が強いため，櫛・かんざし・雛人形のほか，漁網にかかった青磁などが多数奉納され，境内にはおびただしい数の人形が並べられている。また，多数の雛人形を小さな船に載せて海に流す3月3日の雛流しの神事は広く知られている。社宝は金銅造丸鞘太刀と大円山形星兜（ともに国重文）などで，宝物館で展示されている。

友ヶ島 ㉖

073-459-0314（友ヶ島案内センター）
073-459-1333（友ヶ島汽船株式会社）

〈M▶P.2〉和歌山市加太 　P（加太港）
加太港🚢沖ノ島🚶20分（第2砲台跡）

葛城修験の霊場で、近代の要塞跡が残る

加太港から友ヶ島汽船に乗って約20分で友ヶ島に到着する。友ヶ島とは，紀淡海峡に浮かぶ沖ノ島・地ノ島・虎島・神島の4島の総称であるが，そのうち友ヶ島汽船で渡ることができるのは，沖ノ島と虎島の2島である。

修験道の祖とされる役小角は，葛城山を拠点としていた。葛城山とは，大和（現，奈良県）・河内（現，大阪府東部）の国境から，さらに南西して紀伊・和泉（現，大阪府南西部）の国境におよぶ山系の総称である。役小角は，修験者が法華経二十八品を一品ずつ埋納する経塚をつくり，修行者のため28カ所の参籠行場としたと伝えられる。これが「葛城二十八宿」であるが，友ヶ島はその第一宿として修験の霊場とされてきた（第一宿を伽陀寺とする説もある）。その後，幕末の異国船来航とともに，大坂湾防備の必要から，紀淡海峡に位置する友ヶ島は注目を集めるようになり，砲塁が築かれた。明治政府は加太から友ヶ島一帯を由良要塞として整備し，東京湾・対馬・下関の各要塞について，1889（明治22）年から陸軍が砲台や弾薬庫の建設を始め，1899年に由良要塞区域として日露戦争

友ヶ島

南海道を加太浦へ

第3砲台跡

(1904～05年)への備えとした。以後,第二次世界大戦敗戦に至るまで,一般の人びとが近づくことは許されなかった。現在は,魚釣り・ハイキング・キャンプなどを楽しめる観光の島となっているが,レンガ造りの砲台跡などの施設が残されている。

　汽船が到着する沖ノ島の野奈浦桟橋から西に20分ほど歩くと,第2砲台跡がある。さらに進むと友ヶ島灯台がある。お雇い外国人で「日本の灯台の父」ともいわれるイギリス人技師リチャード・ブラントンが設計し,日本で8番目にできた石造の洋式灯台で,1872（明治5）年に竣工された。灯台のすぐ西側を東経135度の日本標準時子午線が通る。歩道を東に向きをかえてさらに進むと,第3砲台跡に着く。島内に6カ所ある砲台跡のなかでも最大級のもので,トンネルで結ばれた8つの砲座と弾薬倉庫が地下通路で結ばれており,発電所跡などもある。島の東部には,珍しい植物が群生し,友ヶ島深蛇池湿地帯植物群落として県指定天然記念物となっている深蛇池があり,東端にある閼伽井碑とともに現在でも修験者が訪れる場所である。

　友ヶ島に向かう船上から虎島の東岸を眺めると,傾斜した砂岩の断崖の大きく平らな壁面に文字が刻まれているのがみえる。これは紀州藩の儒者李梅渓の書で「五所の額」とよばれ,「禁殺生穢悪友島五所　観念窟・序品窟・閼伽井・深蛇池・剣池　寛文五己酉（ママ）(1665)雕」と記されている。

④ 豊かな文化財のまち海南

歌枕の地から熊野参詣道の拠点，塩田を経て臨海工業地帯へ変貌した海南の地を歩く。

海南港 ㉗
073-492-0565
(海南市港湾防災管理事務所)

〈M▶P. 2, 38〉海南市冷水〜船尾　P(海南駅前)
JR紀勢本線海南駅 🚶10分

歌碑で偲ぶ『万葉集』の歌枕 塩田を経て特定重要港湾へ変貌

　JR海南駅は県内では数少ない高架駅で，ホームから海南の町並みが見渡せる。駅前広場では「紫の名高の浦の靡き藻の情は妹に因りにしものを」(『万葉集』)の歌碑が出迎えてくれる。海南の海は埋め立てによって後退したが，近辺の地名は『万葉集』の歌枕とされ，「名高浦」が4首，「黒牛海(黒牛潟)」が3首，「藤白御坂」が1首あり，すべて市内に歌碑が立つ。

　駅前周辺は戦国時代にはまだ海浜に近く，海浜は江戸時代の埋め立てにより有田屋浜塩田，河内浜塩田や京浜塩田などに開発されたが，1707(宝永4)年の大地震・津波で壊滅し，京浜塩田以外は享保年間(1716〜36)までに再開発された。これらの塩田は明治時代末期に整理され，一帯は商工業地・学校用地・住宅地などとなった。埋め立ては大正・昭和時代前期および高度経済成長期にも行われ，埋立地には石油火力発電所や鋼管工場なども進出し，県北部臨海工業地帯の一部となった。現在，海南港は特定重要港湾の指定を受けた和歌山下津港の一角を占めている。

藤白峠からみた海南港および和歌浦方面

熊野街道 ㉘
073-484-2326
(海南市物産観光センター)

〈M▶P. 2, 38〉海南市黒江・日方・名高・鳥居・藤白
P(海南駅前・藤白神社)
JR紀勢本線海南駅 🚶すぐ

　JR海南駅周辺は区画整理が進み，昔の面影は消えたが，駅前通

海南駅周辺の史跡

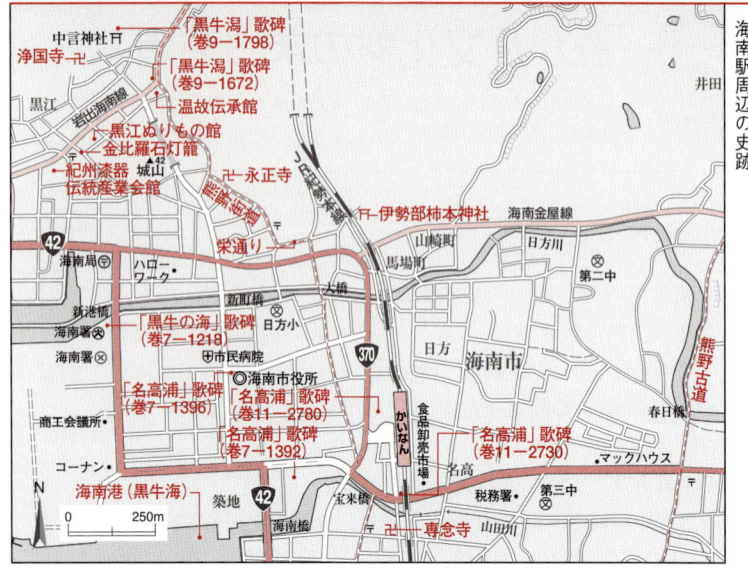

もう一つの熊野街道　続いていた家並みと伝統産業

り（国道370号線）の1つ西の通りは，和歌山城下を起点とする熊野街道で，家並みが続いていた。北に向かうと道は細くなり，古い家並みも残る。さらに進み，日方川および国道370号線を渡ると，かつては当地方随一の商店街であった栄通りである。丁字路角の地蔵堂脇に「右くまの□」の道標があり，角を右（東）に行くと，廻船資料（石灯籠・模型・絵馬，県民俗）を所蔵する伊勢部柿本神社がある。約10分の1の大きさの廻船模型（推定800石）には，「正徳五（1715）年」の銘があり，全国で2番目に古いものという。また石段脇の石灯籠には「享和三（1803）年」の銘があり，寄進者名や廻船名が刻まれている。江戸時代を通じて海南の海に面する浦々には，上方および西廻り航路や江戸などに向かう廻船が出入りした。

地蔵堂から西に行くと漆器問屋が見受けられるようになり，丘陵を背にして1504（永正元）年創建という永正寺（浄土宗）がある。紀州徳川家が和歌山城下から菩提寺である長保寺（海南市下津町上）に参詣する際には，同寺へ立ち寄ることを恒例としていた。同寺から北へ進んだ黒江坂の途中に「左紀三井寺道」の大きな道標が立つ。側面には「寛政十二庚申（1800）卯月　願主折敷株仲間」とあり，漆器商工業者が建てたものである。黒江坂の峠付近にある道標

熊野街道の道標

と石灯籠基台には,「右　これよりきみい寺道　三十六丁(約4km)」などとあり,一里塚やマツがあったとされている。峠をくだると三差路に黒江町道路元標があり,右に行くと熊野街道が続き,左に行くと川端通りとなる。

先の海南駅前広場から南に向かい宝来橋を渡ると,趣のある家並みが残る熊野街道で,この辺りには和傘職人や問屋が多かった。名高郵便局を過ぎ左折すると紀美野町方面へ向かう旧道で,専念寺(浄土宗)がある。同寺には織田信長が1577(天正5)年に行った紀州攻めにともなう井松原合戦の犠牲者を慰霊するために,1689(元禄2)年に建てたという「南無阿弥陀仏三界萬霊」の石碑があり,また享保年間に『名高浦四囲廻見』などを著した同寺中興の全長の墓がある。熊野街道に戻り,駅から700mの地点にある「左熊野道　すく紀三井寺道六十五丁　日限地蔵尊一丁東　是ヨリ一丁東八十八ヶ所めぐり」と刻まれた道標を左折すると,約200mで聖域熊野への入口であることを示した大鳥居があった跡という大鳥居遺蹟碑があり,熊野古道に合流する。また,先の道標から直進すると,正面(北側)から藤白神社境内に入り,熊野古道と合流する。

藤白神社 ㉙
073-482-1123
〈M ▶ P. 2, 50〉海南市藤白466　Ｐ
JR紀勢本線海南駅 🚶15分

霊場熊野三山への入口
文化財と鈴木氏発祥の神社

JR海南駅から熊野街道を南へ約1.2km行き,高架をくぐって石段をのぼると,藤白神社に着く。社伝によると,景行天皇5年に鎮座,斉明天皇が牟婁の温湯(現,白浜町湯崎温泉)への行幸時に祠を創建,奈良時代の聖武天皇や孝謙天皇の玉津島行幸のときには使者が代参したともいう。平安〜鎌倉時代に熊野信仰が高まるなかで,この地に熊野一の鳥居が建てられ,熊野三所権現遙拝の場所となり,熊野九十九王子のなかでも格式の高い五体王子の1つとなった。古くは藤白王子,藤白若一王子権現とよばれ,藤代とも書

藤白神社

いた。また、聖域熊野の入口として、祓戸王子(祓戸王子跡として県史跡)を鳥居の近くに設けた(1909年、当社に合祀)。境内は鈴木屋敷庭園を含め藤白王子跡として県の史跡に指定されている。

境内には、後鳥羽上皇が歌会の詠歌を藤白王子に献納したという歌碑がある。詠歌は熊野懐紙(国宝)として陽明文庫(京都市右京区)などに残る。県指定の有形文化財として、江戸時代初期建築の本殿、ともに平安時代後期作の木造熊野三所権現本地仏坐像3軀と木造十一面観音立像がある。3軀の仏像は円満な造形をみせており、県内に数少ない熊野三所権現の本地仏像である。平安時代末期、藤白王子は熊野三山を統括する熊野別当の支配下にあり、熊野八庄司(武士団)の1つ鈴木氏が藤白に移住したといい、全国的に多い苗字鈴木氏の発祥の地とされている。鈴木屋敷庭園は室町時代作と伝える曲水泉庭園である。藤白神社境内には樹齢800年の藤白神社のクスノキ群があり、クスノキの根元に楠神社(子守の宮ともいう)がある。当地では子どもの成長を願って、神主から楠の字を入れた名前を授かることが多く、博物学者南方熊楠も授かったという。藤白の獅子舞(県民俗)は、藤白神社神前に奉納された里神楽を起源とするもので、除夜の鐘を合図に初舞を奉納し、10月の秋の例祭には街中で演舞する。

藤白の獅子舞

黒江漆器

コラム

産

庶民の渋地椀から発展
伝統的工芸品の指定

　海南市黒江を中心に生産される黒江漆器は、室町時代に庶民の生活道具の椀づくりとして始まった。羽柴秀吉の紀州攻め(1585年)により、根来寺から逃れてきた根来塗の職人も入ったといわれる。漆器生産をもとに商工業が発達して、1601(慶長6)年にはすでに町場を形成していた。1638(寛永15)年の『毛吹草』には、黒江漆器が渋地椀として紹介されている。その後、春慶塗の折敷が製作され、文政年間(1818～30)には堅地厚物という本格的な漆器製法を導入した。その頃には来村して職人となる者も多くなり、黒江村は人口4000人以上となり、今に残る古(元)屋敷・北ノ丁・市場丁・西の浜・南の浜などの町方ができた。漆器は大坂や四国などに廻船によって移出され、町方には伊予国(現、愛媛県)から買い付けにくる商人を泊らせる「伊予間屋」もあった。また、漆器商人のなかには、1826(文政9)年刊行の『心学心得草』に心学講舎として記される楽善舎の経営にかかわる者もいた。

　幕末以降には蒔絵・沈金の技法も取り入れられ、海外への輸出も神戸(現、兵庫県)を通して進められた。明治時代初期には紀州藩の統制がなくなり粗製濫造がおこったが、同業組合を設立し危機を乗り越え、比較的安価で大量生産を行い、黒江は会津(福島県)などとともに四大漆器生産地の1つといわれた。

　第二次世界大戦後、隣接する岡田地区の漆器団地への工房移転を図るとともに、紀州漆器として国の伝統的工芸品の指定を受けたが、化学製品の増加などにより、伝統的漆器産業は厳しい状況となっている。

二尊像裏書に載る了賢
紀州門徒の発祥地

了賢寺 ㉚　〈M ▶ P.2, 50〉海南市冷水483
073-482-4874　　JR紀勢本線冷水浦駅 🚶 3分

　JR冷水浦駅から西へ約300m行った所にある了賢寺(浄土真宗)は、1476(文明8)年の本願寺8世蓮如の紀州布教の帰途に、冷水浦の喜六太夫(了賢)が帰依し、自宅を提供して一庵を設けたのが始まりとされる。蓮如から下付された「二尊像」の裏書(表には親鸞と蓮如の御影が描かれ、裏にはこれを文明8年に蓮如が了賢に下付したことを記している)にも「文明八年」の年紀があるが、じつは蓮如の紀州下向は同18年で、紀三井寺から黒江浜(現、海南市)を経由して船に乗り、冷水浦で下船して藤白峠を越えて南下している。信者の増加と教線の北上とあいまって、「二尊像」は、黒江を経て和歌浦

豊かな文化財のまち海南　　41

弥勒寺山(現,和歌山市)へ,さらに1563(永禄6)年には鷺森(現,和歌山市)へ移った。1684(貞享元)年,了賢寺は現在地に移り,冷水御坊ともよばれた。

黒江の町並み ㉛
073-483-8460
(海南市商工観光課)

〈M▶P.2, 38〉 海南市黒江 Ｐ(紀州漆器伝統産業会館)
JR紀勢本線黒江駅🚶10分,またはJR紀勢本線海南駅🚶20分

伝統産業漆器の町　雁行の家並み

　JR黒江駅から南に向かうと北ノ丁にある峠で熊野街道と合流し,峠を北(右)に向かうと西国三十三ヵ所霊場2番札所の紀三井寺を経て和歌山城下につながる。峠を南(左)にくだった三差路にある旧黒江町の黒江町道路元標を左に行くと熊野街道で,右折すると川端通りである。すぐに酒造場跡を利用して酒造道具などを展示する温故伝承館が立つ。川端通りが広いのは,大正年間(1912～26)に川(掘割)が埋められたからである。川端通り西端の今は黒江公民館などが立つ辺りに旧黒江港があり,江戸時代以来,外海から水路を遡って廻船が入った。表通りにあたる川端通りには漆器問屋などが軒を並べ,港との間を小舟が行き来した。裏通りには職人層が居住し,そのうち木地屋などは持ち運びに便利な1階に,塗師・絵師は塵の少ない2階に居住するというような「職住一体」の街区となっていた。これらの街区には,紀州連子に中2階または本2階,虫籠窓に卯建のある家などが雁行のように立ち,東西に走る数本の小路に対して斜めに屋敷割され,平行四辺形の屋敷地の前面に,三角形の空き地をもつ鋸歯状の家並みとなっている。公民館の西に紀州漆器伝統産業会館があり,資料室・漆芸品展示場・売店がある。

　川端通り北側の船尾山山麓に,中世には紀州門徒の拠点であった浄国寺(黒江の御坊さん,浄土真宗)があり,境内に

重根屋伊七の墓(浄国寺)

42　県都和歌山

黒江ぬりもの館と雁行の家並み

は1803(享和3)年の飢饉の際、住民の飯米を求めて紀州藩主に直訴し、捕らえられ獄死したという重根屋伊七の墓がある。150mほど北東の中言神社には、漆器職人が使った筆を供養する筆塚、柿本人麻呂歌碑がある。

　公民館近くの川端通り南側には、池庄漆器店主屋と尾崎林太郎家住宅(ともに国登録)がある。池庄漆器店は、川端通りに蔵を配した問屋である。尾崎林太郎家住宅は武家屋敷で、同家は中世には大野十番頭という地侍の家柄であり、江戸時代には郷士の資格をもっていた。このほか心学講舎楽善舎跡という家や塗師職人の家を改装した漆器の展示直売所である黒江ぬりもの館がある。また、和歌山市内の史跡公園紀伊風土記の丘に移築された漆器問屋旧柳川家住宅(国重文)があった。公民館前の金比羅石灯籠には「文政六(1823)年西講中」と刻まれ、旧黒江港北岸(西の浜)から移されたものである。川端通りでは、毎年8月14日の夜に下駄市が催される。江戸時代、盆に帰省する職人に履かせる新しい下駄を主人が調達したという由来による。また11月初旬に紀州漆器まつりが開催され、ともに多くの観光客や買い物客が訪れている。

温山荘園 ㉜
073-482-0201
〈M▶P.2〉海南市船尾370　P
JR紀勢本線海南駅🚌和歌山駅行琴の浦🚶すぐ

関西随一の個人庭園　隣接する自然博物館

　琴の浦バス停目の前にある琴ノ浦温山荘園は、大正年間(1912〜26)に大阪の事業家新田長次郎が、景勝地琴の浦と塩田跡地につくった別荘で、潮入式池泉回遊庭園は、琴ノ浦温山荘園として県の名勝に指定され、主屋など9棟は国の登録有形文化財である。高度経済成長期の海浜の埋め立てによりその景観はかわり、隣接して和歌山県立自然博物館が、沖合埋立地(和歌山市域の南西端)に遊園地マリーナシティができた。

室山古墳群と山崎山古墳群 ㉝㉞
073-492-3349（海南市教育委員会生涯学習課）

〈M▶P.2〉 海南市黒江・岡田
JR紀勢本線黒江駅🚶20分

亀川平野に広がる古墳群　石棚がある古墳

　JR黒江駅の西にある室山団地の西際にある大山（尾山，97m）の丘陵尾根から頂上にかけて，室山一号墳・二号墳など7基の円墳が点在し，室山古墳群（県史跡）とよばれる。埋葬施設の形式は横穴式石室と竪穴式石室とがあり，いずれも6世紀後半〜7世紀初めの築造である。一号墳は直径約20m・高さ約4mの墳丘内に，南に開く横穴式石室を築いている。石室は全長7m余りで，大山産出の緑泥片岩の割石を積み上げ，高さ約3mの玄室を築くために石室上部空間を4本の石の梁で補強し，さらに前後を2本の石棚で支えている。

　黒江駅の北約300m，和歌山市境の山崎山山頂には，5世紀の築造とみられ，古墳群の盟主的な地位にある全長約45mの前方後円墳である山崎山5号墳や，6世紀後半〜7世紀初めの築造とみられる1号墳など，約15基からなる山崎山古墳群がある。さらに東方には，岡村古墳群・多田南山古墳群・国主神社古墳群などが散在している。

室山一号墳

岡村遺跡 ㉟
073-492-3349（海南市教育委員会生涯学習課）

〈M▶P.2〉 海南市岡田
JR紀勢本線黒江駅🚶20分

木製鋤と条里制遺構　住居跡や方形周溝墓

　JR黒江駅東方の岡田には，黒江から移転した漆器団地があり，その東には田園地帯が残っている。この田園地帯の東端にある岡田八幡神社にかけての一帯は岡村遺跡で，約30万m²の広さの，縄文時代晩期から平安時代におよぶ集落遺跡である。土器片・石包丁のほか，約10本の木製鋤（海南市海南歴史民俗資料館に展示）が出土した。

　さらに，岡村遺跡の約800m東，海南市且来の水田地帯にある亀川遺跡では条里制遺構が残り，弥生時代の円形竪穴住居跡，古墳時

岡村遺跡

代前期の方形竪穴住居跡・土壙墓や方形周溝墓が確認され，縄文時代晩期の甕，弥生時代の土器・石器・銅鐸形土製品などが出土した。さらに約1km北の和歌山市境の多田地区にある滝ケ峰丘陵の80m前後の鞍部状の谷間には，弥生時代中・後期の高地性集落跡である滝ケ峰遺跡がある。

且来八幡神社 ㊱
073-482-3532

〈M▶P.2〉 海南市且来1316 P
JR紀勢本線黒江駅🚶30分，またはJR紀勢本線海南駅🚌亀川経由JR和歌山駅行亀川🚶5分

鮮やかな極彩色の本殿 2種の伝説をもつ三社

岡村遺跡の約2km東の八幡山中腹に且来八幡神社がある。当社の創建についてははっきりしないが，中世の土地寄進状が多く残り，且来荘の鎮守であった。16世紀末，安土桃山時代の建築とみられる極彩色の本殿(県文化)は，三間社流造・檜皮葺きである。且来八幡神社の東約2kmの小野田には，宇賀部(おこべ)神社(通称おこべさん)，その南約2kmの阪井の高倉山の南麓には杉尾神社(通称おはらさん)，その南西約1.5kmの重根には千種神社(通称ももくさん)がある。それぞれ頭・腹・脚の神として崇められてきた。この3社には，玉をくわえ，腹部には金色に光る輪があり，脚がある大蛇が紀ノ川河口に流れ着き，人びとはこの大蛇を神の化身として頭部・腹部・脚部に分け，それぞれをまつった，あるいは大和国(現，奈良県)へ向かう神武天皇軍と戦って討死した，土豪名草戸畔をまつったとの伝承がある。

且来八幡神社本殿

豊かな文化財のまち海南

大野城跡 ㊲
073-492-3349
(海南市教育委員会生涯学習課)

〈M▶P. 2, 50〉 海南市大野中　ⓟ(森林公園雨の森)
JR紀勢本線海南駅🚶150分

今静かに眠る山城跡 南北朝両勢力の争奪の場

　大野城跡は藤白山系の尾根上に築かれた中世の山城跡である。JR海南駅から国道370号線を東に行き，市立大野小学校正門前の作業道をのぼると着く。大野城は南北朝時代に南朝方の砦群として築かれ，大野城跡の北約2〜4km地点に東から春日山城・神田城，土塁が残る日方城・池崎城などの支城跡がある。山名義理が守護となった1378(永和4)年，守護所を府中(現，和歌山市)から大野に移した際に，砦を整備し，大野城を築城したとみられている。東城跡と西城跡からなり，東城跡は標高436mの地点にある。南北約50m・東西約25mで，3段の曲輪に，石列・石段・礎石建物跡などがある。出土遺物は14世紀後半〜15世紀初頭の皿などの土師質土器片，備前焼大甕・中国青磁などの陶磁器の破片や鉄釘・銭貨・漆器椀などである。西方約550mに西城跡があり，その間の尾根上には曲輪跡・堀切跡・土塁跡・竪堀跡などが残る。

　明徳の乱(1391年)で山名氏一族と運命をともにした義理は，大内義弘軍を前にして，日方浦から落ちていったという。山麓の鳥居にある浄土寺(日限地蔵，時宗)には，義理の墓とされる宝篋印塔があるが，やや新しいものである。こののち紀伊国守護となった大内義弘は，陶氏を守護代としていたが，応永の乱(1399年)で敗れ，大野城は平定に功のあった畠山基国の居城となった。

大野城跡(大野城趾碑)

禅林寺 ㊳
073-482-1894

〈M▶P. 2〉 海南市幡川424　ⓟ
JR紀勢本線海南駅🚌登山口行薬師谷🚶10分

　禅林寺(真言宗)は，薬師谷バス停から南東へ約700m行った所に

禅林寺

あり,「お薬師さん」ともよばれてきた。禅林寺文書(県文化)によると, 聖武天皇の勅願所として唐僧為光が開基し, 本尊は七薬師の随一とされたとの伝承がある。本尊の塑造薬師如来坐像(県文化)は, 奈良時代の作とみられ, 内部に空洞はなく, 頭部は炎をこうむって肌が荒れ, 補修が認められる。体部は鎌倉〜室町時代の塑像である。伽藍規模は, 1334(建武元)年には金堂など8堂, 鎮守3社・僧房12坊などがあり, 幡川の谷一帯が寺域であったようである。室町時代を通じて山名氏・大内氏ら歴代の守護の保護を受けて寺勢は安定し, 伽藍も壮大であったが, 何度も戦火に遭い荒廃したという。

「お薬師さん」の大伽藍大野郷の紐帯

禅林寺の北西約1.5kmに春日神社がある。境内には地侍の大野十番頭が, 南北朝時代に落ち延びる大塔宮をかくまったという伝承地がある。社殿のある春日の森は標高43mで, その西方約80mに春日山城趾碑が立つ。

願成寺 ㊴
073-487-1236
〈M▶P.2, 49〉海南市別所223　P
JR紀勢本線海南駅🚌登山口行重根農協　🚶30分

願成寺は県道18号線沿いの藤白山脈山腹にあり, 天台宗の古刹である。重根農協バス停からは南へ約2km行くと着く。願成寺文書(間藤家文書を含む, 県文化)によれば, 多田の千光寺(廃寺)の僧湛慶上人が, 待賢門院(鳥羽院中宮)の冥福を祈るために, 1145(久安元)年に別所として創建したといい, 地名はそれに由来する。本尊の木造千手観音坐像(国重文)は鎌倉時代の作で寄木造, 玉眼で, 宝髻や衣部などに金泥線を施した素木像である。複雑な像容ながらも均整がとれており, 衣文の彫りは深

願成寺木造千手観音坐像

豊かな文化財のまち海南　47

く力強い。台座は特異な蓮華座である。西方の衣笠山には平安時代末期の経塚があり，中国製青白磁の合子や碗，藤原時代の和鏡などが出土した。願成寺のある別所は，有田郡金屋越えの峠の登り口で，この道は熊野古道とは別に，修験者や天台聖が修行を重ねながら熊野入りする道の1つであったと考えられている。

谷間の美しい菩薩像　豊かな荘園史料

天下の紀州流土木工法　将軍に見込まれた男

亀池 ❹
073-483-8460（海南市商工観光課）

〈M▶P. 2, 49〉　海南市阪井　P
JR紀勢本線海南駅🚌登山口行亀池公園🚶5分

　亀池公園バス停の南約300mにある亀池は，生石高原県立自然公園の一角にあり，紀州流土木工法の祖といわれた紀州藩士井沢弥惣兵衛為永によって，1710（宝永7）年につくられた県内最大級の灌漑用池である。満水面積約13万m²，堤の高さ16m・長さ98m，周囲約4kmである。亀の川上流のひや水地区にある亀の欠（堰）から導水し，亀池により亀の川中・下流域の当時の11カ村約300haを灌漑した。弥惣兵衛はこのほか，亀の川改修や佐々井用水（紀美野町下佐々から海南市野上中地区へ導水）改修などに携わった。その後，江戸幕府8代将軍となった徳川吉宗に召され，1722（享保7）年江戸に赴き，幕府の勘定吟味役として手腕を発揮，見沼代用水（埼玉県）などを完成させた。堤上に故井沢彌惣兵衛之碑が立ち，亀池の東約3.5kmの野上新には井沢弥惣兵衛生家跡と顕彰碑がある。池には中島があり，徳川氏の別荘であった双青閣（国登録）が移築されている。また，亀池公園バス停前すぐに棕櫚産業に従事した山本勝之助商店と山本家住宅（ともに国登録）がある。

亀池堤上に立つ故井沢彌惣兵衛之碑

海南歴史民俗資料館 ❹
073-487-3808

〈M▶P. 2, 49〉　海南市木津233-23　P
JR紀勢本線海南駅🚌登山口行沖野々🚶10分

　沖野々バス停から有田川町方面に向かう国道424号線を南東に約

300m行くと法然寺（浄土宗）がある。寺伝によると，1187（文治3）年法然が熊野三所権現へ参詣の途中，ここにとどまり，みずから刻んだ仏像を安置したのがこの寺の開基という。法然寺の南東約1.5km，九品寺地区の県道169号線沿いには，「如来さん」で知られる九品寺（浄土宗）があり，法然寺の南約700mに海南市海南歴史民俗資料館がある。海南地方の農具や民具，江戸時代の道標，亀川遺跡から発見された弥生時代の円形竪穴住居跡壁面レリーフなどがある。さらに南に向かい，国道424号線をひや水地区から右にそれて行くと，東畑地区を経て藤白山脈を有田越えするが，分岐から約1.5kmの山麓に，1225（嘉禄元）年京都の高山寺明恵の開基という円満寺（天台宗）がある。秘仏としてまつられている木造十一面観音菩薩立像（県文化）は平安時代中期の作と考えられ，頭・体部の根幹部はヒノキの一木造，彫眼・肉身部漆箔，衣部には彩色が施されている。国道424号線に戻り有田川町方面に向かうと，上谷地区に子安観音と「至徳二（1385）年」銘の無縁塔がある極楽寺（浄土宗）がある。

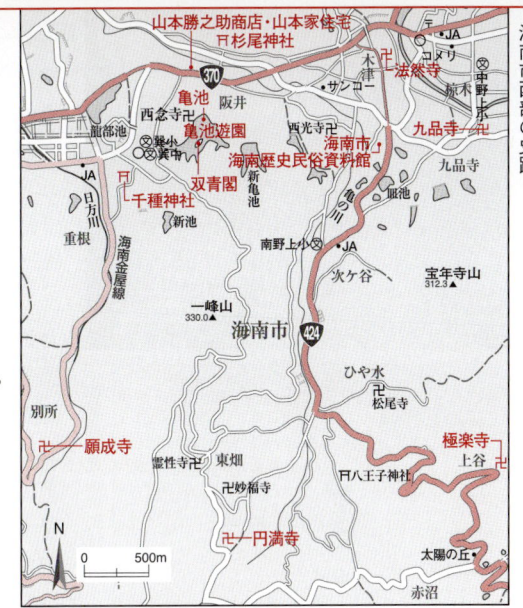

海南市西部の史跡

海南市東部の史跡
住居跡壁面レリーフ

峠の眼下に広がる絶景
峠に大石の地蔵仏

地蔵峰寺 ㊷
073-492-3349
（海南市教育委員会生涯学習課）

〈M▶P.2, 50〉海南市下津町橘本1612
JR紀勢本線海南駅・JR紀勢本線加茂郷駅🚶100分，または加茂郷駅🚌仁義行橘本（日・祝日運休）🚶50分

橘本バス停から北へ約2kmのぼって行くと，地蔵峰寺（天台宗）がある。藤白峠頂上部の標高260mの平坦部，熊野古道に面して立

豊かな文化財のまち海南　49

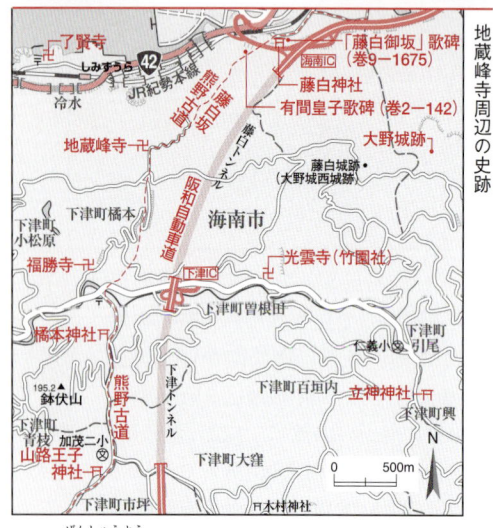

地蔵峰寺石造地蔵菩薩坐像

つ。俗に「峠の地蔵さん」とよばれる本尊の石造地蔵菩薩坐像(国重文)は、総高3m余りの大石仏で本体と光背を砂岩の一材で彫成している。舟形光背の裏面に、薬研彫り(陰刻)で、1323(元亨3)年10月24日に沙門心静が勧進し、薩摩権守行経が造立したことを刻む。心静は新義真言宗の僧で、行経は鎌倉時代の石造彫刻を代表する伊派の石工である。正面側柱に、「永正十(1513)年」の銘がある本堂(国重文)は、方三間、寄棟造・本瓦葺きで禅宗様の影響が濃い。本堂前方にある総高3.78m余りの石造宝篋印塔(県文化)は、緑泥片岩と砂岩を用いており、本尊と同時期の石造物とみられ、当寺と関係のある遺物と考えられている。

地蔵峰寺周辺の史跡

脇に落下する修験の滝

福勝寺 ㊸
073-494-0312
〈M▶P.2, 50〉 海南市下津町橘本1065 P
JR紀勢本線加茂郷駅🚶60分、または🚌仁義行橘本(日・祝日運休)🚶10分

　藤白峠の南麓、加茂川右岸の熊野古道沿いに福勝寺(真言宗)がある。加茂郷駅からは東へ約4kmの所である。江戸時代には紀州藩主徳川家の祈禱所であった。本堂(国重文)は、方三間、寄棟造・本瓦葺き、割石礎石に円柱を建て、正面側の3方に縁側を設けている。

50　県都和歌山

熊野古道①

コラム

高速道路沿いの王子跡
王子跡周辺の遺跡

　海南市域では熊野古道と高速道路が並行している。奈良および大阪から熊野三山に向かう熊野古道は，和歌山市域東部で合流し，紀ノ川を渡り，海南市域に入る。熊野古道沿いの王子跡を紹介する。

　松坂王子跡(県史跡)　和歌山市域から南下する熊野古道は，千光寺跡という四ツ石や且来八幡神社の麓を通り汐見峠にさしかかる。峠の登り口に松坂王子跡の小祠がある。峠にはくも池があり，堤付近に石畳と徳本上人名号碑がある。汐見峠という呼称は，奈良からの熊野古道では最初に海が望めたことに由来するといわれる。峠の地蔵は呼びあげ地蔵といい，安政大地震(1854年)のとき，光った地蔵が住民をよびあげ，津波から救ったと伝えられる。

　松代王子跡(県史跡)　もとは春日山の西麓の熊野古道沿いにあったが，天保年間(1830〜44)に青石(緑泥片岩)の碑が建てられた後に現在地(春日神社境内)に移され，小祠に収まる。

　菩提房王子跡　松代王子説明板から日方川を渡り，中世に大野市があったとされる辺りの蓮花寺(真言宗)を過ぎた路傍の民家軒下にある。

　祓戸王子跡(県史跡)　鳥居王子跡ともいう。菩提房王子跡を過ぎて西に向かうと，一遍が立ち寄ったと伝える浄土寺(日限地蔵)がある。ほかに明治時代末期に建てられた傘東京積組合碑がある。隣接する如来寺(浄土宗)を過ぎると，熊野の入口とされる一の鳥居跡で，古道はここで和歌山城下からきた熊野街道と合流する。その三差路を左折すると，約500mで藤白王子跡(藤白神社)である。

1515(永正２)年の墨書などから，室町時代中期の建築と推定され，1662(寛文２)年藩命によって修理された。また，1650(慶安３)年に紀州藩初代藩主徳川頼宣が，虚空蔵菩薩像を安置する求聞持堂(国重文)を建立した。西面が本堂と接続し，屋根は東側を寄棟とするが，これは後世の改築によるもので，もとは宝形造の建物であっ

福勝寺本堂と求聞持堂

豊かな文化財のまち海南

たという。その東側に方一間，切妻造・本瓦葺きの鐘楼(本堂の附 指定で国重文)が立つ。境内西方に裏見の滝(岩屋の滝)がある。滝の裏側の洞窟から落下する滝水をみることができることから生まれた呼称で，修験の行場として古くから利用されてきたものである。

山路王子神社 ⓜ

〈M ▶ P. 2, 50〉 海南市下津町市坪269
073-494-0455
JR紀勢本線加茂郷駅 🚶 80分，または 🚌 仁義行橘本(日・祝日運休) 🚶 20分

王子社の面目躍如
稚児による泣き相撲

橘本バス停から南へ約1.5km行くと，山路王子神社(祭神天照大神・応神天皇)に着く。熊野九十九王子の1つ一壺王子跡として，境内は県の史跡に指定されている。緑泥片岩の石垣を4段に組んだ真ん中に社殿への石段を設けた壮麗な配置は，往昔の王子社の原型をとどめる貴重なものである。毎年10月の秋祭りに稚児たちによって行われる奉納花相撲(泣き相撲)は，これに先立って行われる獅子舞とともに県指定無形民俗文化財である。氏子より選ばれた5〜6歳の少年が行司となり，

山路王子神社(一壺王子跡)

境内に設けられた土俵で神前への口上を述べる。生後4〜5カ月から3歳くらいまでの男児が，赤や青など色とりどりの回しを締めて介添役の氏子総代に抱かれて取り組み，1勝1敗で終わらせ，互いに砂をつけあって無病息災を祈る。

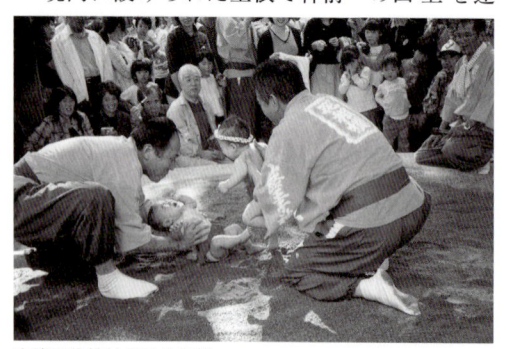

山路王子神社の泣き相撲

熊野古道②

コラム

多くの文化財「歴史の道」を目指す

　藤白神社の境内を抜け、『万葉集』で名高の枕詞である紫川を渡ると、まもなく有間皇子暗殺の地とされる有間皇子遺蹟があり、墓碑と佐佐木信綱揮毫になる皇子の歌碑が立つ。遺蹟を過ぎると急峻な山道となり、藤代塔下王子跡までの約2kmは、熊野古道中でも本来の景観がよく保たれている藤白坂である。遺蹟の端に丁石地蔵がある。江戸時代中期に名高専念寺の全長が、藤白峠まで17体の地蔵を1丁ごとに安置したという。現存するものは4体のみであったが、1981(昭和56)年に復元された。峠の約200m下には、平安時代の宮廷絵師巨勢金岡が、熊野権現の化身の童子との絵競べに負けたのを恥じ、マツの根元に絵筆を捨てたという伝承をもつ筆捨松がある。近くには大きな硯石がある。硯石の設置については初代藩主徳川頼宣の命とする説と、好事家が据えたとする説がある。

　藤代塔下王子跡（県史跡）　藤白峠の地蔵峰寺境内に石碑が立つ。王子社は明治時代末期に、橘本神社に合祀された。近くの御所の芝は、御幸において休息の場となったといい、「和歌山の朝日・夕日百選」に指定され、眼下に海南港や町並みから、淡路島・四国まで見渡せる絶景の地である。

　橘本王子跡（県史跡）　藤白峠から南へ約2kmくだった阿弥陀寺（浄土宗）境内に石碑が立つ。明治時代末期には所在が不明であったが、同寺境内で1437(永享9)年の旧社殿を示す棟札が発見され、大正年間(1922～36)に橘本神社に合祀された。

　所坂王子跡（県史跡）　阿弥陀寺の南約700mの橘本神社境内にある。途中の加茂川に熊野古道の土橋が復元されている。神社合祀の際、橘本地区は加茂神社氏子から離れ、あらたに柑橘類および菓子の祖神田道間守をまつる橘本神社を創建するとともに、地区内の王子社を合祀した。

　一壺王子跡（県史跡）　橘本神社の南約1.3km、市坪地区の山路王子神社が王子跡にあたり、沓掛王子ともいった。山路王子神社は、かつての王子社の形態を残す数少ない神社である。熊野古道は、この後再び急峻な山(拝ノ峠)越えをし、有田市の蕪坂王子跡へと続く。

藤白坂(熊野古道)

豊かな文化財のまち海南

竹園社 ㊺　〈M▶P.2, 50〉海南市下津町曽根田651
073-494-0861
　　　　　JR紀勢本線加茂郷駅🚶80分，または🚌仁義行曽根田(日・祝日運休)🚶1分，または近畿自動車道下津ICよりすぐ

西山派浄土宗の師の廟所
唐門風扉内に逆修墓碑

　曽根田バス停で下車して加茂川沿いに県道166号線を東へ約60m行くと，左手に明秀院光雲寺(竹園社，西山派浄土宗)がある。同寺は，総持寺(和歌山市)の開山である明秀光雲の終焉の地に立ち，明秀上人廟所(県史跡)がある。廟所は板状の花崗岩を組み合わせて箱形石槨をつくっており，古墳の石室のように羨道と玄室に相当する形式である。入口は唐門風につくり，石槨内にある逆修墓碑には，「逆修明秀上人文明十七(1485)年四月日」の銘が刻まれている。

竹園社明秀上人廟所

立神神社(立神社) ㊻　〈M▶P.2, 50〉海南市下津町引尾72
073-494-0045
　　　　　JR紀勢本線加茂郷駅🚶100分，または🚌仁義行終点(日・祝日運休)🚶5分，または近畿自動車道下津ICより2.2km

雨乞い踊りの神社
加茂神社の奥宮と巨岩

　竹園社から県道166号線を南東へ約2km行くと，旧仁義村(現，海南市)の中心地引尾にある立神神社(祭神高龗神・天照大神・大己貴神)に着く。境内に神社名の由来となった高さ20mほどの立巌がある。当社には雨乞い踊り(県民俗)が伝わる。江戸時代中頃から紀北地方で行われた雨乞いの方法は2つあり，1つは高野山奥の院の灯を賜り高台で薪を焚く「火上げ」と，もう1つはこの雨乞い踊りである。この踊りは江戸時代から氏子が伝えてきたもので，氏子は練習を兼ねて1週間の願をかける。その間，神官は精進潔斎して神前に祈願する。満願の日には行列をつくって境内に繰り込み，音頭と笛，太鼓にあわせて「入葉(端)踊り」があり，つぎに口上が

述べられた後,「笠踊り」「立神踊り」「雨乞い踊り」などが踊られる。

また,加茂川左岸松尾山の山腹の大窪(おおくぼ)集落にある里(さと)神社の大窪の笠踊り(うじがみき)(県民俗)は,同社が近くの氏神木村(むら)神社に合祀されたため,木村神社で保存されている雨乞い踊りである。両社の笠踊りは雨乞い踊りの芸能化されたものであろうが,「お礼踊り」の様相が強いとみられている。

加茂郷駅周辺の史跡

三郷八幡神社(さんごうはちまんじんじゃ) ㊼
073-492-4687

〈M▶P.2, 55〉 海南市下津町丁(よろ)238-3
JR紀勢本線加茂郷駅🚶20分

極彩色であった本殿　サクラの名所の三郷の宮

JR加茂郷駅の南約500mの丘陵上に,三郷八幡神社(祭神大鞆和気(おおともわけ)神〈応神天皇〉・住吉明神(すみよしみょうじん)・菅原道真(すがわらのみちざね))がある。丸田(まるだ)・黒田(くろだ)・丁の3大字(おおあざ)の産土神(うぶすながみ)として「三郷の宮」とよばれ,古くから崇拝されてきた。本殿(国重文)は棟札(むなふだ)(本殿の附指定で国重文)により,1559(永禄2)年の建立が明らかである。建物は比較的小規模な三間社流造・檜皮葺きで,室町時代末期の特徴をよく残す。蟇股(かえるまた)・木鼻(きばな)などの彫刻類には,桃山様式の先駆けとなる装飾が垣間見られる。全体的に均整のとれた姿のよい社殿で,丹(に)塗りと極彩色が施されている。

三郷八幡神社本殿

豊かな文化財のまち海南

善福院 ㊽
073-492-2188
〈M▶P. 2, 55〉 海南市下津町梅田271 P
JR紀勢本線加茂郷駅 🚶25分

在地武士層の拠り所
梅田の釈迦堂と頂相

　JR加茂郷駅から東へ約2kmの所に善福院(天台宗)がある。当院は、中世に当地方の在地武士層の信仰を受けた広福禅寺(廃寺)の5つあった塔頭の1つであった。広福禅寺の開創は1215(建保3)年で、当院は栄西の弟子栄海により1221(承久3)年に開創された。羽柴秀吉の紀州攻め(1585年)で寺領が没収され、堂塔も荒廃したが、在地武士層の協力により1594(文禄3)年に復興、当時は真言宗であったが、1667(寛文7)年当地方が和歌浦の紀州東照宮(和歌山市)の別当寺雲蓋院領になったため、同寺末となり天台宗に改宗した。明治30年代に広福寺の寺号を廃して善福院の名で総称するようになった。善福院本堂となった釈迦堂(国宝)は鎌倉時代後期の建立と推定され、方三間、一重裳階付寄棟造・本瓦葺きの純禅宗様式の三重仏殿で、当院の前身となる広福禅寺が、鎌倉時代末期には禅刹として隆興していたことを示す建造物である。本尊の木造釈迦如来坐像(県文化)のほか、木造僧形坐像(頂相、県文化)がある。境内に、当地方に住んだ享保年間(1716～36)の儒者山井崑崙の顕彰碑と墓碑がある。

善福院釈迦堂

加茂神社 ㊾
073-492-2085
〈M▶P. 2, 55〉 海南市下津町下568 P
JR紀勢本線加茂郷駅 🚶20分

加茂谷の氏神
京都賀茂神社を勧請

　JR加茂郷駅の北東約800mに、加茂神社(祭神別雷神)があり、本殿後方に磐座信仰の遺跡がある。平安時代後期に当地は賀茂荘として山城国(現、京都府)賀茂神社の社領となり、賀茂神社が勧請されたのが当社と考えられている。当社を下賀茂神社(現、下鴨神社〈京都市左京区〉)、加茂川上流の引尾の立神神社を上賀茂神社

(京都市北区)と見立てた記録があり、中世には加茂谷の領主加茂氏の氏神であった。なお、長保寺の木造阿弥陀如来坐像は、かつては当社神宮寺の本尊であった。

極楽寺 ㊿

〈M►P. 2, 55〉海南市下津町塩津881
JR紀勢本線加茂郷駅🚶40分、または🚌戸坂行塩津(日・祝日運休)🚶5分、またはJR紀勢本線海南駅🚌湯浅(または星尾)行塩津口🚶15分

漁業や廻船で栄えた塩津港 世親の教えの経巻

加茂神社の背後(北西)の尾根を越えると塩津地区である。和歌浦湾南端の塩津港は天然の良港で、江戸時代には諸国の廻船の入津も多く、栄えた。塩津バス停から南へ約300m行った、港を見下ろす高台にある**極楽寺**(浄土宗)には、鎌倉時代作の**紙本墨書伏見天皇宸翰唯識三十頌**(国重文)がある。この帖は縦15.4cm・全長128.3cmである。「唯識三十頌」とは、世親(4〜5世紀のインド僧)が人間の精神構造を説いた唯識説の根本義を30の偈頌にまとめた論書で、本品はそれを筆写し1巻に表装したものである。伏見天皇が276巻書写し、国家鎮護を祈願したという。本品は奈良春日神社(現、春日大社)に奉納されたうちの1巻で、1809(文化6)年当寺を祈禱所とした一条家から奉納されたものという。また、塩津では、江戸時代初期から漁業が盛んで、寛永年間(1624〜44)に漁港の近くにある蛭子神社(祭神蛭子神・聖御前・八幡神)の宮座構成員によってイナ(ボラの幼魚)の定置網が創設され、幕末まで村網として操業した。蛭子神社に伝わる**塩津のいな踊り**(県民俗)は、イナの漁獲の動作を振付けしたもので、現在は盆踊りとして行われている。踊りの形態は、イナが網のなかで跳ねるような踊りを基本踊りとし、団扇をもち男女1組で頬被りをして踊る「姿見踊り」などがある。
蛭子神社の社叢(県天然)は社殿背後の境内にあり、カゴノキ・クスノキなどの十

蛭子神社の社叢

豊かな文化財のまち海南

数本の老大樹が枝を交えて聳え立ち，神社の尊厳を保っている。

長保寺 �51
073-492-1030
〈M▶P. 2, 55〉 海南市下津町上689 P
JR紀勢本線下津駅🚶20分

紀州徳川家の墓所 3つの国宝建造物

JR下津駅から東へ約2km行くと長保寺(天台宗)に至る。1000(長保2)年一条天皇の勅願により，書写山円教寺(兵庫県姫路市)開山性空の開基という。

大門は，室町時代中期の建立である。

長保寺大門

壇上にある本堂は，鎌倉時代の建立で方五間，単層入母屋造，隣にある多宝塔(いずれも国宝)は，鎌倉時代末期〜室町時代初期建立，方三間の純和様建築である。本堂後方にある鎮守堂(国重文)は，一間社流造・檜皮葺きで鎌倉時代末期の建立である。

長保寺は，1666(寛文6)年に紀州藩初代藩主徳川頼宣により菩提寺に定められた。背後の山の斜面に広大な廟所が造営され，将軍となった吉宗・慶福(家茂)の2人をのぞく13人の藩主や夫人ほかの墓標28基および供養塔2基・石灯籠330基が立つ和歌山藩主徳川家墓所(国史跡)となっている。徳川氏により建立された客殿・紀州藩霊殿はともに県指定文化財である。

境内の山林はシイノキ・ホルトノキ・ヤマモモ・アラカシなどが多い常緑広葉樹林で，長保寺の林叢として県の天然記念物に指定されている。ほかに絹本著

和歌山藩主徳川家墓所(頼宣の墓，長保寺)

58　県都和歌山

色仏涅槃図(国重文),本尊の木造阿弥陀如来坐像と木造金剛力士立像2軀(ともに県文化)がある。近世には本坊陽照院のほか子坊5院があったが,現存するのは陽照院と福蔵院のみで,本行院跡は海南市下津歴史民俗資料館となっており,旧下津町内の文化財を収蔵する。

　長保寺の西に東光寺(西山派浄土宗)があり,平安時代作の木造薬師如来坐像と木造天部立像(ともに県文化)がある。長保寺の西約2km(下津駅の北約300m)には,江戸時代に紀伊国屋文左衛門が蜜柑船を積み出したという伝承がある下津港がある。

⑤ 野上谷

野上谷を流れる貴志川と真国川に沿う旧高野街道。野上谷にある野上八幡宮、生石高原を歩く。

野上八幡宮 ㉒
073-489-2162
〈M▶P.2〉 海草郡紀美野町小畑625 Ｐ
JR紀勢本線海南駅🚗20分

石清水八幡宮の別宮 野上荘24カ村の産土神

野上八幡宮

JR海南駅から国道370号線を東へ約8km行った所に野上八幡宮(祭神応神天皇・神功皇后・玉依姫)が鎮座している。野上荘24カ村(現、海南市東部および紀美野町西部)の産土神で、旧県社である。

987(永延元)年山城国石清水八幡宮(京都府八幡市)の別宮となった。1541(天文10)年、火災により社殿・神宝の多くを焼失したが、1557(弘治3)~73(天正元)年にかけて、逐次再建された。

現存する社殿はこのときのもので、本殿・拝殿・摂社武内神社本殿・摂社平野今木神社本殿・摂社高良玉垂神社本殿(いずれも国重文)・絵馬殿(県文化)などがある。社殿の再建とともに別当寺を本社の左右に建て、東を本願寺、西を神宮寺と号したといわれている。鎌倉時代末期の備前長船派の名工真長の銘をもつ赤銅鳥頸太刀1口は国重文である。徳川吉宗に重用された紀州流土木工法の始祖井沢弥惣兵衛為永も当神社の氏子であった。

生石高原 ㉝
073-489-3586(レストハウス山の家おいし)
073-489-5901(紀美野町産業課)
〈M▶P.2, 61〉 海草郡紀美野町中田 Ｐ(生石高原キャンプ場)
JR紀勢本線海南駅🚗70分または🚶120分

関西随一の大草原のススキの

野上八幡宮から国道370号線を東へ約3km行くと、1994(平成6)年に廃線となった野上電鉄の終点登山口駅があり、跡地は、大十バスのターミナルとなっている。海南市の日方駅から紀美野町の登

紀美野町の史跡

山口駅まで11.4kmのうち、日方駅・沖野々駅間は歩行者・自転車専用道路に、沖野々駅・登山口駅間は２車線の車道になっている。登山口駅から東へ約500mの地に、高野山領内の最西端を守る番所寺院として造営された医王寺(真言宗)がある。

医王寺からさらに東に進んで、吉野交差点を右折し、この付近で貴志川と合流する梅本川に沿って県道180号線を南へ約３kmゆるやかにのぼって行くと、小川宮にある小川八幡神社に至る。小川荘(現、紀美野町小川地区)の鎮守で、石清水八幡宮(京都府八幡市)から勧請されたという。神社から県道180号線をさらに南へ行くと大観寺(真言宗)に至り、近くに弘法大師の押し上げ岩や立岩があらわれる。さらに紀美野町と有田川町との境界に位置する札立峠から県道184号線を西に進むと、生石高原山頂に至る。

生石高原は高野山から西に延びる長峰山脈の主峰、標高870mの生石ヶ峰を中心とする高原状の隆起準平

生石高原

原である。頂上からの眺望は素晴らしく，夏から晩秋にかけてススキの大草原が広がり，そのスケールは関西随一ともいわれる。山頂より西約700mの尾根にある高さ約6m・長さ約40mの大岩はその形から笠石（かさいし）といわれる。石英千枚岩の大岩には，空海（弘法大師）がこの岩の上で休息したという伝説がある。生石高原付近にあるいくつかの大岩は修験道の行場（しゅげんどうのぎょうば）であり，巨石信仰の痕跡がみられる。生石の名称もこれに由来する。

十三神社（じゅうさんじんじゃ） 54

073-495-3755 〈M▶P.3, 61〉海草郡紀美野町野中493 P
JR紀勢本線海南駅🚗30分

河野水軍一族ゆかりの神社

登山口駅跡地から国道370号線に沿って東南へ2.5kmほど行くと，貴志川沿いに十三神社がある。社伝によれば，784（延暦3）年に神野荘（の）（現，紀美野町下神野地区（しも）と上神野地区（かみ））の人びとが官許を得て，天神七代・地神五代をまつり十二社大権現（じゅうにしゃだいごんげん）と称したが，1574（天正2）年伊予国（現，愛媛県）の河野通直（こうのみちなお）・秀道（ひでみち）父子が長宗我部元親（ちょうそかべもとちか）に敗れて当地に落ち延び，大山祇神（おおやまづみのかみ）を合祀（ごうし）することとなり，以来十三社大権現と称したと伝えられる。

本殿・摂社丹生神社本殿（にう）・摂社八幡神社本殿（いずれも十三神社として国重文）とも1574年の建立（こんりゅう）と考えられる。いずれも安土桃山時代の建造物として，建築様式の変遷を知るうえで重要である。

貴志川を隔てて十三神社の対岸には満福寺（まんぷくじ）（真言宗）がある。本尊は木造十一面観世音菩薩立像（じゅういちめんかんぜおんぼさつ）である。

満福寺のある紀美野町神野市場（いちば）は，鎌倉時代から市場の存在が確認される。高野街道（こうや）（現，国道370号線）と竜神街道（りゅうじん）（現，県道19号線）の分岐点であり，中世から近世にかけて定期市場が栄え，7月27日と12月22日の大市（おおいち）は盛んであった。

十三神社本殿

神野市場より竜神

野上谷のシュロ（棕櫚）加工

コラム

産

シュロ加工の伝統を受け継ぐ名匠たち

　現在の海南市東部から紀美野町神野市場にかけての野上谷では，明治時代初期に農家の副業として棕櫚加工業が始まり，棕櫚皮生産が急増した。棕櫚皮からは，箕・タワシ・箒・縄・綱・マット・履物表・帽子などが製造された。その後，需要がふえて，野上谷は全国の70％強を生産する棕櫚加工品の集散地として発展し，棕櫚加工業は野上谷の重要な地場産業となった。その後需要が急増，原料のシュロが不足する状態となり，中国産のシュロまで輸入した。

　大正時代に入ると，野上谷ではシュロの代用品としてパーム（ヤシ）を輸入するようになった。パームは安価であるため，シュロとの地位が逆転した。

　さらに，第二次世界大戦後，化学繊維の普及などにより棕櫚産業は大打撃を受け，野上谷では化学繊維のロープなどの製造がこれにかわるようになった。かつて全国的な生産量を誇った野上谷の棕櫚産業も，パームやシュロを使った雑貨を製造する業者がわずかに残るのみとなり，棕櫚林はスギやヒノキの植林にかわり，シュロの木はほとんどみられなくなっている。

　紀美野町動木で棕櫚箒の製造業を営む桑添勇雄は，戦後地域で製造されていた鬼毛（1枚の棕櫚皮から数本しかとれない繊維）による棕櫚箒の製造技術を継承し，現在，県内唯一の鬼毛箒の製造事業者となっている。この鬼毛箒は貴重な鬼毛を集めてつくられたもので，芸術的な様相もあいまって，高い評価を得ている。また，棕櫚箒は，2004（平成16）年に和歌山県郷土伝統工芸品に指定され，桑添勇雄は2007年，県の「名匠」に選ばれた。

棕櫚箒

街道沿いに南へ5kmほどのぼった峠付近にある箕六弁財天社のカツラ（雄株幹周8.0m・樹高30m，推定樹齢500年）は県指定天然記念物である。

坂上田村麻呂の伝承が残る神社

国吉熊野神社 55
073-489-5910（紀美野町教育委員会）

〈M▶P.3〉 海草郡紀美野町田22　P
JR紀勢本線海南駅🚗50分

　十三神社から国道370号線を東へ約10km，国吉郵便局北側の山腹に国吉熊野神社がある。猿川荘（現，紀美野町国吉地区）の総産土神であった当神社は，『那賀郡誌』によれば坂上田村麻呂の勧請と

野上谷　63

国吉熊野神社

いう。田村麻呂が東北平定の任を受けてこの地を離れるときに、戦勝を祈願して建てたとの伝説がある国吉熊野神社石造宝篋印塔(県文化)や将軍桜、参道にはしらかしの老大樹群(県天然)などもある。神社に隣接して野上谷最大の大御堂をもつ惣福寺(真言宗)がある。

麓の菅沢地区の美里温泉「かじか荘」から100mほどのぼると阿弥陀堂があり、この寺の境内で、1776(安永5)年に高野山領内で発生した農民一揆(高野騒動)の中心人物の1人で、江戸で処刑された庄屋弥市郎の墓が近年発見されている。

長谷丹生神社 56
073-499-0592
〈M▶P.3〉海草郡紀美野町長谷宮238 P
JR紀勢本線海南駅🚗70分

東大寺再建僧重源が勧進した梵鐘

美里温泉から国道370号線を北東へ約10kmの毛原宮に、丹生狩場神社がある。当社は、毛原郷(現、紀美野町長谷毛原地区)の総鎮守で、高野山領の地主神とされる丹生・高野の両明神をまつる。境内に大日寺(真言宗)があり、本尊の木造阿弥陀如来坐像(県文化)は、藤原時代末期から鎌倉時代初期の作といわれる。

丹生狩場神社から国道370号線を北東へ3.5kmほど行った長谷宮に長谷丹生神社がある。『天野丹生都比売神社誌』によると、長谷宮は古来、天野丹生都比売神社(かつらぎ町)の神領であったため、710(和銅3)年、丹生都比売命と高野御子命を祭神として、長谷郷の鎮守として長

泉福寺の梵鐘

弥市郎の墓

コラム

200年の時を経て発見された義民の墓

1776(安永5)年，高野山領であった紀ノ川の南岸百数十カ村の領民数千人が，年貢などの減免を求めて蜂起し，領主の高野山に押しかけた。要求は一部認められたが，高野山側が紀州藩に救援を要請し，藩は郷士を差し向けたため，一揆は鎮圧された。寺側が紀州藩に指導者を捕えるように要請するが藩は応じず，幕府へ訴えることとなった。一揆の指導者とみなされた23人が江戸へ連行され，そのなかで中心人物8人(猿川荘3人・真国荘1人・神野荘4人)が獄門とされた。うち7人は獄中で病死し，猿川荘菅沢村(現，紀美野町菅沢)の庄屋弥市郎のみが斬首されて首は郷里に運ばれ，高野街道沿いにさらされた。

この弥市郎の埋葬地についてはこれまで知られていなかったが，2003(平成15)年6月阿弥陀堂の一角で弥市郎の墓が発見された。碑の側面には「文化七(1810)年三月二十一日」と刻まれており，同年は処刑から33年目にあたることから，三十三回忌を期して村人により墓が建てられたと考えられる。現在も毎年盆と秋には供養が行われているが，由来が知られないまま昔からまつられてきたといい，高野山の支配下で語り継ぐことが憚られたのではないかと推測されている。

弥市郎の墓(阿弥陀堂)

谷丹生神社をまつったと伝えている。境内のイチョウ(幹周5.5m・樹高22m)は県指定天然記念物である。境内にあった観音寺の釣鐘堂の梵鐘(国重文)は，銘に「高野山延寿院奉施入鐘一口，為僧照静聖庵源時房，尼妙法兼法界衆生，安元二(1176)季二月六日，勧進入唐三度聖人重源，願主尼大覚」とある。重源が勧進した，もと高野山西院谷にあった延寿院の鐘で，県内最古の梵鐘である。この梵鐘は現在，谷口にある泉福寺(真言宗)に移されている。

釜滝の甌穴 (57)

073-489-5910(紀美野町教育委員会)

〈M►P. 3, 61〉 海草郡紀美野町釜滝
JR紀勢本線海南駅🚗40分

JR海南駅から国道370号線を東へ10km余り行き，落合橋手前で県道4号線に入って貴志川の支流真国川に沿ってさらに進むと，河床に大小の甌穴(ポットホール)がみられる。河床の小石が流転して

結晶片岩を削ってできたもので、県の天然記念物に指定されている。甌穴のことを「釜」とよぶ。

釜滝にある金剛寺(真言宗)の本尊木造薬師如来坐像は、慈覚大師作という縁起があり、眼病に利益がある釜滝薬師として知られている。丹生八幡神社は志賀野荘(現、紀美野町志賀野地区)の鎮守で、八幡宮・丹生明神などをまつる。

真国丹生神社 ⑱
073-489-5910(紀美野町教育委員会)

〈M▶P.3〉海草郡紀美野町真国宮
JR紀勢本線海南駅🚌40分

釜滝の甌穴から県道4号線を約4km東に進んだ真国宮に、真国丹生神社(祭神丹生都比売命)がある。古くは丹生高野明神社と称し、真国荘(現、紀美野町真国地区)の鎮守であった。

真国丹生神社から県道を東に約6km行った勝谷地区にある善福寺(真言宗)境内のカヤ(幹周り7m・樹高15m)は樹齢800年と推定され、県内最大の大木で県の天然記念物である。

旧美里町(現、紀美野町東部)内で現在でも多くのカヤの大木がみられるのは、かつて高野山の寺領であったためと考えられる。カヤの油は凝固点が低いため、菜種油が低温で固まる場合もカヤの油をまぜると固まるのを防ぐことができ、厳冬の高野山で灯明用に欠かせないものであった。また食用としても極上品とされ、多く使用された。現存するカヤの大木は、江戸時代にカヤの油と実を高野山へと上納したその名残りとみられる。

善福寺のカヤ

甌穴(ポットホール)と、眼病の薬師

高野山の灯明を支え続けたカヤの大木

Kudoyama
Kouya
Hashimoto

紀ノ川流域

上空からみた高野山

桃源郷

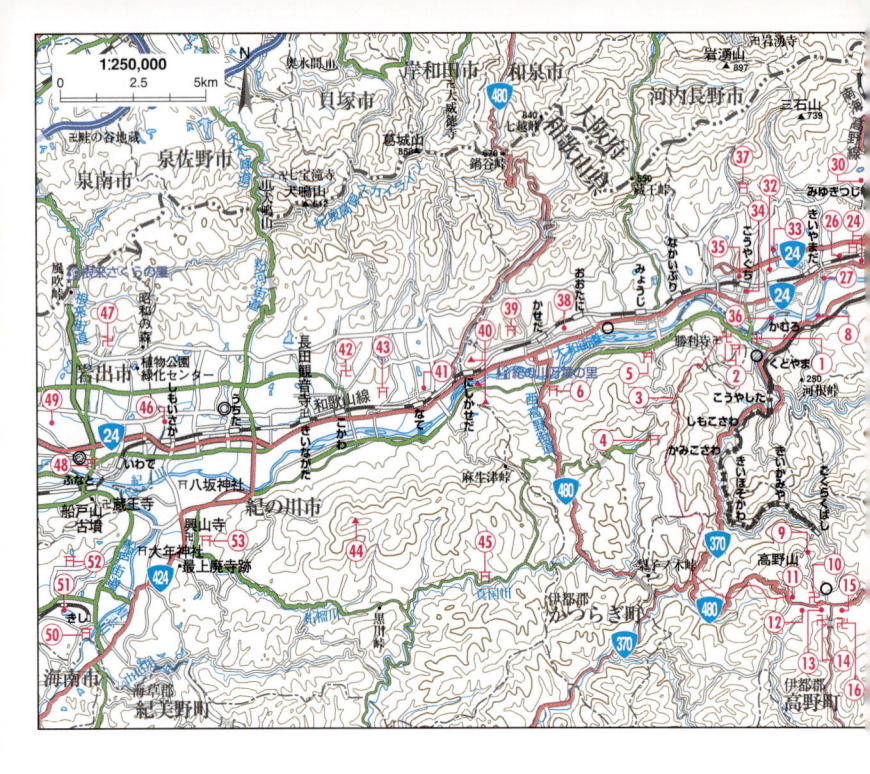

◎紀ノ川流域散歩モデルコース

1. 南海電鉄高野線九度山駅 8 真田庵 15 慈尊院 5 丹生官省符神社 5 勝利寺 60 丹生都比売神社 10 西行堂 120 南海電鉄高野線上古沢駅

2. 高野山ケーブル高野山駅 7 女人堂 10 徳川家霊台 1 波切不動 15 金剛峯寺 5 壇上伽藍 15 大門 20 高野山霊宝館 15 苅萱堂 5 一の橋 5 奥の院御廟 20 高野山駅

3. JR和歌山線隅田駅 15 真土山 25 隅田八幡神社 20 霜山城跡 25 利生護国寺 5 JR和歌山線・南海電鉄高野線橋本駅 10 陵山古墳 10 応其寺 25 相賀大神社 5 神野々廃寺塔跡 25 引の池 10 奈良三彩壺出土地 5 名古曽廃寺跡 10 小田神社 40 JR和歌山線高野口駅

4. JR和歌山線笠田駅 10 佐野廃寺跡 30 宝来山神社 40 背ノ山 15 船岡山対岸 30 青洲の里(春林軒) 30 旧名手宿本陣 5 JR和歌山線名手駅 5 JR和歌山線粉河駅 15 粉河寺 15 JR粉河駅

①真田庵	⑳隅田八幡神社	㊳佐野廃寺跡
②慈尊院・丹生官省符神社	㉑利生護国寺	㊴宝来山神社・文覚井
③町石道	㉒陵山古墳	
④丹生都比売神社	㉓応其寺	㊵背ノ山・船岡山・妹山
⑤丹生酒殿神社	㉔相賀大神社・市脇遺跡	
⑥蟻通神社		㊶旧名手宿本陣
⑦玉川峡	㉕相賀八幡神社	㊷粉河寺
⑧京街道学文路口	㉖銭坂城跡	㊸王子神社
⑨女人堂	㉗神野々廃寺塔跡	㊹竜門山
⑩金剛峯寺	㉘紀見峠	㊺鞆淵八幡神社
⑪大門	㉙長藪城跡	㊻紀伊国分寺跡
⑫高野山霊宝館	㉚橋本市郷土資料館	㊼根来寺
⑬高野山大学	㉛小峰寺	㊽大宮神社
⑭金剛三昧院	㉜奈良三彩壺出土地・名古曽廃寺跡	㊾増田家住宅
⑮苅萱堂		㊿大国主神社
⑯真別所円通寺	㉝引の池	51平池古墳群
⑰奥の院・墓石群	㉞地蔵寺五輪塔	52岸宮八幡神社
⑱御廟・経蔵	㉟名倉城跡	53三船神社
⑲真土山	㊱小田井堰	
	㊲信太神社	

5. JR和歌山線下井阪駅 _10_ 八幡塚古墳 _5_ 西田中神社 _20_ 紀伊国分寺跡 _15_ 西国分塔跡 _20_ 上岩出神社 _20_ 根来寺 _10_ JR和歌山線岩出駅 _15_ 増田家住宅 _2_ 桃井家住宅 _10_ 大宮神社 _15_ 船戸山古墳群 _5_ JR和歌山線船戸駅

6. 和歌山電鉄貴志川線甘露寺駅 _10_ 平池古墳群 _5_ 三昧塚古墳 _10_ 罐子塚古墳 _10_ 双子三昧塚古墳 _20_ 岸宮八幡神社 _40_ 岸宮祭祀遺跡(たてり岩) _30_ 北山廃寺跡 _20_ 丸山古墳 _20_ 大国主神社 _10_ 和歌山電鉄貴志川線貴志駅 _50_ 最上廃寺跡 _10_ 三船神社 _20_ 八坂神社 _30_ JR和歌山線下井阪駅

高野山麓の町

古代・中世の高野山表参道の町石道と近世の京・大坂方面からの京街道, 高野山の守護神丹生都比売神社に至る道。

真田庵 ❶
0736-54-2218

〈M▶P.68, 70〉 伊都郡九度山町九度山1413
南海電鉄高野線九度山駅 🚶 8分

関ヶ原敗戦で配流された真田父子旧跡の寺院

真田庵

九度山駅の西約600mの所にある真田庵(真田屋敷跡, 県史跡)は, 正式には善名称院(高野山真言宗)という地蔵菩薩を本尊とする尼寺である。当地出身の僧大安が江戸時代中期に, 真田昌幸の墓所に一堂を建立して寺院としたのが始まりで, 1600(慶長5)年の関ヶ原の戦いに敗れた真田昌幸・幸村父子が配流された屋敷跡が, この真田庵と伝承されている。城郭風の八棟造の本堂は1741(寛保元)年の創建で, 1856(安政3)年の再建である。境内には真田氏関係資料や高野紙・真田紐の資料を展示した真田宝物郷土資料館がある。また, 真田庵はボタンの名所としても知られる。

昌幸は1611(慶長16)年に当地で没し, 真田庵の地に葬られた。幸村は大坂の陣(1614・15年)での活躍で,「真田日本一の兵」などとの賞賛を受けたが, 1615(元和元)年に夏の陣で戦死する。なお幸村とは俗称で, 信繁が本名である。九度山では好白とも号していた。

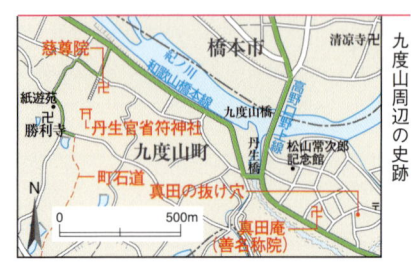

毎年5月3～5日に真田庵を中心に真田幸村を偲ぶ真田まつりが行われ, 真田十勇士などの武者行列が出る。

真田庵の北門を出て東へ少し歩くと, 民家の下に「真田の抜け穴」と俗称されている

九度山周辺の史跡

古墳時代後期の横穴式石室をもつ古墳がある。

慈尊院と丹生官省符神社 ❷
0736-54-2214／0736-54-2754

〈M ▶ P. 68, 70〉伊都郡九度山町慈尊院832／慈尊院835

南海電鉄高野線九度山駅🚶20分

> 高野山登山口に設置された「高野政所」の旧跡

　真田庵から県道13号線を西へ歩き、紀ノ川の支流、丹生川の河口に架かる入郷橋（丹生橋）を越えて西へ10分ほど歩くと慈尊院（高野山真言宗）に至る。この地は、816（弘仁7）年の空海（弘法大師）による高野山開山以来、高野山の正式な登山口として知られ、2004（平成16）年には「紀伊山地の霊場と参詣道」として世界遺産（文化遺産）に登録された。この地は讃岐（現、香川県）から空海を尋ねてきた母親が没した地と伝えられ、空海がその廟所に弥勒菩薩像を安置した所として知られる。後世、女人禁制の高野山に対して「女人高野」といわれ、女性の参拝者を集めた。有吉佐和子の小説『紀ノ川』にも安産祈願の乳形を奉納する寺として描かれており、現在もこの信仰は続いている。

　慈尊院は空海が高野山開山のおり、山麓の拠点として開き、以来、高野山の発展とともに整備された。高野山の玄関口として「高野政所」とよばれた寺領支配の拠点でもある。寺の木造弥勒仏坐像（国宝）は、1961（昭和36）年の調査で「寛平四（892）年」の銘が確認された。像が安置されている弥勒堂（附 石露盤宝珠・棟札、国重文）は平安時代末期の様式を残し、内陣は鎌倉時代、外陣は室町時代のものとされる。弥勒堂西側には、鎌倉時代の高さ2mを超える五輪石塔が2基存在し、弥勒堂前には、1401（応永8）年に筆頭荘官の高坊行敏が寄進した石灯籠が残されている。この弥勒堂は、文明年間（1469〜87）に水害を予測して現在、紀ノ川河川敷となっている嵯峨浜北方付近から、堂のみを現在地に移したという。

丹生官省符神社

高野山麓の町

現在の慈尊院の地に政所の倉庫群があったとする伝承があったが，これは1999(平成11)年の境内の発掘調査で否定され，この地は，地山に盛り土をし造成されたものであることがわかった。したがって，現存する高さ2m余り，東・南・西の三方に合計115m余りある築地塀(県文化)は，文明年間の移転後に築造されたものと考えられる。北門(県文化)とともに，「高野政所」存在当時の形式を残す。

　現在，慈尊院には，1624(寛永元)年再建の多宝塔(県文化)・弥勒堂内の木造四天王立像(鎌倉時代後期，県文化)，絹本著色弥勒菩薩像(平安時代後期，国重文)などがある。また，南部斜面の119段の石段は，1753(宝暦3)年に完成したもので，官省符荘(現，橋本市西部・九度山町最北部・かつらぎ町東部)に属した村々や有力住民，荘官の子孫などの寄進によっている。

　慈尊院の石段をのぼりつめた高台に，丹生官省符神社(祭神丹生明神・高野明神・気比明神・厳島明神・天照大神・八幡大神・春日大神)がある。古くから慈尊院と一体になった神社で，官省符荘の総氏神であった。中世には神通寺七社明神，近代には丹生神社とよばれ，第二次世界大戦後に現在の神社名となった。

　中世以来とされる総氏神の祭礼は，官省符祭を訛って「カンジョボ祭」とよばれていた。近世に至っても，官省符荘の村々が当地に集まって，旧暦の9月下旬に祭礼を挙行していたが，1995(平成7)年から10月第4日曜日に挙行されている。古い時代の様式は，神輿の渡御にかろうじて残っている。

　丹生官省符神社本殿(附宮殿・棟札，国重文)は室町時代後期・末期の様式で，旧社地から移転した直後の面影を伝えている。かつて祭礼で使用された室町時代〜江戸時代の獅子頭(県文化)，湯立て神事で使用された「永正十四(1517)年」銘の鉄製の鼎(県文化)などがある。

　丹生官省符神社の西側を高野山町石道に沿って少しのぼると，右手におしょぶ池があり，池の少し西方の斜面に本尊を十一面観音とする勝利寺(真言宗)がある。空海42歳の厄年に厄除けのために刻まれ，両脇侍は湯浅権守が疾疫を病んだときに，本尊に病気平癒を祈願し，病が癒えた礼に寄進したものとする伝承がある。現

存の仁王門は，1773(安永2)年に完成したもので，高野山奥の院の明遍杉で建立された。当寺の庭園は，近世初頭の小堀流の借景の庭園として知られ，近年復元整備された。また，長屋門や庫裏が「紙遊苑」として改修され，高野紙の展示や紙漉き体験ができるようになっている。

町石道 ❸ 〈M▶P.68, 70〉伊都郡九度山町・かつらぎ町・高野町

南海電鉄高野線九度山駅🚶25分，南海電鉄高野線上古沢駅🚶90分(古峠まで)，南海電鉄高野線紀伊細川駅🚶60分(矢立まで)

高野山と慈尊院をつなぐ180基の町石

慈尊院から丹生官省符神社への石段の右手に，高野山町石(国史跡)の最初の町石がある。本来は慈尊院西側の築地塀の外に建てられていたことが『紀伊名所図会』によってわかる。町石には「文永九(1272)年」「百八十町　権僧正勝信」とある。

この町石道は，中世には高野山参詣の表参道として栄えていた。町石は高野山の根本大塔から奥の院までの36町(約4km)と，根本大塔から慈尊院までの180町(約20km)の間に，36町(1里)ごとに一里石として立てられ，その総数は221基であったという。町石は，1265(文永2)年から1285(弘安8)年までかかって立てられ，一部の再建されたものをのぞいても，当初のものが179基現存している。

町石の材質はいずれも花崗岩で，高さは約3m・幅30cmあり，全体が五輪塔の卒都婆形式になっており，文字は当時の技法を残すV字形の薬研彫りで刻まれている。石材は摂津国御影(現，兵庫県神戸市灘区)から船で運搬された。町石を建てるにはかなりの財力が必要だったようで，寄進者の大部分は後嵯峨上皇を始め，貴族や鎌倉幕府の執権・有力御家人・高位の僧侶らであるが，なかには無名の庶民集団が寄進したとみられる町石も6基ある。地元の有力層が寄進した町石は，169町石の坂上氏によるものである。この町石の落成供養は1285年10月になされ，式には北条時宗の岳父，

町石

安達泰盛らが出席している。

　なお，この町石道では36町を1里としているが，その具体例としてはもっとも古いものである。現在はハイキングの道として親しまれており，紀ノ川の眺めや山の新緑・紅葉を楽しむことができる。とくに165町石付近には展望台が設けられ，紀ノ川を眼下に望むことができ，54町石付近の，空海が袈裟をかけたとする袈裟掛石，石を押し上げたという押上石，27町石付近の真言を唱えた鏡石などの空海の伝承と結びついた石などが残されている。慈尊院の西約3kmの三谷（現，かつらぎ町）から丹生都比売神社を経由して，急坂をのぼって125町石付近の古峠へ出る道は，12世紀なかばに白河天皇の第4皇子で，京都仁和寺門跡の覚法法親王が高野参詣に使用した行程である。

丹生都比売神社 ❹
0736-26-0102

〈M ▶ P.68〉伊都郡かつらぎ町上天野230
JR和歌山線笠田駅🚗25分，または笠田駅🚌かつらぎ町コミュニティバス丹生都比売神社前行終点（1日往復6便）🚶40分，またはJR和歌山線妙寺駅🚗20分

全国の丹生神社の総社　高野山の守護神

　JR笠田駅で下車，車で紀ノ川の大門口大橋を渡り南へ国道480号線を約20分走ると，丹生都比売神社（祭神丹生都比売神ほか，境内は国史跡）のある天野の里である。天野は標高460〜480mの紀伊山地北辺の盆地で，「天野米」と称する良質な米の産地である。

　祭神の丹生都比売神については『播磨国風土記』に，神功皇后の「新羅出兵」の際に丹生都比売神が託宣し，それにより呪術力のある赤土を得た皇后は勝利し，「紀伊国管川藤代之峯」（現，高野町筒香）に鎮座したとする伝承が記されている。この赤土とは硫化水銀のことであり，神社はこの採掘や生産にかかわる丹生氏の氏神としての性格や，水分の山神の性格が考えられる。平安時代中期に成立した「丹生大明神祝詞」には，丹生都比売神はイザナミ・イザナギ両神の子で，天照大神の妹となり，「紀伊国伊都郡奄太村石口」（現，九度山町慈尊院）に降臨し，紀伊・大和（現，奈良県）両国に水田を開いた後に天野に鎮座したと記している。空海の高野山開山にともなって，高野山は丹生神と深い関係を形成していく。10世紀頃成立した伝承として，空海が丹生神より土地を譲られたとするものと，

丹生都比売神社

高野明神に高野山を案内され，そこで丹生神に土地を譲られたとするものがある。高野明神は，狩場明神とも称し，丹生神の子どもになる神とされ，この神が猟師に姿をかえて白・黒2頭の犬を連れて空海を案内したとされる。2神が高野山の守り神として信仰され，のちに高野山を復興した雅真によって，957(天徳元)年に高野山に明神社(御社)が創建された。

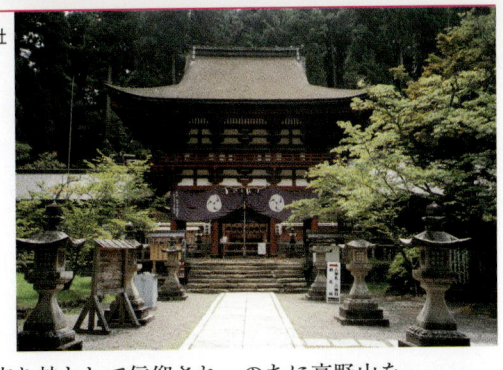

『延喜式』神名帳には，丹生都比売神社は伊都郡の大社で，名神祭・月次祭・新嘗祭といった祭祀を行う神社として記されている。『日本三代実録』には，883(元慶7)年に従四位下から従四位上に昇叙している記事がある。元寇(1274・81年)の際に，祈禱の功績で鎌倉幕府から和泉国近木荘(現，大阪府貝塚市)が当社に寄進されている。

現在，境内の東隅にある石造五輪卒塔婆群(県文化)は，鎌倉時代末期～南北朝時代に山伏がこの地で修法して建てたもので，神仏習合を示す。春日造の本殿(国重文)は，1469(文明元)年再建の2棟(二殿の高野御子神，四殿の厳島神)を中心に，一殿の丹生都比売神(1715年再建)，三殿の気比神(1901年再建)が並ぶ。各社殿内には，1306(嘉元4)年作成の祭神を安置する厨子の宮殿が収められている。二重入母屋造の楼門(国重文)は，1993(平成5)年の修理の際に，「明応八(1499)年」の墨書が発見されたことから，同年の再建であることがわかった。ほかに平安時代の銀銅蛭巻太刀拵(国宝)や鎌倉時代の木造鍍金装神輿，木造狛犬(ともに国重文)などがある。民俗行事として，毎年1月第3日曜日に楼門下で種蒔きから収穫までを演じる御田祭(県民俗)が行われる。また，約40年の中断の後，1989(平成元)年から復興された「渡御の儀」は，毎年4月第3日曜日に実施されている。鎌倉時代には，旧暦9月16日に「浜降り神事」として神輿を奉じて紀ノ川をくだり，和歌浦の玉津島神社に参

詣し，1泊の後に日前宮（ともに和歌山市）に入り，天野に帰ったとされる。近世の渡御は，本殿から神社入口の祝詞棚の御旅所までで，ここで西方の玉津島神社を遙拝し，惣神主が祝詞を奏上した。

　神社の南約1km，下天野にある延命寺には六斎念仏（県民俗）が伝えられ，旧暦2月15日，春・秋の彼岸会，盆会，旧暦10月10日の5日実施されている。寺の境内には，1396（応永3）年の天野念仏衆の碑（緑泥片岩・自然石）があり，丹生都比売神社北西隅近くには，1416年の天野大念仏一結衆の宝篋印塔が残る。また，当地には中世の口唱文芸にかかわる遺跡も多く，『平家物語』の横笛の恋塚や，『曽我物語』に登場する，曽我兄弟の従者鬼王・団三郎の供養塚，西行の妻と娘の供養碑などがある。

　西行の天野居住については不詳であるが，16世紀中頃に西行堂はすでにあったことが記録にみえ，『紀伊名所図会』には西行堂が描かれている。現在の西行堂は，1986（昭和61）年に再建されたものである。

丹生酒殿神社 ❺
0736-22-3146
〈M▶P.68〉伊都郡かつらぎ町三谷631
JR和歌山線妙寺駅 🚶30分

　JR妙寺駅から国道24号線を越えて南東の三谷橋を渡り，県道13号線を西に行くと丹生酒殿神社がある。祭神は丹生都比売神・高野御子神で，当社裏山の榊山に丹生都比売神が降臨し，神に神酒を献じた伝承がある。「御手印縁起」につけられた絵図には「丹生高野酒殿」とある。神社境内には，1909（明治42）年に合祀された鎌八幡宮がある。この八幡宮は西方の兄井の諏訪神社の境内にあった。イチイの木を神体としたもので，祈願成就のためにイチイの木に鎌を打ち込むと，成就する者は鎌が深く刺さり，成就しない者は鎌が

丹生酒殿神社

祈願成就のために鎌が打ち込まれたイチイの木

落下するとされた。現在も幹に多数の鎌が打ち込まれている。

蟻通神社 ❻　〈M ▶ P. 68〉伊都郡かつらぎ町東渋田790
0736-22-3400　JR和歌山線笠田駅 🚶 30分

外敵討伐の信仰と蟻通の神が結びついた神社

　JR笠田駅から国道24号線を越え，南の大門口大橋を越えて国道480号線を約200m行くと，南側山麓に蟻通神社(祭神八意思兼命 ほか)がある。1146(久安2)年の覚鑁の大伝法院領志富田荘成立によって，荘園の総氏神になったものと考えられる。志富田荘は1333(元弘3)年に高野山領に編入された。本来は丹生都比売神と高野明神をまつっていたものと考えられる。蟻通の神とは，七曲の穴があいている玉に糸を通せとする中国の王の難題に，智恵すぐれた人物が1匹の山蟻に糸を結びつけて穴の入口に入れ，もう一方の穴に，蜜をぬって山蟻を通らせ，七曲の穴に糸を通したとする説話に由来する。

　蟻通神社の北西約200mの畑のなかには，高野山初代検校雅真の五輪塔があり，かつらぎ町の文化財に指定されている。総高は135cmで，「長保元(999)年」の銘があるが，当時のものではなく，鎌倉時代後期〜南北朝時代に供養塔として造立されたものと考えられる。この地に造立されたのは東渋田が，雅真が住職をつとめた高野山竜光院のゆかりの地であるためとみられる。また，蟻通神社の北東約900m，県道13号線北側の紀ノ川沿いの微高地で，忠魂碑がある付近が志富田荘荘官志富田氏の館跡である。館跡は県道によって南北に分断されているが，南側に屋敷神の1つが残る。

蟻通神社

玉川峡 ❼　〈M ▶ P. 69〉橋本市北宿〜伊都郡九度山町丹生川〜椎出
0736-32-8000　JR和歌山線橋本駅 🚗 20分(やどり青少年旅行村まで)
(やどり青少年旅行村)

　玉川峡(県名勝)は，高野山を水源として九度山町で紀ノ川に合流

高野山麓の町　77

する丹生川(玉川)の約12kmにわたる峡谷である。玉川峡入口の北宿にあるやどり青少年旅行村には山の家・バンガローなどがあり，夏にはキャンプなどを楽しむ人びとで賑わう。近年当地で温泉が開削されたので，保養地としての性格も加わっている。丹生川の本流には犬戻・仙人淵・猿飛などの奇石のある景勝地が続く。また，支流には丹生の滝がある。

やどり青少年旅行村から徒歩約1時間30分，丹生川キャンプ場近くの長塚山は，南朝の長慶天皇陵と伝えられている。長慶天皇については，1368(正平23・応安元)年に即位し，1383(弘和3)10月末から11月初め頃まで在位したことは確実視されている。弟の後亀山天皇に譲位したとされるのは，1383年末か翌84(元中元)年閏9月頃である。譲位後しばらく院政を行っており，1385年9月10日に高野山へ自筆の願文を納めている。この願文には「太上天皇寛成」の署名があり，後世の付箋には「玉川宮と号す」とあって，長慶天皇が玉川で居住していた伝承を裏づける。1422(応永29)年の五輪塔や，1524(大永4)年の宝篋印塔の逆修供養塔が長塚山に建立されているのは，当地が宗教上聖域化されていたためであろう。

玉川峡

奇石や景勝地が連なる玉川峡

京街道学文路口 ❽

〈M▶P. 68, 79〉橋本市学文路
南海電鉄高野線学文路駅 🚶 3分(学文路口道標まで)

近世に高野山への表街道として使われたのが，紀見峠から橋本を通り，学文路から高野山へと行く京街道である。学文路駅から車で南海電鉄高野線に沿った旧道を東へ4kmほど行った，橋本市賢堂の三軒茶屋の渡し跡に，三軒茶屋大常夜灯籠が2基ある。高さ3.5mの花崗岩製で，1752(宝暦2)年の建立である。紀ノ川の対岸

近世の京・大坂方面からの高野山への表街道

の東家との渡しであったが、1697(元禄10)から無銭渡しが実現している。常夜灯籠の約600m南の山裾に定福寺(高野山真言宗)がある。本尊は平安時代中期の木造阿弥陀如来坐像(県文化)で、境内には「弘安八(1285)年」銘の砂岩製の九重石塔がある。寺から山裾を約900mほど東へ行った向副には、織田信長の嫡孫となる織田秀信の墓がある。

　常夜灯籠から西へ旧道をたどると、市立清水小学校の北西に西行堂がある。地蔵菩薩を本尊とした地蔵堂であるが、かつて西行がこの地に住んで西行庵と称した伝承のため、この名がある。

　2005(平成17)年紀ノ川南岸の清水と北岸の市脇との間に橋本高野橋が完成した。橋の南詰のすぐ西側にある社皇神社は、近世まで相賀荘(現、橋本市東家)総氏神相賀大神社の神輿の御旅所として知られていた古社である。社皇神社の南西約1kmの橋本市南馬場にある天満神社は、相賀荘のうち、1333(元弘3)年に高野山領となった相賀荘の紀ノ川南部(相賀南荘)の総氏神であった。天満神社の東側に応其修造とされる平谷池があり、「天正十八(1590)年」銘の修造碑が残る。

　社皇神社から西へ約700m行くと、成就寺(高野山真言宗)がある。ここに1937(昭和12)年建立の戸谷新右衛門をまつった堂と、1852(嘉永5)年の紀ノ川大洪水のおりに、この近辺の住民を単身で救助した船越喜右衛門の顕彰碑(1966年造立)がある。成就寺の西方の畑のなかに戸谷新右衛門の墓地(県史跡)がある。戸谷新右衛門は、高野山領の年貢徴収の不正を直訴した人物として知られている。成就寺の南西約1.3kmの山裾の墓地に、小田井堰開削などの土木工事や、地方役人として手腕を発揮した大畑才蔵勝善の墓(県史跡)がある。

高野山麓の町

学文路駅の東約150mにある京街道の丁字路に「宝暦八(1758)年」の道標がある。ここが京街道学文路口で，道標には「左高野みち女人堂迄三里」とあって，南の坂道から高野山女人堂まで約12kmの道が始まる。坂道の途中に，『石童丸物語』で知られる「玉屋旅館跡」の標柱が西側民家に立っており，旅館の繁栄の様子は『紀伊名所図会』に描かれている。坂道をさらにのぼると，上の茶屋には苅萱堂がある。江戸時代中期の木造坐像があり，石童丸と父母・玉屋の主人と伝承されている。

　京街道はやがて九度山町の繁野から河根峠を経て，丹生川沿いにある盆地状の河根集落に至る。河根の宿場のことは，1479(文明11)年に，甘露寺親長の『親長卿記』にも名があることから，この頃すでに高野参詣道の宿場の機能をもっていたのであろう。その面影は旧街道に面した，旧本陣中屋の江戸時代建造の表門にみることができる。河根の丹生神社には「応永二十六(1419)年」銘の素朴な石造狛犬(県文化)がある。丹生神社の南約350m，丹生川に架かる千石橋は，1634(寛永11)年に江戸幕府によって架けられ，修理料として1000石支給されていたところから，この名がついたという。

　千石橋を渡ると高野町に入り，急な上り坂が続く。高野町西郷字作水・尾細・桜茶屋には，かつて茶店が数多くあった。急坂をのぼりつめ，1929(昭和4)年に南海電鉄高野線が極楽橋駅まで開通するまで宿場として繁昌していた神谷に近くなった所に黒石があり，平坦地になっている。この地は1871(明治4)年2月に，日本最後の仇討ちといわれる赤穂藩(現，兵庫県)士の村上兄弟による「神谷の仇討ち」が行われた場所である。この事件がきっかけで，仇討ち禁止令が出された。ここから少し神谷に近づいた所に，討たれた殉難七士の墓がある。

2 金剛峯寺と密教

海抜1000mの地に、空海以来の法燈を伝える高野山真言宗の総本山金剛峯寺、壇上伽藍の諸堂、山上諸谷の宿坊寺院。

女人堂 ⑨
0736-56-3508

〈M▶P.68, 裏見返し裏〉 伊都郡高野町高野山
南海電鉄高野線極楽橋駅高野山ケーブル高野山駅乗換え高野山駅前🚌高野山内線女人堂🚶すぐ

一心院谷に唯一現存する女人堂

　女人堂バス停で下車するとすぐ東側が女人堂である。近世に高野山参詣の主要な街道であった京街道の不動坂口の女人堂で、正式には一心院谷女人堂という。かつて山内は女人禁制であったため、高野七口にそれぞれ女人堂があって、女性は各女人堂までの通行と、各女人堂と奥の院を結ぶ約15kmの外八葉と称される範囲の通行のみ許されていた。女人堂には諸国から参詣にきた女性が宿泊したが、とくにこの一心院谷女人堂は、参籠して宿泊する者が多かった。堂の隣には、宿泊する女性を世話する者の小屋があったという。宿泊する女性の食事は、山内寺院が輪番で用意し、「女人堂用通膳」で運んでいた。なお、女人禁制が解かれたのは1872(明治5)年である。

　女人堂の坂道をくだると右側に金輪塔がみえ、少し進んだ左手に南院(波切不動)がある。本尊は木造不動明王立像(国重文)で、空海(弘法大師)の唐からの帰朝を助けたと伝え、高雄神護寺・醍醐寺(ともに京都市)・熱田神宮(名古屋市)を経由して、1075(承保2)年に南院の本尊になったと伝えられる。藤原時代初期の作で、毎年6月28日にだけ開帳される。

　南院の背後にある一重宝形造の2棟の小堂が徳川家霊台(国重文)である。1632(寛永9)年の徳川秀忠没後に、江戸幕府3代将軍徳川家光の命で造営が始められ、1643年に完成した。当時、その南方にあった大徳院(現、蓮華院)が管理し、向かって右側が、家康をま

女人堂

金剛峯寺と密教　81

つり薬師如来を安置した薬師堂，左側が秀忠をまつり，以後，歴代の将軍の位牌を納めた位牌堂とよばれていたが，1961(昭和36)〜63年の修理後，現在の名に改められた。

金剛峯寺 ❿
0736-56-2011

〈M ▶ P.68, 裏見返し裏〉伊都郡高野町高野山132
南海電鉄高野線極楽橋駅高野山ケーブル高野山駅乗換え高野山駅前🚌高野山内線・千手大門線金剛峯寺前🚶すぐ

学侶方青巌寺と行人方興山寺の旧地にある総本山

　金剛峯寺前バス停からゆるやかで大きな石段をのぼって上の門といわれる表門をくぐると，高野山真言宗総本山金剛峯寺(境内は国史跡)のひときわ大きい檜皮葺きの大主殿大屋根が目に入る。金剛峯寺とは本来，空海が命名した一山の総称であったが，1869(明治2)年に旧学侶方(学問を主とする僧侶集団)の青巌寺(東半分)，旧行人方(寺院の実務を担当した僧侶集団)の興山寺(西半分)が合併して成立した。大主殿は旧青巌寺の本殿で，興山寺跡には別殿・奥殿・新奥殿が立つ。青巌寺とは，1593(文禄2)年に豊臣秀吉が母の大政所を弔うため，秀吉の信頼篤かった木食応其に命じて建立したものである。一方の興山寺は，応其が1590(天正18)年に開基した。

　現在の大主殿(県文化)は創建当時の様式を伝えるが，1863(文久3)年の再建で，東西54m・南北63mの規模である。玄関を入ると大広間であり，本山の重要な儀式や法会がなされる。大広間に続いて梅の間・柳の間がある。大広間の襖絵「松に群鶴」は狩野元信，梅の間の「梅月流水」は狩野探幽の筆で，柳の間の「柳鷺図」は山本探斉の筆である。なお，柳の間は秀吉の勘気を受けた豊臣秀次が切腹した場所とされる。上段の間の格天井や表書院の間取りなどからは，桃山時代の書院造の様式がみてとれる。大主殿の裏に，空海の甥でその後継者として高野山の基盤をつくった真然の廟

金剛峯寺

紀ノ川流域

壇上伽藍の諸堂をめぐる

コラム

壇上伽藍に甍を並べる諸堂

　壇上は、高野山開山時から中心とされた地域で、諸堂の集まった所は**壇上伽藍**とよばれている。空海が伽藍の建設に着手したのは816（弘仁7）年で、伽藍の体裁がほぼ整ってくるのが、空海没後約半世紀を経て、根本大塔が完成したと推定される貞観年間（859〜877）の末頃であったと考えられる。

　高野山の壇上伽藍は、大日経と金剛頂経を象徴する東塔と西塔を左右に配し、講堂（現、金堂）がその中心前方に立つ。かつては現在の御影堂付近に僧房があって、これが草創期の高野山伽藍の中心になっていたとみられる。

　金剛峯寺大主殿から伽藍への道は蛇腹道とよばれ、道の両側に低い石列と生垣がある。蛇腹道の東には石垣の上に六時の鐘がある。1618（元和4）年に福島正則が父母追善のために建立したが、火災に遭ったため、子の正利が1635（寛永12）年に再鋳したものである。鐘は午前6時から2時間おきに午後10時まで撞かれる。

　東の蛇腹道から、西へと順次伽藍を訪ねてみたい。

東塔　壇上伽藍の東端に位置する東塔は、1127（大治2）年、白河上皇の御願によって、京都醍醐寺三宝院勝覚が創建した。1843（天保14）年に焼失し、礎石だけが残っていたが、1984（昭和59）年に高さ18mの檜皮葺きの多宝塔が高野山の宮大工辻本善次によって再建された。

三昧堂　第8代座主の済高が929（延長7）年に創建。金剛界の大日如来以下の五仏と四天王像を安置している。三昧堂の名前は済高が理趣三昧を修したことによるという。もと本中院谷の親王院の地にあって東南院とよばれていたが、仁安年間（1166〜69）に移築されたという。現在の建物は1848（弘化5）年の再建で、3間4面の檜皮葺きの堂である。なお、西行がこの堂を修造したとの伝承があり、堂前に西行桜がある。

大会堂　蓮華乗院・会堂とも。本尊は丈六の阿弥陀如来。1175（安元元）年に鳥羽上皇菩提のために、皇女五辻斎院頌子内親王が法幢院谷に創建したものが最初である。1177（治承元）年西行が奉行をつとめ、壇上の現在地に移した。のちに法会の場所になったため、大会堂とよばれた。現在の建物は1848（嘉永元）年の再建で、5間4面の檜皮葺きの堂である。

愛染堂　新学堂ともいう。本尊は愛染明王。1334（建武元）年の綸旨によって、「四海静平・玉体安穏」を祈願し、不断愛染護摩供・長日談義を行うために建立された。現在の堂は、1848（嘉永元）年に再建されたもので、3間半4面の檜皮葺き、本尊は後醍醐天皇の等身大と伝えられている。

金剛峯寺と密教

不動堂(国宝)　高野山に現存する建物では最古で、1197(建久8)年に一心院谷に行勝によって建立された。本尊は木造不動明王坐像(国重文)、伝運慶作の木造八大童子立像(国宝、霊宝館収蔵)。桁行3間・梁間4間の主屋を中心として、左右に桁行1間・梁間4間と桁行1間・梁間3間の脇の間が付属した檜皮葺きの建物である。1908(明治41)年に現在地に解体移築された。

根本大塔　高野山壇上伽藍の中心的堂塔の1つで、真言密教のシンボルである。大塔が完成したのは、貞観年間(859～877)末頃とみられる。落雷などによって5度の焼失をし、現在の大塔は1937(昭和12)年に、創建時の高さ16丈(約48.5m)、13間(約23.5m)4面の朱塗りの塔が再現された。下層の屋根は鉢を伏せたような亀腹をつくり、その上に円形の欄をめぐらせて庇を設け、屋上には九輪の宝珠が聳えている。内部は、本尊の胎蔵界大日如来を中心に金剛界四仏を安置して、真言密教の中心となっている。16本の柱には堂本印象の十六大菩薩が描かれており、1996(平成8)年に平成の大修理が完了している。

大塔の鐘は、「高野四郎」の別称をもち、東大寺の「奈良次郎」、吉野金峯山寺蔵王堂の「吉野三郎」とともに広く知られている。創建以来3度改鋳され、現在の鐘は1547(天文16)年の鋳造、直径は2.1mである。毎日5回、時刻を山内に知らせている。

金堂　高野山全体の本堂で、本尊は木造薬師如来坐像(高村光雲作)。現在の金堂は1934(昭和9)年の再建である。創建当初は講堂とよばれ、嵯峨天皇の御願によって完成したことから御願堂ともよばれた。金堂内陣に安置されていた伝平清盛筆絹本著色両界曼荼羅図(血曼荼羅、国重文)や定智筆の絹本著色善女竜王像(国宝)は、御願堂に移されている。

金堂の裏手は創建時には僧房跡であったが、現在は東から御影堂・准胝堂・孔雀堂がある。

御影堂　もとは空海の持仏堂で、空海没後にその弟子実恵が真如法親王筆の弘法大師御影像(肖像画)を安置したため御影堂とよばれるようになったとされる。現在の建物は1848(嘉永元)年の再建で、3間4面の檜皮葺き・宝形造。流れるような屋根の曲線に特色がある。堂前には空海が唐からの帰途、船上から伽藍建立地を探して投げたという三鈷杵がかかったとの伝承のある「三鈷の松」がある。現在のマツは7代目とされる。

准胝堂　光孝天皇の御願を受けて真然が創建したとされる。もと本中院谷にあった弥勒堂の本尊を准胝堂に移したので、弥勒堂とも

よばれるようになったという。西御堂・准胝観音堂ともよばれる。現在の建物は1883(明治16)年の再建で、4間4面である。本尊の准胝観音はもと食堂の本尊で、得度剃髪のときの守り本尊であった。

孔雀堂 1200(正治2)年に後鳥羽上皇の御願によって京都東寺の延杲が祈願所として創建したもの。本尊の **木造孔雀明王像** (国重文、快慶作)には「正治二年」の銘がある。当初は孔雀明王院とよばれていた。現在の建物は、1983(昭和58)年に、高野山の宮大工辻本善次が再建したもの。

西塔 887(仁和3)年に光孝天皇の御願を受けて真然が創建した。現在の5間4面、高さ27.27mの西塔は1834(天保5)年に再建されたもの。本尊は金剛界大日如来像と胎蔵界四仏の5体が安置されている。とくに **木造大日如来坐像** (国重文)はヒノキの一木造で、弘仁年間(810〜824)のものとされ、山内最古のものである。西塔前には1833(天保4)年に華岡青洲が寄進した2基の石灯籠が残る。

六角経蔵 1159(平治元)年に鳥羽上皇皇后美福門院得子が上皇の追善菩提のため創建。6角6面の堂で、**紺紙金字一切経** (国重文)が安置されていたので、金泥一切蔵とも六面蔵ともよばれている。また、美福門院が紀伊国荒川荘(現、紀の川市桃山町)を追善菩提のために高野山に寄進していたので、荒川経蔵ともよばれる。現在の建物は1933(昭和8)年の再建。なお、経典そのものは現在霊宝館に保管されている。

御社・山王院本殿 (国重文)
この地に丹生明神と高野明神が伽藍鎮守の神として祭祀されている。現在の社殿は1583(天正11)年の再建、極彩色・春日造の2社(丹生明神・高野明神)、三間社流見世棚造の十二王子百二十伴神を合祀した総社からなっている。空海が819(弘仁10)年に勧請したとされるが、実際は10世紀後半に雅真が勧請したとされる。拝殿の山王院本殿は、両側面向拝付入母屋造で1594(文禄3)年の再建。創建は11世紀中頃とみられ、鎮守の神を「山の神」として拝するところから、この名がついたとされる。

中門跡 金堂正面の南の下壇の中門跡に17個の礎石が残る。創建年代は不明。最初に再建されたのは1115(永久3)年。その後、2度焼失。平成23年再建工事開始。平成27年完成予定。

勧学院 1281(弘安4)年に北条時宗が、安達泰盛を奉行として創建した。山内衆徒の学道修練(勧学会)の道場であったことから、この名がある。本尊は **木造大日如来坐像** (国重文)で、平安時代末期のもの。現在の建物は、1813(文化10)年に再建されたものである。

金剛峯寺と密教　85

(真然堂，県文化)がある。1988(昭和63)年の解体修理の際に、9世紀の見事な緑釉花葉文四足壺の真然蔵骨器が発見され、再び埋納された。

　大主殿から長い廊下を西に行くと、興山寺跡の部分に至る。別殿と奥殿は1934(昭和9)年の新築で、新奥殿は1984年の「弘法大師御入定1150年御遠忌」の記念に新築されたものである。

　金剛峯寺は、現在、山上の境内地域を一括して所有し、全国高野山真言宗寺院約3600カ寺の総本山として宗務を司っている。

大門 ⓫ 〈M▶P.68, 裏見返し裏〉伊都郡高野町高野山
南海電鉄高野線極楽橋駅高野山ケーブル高野山駅乗換え高野山駅前🚌千手大門線大門🚶1分

江戸時代中期に再建された豪壮な大門

　高野山開山以来の表玄関で、現在でも車で国道480号線などをあがってくると、高野山の総門である大門(国重文)から山内に入ることになる。高野山の表玄関の表示は、かつては現在地より約500m西方の九折谷の所に、1基の鳥居が立っていたと伝えられる。

　門が建てられたのは1141(永治元)年で、さらに1230(寛喜2)年に5間2階の楼門に改められた。その後、南北朝時代にも再建されたらしいが、1577(天正5)年に焼失、その後、再建され、1604(慶長9)年に造営供養を行っている。この門も1688(元禄元)年に焼失したため、1700年に造営の釿始めを行い、1705(宝永2)年に落慶供養がなされたのが現在の大門である。1982(昭和57)〜86年の解体修理の結果、再建の詳細な手続きが判明した。棟札によれば、大工棟梁は天野(現、かつらぎ町)に住む狭間河内、造営の大檀主は、江戸幕府5代将軍徳川綱吉である。5間3門開きで、高さ約25m・間口21m・奥行8mの県内最大の楼門である。

大門

諸谷と諸寺院群

コラム

山内の諸谷に並ぶ寺院群

　高野山内にある寺院は名跡のみのものを含めて117，このうち宿坊寺院は52を数える。山内の諸谷とその諸寺院を概観する。

一心院谷　女人堂からくだって金輪塔のある付近を指すが，現在は，五の室谷ともいう。一心院は，五坊寂静院の前身で，鎌倉時代に行勝が創建したとされる。親鸞の「時雨の御影」で知られる巴陵院は，もともと小田原谷にあった。道路を隔てて東側には蓮華定院がある。当院は信濃(現，長野県)の真田氏の宿坊となっており，関ヶ原の戦い(1600年)に敗れた真田昌幸・幸村父子が山麓の九度山(現，九度山町)に移るまでの間，仮住いした。西室院は空海の四室の1つと伝えられる。

五の室谷　一心院谷の東に続く金剛峯寺の北方一帯の地域をいう。谷の名前については，白河天皇第4皇子の御室の覚法法親王が開基とされる光台院に5つの庵室があったためとする説，御室の字音が五の室となったとする説がある。光台院は，皇室との関係も深く，「高野御室」と称された。光台院の裏山には後鳥羽天皇の子道助法親王御墓がある。五の室谷には南院のほか，平安時代末期に平師季の子覚印によって開基されたという福智院があり，龍泉院には，本尊木造薬師如来坐像(平安時代，国重文)がある。

千手院谷　五の室谷に続いて，高野山警察署の前を南に折れてから200m余りの千手院橋までをいう。中世には一遍を中心とした千手院聖(時宗聖)の拠点となっていた。覚如法親王が開基したとされる無量光院は，上杉謙信や毛利輝元・今川氏真らが帰依した。

　普賢院は，覚鑁の弟子力乗房が1143(康治2)年に開基したと伝えられる。寛永年間(1624〜44)作の普賢院四脚門，平安時代後期の木造毘沙門天立像(ともに国重文)などがある。普門院は空海の師勤操が824(天長元)年に開基したと伝える。高野三庭園の1つとして知られる小堀遠州作と伝えられる普門院庭園がある。絹本著色勤操僧正像(国宝)，木造釈迦如来及諸尊像(国重文)がある。

本中院谷　壇上伽藍の北側に東西に走る大きな道があり，金剛峯寺付近から明王院の東までの一帯をいう。もとは伽藍と竜光院を含めて中院と称したが，のちに竜光院だけを中院と称するようになり，中院御坊や大寺ともよばれた。空海の住居のあった北僧房の地と伝えられ，山内寺院最古とされている。11世紀後半に高野山を中興した明算のとき，池のなかから珠を抱いた竜が出現したとの伝承が寺名の由来とされる。文化財も多く，平安時代後期の絹本著色伝船中湧現観音像・奈良時

金剛峯寺と密教　87

代の大字法華経7巻・紫紙金字金光明最勝王経10巻,平安時代前期の細字金光明最勝王経2巻(いずれも国宝),南北朝時代の絹本著色狩場明神像など国重文が12件ある。なお,当院の後方の山上に瑜祇塔がある。870(貞観12)年に完成したとされ,現在のものは1931(昭和6)年の再建。大塔に対して小塔とよばれたという。

本中院谷の西端にある明王院は,智証大師(円珍)筆と伝える絹本著色不動明王二童子像(赤不動,国重文,6月28日開扉)を本尊とすることで知られている。赤不動は園城寺(滋賀県大津市)の黄不動,青蓮院(京都市東山区)の青不動とともに三不動として知られる。親王院は平城天皇の皇子真如法親王の開基と伝承されている。本尊は木造不動明王坐像(国重文)。

谷上院谷 本中院谷西方の奥まった所で,高野山高校のグラウンドを中心とした地域である。後方に弁天岳が聳え,その東面の台地上に宝寿院がある。もとは無量寿院と称し,1913(大正2)年に南谷にあった宝性院と合併して宝寿院と改称。院内に僧侶養成機関である高野山専修学院を設けている。宝性院は法性学円房が鎌倉時代に開基したとされる。近世にはこの両院は,学侶方の中心寺院として大きな力を有した。宝寿院蔵には唐代の文館詞林残巻1巻(国宝)のほか,絹本著色文殊菩薩像(国重文)などがある。正智院は平安時代に正智房教覚によって開基されたという。当院には唐代の文館詞林残巻12巻(国宝)のほか絹本著色普賢延命像(国重文)などがある。西禅院は平安時代末期の開基とされ,絹本著色阿弥陀浄土曼荼羅図(国重文),高野版木製活字(県文化)などがある。宝城院は鎌倉時代の開基と伝える。絹本墨画弁才天図(国重文)がある。

西院谷 伽藍の南から南西にかけての一帯をいう。西南院は平安時代に真然が坤方(南West)鎮護のため開基したと伝え,元代の絹本著色大元帥明王像(国重文)などがある。桜池院は白河天皇の第4皇子,覚法法親王の開基と伝える。元来,養智院と号したが,後嵯峨上皇の「桜さく木の間もくれる月影に心もすめる庭の池水」によって現在の名称になった。絹本著色薬師十二神将像(国重文)などがある。宝亀院は10世紀に観賢が開基したとされる。921(延喜21)年に大師号が空海に対して宣下された際に,醍醐天皇から大師に衣を寄進し,それを観賢が奥の院へ奉納したという。これが毎年,当院が奥の院御廟で御衣替の儀式をするようになった源流という。空海の生誕の年号から院名をとったとされる。本尊は木造十一面観音立像(平安時代中期,国重文)。

南谷 伽藍の中門跡から南東に向かった区域である。霊宝館の西側にある遍照尊院は空海修行地の伝承をもち、近世には弘前藩（現、青森県弘前市ほか）藩主津軽家の菩提寺となっていた。浄菩提院は、鎌倉幕府の政所別当の大江広元の祈願所であったとされる。釈迦文院は11世紀初めに高野山を再興した祈親の開基とされ、本尊は木造大日如来坐像（国重文、平安時代末期）。常喜院は、本尊木造地蔵菩薩坐像（鎌倉時代、国重文）で、『紀伊続風土記』では平安時代後期に心覚が開基したとされる。寺伝では空海の弟子実恵の開基、心覚は中興とされる。天徳院はもと西光院と称し、1622（元和8）年に加賀（現、石川県）の前田利常の夫人天徳院（徳川秀忠2女）の遺骨を納めてから寺名を改めた。天徳院庭園（国名勝）は小堀遠州の作庭と伝える。

小田原谷 壇上伽藍の東に続く谷で、現在、高野山の中心道路となっており、繁華街を含めてもっとも商家の多い地域で、現在の金剛峯寺もこの谷に位置する。蓮花院は徳川家康から大徳院の院号を与えられている。「文永十（1273）年」銘のある孔雀文磬（国重文）がある。安養院は鎌倉時代に、金剛三昧院の別院の1つとして建立されたと伝えられる。戦国時代から毛利氏の菩提所となる。本尊は木造大日如来坐像（平安時代後期、国重文）。高室院は鎌倉時代に房海の開基とされ、小田原城落城（1590年）後、北条氏直が当院に身を寄せていたことがある。本尊は木造薬師如来坐像（平安時代後期、国重文）。大円院は10世紀初めに聖宝の開基と伝え、筑後柳川（現、福岡県柳川市）の立花宗茂の帰依を受け、その法号大円院によって、多聞院より改号。『平家物語』に記される滝口入道が出家した寺院と伝え、その恋人の横笛がウグイスとなって飛来したという伝承の井戸がある。

往生院谷 小田原谷の東に続く一帯の谷で、この地に浄土信仰に基づく往生院があったことから谷名になったといわれる。中世には萱堂聖とよばれた集団の拠点となっていた。成福院は、天文年間（1532～55）堯栄の再興という。絹本著色阿弥陀如来像（南宋、国重文）がある。三宝院は最初、山麓の慈尊院に建立され、のちに山上に移されたと伝わる。毎年旧3月21日の正御影供には当院から「つまむぎの甘酒」が供えられる。これは空海の母がみずからの爪で、粟・米の皮を剥いて酒をつくり、空海に届けたとの伝承に由来する。不空羂索神変真言経（奈良時代、国宝）、文鏡秘府論（国重文、平安時代後期）などがある。持明院は平安時代後期に真誉（覚鑁の法

兄)の開基とされる。絹本著色浅井長政像・久政像・長政夫人像(国重文)などがある。不動院は10世紀初めに済高の開基と伝える。美福門院が鳥羽上皇の菩提のために創建した菩提心院が起源とされ、境内に美福門院陵がある。銅造阿弥陀如来及両脇侍立像(鎌倉時代、国重文)がある。遍照光院は空海の開基と伝わる。当院の覚斅は高野山町石建立の企画者として知られる。池大雅筆紙本著色山水人物図(江戸時代、国宝)、直庵筆紙本著色商山四皓及虎渓三笑図(安土桃山時代、国重文)などがある。北室院は空海の開基と伝わる。本尊は絹本著色五大力菩薩像(鎌倉時代、国重文)。密厳院は覚鑁の開基でその住房であったとされる。覚鑁の根来寺(岩出市)への退去により、当院も大伝法院とともに根来へ移転され、その跡地に再興されたものといわれ、鎌倉時代末期には存在していた。

蓮華谷　往生院谷の東に続く区域。蓮華谷は明遍の始めた蓮華谷聖の集住していた所で、蓮華三昧院があったことに由来している。

赤松院は10世紀初めに聖快の開基と伝承されている。1331(元弘元)年に護良親王が赤松則村(円心)を供として、逃避行中に当院に潜伏したとされる。この縁で赤松氏の菩提寺となり、寺号としたという。金銅宝相華文線刻蓮華形磬(平安時代、国重文)がある。

清浄心院は『平家物語』に登場する滝口入道が居住したとの伝承がある。戦国時代に上杉謙信の祈願所、佐竹氏の菩提寺になる。木造阿弥陀如来立像(鎌倉時代、国重文)、絹本著色当麻曼荼羅縁起(鎌倉時代、国重文)などがある。

宝善院の庭園(県名勝)は小堀遠州作とされる。大明王院には漢書(周勃伝残闕、奈良時代、国重文)がある。恵光院は、道昌の開基と伝わる。戦国時代に島津義虎が再興したことから島津氏の菩提寺になったという。熊谷寺は真隆の開基と伝わる。1191(建久2)年に熊谷直実(蓮生)が当院に住して平敦盛の菩提を弔った故事により、1214(建保2)年に熊谷寺の寺号を授けられたという。しかし、当院の正式な寺号は持宝院で、1918(大正7)年に熊谷寺を公称するようになった。

高野山霊宝館 ⑫
0736-56-2029

〈M ▶ P.68, 裏見返し裏〉伊都郡高野町高野山306
南海電鉄高野線極楽橋駅高野山ケーブル高野山駅乗換え高野山駅前🚌千手大門線霊宝館前🚶5分

　大門から東へ200mほど直進すると、左手に壇上伽藍の金堂や根本大塔がみえる。さらに左手に勧学院がみえる辺りまで進むと、右

高野山霊宝館

手に高野山霊宝館がみえる。霊宝館は，高野山内に伝わる仏教古美術や古典籍・古文書類などの貴重な文化遺産を保護・収蔵して一般に公開するために，1921(大正10)年に開館された。設計は大江新太郎で，当時，最先端の工法を導入する建築技師であった。宇治の平等院(現，京都府宇治市)に倣って，中央奥の紫雲殿を中心に，重層宝形の鵬翼を左右に開いた回廊式の館が計画されていたが，完成したのは東側の一翼だけである。現在，西側には1984(昭和59)年に建設された新収蔵庫がある。山内には国宝23件，国指定重要文化財174件，県指定文化財32件があり，そのほとんどが，1961(昭和36)年完成の大宝蔵などの収蔵庫に収蔵されている。大宝蔵は調査室・曝涼室・燻蒸室・撮影室などを完備しており，寺院収蔵庫としては，わが国初の設備である。収蔵品が多数であるため，毎年8月1日から1カ月間特別展覧が開かれている。

高野山の国宝・重文を収蔵・展示

現在の高野山に創建時から伝わっているものは，山内が一時的に荒廃した歴史もあって少なく，多くは，高野山再興後に各地から寄進されたものである。空海の請来品と伝えられる飛行三鈷杵1口・金銅仏具8口(ともに金剛峯寺蔵，国重文)・木造釈迦如来及諸尊像(枕本尊)1基(普門院蔵，国重文)などと，空海筆と伝えられる聾瞽指帰2巻(金剛峯寺蔵，国宝)・崔子玉座右銘断簡1幅(宝亀院蔵，国重文)などがある。

ほかに著名なものとして，絹本著色阿弥陀聖衆来迎図3幅(有志八幡講十八箇院蔵，国宝)は，比叡山から織田信長の焼討ちの難を逃れて持ち込まれたものとして知られている。
(高野山山内図・壇上伽藍図は裏見返し裏を参照)

金剛峯寺と密教　91

③ 奥の院への道

高野山内の中心，千手院橋界隈から鎌倉幕府ゆかりの金剛三昧院，20万余基の墓石群奥の院と，弘法大師の眠る御廟。

高野山大学 ⓭
0736-56-2921
〈M▶P.68, 裏見返し裏〉伊都郡高野町高野山385
南海電鉄高野線極楽橋駅高野山ケーブル高野山駅乗換え高野山駅前🚌高野山内線千手院橋🚶すぐ

真言密教の最高学府

　千手院橋バス停で降りてすぐの交差点を南へあがると，高野山大学がある。1886(明治19)年に設置された真言宗の大学林が源流となっている。もとは現在の金剛峯寺の奥殿の場所にあったが，1929(昭和4)年に現在地へ移転した。1943年に高野山密教研究所(1958年に密教文化研究所と改称)，1952年には大学院が設置され，真言密教の最高学府となっている。大学の北，小田原通りを越えると蓮花院がある。ここから東の千手院橋の東には山内案内所がある。

金剛三昧院 ⓮
0736-56-3838
〈M▶P.68, 裏見返し裏〉伊都郡高野町高野山425
南海電鉄高野線極楽橋駅高野山ケーブル高野山駅乗換え高野山駅前🚌高野山内線千手院橋🚶10分

北条政子寄進の国宝多宝塔　鎌倉幕府ゆかりの寺院

　千手院橋バス停から南に約10分歩くと，小田原谷南端の金剛三昧院(高野山真言宗)に着く。当院は北条政子が，1211(建暦元)年に源頼朝の菩提のために創建し，最初は禅定院と称した。さらに1219(承久元)年に金剛三昧院と改称，安達景盛(大蓮房覚智)が奉行となって堂塔を増建した。この改修に尽力したのは源実朝の側近，葛山景倫(願性〈生〉)で，北条政子は1236(嘉禎2)年，景倫に紀州由良荘(現，由良町)の地頭職を与え，同院の経営にあてさせた。以来，鎌倉幕府と高野山とを結ぶ，中心的寺院としての役割をになった。鎌倉将軍家の護持僧であった行勇は，栄西の門下で，密教・禅宗・律宗の3宗に通じており，1234(天福2)年に将軍家から当院の初代長老(住職の長)に任ぜられた。以来，当院は三宗兼学の道場となり，長老は将軍家から山外の僧が任命されることになった。

　安達景盛の甥玄智も1268(文永5)年に長老に就任している。玄智は，高野山の中心的な僧侶として活躍し，当院を中心とした経典高野版の刊行に尽力した。また，足利尊氏を始め，室町幕府将軍家も

紀ノ川流域

金剛三昧院庭園

帰依した。

　北条政子が源家の菩提のために1223年に建立した多宝塔(国宝)がある。現存するもののなかで石山寺多宝塔についで古く，内部には運慶作と伝えられる木造五智如来坐像(国重文)が安置されている。多宝塔と同時期に建立された経蔵(国重文)は，鎌倉時代では類例のあまりない校倉造・寄棟の構造である。経蔵の左手高台にある四所明神社本殿(室町時代末期，国重文)は，極彩色，春日造の小祠である。また客殿及び台所(江戸時代初期，国重文)は，改造や修理の痕跡はあるものの，山内の客殿・台所のなかではもっとも古い例とされる。客殿大広間の金地著色梅花雉子図(襖貼付，江戸時代初期，国重文)や本堂の木造十一面千手観音立像(平安時代末期，国重文)などがある。

苅萱堂 ⓯

〈M▶P.68，裏見返し裏〉伊都郡高野町高野山479
南海電鉄高野線極楽橋駅高野山ケーブル高野山駅乗換え高野山駅前🚌高野山内線苅萱堂前🚶すぐ

『石童丸物語』で知られた苅萱堂

　苅萱堂は往生院谷の南側東端で，苅萱堂前バス停のすぐ南にある。苅萱堂が有名となるのは，この堂が中世に高野聖の一派で，心地覚心(法燈国師)を祖とする萱堂聖の拠点となったためである。この一派が唱導文芸として伝え，全国に流布したのが『石童丸物語』であり，苅萱堂を，筑紫(現，福岡県)の領主加藤繁氏が出家し，草庵を結んだ古跡としている。物語の内容は，妻の千里と子の石童丸が父親を尋ねるものの，妻は女人禁制のため山麓の学文路で待つことになる。石童丸は父に会うが父子の名乗りのないまま下山し，母の死去を知る。のちに石童丸は，高野山に再び登山し，繁氏の弟子として出家するというものである。

真別所円通寺 ⑯
しんべっしょえんつうじ
0736-56-2655

〈M▶P.68, 裏見返し裏〉伊都郡高野町高野山
南海電鉄高野線極楽橋駅高野山ケーブル高野山駅乗換え高野山駅前🚌高野山内線苅萱堂前🚶30分

修業地の伝統を伝える円通寺

苅萱堂から蓮華谷の方へ進むと道路右側に恵光院がある。この恵光院の東側の坂をのぼり，山道を約1km行った所に**真別所円通寺**がある。本堂・坊舎・鐘楼門・宝庫・鎮守社・所化寮などの建物からなる。古くは専修往生院と称し，高野山の別所のうち，教懐によって開かれた小田原別所，覚鑁系の僧徒によって継承された中別所，明遍によって開かれた東別所などの別所に対し，真別所とよばれた。空海（弘法大師）の弟子の1人智泉の開基と伝承されているが，のちに荒廃していたのを，奈良東大寺の再建で知られる俊乗房重源が再興して，専修念仏の道場にしたと伝えられている。本尊は**木造釈迦如来坐像**（平安時代中期，国重文）。**紙本著色十巻抄**（鎌倉時代，国重文）など多数の経典を所蔵する。

真別所円通寺

奥の院と墓石群 ⑰
おくのいんとぼせきぐん

〈M▶P.69, 裏見返し裏〉伊都郡高野町高野山550
南海電鉄極楽橋駅高野山ケーブル高野山駅乗換え高野山駅前🚌高野山内線奥の院前，または一の橋口🚶すぐ

参道に並ぶ墓石群

奥の院は，835（承和2）年に入定したとされる空海の「御廟」を中心とする聖域である。11世紀に祈親の高野山復興によって，大師信仰の聖地として整備された。後世，一の橋から御廟に至る18町（約2km）の参詣道周辺の墓石群を含む地域を指すようになった。

高野山への納骨・建碑の風習は鎌倉時代からと考えられ，『一遍上人絵伝』には五輪塔が描かれているが，一般庶民は木製卒都婆で，墓石として石造の五輪塔（多くは粗末な一石製）が登場するのは

94　紀ノ川流域

奥の院参道

室町時代末期であろう。現在の墓石群の中核をなすのは，江戸時代初期造立の諸大名の五輪塔である。徳川家康が高野山を菩提所と定めたことに倣い，諸大名がそれぞれの菩提寺を定めたからである。この大名家は110家とされ，全国大名の約40％となる。外様大名のものが比較的大きく，雄藩の五輪塔も数多くあるところから，幕府の大名の財力消耗の政策であったとの説もある。奥の院に並ぶ墓石は20万基を超えるといわれ，参道は約1800本の大杉林(県天然)に覆われている。

一の橋口バス停から一の橋を渡ると，参道に沿って歴史的に知られた墓石群が続く。曽我兄弟の墓は鎌倉時代の石碑で，親の仇討ち後，処刑されてここに供養塔が建てられた。佐竹義重霊屋(国重文)は1599(慶長4)年に造営された。壁面に47本の五輪塔形卒都婆を連ねている点に特色がある。霊屋は奥の院にいくつかみられるが，内部に五輪塔(供養塔)を安置し，正面に鳥居を配置するなどの神仏習合の思想がみられる。参道を少し東へ行くと，摂津源氏の祖多田満仲の墓がある。さらに進むと，左手に上杉謙信霊屋(江戸時代初期，国重文)がある。ここから東に行くと，右手に明智光秀の供養塔がある。中の橋を越えると，1年中衆生の苦をかわって受けて汗をかいていると伝えられる汗かき地蔵がある。その隣に，水面に映る姿の濃淡から命の長短がわかるという姿見の井戸がある。

さらに進むと，右手に禅尼上智碑(県史跡)がある。上部は欠損しているものの，北朝年号の「永和元(1375)年」銘が刻まれている。ここから石段をあがった左手にある高麗陣敵味方戦死者供養碑(県史跡)は，1599年に島津義弘・忠恒父子によって，1597(慶長2)年の朝鮮出兵時の戦死者を，敵味方の区別なく供養するために建てられたものである。左手に，1908(明治41)年にこれを英訳した碑を島津忠重が建てている。参道左手に崇源夫人五輪石塔(県史跡)がある。1627(寛永4)年に，江戸幕府2代将軍徳川秀忠の2男で駿府城(現，

奥の院への道　95

静岡市)主の徳川忠長が,秀忠の正室であった母崇源院のために建てたものである。総高6.6mで台石は2.75m四方,俗に八畳敷といわれている。奥の院でもっとも大きな五輪塔で,一番碑とよばれている。

参道をさらに進んだ左手奥には,自然石に刻まれた芭蕉句碑があり,「父母のしきりにこひし雉子の声」とある。芭蕉が登山したのは1688(貞享5)年3月。句碑が造立されたのは1775(安永4)年で,書は池大雅である。句碑の参道を挟んで反対側に,大津城戦死者供養碑がある。これは1600(慶長5)年に関ヶ原の戦いで東軍に与した京極高次が,西軍の猛攻を受けて大津城を降伏開城し,自身は高野山に入って,籠城戦で戦死した将兵の供養碑を建てたものである。結果的に西軍が破れたため,高次は大名に返り咲いた。芭蕉句碑から少し進んだ所に,1201(建仁元)年に高野山で修行した浄土宗の開祖法然(円光大師)の供養塔がある。同じ左手には松平秀康及び同母霊屋(国重文)がある。向かって左の秀康の母の霊屋は秀康が,右の秀康の霊屋は長男の忠直が建立したものである。2棟とも越前(現,福井県)産の笏谷石を用いており,側壁には石仏のレリーフがある。

この霊屋の前で参道が二手に分かれている。左は参路といい御廟橋から大師廟に直接通じ,右は帰路(食堂道)といい大師廟からの帰りに通る道とされている。この分岐点に,道標のような格好で宝井其角の「卵塔の鳥居やげにも神無月」の句碑がある。豊臣家墓所(県史跡)は1587(天正15)〜92(文禄元)年の造立で,石塔は散在していたものを一カ所に収集したとされる。御廟の橋を渡ると弥勒石が小堂におかれており,罪の浅い人は軽く,重い人は重く感じるとする信仰がある。ここから進むと左手奥に仙陵(非公開)があり,霊元天皇から,東山天皇と後桃園天皇をのぞく孝明天皇まで8代とその皇后・皇族らの歯や爪をまつる供養塔がある。

御廟と経蔵 ⑱　〈M▶P.69〉伊都郡高野町高野山
南海電鉄高野線極楽橋駅高野山ケーブル高野山駅乗換え高野山駅前🚌高野山内線奥の院前🚶10分

御廟の橋の正面突き当りにある御廟(弘法大師御廟)は,3間4面,

檜皮葺き・宝形造である。空海は834(承和元)年9月にみずから廟所を定めたといわれ、翌年3月15日に入定の近いことを弟子らに告げ、3月21日寅の刻に亡くなったとされる。49日の後、真然が造営した廟所に移されたという。その後、11世紀に高野山は一時期荒廃するが、祈親が復興し、御廟も再興して大師信仰の中心になっていった。この背景には、大師が入定して高野山にとどまっているとする入定留身説が信じられ、入定してもなお、大師が生き続けているとする信仰が広く庶民に流布したことがあった。

灯籠堂は真然によって創建されたという。向かって右が、1016(長和5)年に、祈親が廟前の青苔の上に点じて燃えあがったものを灯明として献じたもので、高野山の復興を祈念して点じた祈親灯である。髪の毛を売って献灯した貧女お照の物語にちなんで、俗に「貧女の一灯」ともいう。左には、1088(寛治2)年に、白河上皇が献じた一灯がある。記録には上皇は30万灯を献じたことがみえ、これを俗に「長者の万灯」ともいう。現在の灯籠堂は、1965(昭和40)年に改修されたものである。さらに1984年には、御廟の東側に記念灯籠堂が建立された。

奥の院の東隅、御廟の向かって右にある奥院経蔵(国重文)は、3間4面・檜皮葺き・宝形造で、1599(慶長4)年に応其のすすめで、石田三成が母の供養のために建立したものである。経蔵内に収蔵されていた高麗版一切経(国重文)が6285帖残存している(霊宝館保管)。なお、この経蔵の本尊が文殊菩薩のため、文殊堂ともよばれている。

御廟の橋の手前には、玉川の清流を背にして水向地蔵があって、奥の院を参拝する人びとが、御供所で水向塔婆を求めてこの地蔵に納め、縁者の冥福を祈る姿が絶えない。御供所は御廟に奉仕するために建てられた庵が始まりで、現在も御廟の日々の供物はここで調理して丁重に運ばれる。御供所の横に嘗試地蔵があり、御供所で調理した供物を、毎日午前5時半と午前10時に味見した後に(実際には像前に供える)、御廟へ運ぶならわしという。

④ 水陸交通の要衝橋本

河内・大和の国境に近く、紀ノ川を隔てて高野山領に接する水陸交通の要衝橋本と、紀ノ川流域に存在する文化財。

真土山 ⑲

〈M ▶ P. 69, 99〉橋本市隅田町真土
JR和歌山線隅田駅🚶15分、またはJR和歌山線・南海電鉄高野線橋本駅🚌真土線真土🚶3分

〔万葉人も往復した紀和国境の歌枕〕

　JR隅田駅の北東1kmほどにある真土(待乳)山(160m)は、橋本市と奈良県五條市の境に位置し、南側は紀ノ川に臨む急崖である。和歌山県と奈良県の境は現在落合川であるが、7世紀末〜8世紀初め頃は、川の東側にある真土山が国境で、大和(現、奈良県)から紀州に入る旅人はこの山を越えたのである。

　古来、真土山は歌枕の地として知られ、『万葉集』には701(大宝元)年に持統上皇と文武天皇が牟婁の温湯(現、白浜町湯崎温泉)に行幸の際、同行しなかった人が旅先を案じて「麻裳よし　紀へ行く君が真土山　越ゆらん今日ぞ雨な降りそね」と詠んでいる。この歌碑が国道24号線北側(橋本浄水場入口)に造立されている。また国道南側には、701年の行幸に同行した調首淡海の「麻裳よし　紀人羨しも赤打山　行き来と見らむ紀人羨しも」の歌碑がある。

　真土バス停から南へ5分ほど行くと落合川岸に出る。ここは「神代の昔からの渡し場」と伝えられていて、川のなかに飛び越え石(神代の渡り場)とよばれる岩がある。この近くに「いで吾が駒　早く行きこそ　赤打山　待つらむ妹を　行きて早見む」の歌碑がある。この近辺には7基の万葉歌碑が造立されており、徒歩約1時間で歌碑巡りができる。

隅田八幡神社 ⑳
0736-32-0188

〈M ▶ P. 69, 99〉橋本市隅田町垂井622
JR和歌山線隅田駅🚶20分、またはJR和歌山線・南海電鉄高野線橋本駅🚌山内線隅田八幡前🚶4分

〔人物画像鏡と隅田荘総氏神の神社〕

　JR隅田駅から県道108号線を北に進み、国道24号線に出て左へ折れ、400mほど行って右に折れて500mほど進むと、隅田八幡神社(祭神誉田別尊ほか)に着く。京都の石清水八幡宮の別宮として、隅田荘(現、橋本市東部)が成立する10世紀後半頃に勧請されたものと考えられ、かつては隅田荘の総氏神という性格をもっていた。神

98　紀ノ川流域

隅田八幡神社

社の祭礼などは石清水八幡宮を真似たものがうかがえ、正月の修正会や8月の放生会などが活発に行われていた。現在の祭礼は、毎年10月第2土・日曜日に秋祭（県民俗）として実施され、神輿の渡御などに伝統を残している。1月15日の管祭では、管竹に小豆粥をいれて稲の豊凶を占う粥占神事が行われる。中世には隅田一族（隅田党）の氏神として一族の精神的な支柱となった。神社には隅田文書（県文化）と人物画像鏡（国宝、東京国立博物館寄託）がある。人物画像鏡は、わが国最古の金石文の1つとして知られているが、出土地やなぜ隅田八幡神社に所蔵されるようになったかは不明である。

神社の本殿背後の御廟塚（隅田八幡神社経塚、県史跡）から1997（平成9）年に経筒が発見され、1998〜99年の発掘調査の結果、平安〜鎌倉時代の置物（甕・経筒・銅鏡・青白磁小壺など）が発見された。なかでも経筒のなかから法華経8巻がみつかり、奥書から1164（長寛2）年に書写され、「藤井氏」と称する在地豪族と思われる人物が娘や孫の安穏を祈って奉納したことがわかった。これら経塚出土品（県文化）は、一括して橋本市郷土資料館で保管されている。

隅田八幡神社の西約200mの所に隅田八幡古墳がある。直径16m・高さ6mの円墳、緑泥片岩の切石積で南に開口す

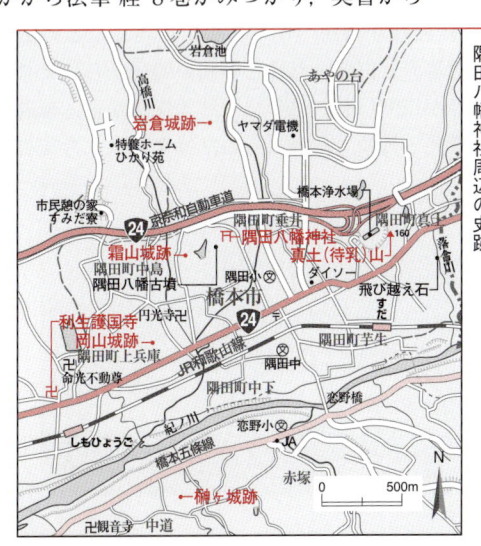

隅田八幡神社周辺の史跡

水陸交通の要衝橋本　99

る横穴式石室がある。玄室の積石には漆喰で石を接合した跡が認められ、羨道と玄室の境界に柱石を設けているなどの特色があり、古墳時代終末期(7世紀前半)の築造と考えられている。

隅田八幡神社の北1kmほどの地点の垂井から、山内に至る岩倉坂をのぼりきった所に、1590(天正18)年に応其によって修造された岩倉池がある。

利生護国寺 ㉑
0736-32-2123
〈M▶P.69,99〉 橋本市隅田町下兵庫732
JR和歌山線下兵庫駅🚶5分、またはJR和歌山線・南海電鉄高野線橋本駅🚌真土線・山内線大寺前🚶すぐ

行基の古刹伝承をもつ隅田党の氏寺

JR下兵庫駅で降りて北へ250mほど行って国道24号線に出ると、向かい側に利生護国寺(真言律宗)がある。通称で「大寺さん」といえば、伊都地方ではこの利生護国寺を指す。本尊は木造大日如来坐像(鎌倉時代初期、県文化)である。寺伝によれば、8世紀前半に行基が開いたとされ、行基開基の49院の1つといわれている。中世には兵庫寺などともよばれ、隅田一族(隅田党)の氏寺として栄えた。当寺には西大寺(奈良市)の叡尊が、建治・弘安年間(1275〜88)に布教のためにたびたび訪れていたことが、その自伝「感身学正記」に記されており、叡尊の弟子忍性も当寺と関係をもっていた。北条時頼が当地へきて当寺を再興したとの伝承があるが、これは鎌倉幕府と叡尊・忍性との強い関係から生まれたものと考えられる。当寺が1298(永仁6)年に六波羅探題から、幕府の祈禱寺院に対する守護代・地頭・御家人らの乱暴を禁止した文書を受け取っているのも、北条氏との深い関係を示すものであろう。南北朝時代には、南朝方の天皇から綸旨が与えられている。

当寺の本堂(国重文)は南北朝時代に再建されたもので、一重寄棟造・本瓦

利生護国寺

隅田党と城跡

コラム

旧隅田荘に現存する中世城郭跡

　隅田荘を基盤に中世に活躍した，荘官や名主らの在地武士の集団を隅田党あるいは隅田一族と称した。隅田党は地縁的な結合を中心とした武士団で，隅田惣領家滅亡後は，葛原氏・上田氏らを中心として，村落名や小字名などを名字としている。この頃，隅田葛原といった複合の名乗りをしている。彼らは，鎌倉時代に六波羅探題を世襲する重時流北条氏の家人となり，隅田荘の地頭代や探題の検断方（九州以外の西国の刑事訴訟を審理する）などに就任した。隅田惣領家は，探題の滅亡時に近江国番場（現，滋賀県米原市）で運命をともにする（1333年）が，隅田党は存続し，室町時代には守護の被官（家来）として活躍した。南北朝〜室町時代には，荘外の在地武士とも連携して30人ほどで構成され，戦国時代の署名には42人が登場する。これらの在地武士は小規模な存在であって，隅田党構成員の全体像は明らかになっていない。1347（正平2）年に楠木正成の子正行が隅田城を攻めた記録があるが，隅田城という城郭名は単独で他の史料に登場しないことから，隅田党の城の総称の可能性が高い。以下，隅田党の代表的な城跡を紹介する。

尾崎城跡（橋本市隅田町山内）
山内の城場池の東部丘陵上にあり，土塁の一部や堀跡が現存する。応永年間（1394〜1428）以降の史料に登場する尾崎氏の居城と考えられる。

岩倉城跡（橋本市隅田町垂井）
隅田八幡神社北部の丘陵地帯の字岩倉に，東西60m・南北30mの曲輪を囲む空堀・土塁が現存する。1972（昭和47）年の調査で，柱穴や据石・鉄製品・中国製白磁碗片などが検出された。この城跡は近世の記録類にみえる新氏の高尾城であった可能性も大きく，当城跡の北と南の尾根筋も城跡の可能性は高かったが，京奈和自動車道の建設にともなう工事で削平された。近世の記録類には垂井城もみえ，垂井には3城あったことになる。またこの地に葛原氏の分流の葛原四郎兵衛尉が岩倉屋敷を構えていたことが，1251（建長3）年にみえる。

霜山城跡（橋本市隅田町中島）
隅田八幡神社に続く西部の丘陵上にあって，西に高橋川，東に野口池と接する。「畠山記」には1568（永禄11）年に畠山秋高（昭高）を迎

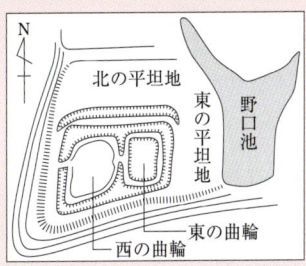

霜山城跡略図

水陸交通の要衝橋本

えたことがみえるほか、隅田党の番城(ばんじろ)として記されている。なお、『多聞院日記(たもんいんにっき)』に畠山秋高が大和(現、奈良県)の三好三人衆と戦って敗走していることがみえるので、秋高の入城も1567(永禄10)年のこととも考えられる。2つの曲輪からなる城跡もよく遺構をとどめており、東の曲輪は東西約20m・南北約40m、西の曲輪は東西約30m・南北約45mで、館(やかた)形式の城跡である。曲輪の周囲の土塁は、西の曲輪は不明確であるが、東の曲輪は明確に現存し、両者の曲輪をつなぐ土橋が中央部にある。この曲輪の周囲を幅9m・深さ3.5mの空堀が囲む。さらに北部には東西に空堀を掘り、2つの曲輪をさえぎる蔀(しとみ)土塁も築かれている。城跡全体の現状の規模は東西約145m・南北約98mで、隅田党の城跡ではもっとも大きく、室町時代の館形式の城跡として県内屈指のものである。なお、北部にも空堀状遺構が残り、当初の城跡は北部と東部へ広がっていた可能性も大きく、現状の約3倍の面積を有していたとも考えられる。

この霜山城は下山(しもやま)城・野口(のぐち)城ともいわれ、隅田党の下山氏や野口氏とかかわるものともみられる。

岡山城跡(おかやまじょうあと)(橋本市隅田町上兵庫)　隅田町中島との境の丘陵地にあり、現在は国道24号線と丘陵の南端下で接している。『紀伊続風土記』には、「長さ三町(約327m)堀切等の跡あり」とあり、平野(ひらの)氏の城跡としている。平野氏は、隅田荘の平野村(現、隅田町平野)を拠点にしていたと考えられ、1248(宝治2)年に「平野入道」とあるのが初見で、近世には帰農して上兵庫に居住していた。

榊ヶ城跡(さかきがじょうあと)(橋本市赤塚)　紀ノ川南端の隅田南荘(みなみのしょう)の荘官上田氏の館跡である。上田氏は1333(元弘3)年に隅田南荘が石清水八幡宮領から高野山領となると、高野山によって下司(げし)に任ぜられた。『紀伊続風土記』には「村中に土居跡あり」とあり、土塁の一部が現存する。

葺(ぶ)きで、桁行(けたゆき)5間(約9m)・梁間(はりま)4間(約7.2m)である。1968(昭和43)年に解体修理が完成した。朱(しゅ)の柱と緑の連子窓(れんじまど)が美しく、寺の最盛期を偲ばせる。寺院裏の隅田一族の墓石群は、裏山の斜面から1965(昭和40)年に移転したもので、「元中(げんちゅう)元(1384)年」銘のものがもっとも古く、天文(てんぶん)年間(1532〜55)のものがもっとも多い。

なお、1987年に寺院と隣接した西側の畑地が発掘され、中世の庭園遺構や井戸・池とともに、池を埋めるときに用いられた約150基の五輪塔(ごりんとう)の部分石が発見された。多量の中世の瓦や土器・陶器(とうき)・磁

器類の出土や文献から、中世における当寺の規模（1町〈約109m〉四方程度あったと推定される）や勢力がうかがえる。利生護国寺文書（隅田文書、県文化）がある。

陵山古墳 ㉒

〈M▶P. 69, 107〉橋本市古佐田
JR和歌山線・南海電鉄高野線橋本駅🚶10分

紀ノ川流域屈指の円墳と古佐田廃寺

橋本駅から北の県立橋本高校方面へ500mほどのぼると、丸山公園内に陵山古墳（県史跡）がある。この古墳は3段築成で、直径70m・高さ6m、周濠の幅は6mあり、県内最大規模の円墳である。築造時期は5世紀末〜6世紀初頭と考えられている。1903（明治36）年と1952（昭和27）年に発掘調査されているが、副葬品は多くが散逸している。出土品には「キヌガサ」とよばれる大きな傘を模した形象埴輪や、円筒埴輪・土師器などがあり、割石積の石室は朱で彩られていたといわれる。石室羨道部の壁が樹木の根や土圧のために歪み、石室内に砂を充塡して保存の措置がとられたため、現在では石室内を見学することができない。

なお、陵山古墳は近世には、古佐田・橋本・妻村（現、橋本市古佐田・橋本・妻）の氏神的性格をもち、浄泉寺（廃寺）が陵山古墳の丘陵上の小祠に灯明を出していた。浄泉寺については『紀伊続風土記』に坂上田村麻呂とかかわる伝承が記されている。橋本駅構内付近から奈良時代前期の寺院瓦が多数発見され、古佐田廃寺跡とされているが、窯跡との説もある。

陵山古墳

応其寺 ㉓
0736-32-0218

〈M▶P. 69, 107〉橋本市橋本2-3-4
JR和歌山線・南海電鉄高野線橋本駅🚶5分

橋本駅の南西約200mの所に応其寺（高野山真言宗）がある。当寺は、1585（天正13）年に古佐田村（現、橋本市古佐田）の南方の荒地を開発して、橋本の町を開いた高野山の客僧応其の住房として、1587

年に建立されたことに始まる。同年に応其は、紀ノ川に130間(約235m)の橋を架けて高野参詣者の便に供し、この新開地を橋本と名づけ、同年町に塩市の免許が認められてその発展の基礎を築いた。当寺には応其の木像のほか、寛永年間(1624〜44)に描かれた応其画像、応其書状、応其の著作と伝わる連歌の書『無言抄』などがある。境内には1907(明治40)年に鋳造された応其の像がある。現在の本堂や庫裏は江戸時代中期、山門と門番所は1857(安政4)年の建立である。なお、山門には1868(慶応4)年1月に十津川郷士が発砲したとされる弾痕が残る。これは、旧幕府方に接近する紀州藩を牽制するために、1867(慶応3)年12月に派遣された鷲尾隆聚の軍隊(高野山領の郷士・土佐陸援隊・十津川郷士らで構成)が、1868年1月の鳥羽・伏見の戦いの敗残兵が紀州へ逃れたとの報に接し、橋本方面へ出張って応其寺門前で威嚇のために発砲したときのものであるとされる。

　橋本は宿場町として問屋場がおかれ、伊勢参りの伊勢街道(大和街道)と高野参りの高野街道(京街道)の交差する地域として交通の要所であった。「東家往来」と『紀伊名所図会』に描かれた四つ角が、現在の旧伊勢街道(大和街道)と国道371号線の交差点で、ここから南へ直進し、国道24号線を渡って紀ノ川の堤防近くに出ると、東家の紀ノ川渡し場跡に、1814(文化11)年に建立された高さ約4.8mの大常夜灯がある。京都や大坂・堺の商人と考えられる四十数人と地元の十数人が協力して建てたものである。交差点から旧伊勢街道を東に進むと、橋本川に架かる松ヶ枝橋に出る。橋の東詰には、太神社(祭神天照大神)があり、1796(寛政8)年に橋本川船仲間が寄進した石灯籠がある。またこの地にかつて一里松があり、

応其寺

記念の石柱が立っている。ちなみに和歌山城下から11里目になる。旧伊勢街道（大和街道）沿いのほんまち商店街を東から南へ抜けると国道24号線に出るが、この辺りは旧街道を踏襲した国道で、この国道の南側に旧橋本本陣池永家住宅（国登録）がある。屋根瓦に「宝暦二(1752)年」の銘があって、主屋はこの頃の建設とみられる。離れ座敷は、紀州藩主の宿泊・休憩に利用された。この近辺の旧街道沿いには、ほかに火伏医院(1721年)・小林家住宅(1850年頃)など国登録有形文化財の民家が5軒(11棟)ある。

『万葉集』にみえる「妻の杜」は現在の橋本市妻と考えられ、西の森・中の森・東の森とよばれる場所に、かすかに万葉の故地の面影を残している。橋本駅から東へ徒歩約5分の西の森には妻古墳があり、隅田八幡神社の人物画像鏡が出土したとの伝承もあるが、現在では、古墳の存在を示す明確な遺構は残されていない。同じく『万葉集』にみえる「大我野」は、現在の東家から市脇付近と考えられている。現在、市立橋本中学校校庭に「倭には　聞えゆかぬか　大我野の　竹葉刈り敷き　廬せりとは」の歌碑が建てられている。

相賀大神社と市脇遺跡 ㉔

0736-32-5086（相賀大神社）

〈M ▶ P. 68, 107〉橋本市市脇2-7-8／橋本市市脇

JR和歌山線・南海電鉄高野線橋本駅🚌橋本線城の内住宅前🚶5分／橋本駅🚌橋本線市脇🚶5分

相賀荘総氏神の相賀大神社と中世市場跡

城の内住宅前バス停で下車し北東へ約300m行くと、相賀大神社（祭神天照大神・伊邪那岐命ほか）に着く。神社は、相賀荘（現、橋本市東家）の総氏神という性格をもち、中世には、この神社を本所とする3つの座があって、月に3度の定期市が立っており、これが市脇の地名の起源となっている。境内には「正平十(1355)年」に「大師講衆」が奉納した石灯籠（県文化）がある。また、釣鐘は1700（元禄13)年の鋳造で、中世以来の伝統的な柏原鋳物師の長兵衛の作である。5個の穴は第二次世界大戦の供出の際に材質検査のために開けられたもので、溶解される前に終戦となって返却された。

神社の約150m南西の台地の畑のなかに、鎌倉時代の五輪塔が一部欠損となって残っている。残存部分は水輪部で幅49cm、地輪部

相賀大神社

は幅53cmで、地輪部に「永仁二(1294)年」の銘のほか、坂上長澄らが亡父「蔵人禅門法覚」の供養のために造立したことなどが刻まれている。坂上氏は相賀荘の荘官、鎌倉時代末期に丹生都比売神社に奉納される神馬の管理権をめぐって論争していた人物は盛澄で、供養された亡父に該当する。この五輪塔のある一帯は相賀大神社の神宮寺であった医王寺の跡でもある。この寺は北条時頼の創建と伝承され、もとは臨済宗でのちに真言宗に改宗したとされる。

相賀大神社の裏山に散在する古墳群は市脇古墳群とよばれる。古墳時代後期のもので、8基が確認されていたが、現在はほとんど破壊され、1・2号墳が残るのみである。

相賀大神社の南東約500mの市脇交差点から北方約150mの高台に市脇遺跡がある。現在は柿の葉ずしの店舗の脇に、「市脇遺跡」の石碑がある。縄文時代から古墳時代にわたる遺跡で、1973(昭和48)年にバイパス工事にともなって発掘がなされ、竪穴住居跡や溝などが発見されている。1984年の発掘調査で、奈良時代の土師器の杯に「野中」の墨書があって、河内国の野中寺(現、大阪府羽曳野市)付近との交流が考えられている。

遺跡から東へ500mほどの市立橋本小学校内にある東家遺跡は、縄文時代から中世に至る複合遺跡である。とくに14世紀末から15世紀中頃にかけて、紀伊国守護の伊都郡支配拠点の郡奉行館があったことは、遺跡の空堀跡や中世の遺物、文献でも明らかである。橋本小学校北側の旧伊勢街道(大和街道)沿いには、地域の大庄屋をつとめた堀江家住宅がある。街道に面した長屋門が当時の面影を物語る。

旧伊勢街道から北の胡麻生方面への旧道沿いに妙楽寺(真言律宗)がある。寺伝によれば空海(弘法大師)の創建で、当初紀ノ川近

相賀大神社周辺の史跡

くの東家大森神社の西隣にあり，鎌倉時代に現在地に移転されたという。1298(永仁6)年の記録に，鎌倉幕府の祈禱寺院の1つとして記されている。1581(天正9)年の織田信長の高野山攻めで焼失したとされる。当寺の木造薬師如来坐像・木造大日如来坐像(平安時代後期，県文化)は，橋本市郷土資料館に保管されている。

相賀八幡神社 ㉕
0736-36-3034

〈M▶P.69〉橋本市胡麻生237
南海電鉄高野線御幸辻駅 🚶20分

坂上氏が石清水八幡宮から勧請

御幸辻駅から県道105号線を約500m東進し，国道371号線を越えて城山台へ通じる県道731号線を東へ約350m行き，右折して約300m南下すると，相賀八幡神社(祭神誉田別尊ほか)がある。かつての相賀北荘(現，橋本市中央部，紀ノ川北部)のうち，橋本・古佐田・妻から紀見峠までが氏子圏となる総氏神であった。神社の創建については，平安時代に坂上氏が京都の石清水八幡宮から勧請したとの伝承がある。鎌倉時代の『紀伊国神名帳』に登場する正五位上の住吉神とあるのは，当社の神ではないかと『紀伊続風土記』は考証している。神社は，1581(天正9)年の織田信長の高野山攻め

相賀八幡神社

水陸交通の要衝橋本　107

で、高野山衆徒によって焼き払われ、1586年に在地武士の贄川氏によって再興されたと伝えられている。現存している額に、「正平二十一(1366)年」「八幡大菩薩」とあるほか、1197(建久8)年に書写された大般若経がある。

銭坂城跡 ❷⓺

〈M ▶ P. 68, 107〉橋本市野
JR和歌山線・南海電鉄高野線橋本駅🚍橋本線城の内住宅前
🚶5分

　城の内住宅前バス停から旧伊勢街道(大和街道)を北西へ約360m行くと、坂をのぼりきった南方の土塁上に鈴鹿神社の小祠がある。この辺りが生地氏の拠点銭坂城跡で、土塁は高さ約3m、長さ約16mで城跡の南西部にあたる。空堀跡は土塁の西側に幅約6mで残存している。この空堀跡は北側へL字状に曲がっており、城跡の舌状台地を南北に仕切った南部にあたる。旧伊勢街道を越えて、北部端にはこの空堀の北端の痕跡が残存している。東の曲輪の東南部には、長さ約30m・高さ約3m・幅約7.5～10mの土塁が民家の裏に残存している。一部土塁の張り出した所は櫓跡とみられ、「銭坂城物見櫓址」の石柱が建てられている。銭坂城の名は、相賀大神社の市場で徴収していた通行税の徴収地を、当地に移したことからつけられた俗称と考えられる。

　銭坂城跡を過ぎて旧伊勢街道を西へ進むと、旧京大坂道と交差する所に出る。旧京大坂道は、紀見峠から南下して御幸辻・菖蒲谷を経て、出塔・柏原・神野々から慈尊院へ至る高野参詣道でもある。この四つ辻に石地蔵があり、経読み地蔵と称されている。

　四つ辻を約750m南へ入ると神野々の七墓に至る。この入口に「正平七(1352)年」と「正平十三年」銘の2基の五輪塔がある。七墓には

銭坂城跡土塁と角神

街道要の中世在地武士の城跡

108　紀ノ川流域

六郷極楽寺と称する堂があって、鎌倉時代の木造阿弥陀如来坐像（県文化）がある。七墓は相賀北荘と官省符荘の双方に属する神野々村ほか5カ村（現、橋本市神野々ほか）の中世以来の惣墓（村落の共同墓地）である。当地には死者の供養のため、念仏と写経ののちに卒都婆を立てる習俗があって、この習俗によって、「大念仏一結衆」が五輪塔を造立したと考えられている。一字一石経の埋経も多く、1589（天正17）年のものが確認されている。

神野々廃寺塔跡 ㉗

〈M▶P.68〉橋本市神野々
JR和歌山線紀伊山田駅🚶10分

白鳳期に都の影響を強く受けた古代寺院跡

JR紀伊山田駅から国道24号線を西へ800mほど行くと、国道の南側に小さな茂みがある。これが神野々廃寺塔跡（県史跡）である。1976（昭和51）年と81年に発掘が行われ、白鳳期〜奈良時代の多数の瓦が出土した。出土瓦から、奈良時代後半には廃絶したものと考えられている。塔基壇は一辺12mであり、河原石を乱石積にした遺構がみつかっている。塔基壇以外の寺院関係の遺構はまったく発見されず、不明な点が多い。遺物には三尊式の塼仏（レンガ状のレリーフ）があり、初唐の影響を受けたものと考えられている。塔心礎は緑泥片岩製で長さ2.5m・幅1.3m、中央に直径85cm・深さ10cmの円形の柱穴の孔がある。この円形の孔から、高さ約34mの三重塔が立っていたと推定されている。神野々廃寺塔跡の北東約500m、JR和歌山線の北側には時雨山古墳（消滅）があった。

神野々廃寺塔跡

紀見峠 ㉘

〈M▶P.69〉橋本市紀見
南海電鉄高野線紀見峠駅🚶40分、またはJR和歌山線・南海電鉄高野線橋本駅🚌紀見線紀見峠🚶5分

紀見峠（紀伊見峠）は南海電鉄高野線天見駅（大阪府河内長野市）と紀見峠駅の中間にあり、紀見峠バス停から北西へ約350m行くと着

水陸交通の要衝橋本

く。古来，河内国から紀伊国へ入る主要な峠であった。796（延暦15）年に，真土峠を越える南海道が廃されて，新しい南海道が設定されており，紀見峠を越える道路がこの新しい道と考えられる。紀見峠は葛城修験の行場にもなっており，鎌倉時代初期の「諸山縁起」に名前がある。紀見峠を南北に越える道が，空海の高野山開山以来，河内国を経て京都と高野山を結ぶ高野参詣の主要道路となっていた。

　近世には高野参詣の峠として繁栄したようで，1648（慶安元）年に伝馬所が設置されて，物資流通の便宜が図られている。1651年には「紀見峠新家」として17軒が登場し，ウマ20頭が記されている。1854（安政元）年に河内国の小左衛門と五兵衛が発起人となって堺から高野山女人堂までの13里間に設置された里石がある。紀見峠の北口には六里石があって，「高野山女人堂江六里」と刻まれている。また1868（慶応4）年1月には，鳥羽・伏見の戦いに敗れて紀伊に逃れてきた旧幕府方の敗残兵と，田中光顕の土佐陸援隊とが，この紀見峠で銃撃戦を展開している。

　1915（大正4）年の南海電鉄高野線の紀見トンネル開通で，交通上の峠の重要性は後退し，さらに1969（昭和44）年に，国道371号線の紀見トンネルが開通すると，その役割は失われた。

　紀見峠駅の北西約400mの橋本市矢倉脇に，1976年に再建された養叟庵がある。禅僧の養叟は一休宗純の法兄で，後花園天皇から「宗恵大師禅師」の称号を贈られ，1458（長禄2）年に83歳で没している。養叟庵に養叟が居住したのは，養叟が堺の豪商宗歓に招かれた，1454（享徳3）年前後の比較的短期間のことと考えられている。在地武士の贄川将房が養叟のために徳禅院を建立したといわれ，その伝承地は，庵の西方約300mの山麓にある。

長藪城跡 ㉙

〈M▶P.69〉橋本市慶賀野・細川
南海電鉄高野線林間田園都市駅🚶30分

　林間田園都市駅の南東約1kmにある標高300mの山が長藪城跡である。山麓の南斜面は，1976（昭和51）年から造成が開始された新興住宅地で，1979年に城跡にちなんで城山台と名づけられた。伝承では長藪城は，在地武士の贄川義春が文明年間（1469～87）に築いた城

長藪城跡

とされ、橋谷川(現、橋本川)流域の谷内郷(現、橋本市)といわれた13カ村の支配拠点になったとされている。しかし、東西600mにおよぶ県内屈指の規模の山城で、「東の城」と「西の城」という別郭をもつ様式から、守護畠山氏によって整備拡張された城だろう。1567(永禄10)年に紀伊守護畠山秋高(昭高)の軍事行動の拠点として、『多聞院日記』に登場している。橋本市郷土資料館に長藪城跡の1300分の1の模型が展示され、城跡の全容がよくわかる。なお、長藪城跡の南約2.5kmの胡麻生の東谷川と橋本川に挟まれた高台に、東西約80m・南北約120mの贄川館跡がある。

橋本市郷土資料館 ㉚
0736-32-4685

〈M▶P.68〉橋本市御幸辻786
南海電鉄高野線御幸辻駅 5分

橋本市の歴史・民俗が一目でわかる展示内容

御幸辻駅の北約400mの杉村公園内に橋本市郷土資料館がある。開館は1974(昭和49)年で、隅田一族(隅田党)関係の「葛原家文書」や「利生護国寺文書」、また近年発掘された隅田八幡神社経塚の出土品、妙楽寺の仏像などの県指定文化財・市指定文化財などが展示されている。庶民の暮らしに使われた農具や民具類なども展示され、生活の変遷を知ることができる。また、地元で用水路造営に尽力した大畑才蔵や、橋本出身の数学者岡潔の資料も展示されている。

橋本市郷土資料館

水陸交通の要衝橋本

小峰寺 ㉛
0736-37-0250

〈M ► P. 69〉 橋本市境原

南海電鉄高野線林間田園都市駅🚌林間田園都市線橋本市民病院前行・初芝橋本高校前行初芝橋本高校前🚶5分

新興住宅地のなかに残る修験系の寺院

　林間田園都市駅から小峰台の住宅地を抜け，京奈和自動車道の橋本東ICに通じる道を初芝橋本高校の方へ出ると，学校の西側の丘陵に小峰寺（高野山真言宗）がある。役行者の開基伝承のある古刹で，古くからの山伏の修行場であった。鎌倉時代初期の「諸山縁起」には，小峰寺が葛城修験に連なる行場として記されている。かつて5坊あったとされるが，1601（慶長6）年頃にはすでに廃絶していた。当寺の木造薬師如来坐像（平安時代後期）は，もとは境原東光寺の本尊であった。

　1988（昭和63）年の宅地開発にともなう発掘調査の結果，行場と推定されていた尾根（現在消滅）から小堂跡や建物跡にまじって，平安時代から室町時代を中心とする須恵器・土師器・黒色土器・瓦器・銅銭などが発見され，行場であったことが実証された。また，行者堂の峰から，この行場跡の尾根に続く鞍部に，幅6m・深さ0.8mの堀切が発見された。近世初頭の古絵図にみえる3堀切の1つで，中世城郭の「小峰城」に比定される。小峰城は，1513（永正10）年8月に畠山義英（義就の孫）が，畠山尚順（政長の子）に対抗して軍事拠点とした城郭であった。なお，発掘調査された地域は完全に削平されて，市立境原小学校や住宅地となっている。小峰寺境内には，削平された西の尾根から移された十三重石塔や「天授五（1379）年」銘の宝篋印塔などがある。

小峰寺宝篋印塔

112　紀ノ川流域

5 橋本市西部から華岡青洲の里へ

高野登山口の面影を残す高野口，荘園絵図で有名な桛田荘から，万葉の歌枕妹背山，医聖華岡青洲のふるさとへ。

奈良三彩壺 出土地と名古曽廃寺跡 ㉜

〈M ▶ P.68, 114〉 橋本市高野口町名古曽
JR和歌山線高野口駅🚶25分

法起寺式伽藍配置の古代寺院跡

1963（昭和38）年，JR高野口駅の北東約700mの名古曽北端の南斜面の柿畑から，滑石製の石櫃（国重文）に収められた奈良三彩壺（三彩釉骨壺，国重文）が発見された。奈良三彩とは，奈良時代に唐三彩の技法に学んで制作された国産の陶器であり，正倉院御物などに若干の残存があるだけである。

鮮やかさやその完全な形から第一級のものとされるこの三彩壺は，蔵骨器として用いられ，大きさは，高さ22.5cm，中央のふくらみの直径が27.5cm，直径15cmの周辺に縁のついた蓋があり，中央には宝珠形のつまみがつけられている。壺の素材はやや赤みを帯びた陶土で，成形・素焼をしてから，全表面に白色の釉薬（酸化鉛）をかけ，その上に褐色の釉薬（酸化鉄）と緑色の釉薬（酸化銅）で斑点をつけて再び焼成したもので，この3色の釉薬の取り合わせが見事である。壺は現在，京都国立博物館に展示され，出土地には石櫃と壺をかたどった花崗岩製の記念碑が立てられ，名古曽火葬墓として県の史跡に指定されている。

奈良三彩壺の出土地は通称一里山とよばれているが，これは麓に旧伊勢街道（大和街道）の一里松があったからである。和歌山城下の京橋から10里の地点で，近世には，罪人の国外追放の際はここから追い払われたといわれる。紀州藩士であった陸奥宗光は，父親の藩内政争に巻き込まれて1853（嘉永6）年に当地から追放されたとい

名古曽廃寺跡

橋本市西部から華岡青洲の里へ　113

高野口駅周辺の史跡

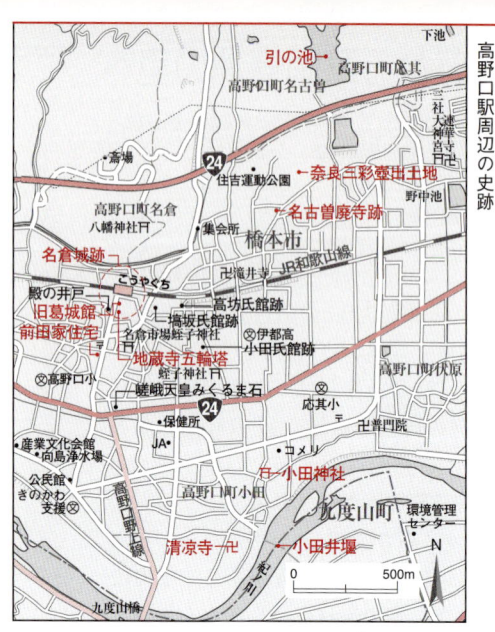

われる。

　奈良三彩壺出土地から約100m西，旧伊勢街道沿いに，高野山を再興した祈親が，護摩を焚いたとの伝承がある護摩石がある。結晶片岩製のこの石は，2.2m×1.3mの巨石で，名古曽廃寺跡（県史跡）の塔心礎で，現在は小堂のなかに収められている。心礎のほぼ中央には直径44cm・深さ6.5cmの柱座孔が剔り貫かれ，さらにその中心に，直径22.5cm・深さ14cmの仏舎利を収める内孔がある。心礎の規模から，高さ約24mの三重塔があったと推定されている。1988年の心礎発掘調査によって，塔基壇の版築層や多量の瓦が重なって発見され，東部などは削平されているものの，一辺約9mの創建当初の塔跡であることが確認された。さらに，1989（平成元）・90年の発掘調査の結果，塔の約6m西に金堂が配置された法起寺式の伽藍配置とわかった。

引の池 ㉝　〈M▶P.68, 114〉橋本市高野口町応其・名古曽
JR和歌山線高野口駅 🚶 30分

応其改修の池

　奈良三彩壺出土地から北東へ約200m入った北斜面に，上池・下池の2つからなる引の池がある。上池は西部分が名古曽に属する。面積は11.7haである。上池の堤防の長さは約180m，下池の堤防は長さ約140mで，上池から下池までの最大幅は南北に約750mである。池の原型は古代から存在したものかもしれないが，応其により改修されている。1367（正平22）年の「高野山文書」に池の名として「曳野」とみえ，室町時代を通じて散見される。応其の改修は1590

(天正18)年で、上池の南西端に完成時に建てられた五輪供養塔がある。銘文に「天正十八年九月廿一日」の日付のほか、「木食興山上人応其」と改修時に奉行となった「西山勝家」の名前がある。

池の東部台地の新興住宅地は平山城と称され、古城跡伝承地である。1581(天正9)～82年の織田信長の高野山攻めの際、当地へ出陣していた松山新介の陣城の1つと考えられる。

地蔵寺五輪塔 ㉞　〈M▶P. 68, 114〉橋本市高野口町名倉993
JR和歌山線高野口駅 徒3分

JR高野口駅から駅前通りを南へ約50mくだると地蔵寺(真言宗)があり、境内に総高約2mの砂岩製の五輪塔(県文化)がある。地輪部には「正平十一(1356)年丙午三月十五日」「光明真言一結衆」の銘文がある。地域の有力住人の集団が、惣墓(集団の供養塔)としてこの塔を建てたと考えられる。

地蔵寺から駅前通りを南下すると、高野口郵便局の南側を東西に通る旧伊勢街道(大和街道)と交差する。郵便局の南側に旧街道を挟んで、前田家住宅(国登録)がある(日曜日公開)。前田家は江戸時代の商家で、18～19世紀に心学の普及に尽力した前田嘉助が出ている。旧伊勢街道を西へ入り、約150mほど行くと、南北へ行く旧道と交差する場所に至る。ここに名倉市場蛭子神社がある。この付近は名倉市場と通称され、近世には市場が存在していたが、官省符荘とよばれていた鎌倉時代からの「高野政所」(かつての高野山登山の玄関口で、寺領支配の役所)前の市場であった。1566(永禄9)年に官省符荘下方の短野村(現、かつらぎ町)の文書に、米の計量に名倉村の市場で使用したとみられる名倉判枡を使用したことが記されていることから、地域の中心的な市場であったことがわかる。

蛭子神社から南に200mほど行くと、交差点に大師

名倉の寺院に残る中世の五輪塔

前田家住宅

橋本市西部から華岡青洲の里へ

旧葛城館

堂があり，その南西端には「嵯峨天皇みくるま石」と伝承される長さ約2.3m・幅約45cmの平らな石がある。『紀伊続風土記』には「道の王石」とあり，嵯峨天皇が高野行幸のときにこの石に立ったとする伝承を記している。嵯峨天皇の行幸の歴史的事実はないが，藤原道長や頼通に始まる高野参詣や，白河・鳥羽・後白河・後嵯峨・後宇多上皇らの行幸があり，この場所は古い高野参詣道にあたると考えられる。

現在の高野口駅は，1901年に紀和鉄道の名倉駅として開設され，1903年に高野口駅と改称，駅名が1910(明治43)年に町名となり，2006(平成18)年3月の町村合併まで存続した。現在の高野口駅には，「明治四十五(1912)年　鉄道院」の銘のある跨線橋の支柱の一部が保存されている。また，駅前には，明治時代後期建造で，木造3階建ての旧葛城館(国登録)があり，高野口駅が高野山へもっとも近い参詣口であった当時の面影を伝えている。

名倉城跡と中世の館跡 ㉟

〈M ▶ P.68, 114〉橋本市高野口町名倉・名古曽
JR和歌山線高野口駅 🚶 5分(高坊氏館跡付近まで)

旧荘園の中心地帯に連なる館跡

JR高野口駅付近の小字は城跡といい，駅の周辺約20000m²が名倉城跡である。この地は北は庚申山に続く台地で，駅の西部は南北に段丘が延びている。西部の段丘下に「殿の井戸」があり，城の付属施設とみられる。1567(永禄10)年，紀伊守護畠山秋高(昭高)が，根来寺の連判衆ら約3000人の兵を引き連れて名倉城に入城している。この城は官省符荘の荘官亀岡氏の館を拡張して，同荘の荘官層で組織される在地武士団政所一族が集団の城としていたと考えられる。

高野口駅の東部舌状台地には，いくつかの中世の館跡がある。旧高野口町域は，高野山の根本荘園であった官省符荘の中枢であ

った上方（かみがた）という地域にあたる。荘官の館もこの地域に集中していたようで，政所一族の拠点といえる。名古曽にある高尾城と俗称される高野口駅の東，県立伊都高校への通称「伊高通り」北側住宅地を中心に，筆頭荘官高坊氏館跡を始めとして，塙坂（はねさか）氏館跡・小田（おだ）氏館跡などがあり，高坊氏館跡西側の空堀にその痕跡がうかがえる。1995（平成7）年の塙坂氏館跡の発掘で，空堀（からぼり）や土塁（どるい）のほか，4棟の建物跡・14世紀後半～15世紀の中国製青磁碗（せいじわん）の破片が発見されている。しかし，近年の宅地化のなかで，遺構はなくなりつつある。

小田井堰（おだいせき）とその周辺（しゅうへん） ㊱

〈M▶P. 68, 114〉橋本市高野口町小田
JR和歌山線高野口駅🚶30分，またはJR和歌山線・南海電鉄高野線橋本駅🚌橋本線名古曽戎前（えびすまえ）🚶10分

紀ノ川北部の水田を潤す小紀ノ井の取水口

旧高野口町の南端近く，名古曽戎前バス停から南へ700mほどの所に小田井堰があり，ここが紀ノ川の取水口となって岩出市今中（いまなか）に至る36kmの小田井用水の始点である。この小田井用水は，大畑才蔵（おおはたさいぞう）によって1707（宝永4）年に工事が始められた。第1期工事は名手市場（なていちば）（紀の川市）までであり，伊都・那賀両郡の郡境である四十八瀬（せ）川を越える通水（つうすい）橋は「竜の渡井（たつのとい）」とよばれている。第2期工事は田中（たなか）（現，紀の川市）まで延び，第3期工事は1710年から工事が開始されているものの，工事途中の1715（正徳（しょうとく）5）年に才蔵は，高齢を理由として職を辞している。その後工事は，1729（享保（きょうほう）14）年に完了した。大畑才蔵は完成をみずに1720年に79歳で没している。小田井用水の開削によって約1200町歩（ちょうぶ）（約12km²）の田地が開け，多数の農民がその恩恵に浴した。

才蔵は1643（寛永20）年，学文路村（かむろむら）（現，橋本市）の庄屋（しょうや）の家に生まれ，22歳で庄屋役を継いだ。長年の農政の経験と土木技術の力量を買われて，1696（元禄（げんろく）9）年に54歳で紀州藩の普請方地方手代（ふしんかたじかたてだい）に抜擢された。以後，役を辞すまでの19年間に，現在の紀の川市藤崎（ふじさき）から和歌山市黒谷（くろたに）に至る約23kmの藤崎井用水の開削や，多くの新田開発を手がけた。

小田井用水や小田井堰は近代以降たびたび改修され，現在の小田井堰のゲートは1956（昭和31）年に完成した。近年，小田井用水の取

橋本市西部から華岡青洲の里へ

小田神社

水口付近などは暗渠となって車道となり、景観は一変している。

小田井堰の北西250mに、伊都・橋本地方の平野部では唯一の『延喜式』式内社小田神社(祭神物部武彦命)がある。鎌倉時代の『紀伊国神名帳』には「従五位上小田神」とある。現存する社殿内の石の宝殿には「小田神社享保辛亥」とあり、1731(享保16)年に6代藩主徳川宗直が建立したものである。現在、小田神社の神紋は三葉葵を使用しているが、この建立を契機に認められたものと考えられる。

また、小田井堰の西100mほどには、空海(弘法大師)が開創したという伝承をもつ清涼寺(真言宗)があり、慈尊院の女人高野に対して口の高野(慈尊院と並んで高野参詣時の拠点という伝承をもつ)とする口碑がある。小田区には清涼寺伽藍絵図(非公開)が伝えられている。

信太神社 ㊲

巨大な樟樹があるモグラ封じの神社

〈M▶P.68〉橋本市高野口町九重283-1
JR和歌山線高野口駅
🚶45分

JR高野口駅から県道112号線を北へ約4km行くと、信太神社(祭神天照大神ほか5神)がある。創建年代は不詳であるが、『紀伊続風土記』は、和泉の信太森(現、大阪府和泉市)からの勧請と記し、1677(延宝5)年の「学文路組指出帳」には、九重・上中・下中・田原の4カ村(いずれも現、橋本市)の氏神とある。境内の樟樹(県天然)は、根元はクロ

信太神社境内の樟樹

ガネモチと接合している。

　九重の岡本家で，1997（平成9）年に発見された「官省符荘百姓等申状案」（和歌山県立博物館保管）は，1396（応永3）年に官省符荘の百姓らが，荘官らの非法を高野山に訴えた文書として注目されている。

　信太神社の北西約1.5kmの所に嵯峨谷の若宮八幡神社がある。この神社に8月15日に奉納されるのが神踊り（県民俗）である。室町時代に起源をもつとされ，15～25歳の独身男子によって奉納される。

佐野廃寺跡 ㊳ 〈M▶P.68〉伊都郡かつらぎ町佐野
JR和歌山線笠田駅 🚶10分

法起寺式伽藍配置が確認された「狭屋寺」

　JR笠田駅から東へ800mほど歩くと佐野廃寺跡に着く。この付近には「塔の壇」の小字名が残り，塔の礎石とみられる大石が存在し，古い瓦が出土することで知られていた。

　1976（昭和51）年以降の数次にわたる発掘調査により，寺域は東西約80m・南北約120mの規模であること，伽藍配置は門（南門）からみて左手に金堂，右手に塔を有する法起寺式であることなどがわかった。

　寺域南半の中心部では，東西約15m・南北約13.5mの金堂基壇が，金堂基壇の東側では一辺約12mの塔の基壇が，金堂基壇の北側では東西約24m・南北約15mの講堂基壇が確認された。さらに講堂の北東に隣接して六角堂跡も確認されている。講堂基壇の北側には，僧房跡・食堂跡と両者をつなぐ軒廊（渡り廊下）と考えられる掘立柱建物跡も検出された。出土品は，方形三尊塼仏の断片・風鈴の栞に相当する風招などである。また，川原寺式軒丸瓦が金堂跡からまとまって出土しており，方形三尊塼仏の断片とあわせ，ヤマト政権の強い影響下にあったと考えられる。

　この寺院の創建は7世紀後半の飛鳥時代後期と考えられ，奈良時代後期か平安時代初期まで存在したと考えられている。9世紀前半の仏教説話集『日本霊異記』に「狭屋寺」という記述がある。

宝来山神社と文覚井 ㊴

〈M▶P. 68, 121〉伊都郡かつらぎ町萩原56
JR和歌山線笠田駅🚶20分，または笠田駅🚌那賀橋本線萩原口🚶10分

桂田荘絵図に描かれた神社
文覚開削の伝承がある井戸

　JR笠田駅から西に約1.7km行くと宝来山神社(祭神猿田彦大神・菅原大神・八幡大神・大山祇大神)に着く。

　社伝によると773(宝亀4)年，和気清麻呂が八幡社を勧請したのが始まりであるという。また神護寺(京都市右京区)の僧文覚の懇請で，後白河法皇が桂田荘を神護寺に寄進し，1184(元暦元)年に立券した際に作成されたと考えられる桂田荘絵図(神護寺蔵，国重文)には，八幡宮とその東に堂が描かれており，それが今日の宝来山神社と神願寺であると考えられている。

　宝来山神社には，神護寺の絵図を参考に，1491(延徳3)年に作成したとみられる紀伊国桂田庄絵図(国重文)や，江戸時代の1650(慶安3)年に作成された賀勢田庄絵図(桂田庄絵図の　附　指定で国重文)がある。これらは静川荘(紀の川市名手上・平野・名手下)との用水争論の際に作成したものと考えられる。なお，本殿4棟(国重文)には，1614(慶長19)年の再建棟札(本殿の附指定で国重文)がある。

　宝来山神社の裏手の東側に，文覚が開削したという伝承のある文覚井(一の井，中世農耕用水路文覚井として県史跡)がある。文覚井は神社北方の静川(現，穴伏川)から取水し，丘陵の鞍部を越えて風呂谷川に落とした用水路で，人工的に水系をかえて旧桂田荘域をうるおした。文覚井は，南下して萩原字三分で，萩原へ行く水路と，笠田中・笠田東へ行く水路に分かれる。文覚井の開削時期については，不明である。

宝来山神社

背ノ山・船岡山・妹山 ❹

〈M▶P. 68, 121〉伊都郡かつらぎ町背ノ山ほか

JR和歌山線西笠田駅🚶20分／🚶30分(🚗5分)／🚶30分(🚗5分)

JR西笠田駅の北方，紀ノ川の北岸に背ノ山(167.6m)がみえる。『日本書紀』大化2(646)年正月1日条の，改新の詔のなかで，畿内の四至の南限とされる「紀伊の兄山」に比定されている。

背ノ山周辺の史跡

船岡山は，西笠田駅の南西約180mの，紀ノ川に浮かぶ中洲状の東西約500m・南北約120mの島である。この島の南側斜面には，縄文時代から近世に至る集落遺跡(船岡山遺跡)がみられる。現在は，紀ノ川南岸との間に橋が架けられている。

妹山は，船岡山の南西約400mにある紀ノ川南岸の台地状の高台である。南に山地が続くため，紀ノ川北岸からみると独立した山にはみえない。山の頂上には，雛子長者という富豪の屋敷があったという伝説がある。

万葉の時代から知られた歌枕の地

この地域は，古く万葉の時代から知られた歌枕の地であり，『万葉集』にはこの地域を詠んだ歌が14首収められている。『万葉集』のなかにみられる「妹背山」は，現在の背ノ山と妹山に比定されている。

背ノ山からかつらぎ町を望む

橋本市西部から華岡青洲の里へ

旧名手宿本陣 ㊶
0736-75-3129

〈M ▶ P. 68, 121〉紀の川市名手市場641
JR和歌山線名手駅 🚶 5分

街道に残る旧名手宿本陣

　JR名手駅から北に200mほど歩くと旧伊勢街道(大和街道)と交差する。旧伊勢街道は江戸時代和歌山城下から大和国(現，奈良県)に通じていた幹線道路である。この付近の旧伊勢街道は古代の南海道を踏襲しているといわれ，古代から延々と利用された道であった。

　名手の町は旧伊勢街道と高野山参詣道の分岐点にあり，中世には市場村として発達し，江戸時代初頭から市場商業に依存しつつ町家が形成されていった。街道途中の北側には市の神である蛭子社がまつられ，両側には二階屋に格子窓の残る家もあって，宿場町の雰囲気をみることもできる。

　旧伊勢街道を右に曲がり5分ほど歩くと，旧名手宿本陣(国史跡)がある。名手宿の本陣をつとめた妹背家は，中世以来の紀伊八庄司の家柄で，江戸時代には郷士として処遇され，1630(寛永7)年から名手組の大庄屋を世襲した。住宅は旧伊勢街道に面していたので紀州藩主が参勤交代や鷹狩のときに宿泊するようになり，本陣とよばれた。

　旧名手本陣妹背家住宅の敷地は，旧伊勢街道に沿って間口40m・奥行70mあり，約2800m²の広さをもつ。敷地内の主屋・米蔵・南倉は国の重要文化財に指定されている。

　主屋は江戸時代初期の建築であったが，火災に遭って1718(享保3)年に再建，座敷は1746(延享3)年に増築された。敷地西側には，寛永年間(1624〜44)の棟札が残る米蔵と南倉が南北に立っている。

　建造物は，老朽化が激しく国の重要文化財指定を受けた後，復元改修工事が行われたものであるが，江戸時代の地方有力

旧名手宿本陣

122　紀ノ川流域

華岡青洲

コラム

世界初の乳癌手術に成功した医聖華岡青洲

華岡青洲(通称雲平)は,1760(宝暦10)年,父直道と母於継の長男として,現在の紀の川市平山に生まれた。名は震という。

華岡家は古くから医療と農業に従事した家であったが,祖父尚政のときから医学を専門とするようになり,直道も南蛮医学を学んだ。

青洲が生まれた頃,日本の医学では,山脇東洋が日本人最初の人体解剖を行い,実証医学の古医方が主流を占めるようになっていた。

1782(天明2)年,青洲23歳のとき,京都に出て吉益南涯に古医方を,オランダ流外科を大和見立について学んだ。3年後に紀伊に帰り医業に専念,1802(享和2)年には紀州藩主徳川治宝に見出され士分となり,藩医の道を歩むようになる。

その間,曼荼羅華(チョウセンアサガオ)を原料とする全身麻酔薬「通仙散」を創製し,1804(文化元)年10月,世界で初めて全身麻酔による乳癌摘出手術に成功した。青洲の居宅兼病院が春林軒で,青洲の名を慕い全国から集まった門人は,2000人を超えたという。

1835(天保6)年,76歳で死去。彼の功績は杉田玄白にもたたえられた。手術に使用したコンロメスなどの手術器具は,今も和歌山県立医科大学で保管されている。

2男修平も父の跡を継ぎ,当時の大関千田川の病気を全治させ,そのことが脚本となって上演されたほどの名医と伝えられている。

華岡青洲は,世界で初めて全身麻酔による乳癌摘出手術に成功した人物というのが一般的な紹介であり,有吉佐和子の『華岡青洲の妻』は,妻加恵と母於継の葛藤を描いて有名であるが,彼の偉大な点は世界で初めて実験科学の道を歩いたことであろう。そのことは,シカゴ,ミシガン湖畔の国際外科学会附属栄誉館に,「世界の医聖」として顕彰されていることで証明されている。

者の住宅建築として重要であり,紀北地方では旧中筋家住宅(和歌山市)・増田家住宅(岩出市)とともに,郷士・大庄屋の建造物として知られる。

なお,妹背家は有吉佐和子の小説『華岡青洲の妻』で知られる華岡加恵の実家であり,屋敷の北には江戸時代伊都郡代官の建物があった。

妹背家住宅から北東へ徒歩10分で青洲の里に着く。途中,県道127号線の右手に名手荘の産土神であった名手八幡神社(祭神誉田

橋本市西部から華岡青洲の里へ

春林軒

別命(わけのみこと)ほか18神)がある。

青洲の里は，華岡青洲の居住地に紀の川市(旧那賀町(ちょう))がつくった公園で，春林軒(しゅんりんけん)とフラワーヒルミュージアムがある。

春林軒は「医聖(いせい)」とよばれた華岡青洲の住宅兼病院・医学塾であった建物群である。主屋と蔵は，発掘調査の結果，居宅兼治療の場である主家のほか，病棟・製薬場・講義用の建物を備えた本格的な医療施設であったことが判明し，遺構の配置に基づいて復元したものである。青洲が初めて麻酔を使用した手術風景，門弟への講義の様子などが人形などを用いて再現されている。建築家黒川紀章(くろかわきしょう)が曼荼羅華(まんだらげ)をモチーフに設計したミュージアムには，青洲が使っていた手術用具や克明に記録された治療に関する資料・標本が展示してある。

春林軒の北，西野山(にしのやま)の菖蒲池(しょうぶ)に面して華岡家の墓石群がある。入口には，江戸時代末期の紀伊の儒学者(じゅがくしゃ)仁井田好古(にいだよしふる)撰書による墓碑銘が立ち，墓石内にある華岡青洲の墓碑(県史跡)は3段の台石上に立ち，頂上に笠石(かさいし)をおいた総高1.6mのものである。

春林軒の北西約300m，県道127号線に沿うように垣内池(かいと)がある。池は青洲が農民の貧窮を救うためにつくったといわれ，1809(文化(ぶんか)6)年に完成した。池のかたわらに青洲自筆の碑が立っている。

⑥ 西国札所粉河寺の周辺

観音信仰の粉河寺，清流紀ノ川ではアユ釣りを楽しむ人びとの姿がみえる。

粉河寺 ㊷ 〈M ▶ P. 68, 126〉 紀の川市粉河2787 P
0736-73-4830・3255
JR和歌山線粉河駅🚶15分

西国三十三カ所観音霊場 3番札所の名刹

　JR粉河駅から北へかつての門前町を歩くと，粉河寺（粉河観音宗）の大門に着く。『枕草子』に「寺は石山・粉河・滋賀」と記された古くからの名刹で，西国三十三カ所観音霊場第3番札所として今も参詣者が絶えない。もとは天台宗であった。所蔵する紙本著色粉河寺縁起絵巻（国宝）には，770（宝亀元）年に大伴孔子古が創建したと伝えている。

　桁行12.5m・梁間7.5mの大門（国重文）は，1707（宝永4）年に建てられた三間一戸の楼門で，この門を通り抜けると東西約1km・南北約0.7kmの広大な寺域が広がっている。

　粉河寺は南に秋葉山，北に和泉山脈の丘陵の浅谷を中心に連なる諸谷を含めて，堂塔・院坊数百といわれたが，1585（天正13）年，羽柴秀吉の紀州攻めで堂塔を失った。その後，再興が図られたが，1616（元和2）年・1713（正徳3）年にも被災した。現在の境内を構成する建造物群の大半は，1713年の火災以降，漸次整備されたものである。大門は境内の大型建造物では唯一，1713年以前のものである。2002（平成14）年解体修理が行われた。

　大門を抜けると参道左手に不動堂，ついで御池坊・童男堂があり，一段高い中門をくぐると，左手上段に本堂と千手堂がみえる。中門の正面にある地蔵堂の庭園右側には松尾芭蕉の句碑，中門を入った左手には若山牧水の句碑が立っている。本堂の右手前にある六角堂は巡礼の納札所である。

　童男堂（県文化）は，寺の

粉河寺

粉河寺周辺の史跡

本尊千手観音が世に出たときの姿である童男大士をまつった堂で、3間四方の正堂の前方に5間×2間の礼堂を設け、奥行1間の合の間でつないでいる。もとは方三間堂であったが、1679(延宝7)年に礼堂と合の間を増築し、1755(宝暦5)年に現在の堂になったことが棟札からわかる。

中門(国重文)は1832(天保3)年に再建された三間一戸の楼門で、正面と背面に唐破風をつけ、1階には四天王がまつられている。門の扁額の「風猛山」は、紀州藩10代藩主徳川治宝の真筆である。

本堂(国重文)は、西国三十三カ所霊場の札所寺院中最大の堂で、一重屋根の礼堂と二重屋根の正堂が結合した珍しい複合仏堂である。本地仏の千手千眼観音(非公開)をまつっているのが、本堂西隣の千手堂(国重文)である。

本堂手前の階段の両側には、安土桃山～江戸時代初期の作庭と考えられる粉河寺庭園(国名勝)がある。青石・紫石・竜門石などの紀州の名石を巧みに配した石組をもつ枯山水の名園である。

本堂裏手右側には紀州徳川家が建立した十禅律院(天台宗)があり、本堂・庫裡・護摩堂・塗上門は県の文化財である。枯山水の庭園「洗心庭」は借景式の名園で、藩の御殿に共通する格調高い造りである。

本堂裏手左側の産土神社は、粉河寺の守護神である。粉河寺祭礼(粉河祭、県民俗)の中心で、山車が出て渡御が行われる。

神社裏手の風猛山に経塚があり、そこから出土した経筒・経巻(ともに奈良国立博物館所蔵)は、1125(天治2)年明経博士の清原信俊が融通念仏宗の開祖良忍ら6人の僧に、法華経の写経を命じて埋納したものである。

粉河寺と粉河駅を結ぶ参道の両側に、1965(昭和40)年頃までは門

粉河寺縁起絵巻と粉河祭

コラム

粉河寺の由来と伝統の祭り

粉河寺が所蔵する紙本著色粉河寺縁起絵巻(国宝)は、平安時代から鎌倉時代にかけて描かれた紙本著色の代表的絵巻物で、『信貴山縁起絵巻』について古いとされる初期縁起絵巻の代表的作例である。絵は鳥羽僧正、詞書は藤原定家といわれている。絵巻は長さ195.8cm・縦30.6cmの1巻で、明治時代の火災のおりに一部が焼損し、部分的に欠落している。

内容は詞書4段・絵5段で、関連のある2つの説話からなり、第1話は那賀郡に住んでいた大伴孔子古という漁師が不思議な光をみて仏像をつくり、仏像を納めて願っていたところ、1人の童子(童男)があらわれて千手観音を彫り上げて姿を消すという粉河寺草創の物語である。

第2話は河内国(現、大阪府)の長者の娘が、異常に太るという重い奇病にかかって心配していると、1人の童子があらわれた。童子は娘の病を治癒して、粉河に住んでいることだけを告げて去ってしまったので、長者たちは粉河の地を訪ねた。そこで千手観音の手に娘が治癒してくれたお礼にと渡した箸箱があるのをみて、千手観音が童子の姿となって娘を救ってくれたことを知り、長者一門が仏門に入るという物語である。

絵は線描本位の大和絵で、当時の風俗もよくわかる。人びとの顔の表現も種々あり、のどかな山野を背景にして物語が淡々とつづられ、色彩も良く調和して美しく素朴な趣をかもし出している。

粉河祭(県民俗)は、旧粉河村(現、紀の川市)の総鎮守で粉河寺の鎮守社でもある産土神社の祭礼である。祭りは旧暦6月18日(現在は7月第4日曜日)に行われ、各町ごとに13台の趣向をこらした山車が出て、太鼓囃子がそれにともなう。太鼓の打ち方は20通りほど残っており、山車をみなくても太鼓の打ち方でどの町の山車かわかるといわれている。

祭りは渡御行列がJR粉河駅前近くの鳥井坂の御旅所まで行くもので、渡御の様子は時代によって違うが、粉河寺の往古の繁栄を示すものである。この祭りは九条政基の日記「政基公旅引付」にもみえるところから、16世紀初め頃にはすでに行われていたようで、六月会と称されていた。

前町があった。「粉河市」が立てられた記録が14世紀末にあり、15世紀には大門の東に立つ蛭子社の存在も確認できるので、その頃には門前町ができつつあったのだろう。記録によれば、この門前町を中心に、粉河酢・粉河鋳物・粉河団扇などの特産物が生産され、全

西国札所粉河寺の周辺

国に知れ渡っていた。

　大門前の橋の高欄宝珠(県文化)は，1605(慶長10)年に豊臣秀頼が寄進したもので，粉河鋳物で最古のものと考えられている。

　粉河寺から北へ約2kmの和泉山脈中に極楽寺(天台宗)がある。当寺は葛城修験道の行場でもあり，平安時代後期の作とされる木造阿弥陀如来三尊坐像(県文化)は，修験との関わりを示している。

　粉河寺の北東約2km，上丹生谷の丹生神社(祭神丹生明神ほか3神)では，金銅鳥頸太刀(無銘・拵付，国重文)を所蔵している。太刀は柄頭に鳥頸をつけ，目貫は竹にスズメの意匠を装し，木製の入子鞘に「文明二(1470)年」の墨書銘がある。

王子神社 ㊸　〈M▶P. 68, 126〉紀の川市東野409　Ｐ
0736-73-3311(紀の川市商工観光課)　JR和歌山線粉河駅🚶20分

惣村の宮座に残る名づけ帳

　JR粉河駅から東へ約1km，和泉山脈の南麓に延びる高台に，井田・東野・池田垣内3村の産土神をまつる王子神社(祭神天忍穂耳命)がある。丹生明神の若宮を指すことから，若一王子権現社ともよばれる。神社に隣接して神宮寺小松院(天台宗)がある。

　王子神社の眼下には旧伊勢街道(大和街道)，その南に国道24号線が通り，古代，天皇が紀伊国への行幸のおり，行宮とした玉垣頓宮跡がある。

　王子神社には古くから宮座が営まれてきた。宮座とは中〜近世に産土神を中心に惣村の氏子たちによって構成された特権組織で，紀ノ川沿いに数多く存在する。この座では，1478(文明10)年8月から現在まで，宮座を構成する人びとの家で生まれた人の名を記す名づけ帳が書き継がれ，黒箱(ともに国民俗)に収められている。宮座に残る文書は中世〜近代にかけて，村の人びとの生活(村人の衆議や，神社と寺の関係・村掟，村人の名前の変遷，村人の食事，村々の争論・連合など)を詳しく知ることができる貴重なもので，名づけ帳の巻物の長さは74.3mにもおよぶ。

　粉河寺の南東約2kmの所に，長田観音寺(真言宗)がある。本尊は如意輪観音で厄除け観音ともよばれ，毎年2月初午の日に祭礼が行われて，参詣者で賑わう。

竜門山 ㊹

紀州富士と南北朝の山城跡

0736-73-3311（紀の川市商工観光課）

〈M ► P. 68〉紀の川市荒見
JR和歌山線粉河駅 🚶 150分

　JR粉河駅から南へ徒歩10分ほどで竜門山（756m）登山口に着く。紀伊山地の北縁にあり，岩出市付近から眺めるとその形が富士山に似ているところから，紀州富士とよばれてきた。

　粉河寺庭園に使用されている竜門石や滑石・硫化鉄鉱は竜門山系に多く産出している。1960年頃までは，古河鉱業飯盛鉱山が隣接する飯盛山麓に設立され，硫化鉄鉱を採鉱していたが，竜門山中腹にもその坑口が設けられていた。また，滑石を素材にした宝塔や五輪塔が紀ノ川流域には多く分布している。

　山頂付近には，夏に冷風を通す風穴とよばれる洞窟があり，江戸時代から明治時代にかけて，この天然の冷蔵庫は，那賀郡内（現，紀の川市・岩出市）の養蚕業を支える蚕卵紙の保存に利用されていた。山麓から頂上までは，徒歩約2時間の行程で，明神岩・磁石岩・キイシモツケの群落地（ともに県天然）をみることができる。山はギフチョウの生息地でもある。

　山頂や東西の尾根筋には，南北朝争乱期の山城跡が点在している。なかでも東側の飯盛山（746m）頂上には空堀・石組が残り，紀ノ川流域の山城跡の典型をみることができる。

　山頂の北東約2kmの紀の川市荒見に，幕末の儒学者森田節斎翁墓地（県史跡）がある。

　節斎は頼山陽の門弟で，江戸の昌平坂学問所に学び，43歳のときに京都で塾を開いた。門弟には吉田松陰を始め多くの勤王の志士がおり，1863（文久3）年奈良五条の天誅組事件に加わった者もいた。節斎は幕府による危難を避けて山麓の北家に身を寄せ，村内や周辺の村々の子弟教育にあたったといわれている。墓は門人

竜門山から紀ノ川を望む

西国札所粉河寺の周辺

たちによって建てられたもので、緑泥片岩（りょくでいへんがん）の自然石で総高175cmである。

鞆淵八幡神社（ともぶちはちまんじんじゃ）⓯　〈M▶P.68〉紀の川市中鞆淵58　P
0736-79-0198　　　JR和歌山線船戸駅🚗40分

　JR船戸駅から県道10号線・130号線を東へ進み、国道424号線を経由して県道3号線（高野街道）を東へ約15km行った、竜門山の裏手の深い谷筋が鞆淵の地である。高野街道は紀の川市桃山町から黒川峠を越え、真国川の谷筋に沿って鞆淵を通り、高野山に向かっている。

　鞆淵は1008（寛弘5）年以来、京都の石清水八幡宮領の荘園であったが、1333（元弘3）年、後醍醐天皇の勅裁（元弘の勅裁）以後、高野山領となった。1228（安貞2）年、鞆淵の地に石清水八幡宮から祭神が勧請され、草創されたのが鞆淵八幡神社（祭神応神天皇ほか）である。高野街道沿いの市立鞆淵中学校から東へ250mほどの所にある。鞆淵は神社を中心に惣村が形成された中世からの山里である。

　高野街道からコケに覆われた石段をのぼると丘陵斜面の先端に鳥居がみえ、境内右手に大日堂、正面の階段の上段に八幡宮本殿と摂社が並び、左手に神輿を保存する宝蔵庫がある。神仏習合の姿をとどめた境内で、2001（平成13）年には神社本殿奥から平安時代後期の作とみられる木造八幡三神坐像（県文化）が発見されている。3体が揃って発見された例では全国で4番目に古く、像は3体ともヒノキの一木造でおだやかな表情をし、木目が美しく浮き出ている。

鞆淵八幡神社

大日堂（国重文）は八幡神社の神宮寺の本堂で、大御堂ともよばれた。5間四方・白木の寄棟造・本瓦葺きの屋根は流れるような美しさで、構造手法からみて室町時代前期の建立とされている。

中世からの山里に残る神輿

内陣の本尊阿弥陀如来を安置する厨子（大日堂の 附 指定で国重文）は，壮麗な漆塗で保存状態も良く，大日堂と同じ頃につくられたものと考えられている。堂内には鎌倉時代の木製椅子（県文化）も保存されている。ほぼ正方形の座板に，4本の脚と背もたれ・肘かけをつけた，ヒノキに朱漆塗の椅子で，神輿の一具かとも考えられているが確証はない。

　本殿（国重文）は棟札（本殿の附指定で国重文）によると1462（寛正3）年に再建されたもので，室町時代中期の建築の特徴をよくあらわしている。県内には類例のない前室付きの三間社流造・檜皮葺きで，正面に1間の向拝をつけている。過去7回の修理を示す棟札も残る。

　外陣の蟇股とシカの彫刻は，神社建築の装飾としては県内最古のものと考えられ，紀の川市桃山町三船神社・伊都郡かつらぎ町丹生都比売神社とともに，紀北地域の代表的建築といえる。

　摂社の若宮社・高良社は江戸時代の建築で，史料から鎌倉時代には存在していたことがわかる。

　神社には創建にかかわる沃懸地螺鈿金銅装神輿（国宝）がある。神輿は屋蓋部・軸部・台座部の3つの部分からなり，平安時代の貴族の輦台と類似するもので，豪華絢爛で美しく，堅牢なつくりをしている。総高226cm・柱間98.2cm，轅（2本の担ぎ棒）の長さは363cmで，1228年，後堀河天皇の中宮藤原長子が石清水八幡宮に神輿を奉献したため，それまでの神輿を別宮の鞆淵八幡宮に送ったという由来がある。沃懸地とは漆の地に金銀粉を蒔きつけて研ぎ出したもので，数少ない平安時代の神輿のなかでも傑出した作品である。また，奉送目録が伝来しており，本品は来歴が明らかな点においても貴重である。

⑦ 紀伊国分寺跡から根来寺周辺

古代の南海道に沿う国分寺、中世に栄華を誇った根来寺、貴志川の両岸には、古墳群と桃畑が広がる。

紀伊国分寺跡 ㊻
0736-77-0090
(紀の川市歴史民俗資料館)
〈M▶P.68, 133〉紀の川市東国分 ℗(歴史民俗資料館)
JR和歌山線下井阪駅🚶10分

天平の息吹を伝える国分寺

　JR下井阪駅から北へ10分ほど歩くと紀伊国分寺跡(国史跡)に着く。紀伊国分僧寺の跡地で、僧寺は紀ノ川北岸の上位段丘上に創建された。1972(昭和47)年からの数度にわたる発掘調査により、2002(平成14)年度に保存整備が完了し、かつての国分僧寺の伽藍が復元され、史跡紀伊国分寺跡歴史公園として開放されている。

　紀伊国分僧寺は東西・南北2町(約220m)四方の寺域をもち、そのうち西側4分の3の地区を伽藍区域にあて、計画的に造営された。741(天平13)年、聖武天皇による国分寺建立の詔から15年後の756(天平勝宝8)年頃には、金堂・塔などの主要伽藍は完成していたようである。中門を入ると右に塔、正面には金堂があり、金堂の左右斜め後方に経蔵と鐘楼、金堂の後ろには講堂を配置している。中門の左右に取り付く回廊は塔・金堂・鐘楼などを囲み講堂に取り付いている。講堂の裏には掘立柱建物の僧房が建設され、軒廊でつながっていた。

　創建時の主要堂塔は瓦積基壇をもち、塔は心礎ほかすべての礎石がほとんど旧状のまま残っていた。1辺16mを測るその基壇は1.1mの高さで塔の礎石の下に遺存している。

　記録によると紀伊国分僧寺は、879(元慶3)年に火災に遭うが金堂と僧房は復興され、僧房跡を中心に三彩火舎・緑釉陶器・灰釉陶器・

紀伊国分寺跡本堂

132　紀ノ川流域

紀伊国分寺跡周辺の史跡

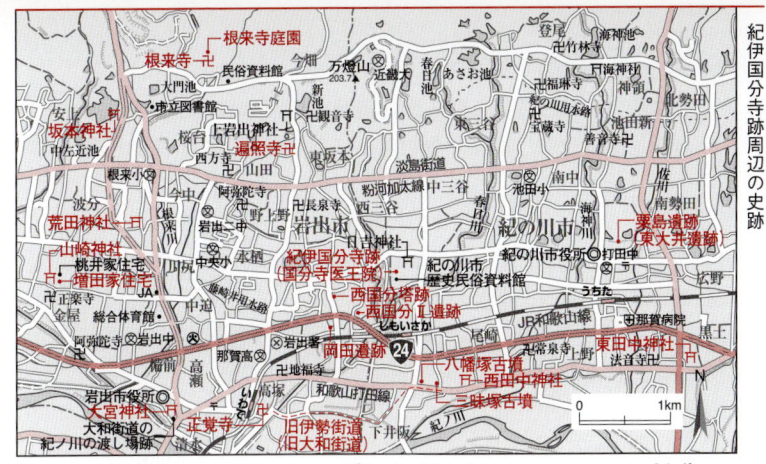

土師器・須恵器などの土器類，硯や滑石製碗などの石製品，延喜通宝などの出土遺物があることから，12世紀後半まで国分寺としての機能をはたしていたことがわかっている。

　講堂跡の上に立つ本堂は，1700(元禄13)年に再建されたもので，国分寺医王院(真義真言宗)として江戸時代から存続している。国分寺の敷地の東北隅には，日吉神社が寺を守るように立っている。

　史跡公園の南には紀の川市歴史民俗資料館があり，町の資料や国分寺の歴史について知ることができる。

　国分寺跡から西へ800mほど行くと西国分塔跡(国史跡)がある。発掘調査が実施されたが，塔の一部と掘立柱建物跡などが検出されたのみで，寺域や他の伽藍は確認されていない。地表に露出している塔心礎の構築には，独特の手法が用いられている。多様な軒丸瓦の出土から，奈良時代前半には創建され，その後，再建もしくは改修され，平安時代以降に廃絶したと推測されている。なお，この地に紀伊国分尼寺が転用されたとも考えられている。

　西国分塔跡から南へ約200m行くと国道24号線と交差する。この国道の南北にわたって，岡田遺跡・西国分Ⅱ遺跡がある。

　岡田遺跡は7世紀後半〜8世紀の掘立柱建物群跡と土師器・須恵器などの遺物が発掘調査で検出され，きわめて官衙的な様相を呈しているところから，那賀郡衙跡とする説もある。

　西国分Ⅱ遺跡は倉庫跡と推定される総柱の掘立柱建物跡や庇の

紀伊国分寺跡から根来寺周辺

ついた本格的建物跡の一部がみつかっており、岡田遺跡とそれをとりまく建物群の一部と考えられるが、遺跡の全容は解明されていない。なお、遺跡は現在、道路や建物の下にあり、みることはできない。

下井阪駅から南へ500mほど歩くと東側に八幡塚古墳がある。発掘調査の結果、緑泥片岩などの板石を用いた箱式石棺のほか、横穴式石室が構築されていたことが判明しているが、墳丘の規模・構造については不明である。八幡塚古墳の東約100mには6基の古墳から形成される群集墳三昧塚古墳が残っている。

三昧塚古墳の東、中井阪に西田中神社がある。並列する2棟の社殿のうち、向かって左の羊宮神社本殿(県文化)は室町時代末期の造営と考えられ、一間社隅木入春日造・檜皮葺きの小規模な社である。右の八幡神社本殿(県文化)は二間社流造の建物で、高欄の擬宝珠に「寛永十二(1635)年」の刻銘があり、この頃の建立と考えられている。

西田中神社の東約2.5km、JR和歌山線打田駅から南東約1kmの所にある東田中神社は、旧田中村(現、紀の川市)の産土神であった。東田中神社境内にある旧竹房神社本殿(県文化)は一間社隅木入春日造で、木鼻や蟇股などの彫刻の装飾的細部にみるべき点が多く、16世紀末の建築と考えられている。神社の北が、弥生時代中〜後期の建物跡と中〜近世の灌漑施設がみつかった東田中神社遺跡である。

神社から南へ国道424号線を800mほど行くと、紀ノ川に架かる竹房橋がある。その手前の紀の川市竹房は西行の出身地で、国道424号線沿いに歌聖西行法師像が立っている。

打田駅の北約700mの所に粟島遺跡(東大井遺跡)がある。白鳳期から平安時代にかけての瓦片が出土し、国分寺に瓦を供給した窯跡ではないかと考えられている。遺跡は埋め戻されており、みることはできないが、大井寺池・中ノ池・普門寺池・粟島池などの灌漑用水池が点在している地である。

根来寺 ㊼ 〈M▶P.68, 133〉岩出市根来2286 P
(ねごろでら)
0736-62-1144　　JR阪和線紀伊駅🚌近畿大学行根来🚶20分，またはJR和歌山線岩出駅🚌樽井駅前行根来🚶10分

中世紀州の一大拠点、僧兵・鉄砲

　JR岩出駅から樽井駅前行きバスに乗り，根来バス停で下車する。その北に続く道路の両側に，根来寺の西坂本門前町(にしさかもともんぜんまち)があった。『紀伊続風土記(きいぞくふどき)』には「根来にのぼる坂の麓(ふもと)であるので坂本といい，西を西坂本，東は東坂本といって相去ること16町余」とあるが，東坂本では，今はかつての門前町の様子をみることはできない。

　西坂本の町並みの民家は明治・大正時代の建築が多く，門長屋(もんながや)の家が2つだけ残っている。その1つが金田(かねだ)家で，桁行(けたゆき)8間(けん)(約15m)・梁間(はりま)1間半(約2.7m)の門で，左手に蔵がある。長屋門の腰は海鼠壁(なまこかべ)，その上には漆喰壁(しっくいかべ)，屋根は本瓦葺(ほんがわら)き・入母屋造(いりもや)で中央部に扉と入口があり，1797(寛政(かんせい)9)年以降の門であるが，現在は修復してある。

　西坂本の旧門前町を抜けると風吹峠(かざふき)に向かう道と交差する。北西には坂本神社がある。神社は，坂本にあった今宮大明神(いまみやだいみょうじん)に御船(みふね)明神・山宮(やまみや)大明神を合祀(ごうし)したものである。

　道なりに歩くと根来寺大門(だいもん)をみることができる。途中左手には，大門池を埋め立ててつくられた市立図書館がある。かつての大きか

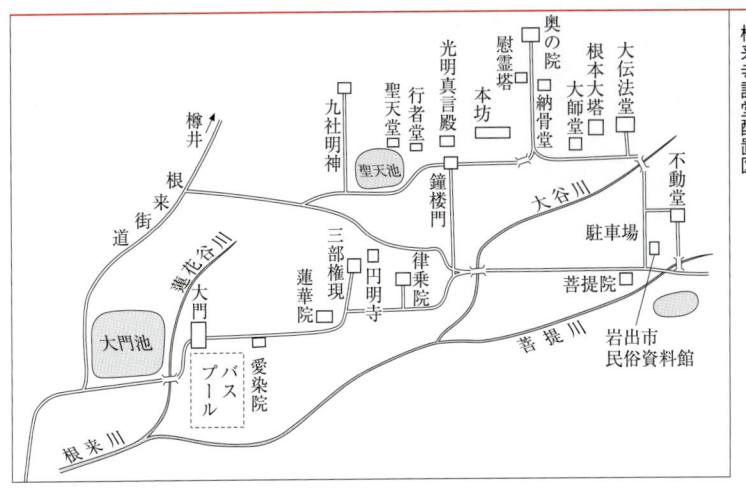

根来寺諸堂配置図

紀伊国分寺跡から根来寺周辺

根来寺大門

った池は一部残されており、池の調査では中〜近世の遺物が多数出土している。

　根来寺(真義真言宗、境内は国史跡)は1585(天正13)年の羽柴秀吉軍の兵火によってほとんど焼失し、兵火を免れて焼け残ったのは、根本大塔・大師堂・大伝法堂などのわずかな堂宇のみであったが、その後、復興された建造物や庭園などの価値は高く、みるべきものが多い。大門から道に沿ってそれらをみてゆきたい。

　大門(県文化)は天正の兵火を免れたが、豊臣秀長によって大和郡山(現、奈良県大和郡山市)に運ばれ、その後の消息は明らかではない。現在の大門は1852(嘉永5)年に落成した門で、桁行5間・梁間2間の大規模な2階二重門である。

　大門から参道を東に向かうと左手に円明寺がある。寺の西側には土塁の跡が残り、隆盛時の寺の一端を垣間見ることができる。

　道なりにまっすぐ階段をのぼると鐘楼門がある。その右手に旧和歌山県会議事堂(県文化)を移築した一乗閣があったが、今は別所に移された。

　正面が光明真言殿(県文化)で、その右手には本坊が立っている。光明真言殿は桁行5間・梁間4間の外陣背面に梁間2間の内陣を突出させ、正面には唐破風付きの向拝を設け、側廻りには蔀戸や舞良戸を用いた閑雅な住宅風の建物である。1804(文化元)年に落慶供養が行われた。

　本坊にある根来寺庭園(国名勝)は、奇岩怪石を縦横に配置した池泉式蓬

根来寺大塔

コラム 中世の都市遺跡 根来寺の発掘調査

根来寺今昔

根来寺(新義真言宗)は、大伝法堂を中心とする諸伽藍からなる大伝法院をいい、一乗山大伝法院と号する。大伝法院はもともと高野山内にあったもので、根来寺の開祖覚鑁上人(興教大師)が、1130(大治5)年に鳥羽上皇の勅願によって高野山に伝法院を開いたことに始まる。のちに覚鑁は、金剛峯寺と大伝法院の両座主職をかねたが、金剛峯寺と対立し、1140(保延6)年、高野山を離れて大伝法院の荘園であった弘田荘(現、岩出市根来)の豊福寺に居を移した。その後、1288(正応元)年、大伝法院と覚鑁の私坊であった高野山の密厳院は根来の地に移り、一大伽藍が整備されていく。

根来寺の名称は大伝法院を含めて、その周辺に建てられた寺坊・堂舎を意味する名前である。

戦国時代には、根来寺の擁する行人方とよばれる僧兵集団が戦闘に参加するようになり、彼らは卓越した技術をもつ鉄砲隊を組織し、野田・福島の戦い(1570年)では織田信長方に与していた。当時の寺の様子については、ガスパル・ヴィレラの『耶蘇会士日本通信』やルイス・フロイスの『日本史』などにも記録が残されており、「院98、僧房2700、寺領70万石、行人・僧兵数万という一大共和国をつくりあげ、紀伊国だけではなく和泉・河内(いずれも現、大阪府)にも勢力を伸ばし、本願寺雑賀衆や粉河寺衆などと離合集散するなかで、特異な性格をもつ寺」として紹介されている。

その後、根来寺は羽柴秀吉と対立、秀吉による1585(天正13)年3月21日の根来攻めで、大塔・大伝法堂をのぞくほとんどが焼失し、衆徒は四散してしまった。

その後、衆徒が全国に伝えたものとして、寺社建築や根来塗などがあげられる。

根来塗は朱塗りで、使うほどに朱色の下から黒い漆地がのぞく。膳・桶・瓶子・盥・折敷など当時の生活道具を中心につくられていたが、天正の兵火で製作工房は消滅した。

1976(昭和51)年から寺の発掘調査が継続して続けられており、焼失前の寺の様子が判明しつつある。

隆盛時の寺域は、和泉山脈南麓の北山とよぶ峰々と、その南に独立して東西に延びる前山との間の南北約2kmの谷間にあった。東西の幅は、東の菩提峠から西の根来街道までの約2kmと考えられていたが、街道の西を通る県道63号線の工事にともなう発掘で濠跡がみつかり、濠はかつての根来寺を取り囲んでいた可能性も指摘されている。

また前山稜線上には土塁状遺構と南大門跡が確認され、そこから南に派生する尾根からは竪堀と

紀伊国分寺跡から根来寺周辺

みられる遺構が検出され，稜線西端の尾根頂部から櫓と考えられる遺構が出たことから，寺は城砦の機能をもっていたとも考えられている。

ほかに寺の中心部から南東約700m，どの子院からもみえない谷間に，室町時代末期の湯屋遺構が2棟検出されている。湯を沸かす釜場と浴場，脱衣場にあたる前室を備えていた。湯屋は沸かした湯をかける「浴びせ湯」で，現在のサウナに近い蒸し風呂と考えられる。僧侶が身を浄める(斎戒沐浴)ためにつくられたもので，全国4例目の発掘であった。

炎上前の各坊院の発掘では備前焼の大甕を多数埋設した半地下式の倉庫が検出され，多様な品を大甕に貯蔵していたことが想像される。南大門の遺構をみることはできるが，ほかは今は埋め戻されている。

寺はわが国の中世史上特異な都市遺跡であり，2007(平成19)年境内が国史跡に指定された。

萊庭園で，奥書院から裏山いっぱいに穿たれた池と山の斜面を巧みに利用している。

東に行くと覚鑁の廟所である奥の院があり，大師堂・根本大塔・大伝法堂と続いている。

大師堂(国重文)は方三間の宝形造，本瓦葺きの建物である。内部の後方に寄せて来迎柱を立て，須弥壇を構え，春日厨子(ともに大師堂の附指定で国重文)に木造弘法大師坐像(県文化)を安置してある。

大塔(根来寺多宝塔，国宝)は，宝塔の姿をもつ木造の塔としてはわが国最古・最大のもので，総高36mある。柱で内陣を円形に囲み，中央に4本の柱を立てて，この間に本尊を安置している。塔の解体修理でみつかった墨書によると，1496(明応5)年に心柱を立て，1547(天文16)年に完成したことがわかっている。天正の兵火の際の弾痕と伝えられる跡が今も残っている。

大伝法堂(県文化)は天正の兵火は免れたが，秀吉が京都に寺を創建するために本尊とともに解体搬出された。しかし，寺の建立は実現せず，積まれたまま朽損したといわれている。再建は1827(文政10)年で，建物は桁行3間・梁間2間，四面裳階付き，入母屋造，正面向拝3間，本瓦葺きの風格のあるものである。

根来寺大伝法堂

堂内には、木造大日如来坐像・木造金剛薩埵坐像・木造尊勝仏頂坐像（いずれも国重文）がある。像内に銘があり、1387（嘉慶元）年から1405（応永12）年頃にかけて造像されたことがわかる。

東に坂をのぼると不動堂（県文化）がある。江戸時代中頃に建築された仏堂で県内では珍しい八角円堂である。なかに本尊の不動明王像と二童子像を安置している。

岩出市民俗資料館が不動堂の南東にあり、根来寺や岩出市の歴史を知ることができる。

不動堂の階段をおりて東に行くと、湯屋遺構がみつかった場所があり、その先はかつての菩提峠で、そこに和歌山県立植物公園緑化センターがある。そこから坂を南へくだると上岩出神社（祭神菊理比売命）である。本殿（県文化）は三間社流造・檜皮葺きで、「文禄三（1594）年」銘の棟札が残っている。

神社の南約400mにある遍照寺（新義真言宗）に木造弘法大師坐像（国重文）がある。左手に数珠、右手に五鈷杵をもって座し、胎内の墨書銘から、1294（永仁2）年に仏師良円によって造進されたものとわかっている。

大宮神社 ㊽　〈M▶P. 68, 133〉岩出市宮75　Ｐ
0736-62-2433　　JR和歌山線岩出駅🚶10分

JR岩出駅から南へ約30mで丁字路となる。東西に延びる道路が旧伊勢街道（大和街道）である。

旧伊勢街道を西に進むと、今は防火用の側溝をもった道路に拡張されているが、鉤形に曲がりくねった宿場町の形態は残っており、屋号をもつ家もある。

10分ほど歩くと大宮神社（祭神日本武尊・素戔嗚命）に着く。神社はかつて尾張国熱田明神（現、熱田神宮〈愛知県名古屋市〉）を勧請したもので、現社地東方の熱田森に旧社地があった。地元

石手荘の産土神とヨミサシ祭

紀伊国分寺跡から根来寺周辺

でまつられてきたが、覚鑁が仏法擁護のため1000神余りを勧請、総社明神と称するようになる。1585(天正13)年の羽柴秀吉による紀州攻めのおり焼失したが、徳川頼宣により再興され、明治維新後、岩出神社と改め、その後、1960(昭和35)年に現社名に改称した。

神社の祭礼をヨミサシ祭(忌差・斎刺)といい、古くは8月晦日に行われていたが、現在は10月第1日曜日にとり行われる。

祭りは神主と潔斎した氏子の男子が2組に分かれ、夜中12時に神社を出て、上組は紀の川市下井阪の「奥のはざま」、下組は岩出市吉田の「一本松」の御旅所まで駆け足で神木の榊を奉じるものである。上組には上半身に病のある者、下組は下半身に病のある者が行くと病が治癒するという。中世石手荘(岩出荘)の勝示固めの意味をもつものといわれる。

大宮神社から東にまっすぐ進むと丁字路になるが、そこから南に250mほど行くと紀ノ川に出る。付近は旧伊勢街道の紀ノ川の渡し場跡であり、対岸の船戸と結ばれていた。『紀伊名所図会』にその頃の様子が描かれており、すぐ西側の岩出橋を渡った対岸の船戸渡し場跡には、今も石灯籠と弁財天の森が残っている。

船戸渡し場跡の南の山が御茶屋御殿山(278m)で、その麓、JR和歌山線船戸駅の南東約150mの所に**船戸山古墳群**(県史跡)がある。古墳群では7基の古墳が確認され、4基は消滅しているが、いずれも円墳で横穴式石室を内部主体とする。3号墳ではそれぞれに先行すると考えられる横穴式石室と小型の竪穴式石室が発見されており、複数の埋葬施設をもった古墳といえる。6世紀中葉から後半にかけての築造で、副葬品も多く、ミニチュアの竈・甕・甑のセットや土師器の炊飯器などがみつかっている。

船戸山古墳群の北東、通称箱山とよばれる標高約60mの小丘には**船戸箱山古墳**がある。墳丘は調査の結果、主体部の配置や埴輪列から推測して、高さ4mのマウンドをもつ方形墳に近い形状であることが判明した。横穴式の5号墳では羨道部に前室があり、葬儀用の土器の装飾台付き壺・子持ち高杯がほぼ完全な状態で出土している。玄室に死者を葬った後扉を閉じ、さらに前室で器に入れた食物を供えた葬送の儀礼の様子が浮かびあがってくる。船戸山古墳群を構成

した集団の盟主的な地位を占めた家族の墓と推定されている。

御茶屋御殿山の北東麓には蔵王寺(真言宗)がある。本尊は蔵王権現で,地元では「どんさん」とよばれ,安産と厄除けの信仰がある。

岩出駅の東約140mには正覚寺(新義真言宗)がある。本堂中央壇上に置かれている多宝小塔(県文化)は,一重内部に尊勝仏頂・金剛菩薩が収められ,二重内部に法華経8巻が収められている。小塔の高さは1.5mある。境内のムクの木(県天然)は,樹齢300年以上と推定されている。

増田家住宅 ㊾

0736-62-2141
(岩出市生涯学習課文化財係)

〈M▶P.68, 133〉岩出市曽屋173
JR和歌山線岩出駅🚌紀伊行・JR阪和線紀伊駅🚌岩出行金屋🚶5分

大庄屋の住宅と「延喜式」式内社荒田神社

金屋バス停で下車すると,北に増田家住宅(内部は非公開)の表門がみえる。

増田家は江戸時代初頭郷士に命じられ,周辺20カ村の大庄屋をつとめた家柄である。

主屋(国重文)は,棟札によれば1706(宝永3)年に建てられたもの。その規模は広大で,屋根は入母屋造・本瓦葺き・錣葺き,丹念に構築されている。主屋は南面し,東が居室部で西が座敷になっている。居室部は桁行15.4m・梁間12.8mあり,1816(文化13)年の棟札(主屋の附指定で国重文)をもつ玄関を挟んで,2室の座敷がある。座敷は1間ごとに柱が立ち,隅柱は面取りで杉戸,座敷脇の縁の絵は1712(正徳2)年のものと伝えられ,2間の梁は束と貫で固められている。

敷地正面の表門(国重文)は,桁行21.6m・梁間4m,本瓦葺きの長屋門で,1759(宝暦9)の造立を示す祈禱札がある。

隣はかつて増田家と交代で大庄屋をつとめた郷士桃井家の住宅(内部は非公開)である。建物は1754(宝暦

増田家住宅

紀伊国分寺跡から根来寺周辺

4)年の建築，屋根は主屋が桟瓦葺きで，庇・落棟は本瓦葺きである。間取りは喰違い4間取で，玄関部分を挟んで2室の座敷からなっている。

両家から西へ徒歩約5分で山崎神社(祭神大市姫命・素戔鳴命・大山祇命)に着く。山崎荘の産土神で，古くは大市姫神社と称し，当初は市場の神として成立した。神社の北西にある栄福寺のイブキビャクシンの大樹名木(県天然)は，樹齢約500年と推定されている。また，神社の南約100mの岩出市下中島にある南条家の大イチョウ(県天然)も，秋に樹全体が黄色に染まったときなどは見事なものである。

神社から西へ約1km行くと吉田遺跡がある。今は埋め戻されているが，発掘調査で弥生時代中期～奈良時代の竪穴住居跡87棟，古墳～奈良時代の掘立柱建物跡11棟のほか，弥生時代の壺棺墓・方形周溝墓・奈良時代の火葬墓や，弥生～奈良時代の溝が検出されている。

増田家住宅の東約2kmに荒田神社(祭神息長足姫命ほか)がある。神社は『延喜式』式内社であり，羽柴秀吉による天正の兵火(1585年)で焼失したが，現在の社殿(県文化)はその後ほどなく再建されたようで，装飾手法から17世紀前期のものと考えられている。本殿は三間社流造，銅板葺きで身舎，庇とも蟇股などの彫刻で賑やかに飾ってある。

大国主神社 ㊿ 〈M ▶ P. 68, 145〉 紀の川市貴志川町国主1 P
0736-64-6775　和歌山電鉄貴志川線貴志駅 🚶 10分

復活した奇祭を行う神社

貴志駅から南へ徒歩5分ほどで，貴志川に架かる諸井橋に着く。橋の袂，貴志川左岸に大国主神社の標識が立っている。川に沿って右手に歩くとすぐに花崗岩の鳥居がみえ，それから300mほどサクラの木が並ぶ参道を歩くと社殿である。

大国主神社(祭神大国主命・天照大神・少彦名命)は，古くから貴志荘の産土神としてまつられ，出雲の神大国主命の伝説を残している。社殿の1つに，江戸時代中期に建てられた高床式舞台造の神楽殿を構えている。

神社の東側に，貴志川でもっとも深い国主淵があり，『紀伊名所

大国主神社

図会』には,「国主神社の祭礼ごとに神供を神前及び此淵に捧げる。土地の人はこれを貴志の大飯と言う」と記されている。

国主淵は,古くから竜神の住む池としていけにえを捧げる伝承があり,それが変化して盛物を祭神と竜神に捧げる大飯盛物祭として伝えられてきた。盛物とは,米12俵(720kgの糯・粳米)で7000個ほどの丸餅をつくり,竹串に刺して電球形につくった割竹の大籠の表面に貼りめぐらし,中央に御幣を立てたものである。祭りは,台車の上に盛物を載せた山車を,市内の神戸地区から賑やかに太鼓にあわせて囃し歌を歌いながら,多くの引き手によって神社に奉納する,大変おおがかりなものである。

大飯盛物祭は第二次世界大戦後途絶えていたが,1981(昭和56)年3月,46年ぶりに復活し,その後1993(平成5)年,2005年に行われた。盛物は高さ5m・幅23mにおよぶもので,毎年行われていないが奇祭である。現在は4月3日に大飯祭が行われている。

大国主神社北隣の薬師寺境内には,県内では珍しい板碑群があり,南北約40m・東西約50mの墓地内に8基存在している。また,龍王廟内にある一木造の梵天立像は,平安時代に制作された重厚・素朴な地方仏師の作風が濃いものである。

諸井橋を渡ると貴志川東岸の川沿いに南へ延びる遊歩道がある。対岸の大国主神社や川中の烏帽子岩,鞍懸岩などの奇岩をみて山田川が合流する地点まで歩くと,そこが「蛍の里」である。1981(昭和56)年から,ここにホタルの飼育地を設け,人工飼育を行い,放流するようになった。

平池古墳群 ㊿
0736-64-9163
(紀の川市教育委員会生涯学習課文化財係)

〈M ▶ P. 68, 145〉紀の川市貴志川町神戸字大越1073-1　P
和歌山電鉄貴志川線甘露寺前駅 🚶10分

甘露寺前駅で下車し,南へ歩くと平池緑地公園がある。平池は周

紀伊国分寺跡から根来寺周辺

平池古墳群

貴志川沿いに点在する古墳群

囲約2kmの農業用水池であったが、2007(平成19)年に公園として整備された。平池遺跡は池の浅い地底で、旧石器時代後期(紀元前2万5000〜1万7000年)を代表する国府型ナイフ形石器などの石器類が多数表面採集された遺跡である。

平池の周囲には、6世紀後半頃に築造された5基の古墳からなる平池古墳群が確認されている。いずれも墳丘の崩壊・変形が著しいが、公園入口から左手の1号墳、池中の2号墳、右手の3号墳を望むことができる。

公園の遊歩道沿いに1号墳(前方後円墳)をみて池の東端から北に行くと、双子三昧塚古墳(前方後円墳、6世紀)がある。

さらに平池から東に約10分歩くと罐子塚古墳(円墳)をみることができる。その後、和歌山電鉄貴志駅を越えて北に行くと、三昧塚古墳(現在は円墳だが、最初は前方後円墳)がある。

三昧塚古墳から北に10分ほど歩くと、市立貴志川中学校の南に丸山古墳(円墳)がある。緑泥片岩の板石を利用した組合せ式箱式石棺が露出しているが、墳丘全体はほとんど変形せず、原形をよく残している和歌山県を代表する中期古墳である。3つの古墳は5世紀代に築造されたもので、出土遺物の多様さに特色がある。

旧石器・縄文時代の遺物は、和歌山電鉄大池遊園駅の南西約300mにある和歌山県立大池遊園近くに広く分布し、整った尖頭器も出土している。大池遺跡とよび、その北にある尺谷池遺跡でも同時代の石器が採集されている。

国道424号線を紀の川市桃山町から海南市方面に向かうと、貴志川に架かる貴志橋の丁字路がある。橋の東、河岸段丘上にある楠田遺跡は、弥生時代から中世にかけての生活面が複層した遺跡で、弥生時代中〜後期の住居跡が発掘調査でみつかっている。

平池古墳群周辺の史跡

　橋から国道424号線を南へ進み，丹生神社を過ぎたつぎの交差点で，東の関西電力変電所に向かう道がある。その道の両側に北古墳群があり，円墳が数基残っている。北古墳群の南約50mには，岩橋型とよばれる石棚をもつ横穴式石室の高尾山古墳群(円墳)がある。古墳はいずれも6世紀代のものである。

岸宮八幡神社 ㊽　〈M▶P. 68, 145〉紀の川市貴志川町岸宮1124-1 P
0736-64-3114　和歌山電鉄貴志川線甘露寺前駅🚶15分，またはJR和歌
　　　　　　　山線船戸駅🚌15分

祭祀遺跡と白鳳廃寺

　甘露寺前駅から北へ市道を15分ほど歩くと岸宮八幡神社(祭神神功皇后・応神天皇・比売八幡)に着く。岸宮八幡神社の西方，鳩羽山(265m)頂上近くに「たてり岩」という巨大な岩が屹立している。その岩の下段に磐座があり，発掘調査で半欠の瑞花鴛鴦鏡や多数の祭祀用土器片，小さな環状列石や井戸がみつかっている。出土した鏡の文様と鋳造方法から，平安時代末期から鎌倉時代にかけて，祭祀のみを行った遺跡とみられる。今も地元で注連縄を張って尊崇している霊石が古宮で，祭祀の場所がここから下段の中宮，山麓の岸宮八幡神社へと順に移行したものではないかと考えられている。

　神社から中宮まで歩いて15分，さらに徒歩15分ほどで「たてり岩」の古宮に到着する。

　なお，鳩羽山の西には七ツ塚古墳・上瑞古墳が，東には具足壺古墳が山稜から南斜面にかけて残っている。いずれも，7世紀代の比較的新しい時期の古墳で，七ツ塚古墳は，小円墳が13基群集して

紀伊国分寺跡から根来寺周辺　　145

いる。

　岸宮八幡神社から東へ約2km行くと北山廃寺跡がある。貴志川の支流丸田川北岸の河岸段丘上にあり，塔の心礎がハッサク畑のなかの地中にある。白鳳期の寺院跡で，7世紀なかば頃に創建され，平安時代に廃絶したと考えられている。

　寺跡から南に約200m歩くと大きなスーパーがあるが，その下が弥生時代末期〜古墳時代中期の土器と方形住居跡がみつかった前田遺跡である。

三船神社 ❺❸
0736-66-0412
〈M▶P.68〉紀の川市桃山町神田99　P
JR和歌山線下井阪駅 [大] 20分

　JR下井阪駅で下車し南へ15分ほど歩くと，紀ノ川に架かる井坂橋を渡る。河南に広がる平野は全国に知られる「安楽川桃」の産地，紀の川市桃山町である。一目十万本の桃源郷で，春にはモモの花の花霞にけむり，モモの甘い香りは，果実がたわわに実る6月下旬から8月中旬まで町を包んでいる。

　地域は『和名類聚抄』にみえる荒川郷にあたり，「崇神紀」に荒川戸畔の女が天皇の妃として迎えられたことが記されている。なお，荒川の名は，室町時代初期頃から安楽川と併用されるようになる。

　荒川の地は1129(大治4)年，鳥羽院領となり，1159(平治元)年に鳥羽院の皇后美福門院が高野山金剛峯寺に寄進後，高野山領荒川荘として続いてきた。

　井坂橋を渡り，最初の信号を左に折れて約5分歩くと，八坂神社(祭神牛頭天王)に着く。神社は，かつての紀ノ川の河川敷で，長年の水流の浸食を受けながらも残った妙法壇という緑泥片岩の上に立っている。八坂神社の祇園祭に奉納されるのが妙法壇祇園太鼓(県民俗)で，古風で素朴なリズムを繰り返す，県内では類をみない太鼓だけの芸能である。また，荒川戸畔の邸宅は，妙法壇にあったという伝承も残っている。

　八坂神社の約2km南に三船神社(祭神木霊屋船神・太玉命・彦狭知命)がある。荒川の産土神であったと推定され，『日本三代実録』に「授紀伊国正六位上御船神従五位下」とあることから，平

三船神社

安時代にはすでに創祀されていたと考えられる。神社は鞆淵八幡神社，丹生都比売神社とともに，高野山の西の守護神であった。

　長い馬場を通り石段をのぼると，広い境内の南に三間社流造の本殿(国重文)，北に一間社隅木入春日造の摂社丹生明神社本殿・高野明神社本殿(ともに国重文)がある。棟札(本殿・摂社本殿の附指定で国重文)から，本殿は1590(天正18)年，摂社は2棟とも1599(慶長4)年の建立であることがわかっている。社殿は檜皮葺きの屋根で，極彩色の華麗な安土桃山時代の建築様式を示す価値ある建造物で，社殿のいたるところにあるトラ・竜・天女などの彫り物は，今にも動き出しそうである。中国の故事にちなむ彫刻「ウリと長靴」(モモの果実の彫刻)や釜を囲んだ老人と女性・子ども3人が並んだものなど，特異なものもみることができる。

　摂社の八幡宮には毎年7月31日の夜，氏子の親子が麦藁を割竹で包んだ径20cm・長さ2.5mの松明をかざして，旧社(御旅所)まで約1kmを歩く古式ゆかしい火祭りが，今もひっそりと伝えられている。7月16日には氏子らが集まり，三船踊りという神舞も行われる。三船神社の北約50mでは神田古墳をみることができる。

　三船神社の約500m西の高台は，平野と接する最上段丘(洪積台地)で，段丘上には弥生時代の遺物が散布している。段丘(落差約20m)の地下水層が低いため，各家屋は生活用水を上部山麓の池に求め，水路を引いて灌漑用水とともに使用していた。水路から屋敷内の第一水槽に水を引き入れ，砂や木炭で濾過して第二水槽に入れて使用していたが，その遺構を，水道敷設後，今も残している民家がある。

　段丘上に興山寺(真言宗)がある。寺伝では木食応其が1590年，高弟覚栄に命じ，この地に僧房を建立し，修禅の寺としたという。寺名も応其上人の号にちなんでつけられている。本堂には本尊不動

紀伊国分寺跡から根来寺周辺

明王像，右脇に弘法大師像，左脇に応其上人坐像を安置している。

本堂外側上部にぐるりと中国の人物が彫られており，菱形や六角形の真鍮製釣灯籠がかかっている。門の屋根の両端には，モモの実の形をした瓦の飾りがあっておもしろい。

興山寺から南へ約1kmで最上廃寺跡である。白鳳期〜奈良時代前期に創建された寺院跡で，発掘調査の結果，塔基壇は1辺15mを測り，粘質土と砂礫混入土による版築により築きあげられ，巨大な塔心礎はその過程で据えられたことが判明している。通称尼岡とよばれる地にあり，美福門院が移り住んだと伝え，廃寺跡周辺は尼ケ岡御所とよばれた。

最上廃寺跡の約2km西に，調月の大年(歳)神社(祭神大年神ほか3神)がある。神社の梵鐘(県文化)は，1277(建治3)年鋳造の古色蒼然とした銅鐘で，鎌倉時代の特徴があらわれている。

紀中の海岸を行く

Kichū

あらぎ島

南部梅林

◎紀中の海岸散歩モデルコース

1. JR紀勢本線箕島駅 10 浄妙寺バス停 5 浄妙寺 15 安養寺 10 須佐神社 30 星尾遺跡 15 円満寺 15 得生寺 3 糸我の一里塚 5 糸我王子跡 30 JR紀勢本線紀伊宮原駅

2. JR紀勢本線藤並駅 40 浄教寺 20 宗祇屋敷跡 10 長樂寺 20 歓喜寺 30 白岩丹生神社 20 岩野河バス停 5 法音寺 10 岩倉郵便局前バス停 5 吉祥寺 10 二川バス停 10 城山神社・安楽寺 10 二川ダム・法福寺 10 三田バス停(あらぎ島) 50 JR藤並駅

3. JR紀勢本線湯浅駅 2 立石道標・深専寺 10 醬油資料館・大仙堀 15 施無畏寺 20 JR湯浅駅 17 広村堤防・耐久舎 5 浜口梧陵墓所 15 広八幡神社 40 JR湯

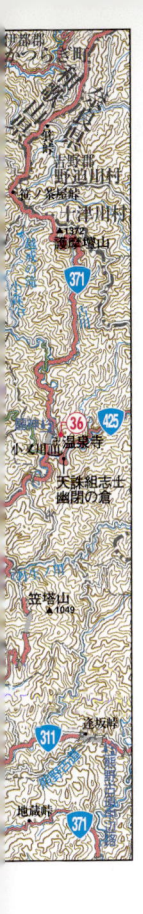

①椒古墳	㉔興国寺
②箕島神社	㉕高家王子社跡
③浄妙寺	㉖亀山城跡
④須佐神社	㉗本願寺日高別院
⑤円満寺	㉘煙樹ケ浜
⑥得生寺	㉙日の岬
⑦浄教寺	㉚岩内古墳群
⑧長樂寺	㉛道成寺
⑨宗祇屋敷跡	㉜手取城跡
⑩鳥屋城跡	㉝極楽寺
⑪歓喜寺	㉞下阿田木神社
⑫白岩丹生神社	㉟寒川神社
⑬法音寺	㊱龍神温泉
⑭吉祥寺	㊲滝法寺
⑮城山神社・二川ダム	㊳印南港
	㊴切目王子神社
⑯あらぎ島	㊵名杭観音堂
⑰雨錫寺	㊶中山王子跡
⑱湯浅城跡	㊷岩代の結松
⑲勝楽寺	㊸千里の浜
⑳施無畏寺	㊹安養寺
㉑広村堤防	㊺高田土居城跡
㉒広八幡神社	㊻須賀神社
㉓衣奈八幡神社	

浅駅

4. JR紀勢本線道成寺駅_5_道成寺_5_JR道成寺駅_5_JR紀勢本線・紀州鉄道御坊駅_20_亀山城跡_20_JR・紀州鉄道御坊駅_10_紀州鉄道西御坊駅_5_小竹八幡神社_5_本願寺日高別院_5_小松原館(現，県立紀央館高校)_20_煙樹ケ浜_20_アメリカ村_40_日の岬_40_JR・紀州鉄道御坊駅

5. JR紀勢本線和佐駅_40_手取城跡_20_高津尾バス停_5_芳澤あやめ顕彰碑_10_佐井バス停_10_極楽寺_20_阿田木バス停_10_下阿田木神社_30_寒川神社・寒川氏屋敷_30_龍神温泉_40_南部梅林_15_三鍋王子跡_10_安養寺_10_JR紀勢本線南部駅

ミカンの里有田市へ

有田川下流域両岸はミカンの里，河口は太刀魚漁で有名な辰ヶ浜漁港。

椒古墳 ❶
0737-83-1111（有田市教育委員会生涯学習課）
〈M▶P.150, 152〉 有田市初島町浜1000
JR紀勢本線初島駅🚶10分

5世紀頃の古墳 大陸文化と深い関係

　JR初島駅からJR紀勢本線下津駅方向に向かうと，左手の東燃ゼネラル石油株式会社和歌山工場敷地内に椒古墳（県史跡）がある。直径約20m・高さ約3mの墳丘上には，『日本霊異記』の説話からこの古墳を長屋王の墓に比定した記念碑が建てられている。もとは南向きに溝をめぐらした帆立貝式古墳であったが，現在は後円部だけが残っている。出土品には，飛竜文鏡・蒙古鉢形兜・挂甲・槍・直刀・飾金具・玉類・石枕・土師器などがある。なお見学にあたっては，あらかじめ有田市教育委員会へ連絡する必要がある。

　工場の西方，海上約700mに縄文時代前期から古墳時代にかけての複合遺跡，地ノ島遺跡がある。海岸線の砂丘から古墳時代の箱式石棺4基が発見され，そのうち1基は初島駅前の公民館前庭に移築されている。

箕島駅周辺の史跡

箕島神社 ❷
0737-82-3821
〈M▶P.150, 152〉 有田市箕島117
JR紀勢本線箕島駅🚶4分

海陸交通の安全を祈願 商人に尊崇される

　JR箕島駅から駅前通りを約300m南に行った有田市文化福祉センター内に，ミカン関係の資料を収集・展示したみかん資料館や郷土資料館などがある。

　文化福祉センター東側の市立箕島中学校そばの箕島神社（祭神水主明神・素戔嗚命ほか）は，1535（天文4）年，宮崎城（現，有田市）主であった藤原定茲と雲秀の創建である。神社には宮崎陶器商人が奉納した灯籠や手水鉢などの石造物が数多くあるが，なか

紀中の海岸を行く

箕島神社

でも鳥居を入ってすぐの参道両脇に立つ，1860(万延元)年に瀬戸物屋講中が海陸安全を目的に奉納した大旗掲揚のための石柱が有名である。江戸時代，宮崎荘箕島村では農閑期に船で他地方に行って行商する「作間稼ぎ」が行われていたが，黒江(現，海南市)産の漆器を九州地方で販売した際に伊万里陶器の名声を知り，これを仕入れて販売し，寛文年間(1661〜73)には江戸でも販売するようになった。これを宮崎陶器商人という。

浄妙寺 ❸

〈M ▶ P.150, 152〉有田市宮崎町1000
JR紀勢本線箕島駅 🚌矢櫃海岸行浄妙寺 🚶5分

秀吉の兵火を免れた国重文・堂塔2つ

　浄妙寺バス停から少し戻り，国道42号線バイパスから直進する道路との交差点を右に折れ，150mほど行くと浄妙寺(臨済宗)がある。寺伝によると，806(大同元)年に平城天皇の母で桓武天皇の皇后であった藤原乙牟漏によって建立，開山は唐僧如宝という。天正年間(1573〜92)の兵火で堂舎の多くが焼失したが，薬師堂と多宝塔は奥ノ院として山中にあったため兵火を免れた。1647(正保4)年紀州藩主徳川頼宣によって復興され，吹上寺(和歌山市)の開山圭瑞により臨済宗妙心寺(京都市右京区)の末寺とされた。

　石段をのぼった正面に，鎌倉時代後期建造の本堂(薬師堂，国重文)がある。堂内には，宝珠柱勾欄・格狭間に銅板押出しの孔雀1対ずつを貼りつけた，鎌倉時代の蓮華唐草文螺鈿須弥壇(国重文)が設けられ，壇上に鎌倉時代中期の木造薬師如来及両脇侍像と木造十二神将立像(ともに国重文)などが安置されている。薬師堂の隣に

浄妙寺多宝塔

ミカンの里有田市へ　153

は多宝塔(国重文)がある。鎌倉時代建立の本瓦葺き3間の塔で,なかには木造五智如来像が安置されている。四隅の内壁には釈迦の八大事蹟をあらわした八相成道図が描かれ,さらに須弥壇後壁の表裏には,鎌倉時代の真言八祖図(ともに県文化)が描かれている。

　浄妙寺から東へ約1km行くと古江見に安養寺(真言宗)がある。寺伝によると,弘仁年間(810～824),空海(弘法大師)の開基という。その後荒廃していたが,建久年間(1190～99)に再興され,在地武士の宮崎氏代々の祈願所として栄えていたが,天正年間に兵火に遭い,寺領も豊臣秀吉に没収された。本堂には正面に十一面観音像,右手に弘法大師像,左手に大日如来像がまつられ,薬師堂には,薬師如来像・地蔵菩薩像・不動明王像などが安置されている。

須佐神社 ❹
0737-83-0195
〈M▶P.150, 156〉 有田市千田1641
JR紀勢本線箕島駅🚌有田市デマンドバス須佐神社🚶すぐ

旧郡内唯一の式内社　鯛投神事が有名

　須佐神社バス停で降りるとすぐに鳥居と長い石段が目に入る。須佐神社(祭神素戔嗚命)は旧郡内唯一の『延喜式』式内社である。

　神社に関する記録や神宝類は,羽柴秀吉の紀州攻め(1585年)の際に一切失われたが,17世紀前半,紀州藩主徳川頼宣が当社の祭神を武神として崇敬し,社殿の復興・修理が行われた。例大祭は毎年10月14日に行われ,千田の喧嘩祭りとして知られる。このとき500m西の高田浜で行われる鯛投神事がとくに有名である。なお,徳川吉宗寄進の太刀(銘因州住景長附糸巻太刀拵,国重文)がある。

　須佐神社から北東へ約2km行くと星尾集落がある。集落の南東丘陵の裾に明恵紀州遺跡率都婆(国史跡)の1つ星尾遺跡がある。そのすぐ東には,地頭の湯浅(保田)宗業が明恵のために建立した星尾寺(廃寺)6坊の1つ,神光寺(中ノ坊,天台宗)がある。

須佐神社

有田ミカンと蚊取線香

コラム

産

紀伊国屋文左衛門と蚊取線香発祥地

　JR紀勢本線箕島駅の西約2km,有田川に並行して突出する堤防が北湊で,江戸時代から1924(大正13)年に紀勢西線(現,JR紀勢本線)が箕島に開通するまで,有田ミカンの江戸・大坂への輸送基地であった。現在,一部に当時の石積みを残すほか,大部分はコンクリートで覆われている。

　有田ミカンの起源については,もともとの自生という説や,天正年間(1573〜92)に,糸我村(現,有田市糸我町)の伊藤孫右衛門が肥後国八代(現,熊本県八代市)から苗木を持ち帰ったという説などがある。有田川流域は気候がミカンの栽培に適していたためか,良質の果実がなり,慶長年間(1596〜1615)にはすでに上方に出荷されていた。その後,紀州藩に保護と奨励を受け,栽培面積をふやしていったが,1634(寛永11)年に宮原村滝川原(現,有田市宮原町滝川原)の藤兵衛が大籠400籠のミカンを江戸で販売し,伊豆・駿河(ともに現,静岡県)・三河(現,愛知県)産のミカンを圧倒して人気を博して以来,紀州藩庇護の下に,元禄年間(1688〜1704)には三十数万籠を出荷し,紀伊国屋文左衛門の物語で知られるように,江戸の人びとには欠かせない果物となった。

　ミカンの出荷は,当時,「蜜柑方」とよばれた共同出荷組織によって統率されていた。蜜柑方会所が北湊に設けられ,元締などの役員がおかれていた。ミカン生産地ごとに組株が設けられ,各組の荷親の下に集められたミカンは,平田舟(平底の川船)で北湊の会所まで運ばれた。会所では岡役が各問屋宛ての送り状を作成し,瀬取船(沖に停泊する大型船から積荷を河岸へ運ぶ小型船)で地ノ島(現,有田市)沖の本船に積み込んで各問屋に送ったという。

　夏の風物詩に蚊取線香がある。全国出荷量の70%が有田市で生産されている。蚊取線香は除虫菊の殺虫成分からつくられたが,有田市はその除虫菊栽培と蚊取線香製造の日本の発祥地である。1887(明治20)年頃,上山英一郎(大日本除虫菊創始者)がアメリカから種子を手に入れ,栽培が始まった。現在は殺虫成分が化学原料にかわったが,「除虫菊記念碑」が1937(昭和12)年に有田市山田原に建てられ,また近年「除虫菊保存会」が結成され,栽培・保存活動がなされている。

円満寺 ❺　〈M ▶ P. 150, 156〉有田市宮原町東526
　　　　　JR紀勢本線紀伊宮原駅 🚶10分

JR紀伊宮原駅から旧熊野街道(現,県道164号線)を横切って約

ミカンの里有田市へ

紀伊宮原駅周辺の史跡

天平年間の観音立像　畠山氏の位牌所

　1km東に行くと，畠山政国以来の当地領主である畠山氏の位牌所として知られる円満寺(臨済宗)がある。鎌倉時代後期に覚心(法燈国師)の高弟覚円によって開創された寺であるが，付近からときおり出土する古瓦から，奈良時代から平安時代にかけて，この付近に大寺があったことがわかる。円満寺には天平年間(729〜749)の木造十一面観音立像(国重文)，絹本著色法燈国師像，木造法燈国師坐像，伝円満寺境内古墳出土の内行花文鏡2面(いずれも県文化)などの寺宝がある。また本堂の裏庭には，法燈国師の墓塔と伝えられる鎌倉時代後期の無縫塔がある。

　円満寺の東約1kmにある岩室山(260m)に岩室城跡がある。岩室城は，1399(応永6)年築城との伝承をもつ山城で，本丸跡・二の丸跡などが残されている。山頂に，江戸時代中期の念仏行者として有名な徳本上人の名号碑がある。

　旧熊野街道に戻り，街道に沿って1kmほど北上すると，長峰山脈の南斜面，標高200m付近の宮原町畑に広利寺(臨済宗)がある。所蔵する木造十一面観音立

円満寺

156　紀中の海岸を行く

像(国重文)は,河内国若江(現,大阪府東大阪市若江)西方寺にあったもので,胎内銘から,1353(正平8)年,四天王寺仏師頼円の造立とわかる。また像内納入品(法華経等・唯識三十頌)は,観音像の附として,国の重要文化財となっている。

得生寺 ❻
0737-88-7110
〈M▶P. 150, 156〉 有田市糸我町中番229　P
JR紀勢本線紀伊宮原駅🚶30分

嫁をとるなら糸我の会式
中将姫ゆかりの寺

JR紀伊宮原駅から旧熊野街道(現,県道164号線)を南に進み,有田川に架かる宮原橋を渡って国道42号線を東に約1km行くと,能や浄瑠璃の登場人物として有名な中将姫ゆかりの得生寺(浄土宗)がある。伝説によると,中将姫は,747(天平18)年に右大臣藤原豊成の女として生まれ,琴に長じ天皇の寵愛を得たが,継母の恨みを買い,有田郡雲雀山で首を討たれるところを,姫の崇高な人柄に打たれた刺客の伊藤春時に助けられた。春時は妻の松女とともに出家して得生・妙生と号し,姫に仕えた。姫が15歳になったとき,鹿狩りにきた豊成により都へ連れ戻された。17歳で大和當麻寺(奈良県葛城市)で出家し法如尼とよばれるようになり,29歳で二十五菩薩が来迎するなかで短い生涯を終えたという。

毎年5月14日,姫の命日にちなんだ二十五菩薩練供養会式(糸我得生寺の来迎会式,県民俗)が行われる。「嫁をとるなら糸我の会式,婿が欲しけりゃ千田の祭」といわれ,女子小学生が姫のように聡明な徳を得ようと,二十五菩薩に扮して開山堂から本堂まで架けた橋を渡る。

雲雀山の山裾を南北に旧熊野街道が通っているが,得生寺のすぐ南に,糸我の一里塚(県史跡),寺の南約700mに熊野九十九王子の1つ糸我王子跡などがある。

得生寺

ミカンの里有田市へ

② 宗祇・明恵の里から阿氐河荘へ有田川を遡る

連歌師宗祇と高僧明恵誕生の地から，有田川上流阿氐河荘へ，標高十数mから900mまでの史跡をめぐる。

浄教寺 ❼
0737-52-2469
〈M ▶ P. 150, 160〉 有田郡有田川町長田542 ℗
JR紀勢本線藤並駅🚶40分，または阪和自動車道有田ICより2.3km

鎌倉時代の仏画と仏像のある寺

JR藤並駅から北東へ約3km行くと浄教寺(浄土宗)がある。田殿橋に近い有田川南岸に位置し，1472(文明4)年に明秀上人によって開かれたとされる。明秀は1403(応永10)年の生まれで，若くして出家し，関東で浄土教学を学んだ後，紀州での西山派浄土宗の勢力拡張に努め，和歌山市梶取の総持寺など紀州国内に多くの寺院を建立した。浄教寺には，釈迦の入滅を描いた鎌倉時代の絹本著色仏涅槃図と木造大日如来坐像(ともに国重文)がある。

また，藤並駅から浄教寺に至る道路のかたわらに，野田の宝篋印塔(県文化)がある。高さは2.7mと大きく，1346(貞和2)年の造立といわれる。この地は，古くは観音寺として七堂伽藍があったといわれるが，今はこの宝篋印塔が残るのみである。

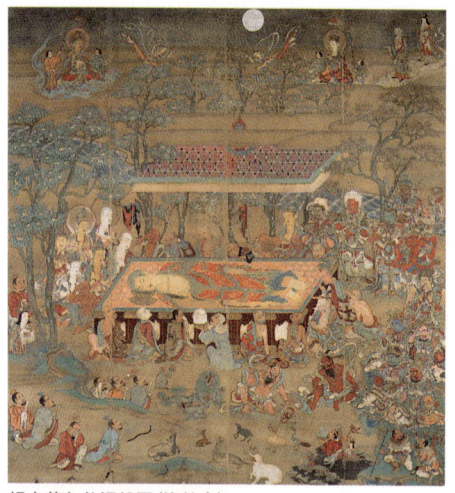

絹本著色仏涅槃図(浄教寺)

長樂寺 ❽
0737-52-2352
〈M ▶ P. 150, 160〉 有田郡有田川町植野348 ℗
JR紀勢本線藤並駅🚶30分，または阪和自動車道有田ICより2.8km

禅宗様式の仏殿で知られる寺と石塔群

JR藤並駅から東へ約2km行った所に長樂寺(臨済宗)がある。寺伝によると，由良町にある興国寺の開山覚心(法燈国師)の隠居所または廟所であるとされる。寺院の創建は13世紀末頃で，16世紀

158　紀中の海岸を行く

長樂寺仏殿

初頭に焼失したといわれる。現在の長樂寺仏殿(附 棟札, 国重文)は, 当寺所蔵の文書によると1577(天正5)年の建立とあり, 現在の姿に完成したのは, 1711(宝永8)年である。仏殿は, 禅宗様式で建てられている。仏殿のかたわらには法燈国師の墓と伝えられる宝篋印塔があり, 鎌倉時代末期の造立と考えられている。また, 仏殿から南へ約200m離れた所に奥の宝塔及び宝篋印塔(県史跡)があり, 両塔とも文中年間(1372〜75)の造立である

宗祇屋敷跡 ❾

0737-32-3111
(有田川町産業課)

〈M▶P.150, 160〉 有田郡有田川町下津野1014
JR紀勢本線藤並駅 🚶 20分, または阪和自動車道有田ICより約1km

連歌師宗祇の生家跡

有田ICより県道22号線を金屋方面に向かい, 3つ目の信号を右折するとすぐ宗祇屋敷跡(宗祇法師屋敷跡, 県史跡)がある。宗祇法師の産湯の井と伝えられる古井戸と記念碑がある。

宗祇は, 1421(応永28)年, 紀伊国藤波荘(現, 有田川町下津野)で猿楽師又太夫の子として生まれ, 13歳の頃, 巡業先の豊後国(現, 大分県の大部分)で, 宿泊した寺の住職から和歌の学習をすすめられ, 和歌の道を歩み始めた。紀伊に戻った宗祇は16歳で出家して青蓮寺に入り, 仏道修行のかたわら和歌を学び, 30歳頃上洛し, 本格的に連歌に取り組むようになった。そして, 1488(長享2)年に営まれた後鳥羽上皇の法要に奉納された,「水無瀬三吟百韻」を始めとする連歌集を発表した。宗祇は室町幕府9代将軍足利義尚

宗祇屋敷跡

宗祇・明恵の里から阿氐河荘へ有田川を遡る

浄教寺周辺の史跡

から、連歌師としては最高の役職である「北野連歌会所奉行」を、後土御門天皇からは「花の下」という最高の称号を与えられ、連歌師最高の位にまで達した。『新撰菟玖波集』の編纂は75歳のときで、連歌の手本として伝えられている。

宗祇屋敷跡から県道に戻り、西に200mほど行くと、右手に青蓮寺（真言宗）がある。青蓮寺のすぐ西の藤並神社境内には泣沢女の古墳（県史跡）がある。横穴式石室をもつ直径21～24mの円墳で、6世紀末～7世紀初頭のものである。

鳥屋城跡 ⑩

0737-32-3111
（有田川町産業課）

〈M ▶ P.150, 162〉有田郡有田川町中井原
JR紀勢本線藤並駅🚌金屋口・清水・花園方面行金屋口🚶60分

中世の城跡と有田川下流域の眺望名所

鳥屋城山は標高304m、山頂からの眺望がよく、北は生石山、南は白馬山脈、西は有田川流域・湯浅湾、遠くは四国・淡路島を一望できる。金屋口バス停で降りて東へ約1.5km行くと町立金屋中学校がある。学校のグラウンドの東から山頂の鳥屋城跡（県史跡）まで遊歩道が整備され、途中には休憩場・桜並木がある。

鳥屋城は、古来より軍事上要害の地として重視された。鎌倉時代から南北朝時代にかけて湯浅宗基が石垣城を築き、室町時代、紀伊国守護畠山基国の弟満国が同城跡に外山城を築き、以後、外山（鳥屋）城と称された。1585（天正13）年の羽柴秀吉の紀州攻めに至る約

鳥屋城山

紀中の海岸を行く

200年間，畠山氏の居城となったと伝えられる。山頂には，本丸・二の丸・三の丸などの曲輪のほか，石垣・空堀・井戸の跡が残る。

歓喜寺 ⓫　〈M▶P. 150, 162〉有田郡有田川町歓喜寺159　P
0737-32-3425　　JR紀勢本線藤並駅🚌清水・花園方面行 明恵ふるさと館前🚶5分，または阪和自動車道有田ICより約7km

高僧明恵上人ゆかりの寺

　明恵ふるさと館前バス停前方の明恵ふるさと館の前を右折し，約400m行くと歓喜寺（浄土宗）がある。986（寛和2）年，比叡山横川の恵心僧都（源信）が，この地に精舎を営んだのが始まりとされる。鎌倉時代，明恵上人の高弟喜海が師の遺徳を慕い，上人誕生の地であるこの地に，1249（建長元）年，湯浅宗氏の協力を得て再興した。本堂から119段の石段をのぼりきった所に上品堂がある。ここにまつられていた南北朝時代の木造阿弥陀如来坐像（国重文）・恵心僧都坐像・明恵上人坐像は，現在収蔵庫に安置されている。上品堂の南東約200mの所にある中品堂には阿弥陀如来像の石像，本堂の脇の下品堂には平安時代前期の木造地蔵菩薩坐像（国重文）・聖観世音菩薩坐像・千体仏が安置されている。

歓喜寺木造地蔵菩薩坐像

　歓喜寺から森ヶ滝橋に至る道を西へ約200m，有田川の流れが間近にみえる所に明恵紀州遺跡率都婆（国史跡）の1つ吉原遺跡がある。ここには，明恵上人の誕生地を示す卒都婆と上人胎衣塚と刻まれた石碑が建てられている。また，明恵上人は歌人でもあったため，

吉原遺跡（明恵紀州遺跡率都婆）

宗祇・明恵の里から阿氏河荘へ有田川を遡る

鳥屋城跡周辺の史跡

「フルサトノ ヤトニハヒトリ 月ヤスム ヲモフモサビシ 秋ノヨノソラ」の上人自筆の歌を刻んだ歌碑が建てられている。明恵上人は、1173（承安3）年、父平重国と母湯浅宗重の女の間に生まれ、幼少時に両親を失い、その後、神護寺（京都市右京区）に入門した。青年期に故郷有田に帰り、仏法の奥義をきわめる厳しい修行の日々を送った。のちに後鳥羽上皇より京都栂尾の地を賜り、高山寺（京都市右京区）を創建し、また東大寺（奈良市）の学頭になった。有田郡および有田市内には、この誕生地のほか修行地7カ所に卒都婆が建てられている。

白岩丹生神社 ⑫　〈M▶P.150, 162〉有田郡有田川町小川2628　[P]
0737-32-3111
（有田川町産業課）
JR紀勢本線藤並駅🚌金屋口・清水・花園行金屋口🚶25分、または阪和自動車道有田ICより約7km

一間社春日造の本殿とムロの老樹のある神社

金屋口バス停より金屋橋を渡り、国道424号線を北東へ進み、Aコープ金屋店を約300m過ぎた所を左（北）に曲がり、有田川の支流早月谷川を渡ると、白岩丹生神社（祭神罔象女神〈彌都波能賣神〉）の小山がみえてくる。現在地より東の白岩谷の畔にあったものを、1496（明応5）年、鳥屋城主畠山寅千代丸がここに遷したといわれる。

白岩丹生神社本殿（国重文）は一間社春日造・檜皮葺きである。1496年を最古とする、永禄（1558〜70）・元和（1615〜24）・寛文（1661〜73）年間など、12枚の修理棟札（本殿の附指定で国重文）が保存されてい

白岩丹生神社

る。境内のネズの木(ムロの木)は推定樹齢500年,榁の老樹として県の天然記念物に指定されている。

　神社より北東約1.3kmの所に薬王寺(浄土宗)がある。1347(貞和3)年建立の観音堂(附厨子・棟札,国重文)に安置されている木造阿弥陀如来坐像(国重文)は1096(嘉保3)年の作で,寄木造である。ほかに,平安時代初期作の木造十一面観音立像(県文化)などが安置されている。

法音寺 ⓭
0737-32-3111
(有田川町産業課)

〈M▶P. 150, 165〉　有田郡有田川町岩野河364　Ｐ
JR紀勢本線藤並駅🚌清水・花園方面行岩野河🚶5分,または阪和自動車道有田ICより国道480号線を清水方面へ約15km

行基によって開かれた古寺

　岩野バス停で降りると左手前方に大きなイチョウがみえる。このイチョウを目印に進むと,法音寺(浄土宗)に着く。法音寺は,732(天平4)年行基によって開かれた古刹で,1569(永禄12)年,真言宗から浄土宗になった。1457(康正3)年造立の本堂(附厨子・棟札,国重文)は寄棟造・茅葺きで,堂内には藤原時代作の木造阿弥陀如来坐像,平安時代初期の一木造の特徴がうかがえる木造十一面観音立像(ともに国重文)が安置されている。また,平安時代前期の様式をもつ木造釈迦如来坐像(県文化)は,破損した手の印相などから阿弥陀如来像であることが判明した。

法音寺木造十一面観音立像

吉祥寺 ⓮
0737-32-3111
(有田川町産業課)

〈M▶P. 150, 165〉　有田郡有田川町粟生285　Ｐ
JR紀勢本線藤並駅🚌清水・花園方面行岩倉郵便局前🚶5分,または阪和自動車道有田ICより国道480号線を清水方面へ約18km

寄棟造・茅葺きの美しい堂のある寺

　岩倉郵便局前バス停で下車すると,前方にJAありだのガソリンスタンドがみえてくる。ここで左に折れると吉祥寺(浄土宗)がある。

吉祥寺薬師堂

境内の薬師堂(附厨子・棟札, 国重文)は方三間・寄棟造・茅葺きの美しい堂で, 1427(応永34)年に建造されたものである。堂内には, 木造薬師如来坐像・木造大日如来坐像・木造聖観音立像・木造不動明王及二童子立像・木造毘沙門天立像(いずれも国重文)や, 木造阿弥陀如来坐像(県文化)が安置されている。また薬師堂では毎年旧正月8日に, 数え年3歳児の村入り儀式粟生のおも講と堂徒式(県民俗)が行われる。

　吉祥寺より有田川に沿って国道480号線を約2km行くと,「粟生の巌」とよばれる大きな岩が, 有田川とその支流四村川の合流点にみえてくる。ここで橋を渡り, 四村川に沿って約3km行くと, 銅製鰐口(県文化)のある中原阿弥陀堂に着く。鰐口の銘には「阿弖川下庄中原善福寺」とあり, 1541(天文10)年に善福寺に奉納されたものである。善福寺は, 羽柴秀吉の兵火によって焼失したと伝えられ, 寛永年間(1624～44)に阿弥陀堂の約500m東に真言宗寺院として再建され, 現在に至っている。

城山神社と二川ダム周辺 ⓯

0737-32-3111(有田川町産業課)

〈M ▶ P. 150, 165〉有田郡有田川町二川321(城山神社)
JR紀勢本線藤並駅🚌清水・花園方面行二川🚶10分, または阪和自動車道有田ICより国道480号線を清水方面へ約23km

回舞台で歌舞伎芝居が行われる神社

　二川バス停から二川橋を渡り約300m直進すると, 城山神社(祭神丹生都比売神)がある。県内では数少ない回舞台(県民俗)を所有し, 二川歌舞伎芝居「三番叟」(県民俗)の舞台となる。舞台正面の高台奥に本殿があり, 拝殿・二段式高台・石段などは地形を巧みに利用してつくられ, ここが芝居見物席となる。当社の祭礼行事として行われる二川歌舞伎芝居は, 境内の回舞台で奉納上演されてきた狂言芝居で, 200年以上の伝統を有する郷土芸能である。現存する演

城山神社

目「寿式三番叟」は,現在神事として奉納されており,「姫の舞」「鶴の舞」「鈴の舞」の3部で構成されている。太夫が祭神の丹生都比売(姫)の化身となって演じるのが特色である。

また,城山神社のすぐ北側の安楽寺(真言宗)の阿弥陀堂には,鎌倉時代の様式をもつ真言密教の本尊大日如来像を収めた高さ約2mの安楽寺多宝小塔(国重文)が安置されている。安楽寺から二川橋に戻り,さらに国道を約200m戻った大谷口バス停のある丁字路を右折し,北西に約1km行くと,陶房阿氐河窯がある。このそばの山道を約150mのぼった杉林のなかに,東大谷経塚遺跡(県史跡)がある。宝篋印塔の基礎の下につくられた長方形の石造の箱のなかに,鎌倉時代の経壺・経巻・和鏡が埋納されていた。

二川バス停より国道480号線を清水・高野山方向へ進むと,すぐに二川ダム(高さ67m)がみえてくる。1953(昭和28)年7月18日の水害は,有田川流域に大きな被害をもたらした。この大水害が契機となって1967年に完成した二川ダムは,洪水調節・灌漑・発電用水などの多目的ダムとして機能している。

湖畔の途中の楠本橋を渡って国道を離れ,左に折れ1km余り進み,左折して急坂を800mほどのぼった中腹に法福寺(真言宗)がある。法福寺の仏像群は,かつてこの地域にあった慈恩寺から伝来したといわれる。木造阿弥陀如来像および二十五菩薩像(県文化)な

吉祥寺周辺の史跡

宗祇・明恵の里から阿氐河荘へ有田川を遡る 165

ど約50体の仏像ほか,室町時代中期の大般若経600巻などを所蔵している。法福寺の北西に広がる生石高原(870m)の山頂近くにある生石神社(祭神大名牟遅命 ほか2神)は,989(永祚元)年に大岩が突如出現して神が降臨したという伝承をもち,拝殿の奥に鎮座する高さ48m・幅15mもの巨岩が信仰の対象となっている。

あらぎ島 ⑯
0737-32-3111
(有田川町産業課)

〈M▶P.150〉有田郡有田川町清水
JR紀勢本線藤並駅🚌清水・花園方面行三田🚶すぐ,または
阪和自動車道有田ICより国道480号線を清水方面へ約32km

「日本の棚田百選」の1つ

　二川ダムから国道480号線を清水方面に8km余り進むと,「日本の棚田百選」に選ばれたあらぎ島がある。蛇行した有田川の洪積台地に扇状に広がる大小の水田54枚(約2ha)の棚田が「あらぎ島」とよばれる。江戸時代初めに,この地域の大庄屋笠松左太夫が中心になって,米の増産のために農民たちと開いた水田が,そのままの形で今日まで残されている。三田トンネル手前のあらぎの里を左折した,旧道沿いにある三田バス停付近からの眺めが素晴らしく,四季折々,朝夕にそれぞれ異なった表情をみせてくれる。

　また,有田川町清水は,鎌倉時代,荘民が地頭の悪行を片仮名で書いた訴状「紀伊国阿氐河荘百姓等言上状」で有名な阿氐河荘の中心地である。

あらぎ島

雨錫寺 ⑰
0737-32-3111
(有田川町産業課)

〈M▶P.150〉有田郡有田川町杉野原976 P
JR紀勢本線藤並駅🚌清水・花園方面行杉の原🚶20分,または
阪和自動車道有田ICより国道480号線を高野山方面へ約46km

　あらぎ島から国道480号線を北東へ約12km,杉の原バス停で右折し,2kmほど進むと,雨錫寺(真言宗)に着く。境内の阿弥陀堂(国重文)は,寄棟造・茅葺きで,15世紀~16世紀初め頃の建立と推測

保田紙と山椒

コラム

産

有田川町清水周辺の特産物

　今から約400年前、紀州藩初代藩主徳川頼宣に和紙づくりを命じられたのは、「あらぎ島」の開墾でも知られる大庄屋笠松左太夫であった。藩主の命を受けた左太夫は、和紙づくりが盛んであった吉野(現、奈良県)へ見学に行ったが、その製法は秘密にされており、教えてもらえなかったため、村の青年3人を吉野へ送った。やがて3人は、それぞれ紙漉の技術をもった女性を妻として連れ帰ってきた。3組の夫婦の苦労の結果、ようやく吉野和紙と同様の品質をもつ保田紙が誕生した。左太夫は村人に紙漉をすすめ、一時は400軒もの紙漉屋があったといわれる。

　楮(カンゴともいう)を原料とするこの和紙は、和傘や団扇に用いられたが、現在では、書画用紙から葉書・便箋・封筒・名刺や和紙人形などに使われ、人気をよんでいる。現在、有田川町清水の高齢者生産活動センター(TEL 0737-25-0621)でその技術が伝承されており、紙漉の体験ができる。

　山椒の生産量の多い和歌山県のなかでも、有田川町の生産量は飛び抜けて多い。清水の山椒は「ブドウ山椒」とよばれ、実が大きく果肉が厚く、香りもよい最高級の品質といわれている。山椒栽培の歴史は古く、江戸時代から薬用として栽培され、健胃剤や虫下しの薬、漢方薬の原料として使われてきた。

　現在、山椒の用途は広く、鰻の蒲焼・木の芽和え・懐石料理・酢の物・ちらし寿し・田楽などの料理に使われるほか、地元で考案した山椒料理も数々ある。また、加工して粉山椒・七味唐辛子・ちりめん山椒・山椒塩・佃煮・山椒餅や菓子などがつくられ、みやげ物として、有田川町清水の農林物産振興センター(TEL 0737-25-0221)や、同町三田のあらぎの里(TEL 0737-25-0088)などを中心に広く販売されている。

御田舞が行われる美しい阿弥陀堂のある寺

されている。阿弥陀堂では2年に1度、2月11日に杉野原の御田舞(国民俗)が行われる。この舞は春の田起こしから田植え・稲刈り・籾すりまで、稲作のすべての作業が演じられ、豊作を祈願する。室町時代中期に始まったといわれ、村人たちによって今日まで約500年もの間、受け継がれてきた伝統芸能である。有田川沿いにはこうした舞が各地にあったが、今は有田川町では、この杉野原と久野原の御田(県民俗)だけとなっている。

　雨錫寺から杉の原バス停に戻り、さらに国道を約1km戻り、有

宗祇・明恵の里から阿氏河荘へ有田川を遡る

雨錫寺阿弥陀堂

　田川町清水行政局安諦の手前を右折し、北に向かって山道を約7kmのぼると岩坂観音がある。法道仙人開創・空海（弘法大師）巡錫地といわれ、樹齢数百年の老杉のなかに、高野山の伽藍かと思われる古刹である。また、岩坂観音から北へ、さらに南西へ約6km行った大蔵神社境内には、1364(正平19)年の造立と刻まれた沼谷の板碑（県文化）がある。

　雨錫寺より杉の原バス停に戻り、さらに国道を約3km戻り室川口で国道を離れ左折し、室川沿いに約14km遡ると、高野・龍神スカイラインに通じる。高野・龍神スカイラインを南に約1km進むと笹ノ茶屋峠に着く。ここより徒歩で整備された山道を約1kmくだった標高900mの所に日光神社がある。日光神社は、聖地高野山と熊野三山を結ぶ熊野古道小辺路の中間に位置し、山伏や行者たちの宿坊として創建された。創建年代は、鎌倉時代初期かそれ以前といわれる。

湯浅から由良へ ③

湯浅党の本拠地、熊野参詣の往来で賑わった湯浅、万葉の昔から歌にも詠まれた白い巨岩が聳える風光明媚な由良をめぐる。

湯浅城跡（ゆあさじょうあと）⑱
0737-63-1111（湯浅町教育委員会生涯学習係）

〈M▶P. 150, 169〉有田郡湯浅町青木　P
JR紀勢本線湯浅駅 🚶30分

有田郡に勢力を振るった湯浅党の山城

JR湯浅駅の東約2kmに湯浅城跡がある。湯浅城は、有田郡一帯に勢力を振るった武士団湯浅党の湯浅宗重が1143（康治2）年に築いた山城で、城跡は国民宿舎湯浅城の南方丘陵上にあり、現在は曲輪跡と空堀を残すのみである。

1159（平治元）年、平清盛が熊野参詣の途中、平治の乱が勃発した。このとき宗重は、田辺（現、田辺市）の清盛一行のもとに軍勢37騎を引き連れて駆けつけ、清盛とともに上洛し、以後、平氏の有力な家人として活躍した。平氏滅亡後は源頼朝の勧誘に応じて源氏に降り、湯浅荘の地頭に補任され、湯浅党の基礎をつくった。

鎌倉時代を通じて湯浅党は幕府の御家人として多方面に活躍し、紀伊国の有力な武士団となった。鎌倉時代中期、宗重の孫宗氏の子宗親は阿氐河荘（現、有田川町清水）の地頭となったが、1275（建治元）年宗親の苛酷な収奪に対する荘民の言上状はとくに有名である。

湯浅党は鎌倉時代末期までは一族の結合も強固であり、南北朝時代には南朝側に属したが、やがて衰退し、武士団とし

湯浅城跡周辺の史跡

湯浅から由良へ　169

ての実体を失っていった。なお，宗重の4女は平重国に嫁し，華厳宗の僧 明恵を生んだ。

湯浅の町並みと 勝楽寺 ❾
0737-63-2118(勝楽寺)

〈M▶P. 150, 169〉有田郡湯浅町北町・濱町・中町・鍛冶町／湯浅町別所165 P (勝楽寺)
JR紀勢本線湯浅駅 🚶3分／🚶15分

法燈国師が伝授した味噌を改良してできた湯浅醬油

　湯浅は古くより交通の要衝で，熊野参詣の往来や港町として賑わい，室町時代後半に参詣道が東部の丘陵地から西方の海寄りに移り，これを機に町場が発達した。16世紀末頃には，町場の西方に海浜を造成して市街地が形成され，17世紀には市街地はさらに拡大された。
　近世の湯浅はこの地域を中心に，醬油・味噌醸造業が盛んな紀州藩内有数の商工業都市として発達し，とりわけ醬油醸造は湯浅の代表的な産業となった。
　湯浅醬油は，興国寺(由良町)の開山覚心(法燈国師)が，鎌倉時代初めに宋から径山寺味噌の醸造法を学んで帰国し，湯浅地方で布教のかたわら，製法を伝授したのが始まりといわれている。その後湯浅地方の人びとが味噌を製造する際，槽底に沈殿した液体が食物を煮るのに適していることを発見し，工夫・改良の末にできあがった溜まり醬油が湯浅醬油の起源であるという。江戸時代には紀州藩の保護を受けて発展し，享保年間(1716〜36)には製造技術の進歩とともに，下総国の銚子・野田(現，千葉県銚子市・野田市)に進出して醬油醸造を行い，江戸へも販路を拡大した。また文化年間(1804〜18)には湯浅の醬油醸造業者は92軒におよび，湯浅港に近い北町・蔵町を中心に軒を連ねたという。今日でもこの地域には，小路などの特徴的な地割と，醸造業関連の町家や土蔵に代表される建物群が16世紀末頃のまま残り，その歴史的価値が注目されていたが，2006(平成18)年12月19日，全国で79番目，県内では初の重要伝統的建造物群保存地区に選定された。町家や長屋などの建造物には，虫籠窓・手摺状の格子・出格子などがみられる。
　JR湯浅駅から県道175号線を北へ150mほど行き左折すると，かつて熊野古道であった県道23号線と交わる道町に至る。その交差点角に「きみゐてら(紀三井寺)」などの文字が刻まれた，1838(天保9)年造立の2mを超す立石道標がある。交差点から県道23号線を北へ

紀中の海岸を行く

立石道標

80mほど進み左に折れると、行基の開基と伝えられる深専寺(西山派浄土宗)がある。湯浅市街地のほぼ中央に位置し、平安時代以降、上皇・法皇の熊野行幸の際には行在所(宿泊所)にあてられたといわれている。

山門脇には安政南海地震(1854年)の津波の様子と、万一のときの心得や避難方法などを刻んだ「大地震津波心得の記」碑(県文化)がある。県道23号線を北上すると山田川沿いの大通りと合流し、西へ300mほど歩くと大仙堀といわれる、醬油の原材料や、商品が積み卸しされた内港の遺構が目に入る。石積みの堀に立ち並ぶ醬油蔵など、今なお独特な景観を残している。

大仙堀に沿って大通りを左折し、すぐ右折して北町通りを東へ100mほど歩くと、醬油資料館と職人蔵があり、職人蔵には醬油醸造用具が展示されている。

湯浅駅からすぐ南側のJR紀勢本線の高架をくぐって、600mほど東へ行くと、国道42号線に出る。国道を南へ200mほど行くと勝楽寺(別所の薬師、西山派浄土宗)がある。創建は平安時代で、当初は湯浅氏の菩提寺として七堂伽藍をもつ大寺であったといわれている。本堂の収蔵庫には、平安時代の木造阿弥陀如来坐像・木造薬師如来坐像・木造四天王立像、鎌倉時代の木造釈迦如来坐像・木造地蔵菩薩坐像(いずれも国重文)などが安置されている。とくに地蔵菩薩像は像高2.7mあり、県内最大の地蔵菩薩像として知られている。

勝楽寺は湯浅氏の没落とともに衰退の一途をたどり、1598(慶長3)年、豊臣秀吉の命により、本堂・山門は醍醐寺(京都市伏見区)へ移築されたという。勝楽寺のある別所には、江戸時代を代表する豪商紀伊

紀伊国屋文左衛門之碑

湯浅から由良へ

国屋文左衛門之碑があり，碑の脇道から国道を横切り坂道をのぼると，熊野九十九王子の1つ久米崎王子跡(県史跡)がある。

施無畏寺 ⑳
0737-62-2353
⟨M▶P.150, 169⟩ 有田郡湯浅町栖原1465
JR紀勢本線湯浅駅🚌田村線栖原🚶15分

殺生禁断の地を願って名づけられた寺

　栖原バス停より北へ500mほど歩き，右手の桜並木の坂をのぼると施無畏寺(真言宗)がある。湯浅湾を一望できる景勝地で，当地の地頭湯浅氏一族の湯浅景基が1231(寛喜3)年に創建し，景基の従兄弟で華厳宗の僧明恵に寄進した寺院といわれる。寺の名称については，明恵が「生類をして畏れ無きを施す寺」として，殺生禁断の地となることを願って名づけたと伝わる。室町時代初期には壮大な伽藍を誇っていたが，羽柴秀吉の紀州攻め(1585年)の兵火で堂宇を焼失し，江戸時代に紀州徳川家の祖頼宣が再興した。寺には，鎌倉時代から戦国時代にかけての37通の施無畏寺文書(県文化)や湯浅氏系図・高山寺明恵上人行状(県文化)のほか，明恵とともに湯浅党や僧侶44人が署名し，一宗同心を誓った1231年の紙本墨書置文，1233(天福元)年の紙本墨書施入状(ともに国重文)がある。また境内には，「観応二(1351)年」銘の石造宝篋印塔(県文化)がある。

　施無畏寺からさらに北へ約1kmのぼった白上山頂には，明恵紀州遺跡率都婆の1つである東白上遺跡と湯浅湾に面した西白上遺跡がある。施無畏寺の坂道をくだり，栖原バス停近くの路地を入ると，江戸時代の豪商で北方漁場を開き，樺太との定期航路を開いた栖原角兵衛屋敷主屋・土蔵・土塀(国登録)がある。

施無畏寺山門

広村堤防 ㉑
0737-64-1760(稲むらの火の館)
⟨M▶P.150, 169⟩ 有田郡広川町広 🅿
JR紀勢本線湯浅駅🚶17分

　JR湯浅駅から小路を南へ約400m行き，広橋を渡ると広川町に入

広村堤防

る。橋を渡って100mほど先を右折し、広川町役場を南へ行くと湯浅広港に出る。海浜部では春になると四手網(あみ)による白魚(しらうお)漁も行われる。役場近くの海岸には二重の堤防が築かれているが、海側は鎌倉時代に築かれたもので、手前の堤防は江戸時代末期、広村(むら)(現、広川町広)の豪商浜口儀兵衛(ぎへえ)(梧陵(ごりょう))らによって築かれたものである。

浜口梧陵が私財を投じ村人を雇用して築いた堤防

広川町は、古くから大地震と津波にたびたび見舞われてきた。とくに、1707(宝永4)年と、「稲むらの火」で有名な1854(安政元)年の安政南海地震による大津波の被害は甚大で、流出家屋125戸・半壊家屋50戸・死者30人にもおよんだ。そこで梧陵は、いずれまた来襲するであろう津波に備え、私財を投じ、村人を雇用して、高さ約5m・幅約20m・長さ約600mの堤防を4年の歳月をかけて築いた。これが堤防の南200mにある浜口梧陵墓とともに国の史跡に指定されている広村堤防である。明治時代、小説家小泉八雲(こいずみやくも)(ラフカディオ・ハーン)は、その功績から梧陵を「生ける神」と賞賛した。この堤防により1946(昭和21)年の南海地震では、広村集落の大部分が津波による浸水から守られた。そのため、村の人びとは梧陵をたたえた碑(感恩碑)を建て、現在広川町では、毎年11月3日に梧陵らの遺徳を偲び、津波祭がとり行われている。

梧陵は、1820(文政3)年、広村や下総国銚子(現、千葉県銚子市)で醬油醸造業を営む豪商浜口七右衛門(しちえもん)の長男として生まれ、12歳のとき銚子に移り、家業のかたわら江戸に出て佐久間象山(さくましょうざん)に師事した。1849(嘉永2)年に帰郷し、1852年には学問と実学の修養場耐久社(たいきゅうしゃ)を開設して、人材の育成を図った。1880(明治13)年に新築された建物が、現在、町立耐久中学校の校門脇に耐久舎(しゃ)(県史跡)として保存されている。また堤防北端から東へ約300m行くと、2007(平成19)年4月に開館した、浜口梧陵記念館と津波防災教育センターからなる稲むらの火の館(やかた)がある。

湯浅から由良へ　173

広八幡神社 ㉒

〈M ▶ P.150, 169〉 有田郡広川町上中野206 P
0737-63-5731
湯浅御坊道路広川IC🚗5分

広村の産土神、紀州徳川家の篤い保護を受け興隆

広川ICから国道42号線を北西へ約1.5km行き，名島交差点を左手に入り，最初の交差点を左折して500mほど行くと，広八幡神社(祭神誉田別命・足仲津彦命・気長足姫命)に着く。

もと八幡宮と称し，広村の産土神であったという。1585(天正13)年の羽柴秀吉の紀州攻めで神庫など一部が焼失したが，1600(慶長5)年紀州藩主浅野幸長が神領として10石を寄進し，1619(元和5)年の徳川頼宣入封以後は，紀州徳川家の篤い保護を受けた。

境内には，室町時代の建造とみられる檜皮葺・三間社流造の本殿と，柿葺き・一重入母屋造の拝殿，一間社隅木入春日造で室町時代建造の摂社若宮社本殿，摂社高良社本殿，三間一戸の楼門，江戸時代建造の檜皮葺き・隅木入春日造の摂社天神社本殿(いずれも国重文)，江戸時代中期に再建された舞殿などがある。毎年10月1日の秋季例大祭には，しっぱら踊り(広八幡の田楽，国選択・県民俗)や乙田の獅子舞(県民俗)が奉納される。神社には鎌倉時代の名工来国光の作で鵜首造・鍛え板目・刃文直刃・目釘穴一の短刀(国重文)や，代表的な紀州焼物として知られる南紀男山焼の狛犬(三彩狛犬，県文化)1対がある。

広八幡神社の南約400mの所に，1436(永享8)年，明秀により開創された法蔵寺(浄土宗)がある。ここで目を引くのが本瓦葺き・寄棟造で袴腰がついた唐様の鐘楼(国重文)である。寺伝によれば，この鐘楼は湯浅町の勝楽寺にあったもので，1695(元禄8)年に広八幡神社に移築され，明治時代の神仏分離令の際に法蔵寺に移建されたものであるという。

広八幡神社楼門

174　紀中の海岸を行く

衣奈八幡神社 ㉓　〈M▶P. 150, 177〉日高郡由良町衣奈669　P
0738-66-0168　　　　JR紀勢本線紀伊由良駅🚌済生会病院行・小引行衣奈🚶
　　　　　　　　　　7分

神功皇后が朝鮮からの帰途休息した跡地に社殿が造営

　衣奈の地は古代では海部郡に属し、平安時代から鎌倉時代にかけては京都の石清水八幡宮領衣奈荘であった。1072(延久4)年9月の太政官牒には「衣奈園」とある。

　衣奈バス停から南へ550mほど歩き、左手の赤い鳥居をくぐり、長い石段をのぼりつめると衣奈八幡神社(祭神応神天皇・神功皇后・比売大神)に着く。1402(応永9)年の「衣奈八幡縁起」によると、神功皇后が朝鮮からの帰途、大引(現、由良町)の豪族岩守に案内されて衣奈宮で休息した跡地に、860(貞観2)年に社殿が造営されたという。

　室町〜戦国時代には、亀山城(現、御坊市)主湯河氏の祈願所として篤い崇敬を受けたが、1585(天正13)年、羽柴秀吉の紀州攻めで社殿のことごとくを焼失した。その後、徳川頼宣の入封を機に再建され、現在の本殿は、いずれも大正時代に再建されたものである。

　毎年10月第2日曜日に行われる秋祭りには、子どもを主とした民俗芸能が奉納され、10種目の型を演じる小引童子相撲(県民俗)や、10歳前後の男児8人が男役・女役に扮して4組の夫婦の役に分かれ、三味線と地唄にあわせて踊る近江八幡夫婦踊りともいわれる神谷の稚子踊(県民俗)などの神事(衣奈祭の神事、県民俗)が奉納される。

　衣奈から小引・白崎・大引にかけての白崎海岸一帯は、「日本の渚百選」に選ばれ、白い石灰岩と、紺碧の海のコントラストは幻想的で、石灰岩の巨岩立厳岩の姿は圧巻である。その風景は『万葉集』にも詠まれており、立厳岩の南約300mの県道24号線の脇には、「白崎は幸くありまて大船に真舵しじぬきまた帰り見む」の歌

衣奈八幡神社

湯浅から由良へ　　175

碑がある。

石灰岩内部(洞窟)は、第二次世界大戦中は特攻潜水艦(人間魚雷)の基地として使用され、戦後は石灰岩の採掘場となったが、現在は白崎海洋公園となっている。

興国寺 ㉔
0738-65-0154

〈M▶P. 150, 177〉日高郡由良町門前801　P
JR紀勢本線紀伊由良駅🚶10分、または🚌湯浅線・小引線開山🚶1分

実朝の近侍景倫が得度して創建　後醍醐天皇より追贈の寺号

JR紀伊由良駅から国道42号線を北へ200mほど行き、門前交差点を左折して県道23号線を600mほど行くと、興国寺(臨済宗)の山門に着く。鎌倉幕府3代将軍源実朝の近侍であった葛山景倫は、主君の横死を悼んで高野山(金剛三昧院〈高野町〉)で得度して僧願性〈生〉と号し、北条政子より由良荘の地頭に任命された。1227(安貞元)年、願性は同荘内に西方寺を創建した。その後、宋から帰国した高野山金剛三昧院心地覚心(法燈国師)に住持になるよう依頼し、1258(正嘉2)年、西方寺は臨済禅寺院となり、のちに後醍醐天皇より興国寺の寺号が追贈された。

58歳で住持となった覚心は、92歳で入寂するまで熊野・伊勢(現、三重県)地方へ積極的な布教活動を行い、宗勢を広げた。1585(天正13)年の羽柴秀吉の紀州攻めにより、伽藍の大部分を焼失し、1601(慶長6)年紀州藩主浅野幸長により再興された。

覚心はまた、宋で尺八の奏法を会得して4人の尺八の名手を伴って帰国し、4人は寺の近くの普化谷(現、由良町)に住んで浴司(風呂番)をしながら尺八を吹いて修行したと伝えられる。禅と結びついた尺八は、やがて虚無僧により全国に広まり、江戸時代には普化宗として保護され、興国寺は普化宗・虚無僧の本寺といわれるよう

興国寺

176　紀中の海岸を行く

になった。さらに覚心は，宋で径山寺味噌の製造法も習得したと伝えられる。この味噌を製造する過程で生成される醬油とともに湯浅地方で製造されるようになったといい，興国寺は径山寺味噌と醬油の発祥地としても広く知られている。

興国寺には，成人の日に行われる天狗祭，5月5日の花祭，700年余りの伝統をもつといわれている灯籠焼(県民俗)，法燈国師の命日の法要である開山法要の4つの大きな祭りがあり，灯籠焼は日本三大火祭の1つに数えられている。寺には，1286(弘安9)年作の木造法燈国師坐像，弟子の覚慧の筆による頂相の絹本著色法燈国師像，1292(正応5)年，覚心91歳のときの自筆で，粉河寺(紀の川市)の子院誓度院の僧侶たちが守るべき規式8カ条を制定した紙本墨書誓度院規式(いずれも国重文)などがある。

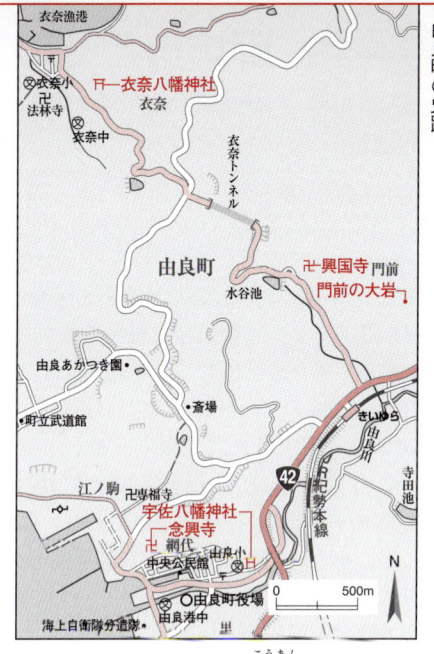

興国寺山門から北へ約500m行き，さらに丘陵をのぼった所に，シダリス(ウニの一種)の棘の化石を豊富に含む中生代の石灰岩で，高さ約18m，幅東西約22m・南北約18mの巨岩門前の大岩(国天然)がある。また紀伊由良駅から白崎西港行きのバスに乗り，網代西橋バス停で下車し，北東へ200m余り行くと念興寺(浄土真宗)があり，境内の墓地には戊辰戦争(1868〜69年)で敗れた会津藩(現，福島県西部)士と京都見廻組の隊士の墓がある。

念興寺の約300m東に宇佐八幡神社(祭神住吉大神・応神天皇・国主大神)がある。この神社の秋季例祭には，二人立ちの獅子舞が奉納され，横浜の獅子舞(県民俗)として有名である。

湯浅から由良へ

④ 御坊市とその周辺

日高別院の寺内町として発展した御坊と，点在する史跡を歩く。

高家王子社跡 ㉕
0738-63-3806（日高町産業建設課）
0738-63-3812（日高町教育委員会）

〈M ▶ P.150〉日高郡日高町 萩原　P
JR紀勢本線紀伊内原 🚶 20分

熊野九十九王子、旧高家荘の総社

　JR紀伊内原駅から国道42号線を約600m北に向かい，東光寺バス停前を過ぎて2つ目の信号を右手に進み，県道176号線を約4km北上すると，原谷地区に着く。原谷地区は釣竿や民芸品に使うクロチクの生産が盛んで，熊野古道の沿道にも黒竹林が点在する。県道176号線を原谷・井ノ谷地区で左折し，熊野古道を約1.5km行く。近世に宿場があった山口を過ぎ，急勾配の坂道を約800mのぼると，約500mの石畳の道が整備されており，熊野古道の面影が残っている。そこから約700mのぼると，標高354mの鹿ヶ瀬峠（大峠）の頂上である。坂道の途中には「永享八（1436）年」や「嘉吉二（1442）年」などの銘がある8基の板碑が現存しているが，いずれもかつて原谷字新出王子谷の道路山側の水田のなかにあった沓掛（鍵掛）王子かたわらの法華堂の境内におかれていたものである。沓掛王子跡は，この王子谷からさらに南下した原谷字被喜の道路左側にある。

　沓掛王子より1.9km南下した馬留王子跡を経て熊野古道を約3.5km南下し，萩原地区ほぼ中央の熊野古道が県道176号線と交差する手前約50mの森のなかに，中世の高家荘数カ村の総社であった高家王子社跡（内原王子神社〈祭神皇太神〉，県史跡）がある。高家王子社は，もとは現在地の約500m北，現在，内原王子神社の祭礼で御旅所として利用されている土壇上にあったともいわれる。高家王子社跡の東約150mの安

高家王子社跡

178　紀中の海岸を行く

楽寺(浄土宗)には，かつて高家王子社の別当寺であった円応寺(現，東光寺)旧蔵の室町時代の木造薬師如来坐像と木造十一面千手観音立像が安置されている。

　紀伊内原駅から西に向かって県道189号線，途中から県道188号線を約8km行くと，日高町久志の徳本上人誕生の地に立つ誕生院(浄土宗)に着く。徳本は江戸時代後期の念仏行者で，ひたすら「南無阿弥陀仏」を唱え，日本各地を行脚し，庶民の苦難を救った清貧の思想の持ち主であった。誕生院は，徳本の死後，紀州藩10代藩主徳川治宝により，上人誕生地を記念して創建されたものである。

　紀伊内原駅の東1kmほどの，日高平野を一望できる日高町荊木の向山(109m)の尾根と山麓には向山古墳(県史跡)がある。かつては数十の古墳があったが，現存するのは6基で，そのうち向山1号墳は直径約14m，向山2号墳は直径約10mの円墳で，どちらも古墳時代後期の横穴式石室墳である。向山4号墳(弁天山古墳として県史跡)は，両袖式の横穴式石室墳で，石室内には2基の石棺が安置され，副葬品として提瓶・蓋杯などが出土している。なかでも注目されるのは，墳丘の周囲に盾形埴輪と円筒埴輪がめぐらされていることである。いずれも現状を見学することができる。

　向山古墳から熊野古道を南下し，御坊市湯川町富安に至ると，室町幕府将軍家奉公衆であった国人湯河氏の菩提寺，鳳生寺(臨済宗)がある。本堂には，室町時代前期の伝聖観音菩薩坐像・開山箕外禅師像のほか，かつて本堂右手の小堂にまつられていた平安時代後期の十一面観音菩薩立像などが安置されている。境内には，「応永三十(1423)年」銘と「天文十四(1545)年」銘の一石五輪塔などが残る。なお，寺の周囲には9基の古墳からなる鳳生寺古墳群がある。

亀山城跡 ㉖

0738-23-5525(御坊市教育委員会生涯学習課)

〈M ▶ P. 150, 180〉 御坊市湯川町丸山
JR紀勢本線御坊駅🚶20分

　御坊市の北部，JR御坊駅のすぐ北側に，丸山または亀山とよばれる標高117.7mの小高い丘陵がある。ここに湯河氏の本城亀山城跡がある。亀山城は本丸・二の丸をもつ山城であった。本丸跡周辺

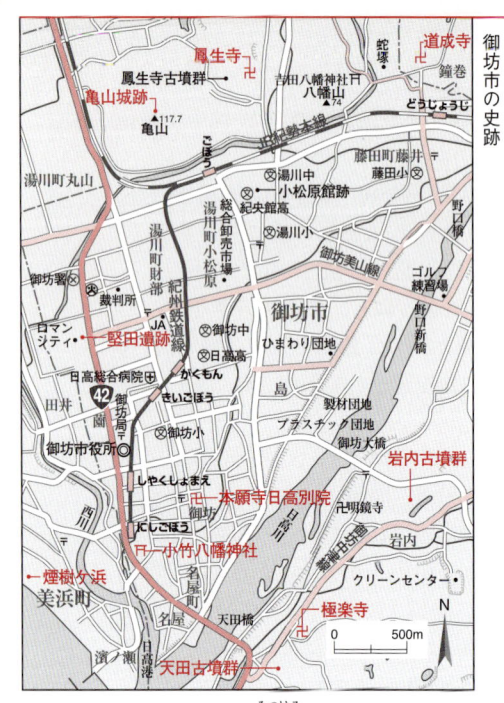

日高平野を一望できる国人湯河氏の城跡

の土塁下は険しい崖になっており、本丸跡から山麓にかけての要所には、幾つもの曲輪や空堀が残されている。

湯河氏は甲斐源氏の武田三郎忠長を祖としているが、かつて熊野街道の要地であった道湯川(現、田辺市中辺路町道湯川)を本拠地としていたことから湯河氏を名乗った。しかし、南北朝時代に入ると、熊野八荘司の1人であった湯河光春は、当時の拠点であった牟婁郡から日高郡に進出し、亀山に城を築いて本拠にした。戦国時代に入ると、湯河直光は亀山城とは別に、当時の交通の要所であった、現在の御坊市湯川町小松原に小松原館(現、湯川神社・県立紀央館高校敷地)を築き、平時の居館とした。最近の発掘調査で遺構が確認されている。亀山城および小松原館は、羽柴秀吉の紀州攻め(1585年)で落城した。

亀山城跡より約1.5km南西、国道42号線の財部交差点のすぐ西側に計画された大型店舗建設にかかわる発掘調査で、弥生時代のものとしては県内最古の、3重の濠をめぐらした弥生時代前期後半の環濠集落跡(堅田遺跡)が発見された。堅田遺跡では銅戈の鋳型片なども出土し、吉野ヶ里遺跡(佐賀県)に匹敵する紀元前3世紀後半のものと推定される貴重な遺跡として注目された。遺物の一部は大型店舗内および御坊市歴史民俗資料館(塩屋町南塩屋)に展示されている。

本願寺日高別院 ㉗　〈M▶P. 150, 180〉御坊市御坊100 P
0738-22-0518　　　　紀州鉄道紀州鉄道線西御坊駅 大 5分

「御坊」の名前の由来となった寺院

　御坊市は，本願寺日高別院（浄土真宗）の寺内町として発展した町で，御坊という地名もこれに由来している。西御坊駅から商店街を東へ約600m歩くと日高別院に至る。『紀伊続風土記』などによると，湯河直光は，1562（永禄5）年に摂津国江口（現，大阪市東淀川区）での三好長慶軍との戦いに敗れたが，京都山科本願寺の証如上人の助力により小松原館に帰還できたことから，2男信春（唯可）を出家させ，天文年間（1532～55），現在の美浜町吉原に吉原坊舎を建立した。1585（天正13）年の羽柴秀吉の紀州攻めにより焼失し，1595（文禄4）年，紀州藩主浅野幸長の家臣佐竹伊賀守が，現在地に鷺森御坊（和歌山市）の別院として坊舎（日高御坊）を再建し，現在に至る。これ以降，門徒を中心に人びとが近郷から周辺に集住し，町場が形成され，日高地方の商業の中心となった。町は日高別院を中心に西町・中町・東町に分かれているが，とくに日高別院のすぐ東側の東町には，現在でも土蔵が残り，近世の町並みを顕著に残している。

　日高別院の壮大な本堂は，本瓦葺き，向拝付入母屋造で1825（文政8）年に建立されたもので，本尊の阿弥陀如来像は室町時代の作とみられる。境内には樹齢約400年のイチョウの大木（県天然）がある。

　なお，西御坊駅近くの薗新町に小竹八幡神社（祭神誉田別命・息長足姫命・小竹大神ほか）が鎮座する。毎年10月5日に行われる祭礼の宵宮には日高別院で，翌日の本祭には当社境内で，中世の念仏踊りを受け継いだものという御坊組の戯瓢踊（国選択・県民俗）が奉納される。戯瓢とはヒョウタンのことで，数十人が頭に花笠

本願寺日高別院

御坊市とその周辺　　181

をかぶり元禄様式に近い服装で、大瓢箪を肩にかけた先頭者に続いて、太鼓・鼓・鉦などをもった人びとが、円陣をつくったり、2列に対向したりして、古雅な歌にあわせて悠長に踊る。

煙樹ケ浜 ㉘
0738-22-7309（美浜町中央公民館）

〈M▶P. 150, 180〉日高郡美浜町和田　P
JR紀勢本線御坊駅🚌日の岬パーク行御崎神社前
🚶すぐ

太平洋に望む白砂青松の浜

煙樹ケ浜

御崎神社前バス停で降りると、すぐ目の前が煙樹ケ浜である。美浜町和田の本の脇から日高川河口まで、小石まじりの砂浜と背後の松林が東西6kmにわたって続いている。煙樹ケ浜の松林は、紀州藩初代藩主徳川頼宣が日高平野の農業を守るため、防潮・防風林として植林させたもので、それ以後、一切の伐採を禁じたため、現在、最大幅500m・長さ4.6kmの大松林として残っている。波打ち際に立つと、海岸線沿いの松林が白波に煙るようにみえることから、煙樹ケ浜とよばれるようになったという。

なお、御崎神社前バス停から北へ200m余り行くと、御崎神社（祭神天照大神・猿田彦大神・事代主神・豊玉彦大神）がある。『紀伊国神名帳』に「日高郡正三位御崎神社」とあり、社伝によると、859（貞観元）年の創建で、和田浦の産土神として信仰を集めたという。境内には姥目の老樹（県天然）がある。

日の岬 ㉙
0738-62-2326（日の岬パーク）

〈M▶P. 150, 183〉日高郡美浜町三尾2113（日の岬パーク）　P
JR紀勢本線御坊駅🚌日の岬パーク行終点🚶2分

視界360度、紀伊半島最西端の岬

JR御坊駅から日の岬パーク行きバスに乗り、アメリカ村バス停で下車するとアメリカ村とよばれる三尾地区である。ここは『万葉集』に「風早の三穂の浦を漕ぐ舟の　舟人さわぐ浪たつらしも」

と詠まれた，日の岬を望む入江の漁村である。海岸は岩が多く，砂浜も狭かったため地曳網に適さず，江戸時代前期以降は，集団で千葉の九十九里浜付近まで鰯漁に出向くこともあった。人びとのこうした遠海進出の意欲は，のちにカナダ西岸への移民となってあらわれた。その先駆けとなったのは，1887(明治20)年の工野儀兵衛のカナダ渡航であった。工野は，バンクーバーで旅館を営むかたわら鮭漁に着目し，彼の招きでカナダに移民した青年たちを集め，漁業に従事させた。1900年には，150人からなるカナダ三尾村人会が結成された。移民はその後も増加し，最盛期には2000人以上にも達し，三尾は県内随一の移民村となった。帰国者は母村での生活にカナダの生活習慣を取り入れ，家屋を新築・増築する際には，木造洋館造りの家を建てるなどして独特の景観をつくりあげ，三尾村はアメリカ村とよばれるようになった。1931(昭和6)年，移民の先覚者である工野儀兵衛の顕彰碑が当地に建てられた。

　アメリカ村バス停から南西に細い道を行くと，岬の突端に竜王神社(祭神豊玉彦大神・猿田彦大神)がある。境内に樹齢300〜350年のアコウ(県天然)やイブキの社叢がある。また，『万葉集』で「はだすすき久米の若子がいましける　三穂の石室は見れど飽かぬかも」と詠まれた「三穂の石室」は，三尾の「うしろそのあな」とよばれる海食洞を指すといわれている。三尾湾には，近年その数は減少しているが，ウミネコの繁殖地として有名な弁天島(県天然)がある。

日の岬

日の岬周辺の史跡

アメリカ村から県道187号線を西へ約3km行くと、標高200m、紀伊半島最西端の日の岬に着く。岬からの展望は雄大で、晴天時には右手に、遠く四国の峰々や淡路島・六甲山(ともに兵庫県)などを見晴らすことができる。岬一帯は日の岬パークとして整備されており、紀伊半島3灯台の1つといわれる自然点滅式の日ノ御埼灯台や、小動物園・展望台・アメリカ村資料館(事前予約)、高浜虚子の句碑・若山牧水の歌碑や、1957(昭和32)年に日ノ御埼灯台の沖合で火災に遭った日本漁船の救助中に殉職した、デンマーク船エレンマークス号の機関長ヨハネス・クヌッセンの遺徳をたたえる胸像もある。

岩内古墳群 ㉚

0738-23-5525(御坊市教育委員会生涯学習課)

〈M▶P.150, 180〉 御坊市岩内
JR紀勢本線御坊駅🚌印南行・日裏行天田橋🚶25分

悲劇の皇子有間皇子が葬られたとも

天田橋バス停で降りて北に向かい、最初の信号を右に折れ、300mほど行って、十字路を右折、つぎの角を左に入ると極楽寺(浄土宗)がある。

極楽寺東側の道を北へ向かい、県道25号線を渡って熊野古道に沿って北へ800mほど歩くと岩内地区に至る。熊野古道紀伊路の通過地点で、かつて岩内王子があった。岩内コミュニティーセンター敷地内に跡碑がある(別称「焼芝王子」の名が刻まれている)。岩内王子跡より約50m北上、右折約400m東へ行き、右折約30mの丘陵下に岩内古墳群(県史跡)がある。現在までに、6基の古墳が確認されているが、1号墳と3号墳以外はすべて破壊され、痕跡をとどめていない。

1号墳は1辺約13mの方墳で、7世紀後半~8世紀前半の築造である。石室内からは、漆塗木棺片や飾金具・銀線蛭巻太刀などが出土しているが、夾紵棺をもつなど際立っ

岩内古墳群1号墳

た特徴をもっている。夾紵棺とは，漆を接着剤にして上に布を何枚も貼りかためてつくられた棺である。地元では1号墳の被葬者を，中大兄皇子の陰謀によって藤白坂で処刑されたという有間皇子とする説が有力で，皇子塚ともよんでいる。

3号墳は，1号墳から北西へ約200m行った小丘陵上にある。直径約28mの円墳で，4世紀末～5世紀初め（古墳時代前期）の築造である。

天田橋バス停から約500m南にくだり，塩屋交差点を左折して国道42号線を500mほど進むと，北塩屋の町並み南端の，王子川右岸に塩屋王子神社（祭神天照大神ほか6柱，県史跡）がある。神社は熊野九十九王子社の1つである。

王子神社から王子川に沿って東へ約2km行き，橋を渡って南下すると，御坊総合運動公園内に歴史民俗資料館がある。堅田遺跡や岩内古墳群，前方後円墳を含む天田古墳群（御坊市北塩屋）などから出土した遺物は，みるべき価値がある。

歴史民俗資料館の西約900m，関西電力御坊火力発電所へ渡る尾の崎大橋の東詰に，1978（昭和53）～79年に発掘調査された尾ノ崎遺跡の一部を現状保存するためにつくられた史跡公園がある。この遺跡からは　古墳時代前期の方形周溝墓18基・土壙墓1基・竪穴住居2棟・竪穴4基，古墳時代後期の横穴式石室1基などが発見され，方形周溝墓11基・竪穴住居2棟・竪穴4基が保存されている。

日高川を遡る

5

道成寺を始め，日高川流域に残る城址・寺院・神社をめぐる。

能や歌舞伎で有名な安珍・清姫伝説の舞台

道成寺 ㉛ 〈M▶P. 150, 180〉 日高郡日高川町鐘巻1738 P
0738-22-0543 JR紀勢本線道成寺駅 徒歩5分

　JR道成寺駅から北へ約250m行くと，御坊市と日高川町の町境にある土生鐘巻に，安珍・清姫伝説で有名な道成寺（天台宗）がある。道成寺は，道場寺とも書かれ，寺伝によると，701（大宝元）年に文武天皇の勅願所および同天皇の夫人藤原宮子の祈願所として紀大臣道成によって建立され，道成寺と名づけられたといわれる。発掘調査により，8世紀初頭に創建，8世紀後期までに南大門・中門・回廊・塔・金堂・講堂・僧房・倉院などを備えた一大伽藍を擁していたと推定される。その後，一旦衰退するが，10世紀に再び繁栄期を迎え，真言宗の寺として現在に残る諸仏を配置して，寺観を一新するに至ったという。1652（承応元）年には天海大僧正の命により，天台宗に改宗している。

　石段をのぼり，1694（元禄7）年建立の仁王門（国重文）を入ると，境内に本堂（附棟札，国重文），三重塔・書院（ともに県文化）・護摩堂などがみえてくる。本堂は，1357（正平12）〜78（天授4）年に「吉田蔵人頼秀三男　源金毘羅丸」らによって建立され，桁行7間・梁間5間，本瓦葺き・単層入母屋造である。三重塔は県内唯一のもので，1763（宝暦13）〜64年に建立された。三重塔のそばに，安珍を埋めたという安珍塚がある。

　旧伽藍の金堂跡に建てられた収蔵庫には，本尊の木造千手観音立像と脇侍の木造菩薩立像（伝日光・月光菩薩），木造毘沙門天立像・木造兜跋毘沙門天像・

道成寺

186　紀中の海岸を行く

木造十一面観音立像・木造四天王立像・木造千手観音立像(鞘仏)・木心乾漆千手観音立像(いずれも国重文)などがある。いずれも9〜10世紀の間につくられている。そのほか、13世紀の紙本著色道成寺縁起(国重文)や、三重塔付近出土と伝える弥生時代後期の銅鐸(県文化)、色紙墨書千手千眼陀羅尼経(国重文)がある。

毎年4月27日に道成寺で行われる会式は、近郷・近在の人びとで賑わう。また、寺から西へ約300m行った所に、清姫を埋めたという蛇塚がある。

手取城跡 ㉜

0738-22-8816(日高川町教育委員会)

〈M▶P.150〉日高郡日高川町和佐
JR紀勢本線和佐駅 🚶 40分

南北朝時代の和佐玉置氏の居城

JR和佐駅の東2kmほどの別所谷の奥にある標高171mの城山に、南北朝時代の和佐玉置氏の居城手取城跡がある。和佐玉置氏は、龍神(現、田辺市)の鶴ヶ城城主であった山地玉置氏の一族で、玉置直和が当主であった天正年間(1573〜92)頃、亀山城(現、御坊市湯川町)主湯河直春との合戦に敗れ、一族は離散したともいう。この城は、本丸・二の丸・西の丸・東の丸など多くの曲輪と、寺院跡・墓地・溜池・石垣・土塁・空堀などをもつ、非常に堅牢な山城である。構造上は、一城別郭形式の山城であるが、遺物により、本丸に瓦葺きの建物をもっていたことが明らかになった。中世の山城としては県内でも最大規模で、現在でも本丸跡からの眺望は素晴らしい。

江川にある丹生神社(祭神八幡大神・丹生都姫命ほか4神)で10月体育の日直前の日曜日に行われる丹生祭(県民俗)は、笑い祭・獅子祭・奴祭・雀祭・竹馬駆けからなる華麗な祭りである。

極楽寺 ㉝

0738-22-8816(日高川町教育委員会)

〈M▶P.150〉日高郡日高川町佐井197
JR紀勢本線御坊駅 🚌 川原河行高津尾乗換え、コミュニティーバス佐井 🚶 10分

穏やかな面相の地方色濃い仏像がある寺

JR御坊駅から川原河行きバスに乗り、高津尾バス停で下車する。南東約600mのあやめ橋を渡った中津若者広場の一角に、芳澤あやめ顕彰碑がある。この顕彰碑の近くで生まれたといわれる初代芳澤あやめは、元禄年間(1688〜1704)の上方歌舞伎を代表する女形で、女形芸を完成させた役者としてその名を残している。

日高川を遡る　187

極楽寺

　高津尾バス停から日高町コミュニティーバスに乗り，佐井バス停まで行く。下車してすぐ日高川に架かる佐井橋を渡って，北へ500mほど行くと極楽寺(浄土宗)がある。本堂の本尊の前に，平安時代後期の木造十一面観音菩薩立像(県文化)がおかれている。穏やかな面相で素朴な，地方色の濃い仏像である。

　さらにコミュニティーバスに乗り，小釜本バス停で降りると，北西約1.5kmの犬ヶ丈山麓(522m)に長子八幡神社(祭神誉田別命)がある。旧中津村佐井・高津尾・田尻・小釜本・三佐・老星・大又・坂野川・西原(いずれも現，日高川町)の産土神で，弁慶の願文・大般若経奉納伝説や，時代は不明ながら，かなり古い本地仏が残されている。

下阿田木神社 ③
0738-22-8816(日高川町教育委員会)
〈M▶P.150〉日高郡日高川町阿田木302
JR紀勢本線御坊駅🚌川原河行阿田木🚶10分

氏子が的射を行うお弓神事が有名

　阿田木バス停から県道194号線を北へ160mほど行き，阿田木原交差点で右折して国道424号線を有田川町金屋方面へ30mほど行くと，下阿田木神社(祭神伊邪奈美神・伊邪奈岐神ほか)がある。旧美山村阿田木上・阿田木下・越方・川原河・皆瀬の産土神で，当社所蔵の『愛徳山熊野権現縁起』によると，寒川を経て，12世紀初頭に現在地に鎮座したようである。

　現在，平安時代後期の木造男神坐像1体(県文化)・木造女神坐像9体のほかに，室町時代の神像8体を安置している。現存する社殿のうちでは，1494(明応3)年の棟札をもつ春日造の本殿(県文化)が知られ，同様式の社殿としては県内でもっとも古い貴重なものである。毎年1月3日に行われるお弓神事(県民俗)が有名で，天下泰平・五穀豊穣などを祈願して，9人の御大塔とよぶ氏子が的射を行う。

下阿田木神社

　下阿田木神社から阿田木バス停に戻ってバスに乗り，川原河ターミナルで日高川町コミュニティーバスに乗り換えて，笠松バス停で降り，西へ約1km行くと，古くは上愛徳熊野六社権現といわれた上阿田木神社(祭神伊邪奈美神ほか)がある。毎年4月29日の春祭り(阿田木祭り・花祭，県民俗)が有名である。ヤッハチの舞・稚児の舞なども優雅な神事として注目される。上阿田木神社から東へ約700mくだると，県内最大の多目的ダムである椿山ダムがある。ダム湖畔には，「日本一の山びこポイント」がある。

寒川神社 ㉟
0738-22-8816（日高川町教育委員会）

〈M▶P.150〉日高郡日高川町寒川284　P
JR紀勢本線御坊駅🚌川原河行終点コミュニティーバス乗換え，寒川線寒川行終点🚶10分

寒川荘地頭寒川氏の氏神

　椿山ダムから国道424号線を日高川に沿って3.5kmほど東行し，㟹朋橋を左手にみながら通り過ぎた所で左折し約4.5km行くと，寒川の中心地に着く。寒川は，鎌倉・室町時代の寒川荘地頭で，江戸時代には寒川村庄屋をつとめた寒川氏の本拠地であった。寒川バス停で降り，北東へ80mほど歩いて左手の橋を渡り，直進すると約130年前に建てられたという寒川氏の屋敷がある。寒川氏の館跡であることから，この地域を地元では土居とよんでいる。

　屋敷の裏から坂道を少しのぼると，近代に入るまで熊野神社とよばれていた寒川神社(祭神国常立神・伊邪奈美神・伊邪奈岐神ほか)がある。社伝によると，寒川氏が1204(元久元)年

寒川神社

日高川を遡る

氏神として上愛徳熊野六社権現(現,上阿田木神社)を勧請,まつったことによるという。現在,平安時代後期の木造女神坐像2体と鎌倉時代の木造武神坐像・室町時代の木造男神坐像(いずれも安楽寺仏像として県文化)が安置され,神社裏山からは,鎌倉時代の陶壺と和鏡が埋納された経塚,室町時代の宝篋印塔が発見されている。当社の秋祭りである寒川祭(県民俗)は,1758(宝暦8)年に始まったといわれる獅子舞や稚児舞を中心に,毎年11月3日に行われる。

寒川神社から北へ進み,2つ目の角を右に折れて朔日川を渡ると,鎌倉時代創建と伝承される安楽寺(臨済宗)がある。本堂には,寒川神社旧蔵の南北朝時代作木造僧形像と,台座裏に「正平十一(1356)年」の墨書銘をもつ木造薬師如来像ほか8体の本地仏(いずれも安楽寺仏像として県文化)が安置されている。

龍神温泉 ㊱

0739-78-0301(田辺市龍神教育事務所)

〈M▶P.151〉田辺市龍神村龍神 P
JR紀勢本線南部駅・紀伊田辺駅🚌龍神温泉行終点🚶すぐ

日本三美人の湯の1つ

JR紀伊田辺駅から龍神温泉行きバスに乗り,龍神行政局前バス停で下車する。バス停南側の上山路橋を渡り,500mほど行くと,国道425号線と国道371号線が出合う。日高川と支流丹生ノ川の合流点丹生平の河原に丹生神社(祭神丹生都姫命ほか)が鎮座する。龍神村東地区周辺の産土神である。南北朝時代に山地玉置氏によって勧請されたといわれ,1525(大永5)年の祝文が残されている。

神社の鳥居付近の経塚からは,平安時代末期の和鏡6面も出土している。なお,神社から国道371号線を約7kmほど北に行った宮代にある東光寺(浄土宗)は,山岳信仰の宿坊跡で,丹生神社の神宮

龍神温泉上御殿

寺でもあり,「応永四(1397)年」銘の宝篋印塔がある。

　丹生神社の北約1kmの標高210mの山上に,南北朝～室町時代に活躍した山地玉置氏の居城鶴ヶ城跡がある。現在,曲輪跡・石垣・空堀の存在が確認されている。

　再び龍神温泉行きバスに乗車し,終点で降りると龍神温泉である。平均温度48度を誇る重曹泉で,役小角(役行者)によって発見されたというが,龍神温泉という名前の由来は,空海(弘法大師)が龍王のお告げによって温泉場を開いたことにあるという。バス停東の梅津呂橋を渡って北に行った,龍神温泉元湯前の高台にある温泉寺(真言宗)にも,開湯に関する弘法大師伝説がある。龍神温泉は,江戸時代初期には紀州藩主徳川頼宣の庇護下で大きく発展し,今でも江戸時代から続く上御殿・下御殿などと称する旅館がある。

　温泉寺から日高川沿いに北へ約1.5km行った皆瀬バス停近くに皆瀬神社(祭神八幡大明神ほか)がある。龍神氏の氏神で,15世紀の創建という。さらに約5km北の大熊にある龍蔵寺(臨済宗)は,かつて龍神氏の菩提寺であった。「応永三十一(1424)年」銘のある棟札と同時期の如来画像を所蔵する。殿垣内には,龍神和泉守正直の墓と伝えられる宝篋印塔があり,地下から15世紀のものと推定される備前焼の蔵骨器が出土し,墓は殿垣内火葬墳墓とよばれる。

　龍神温泉から南東へ約1.3kmの龍神村小又川に,天誅組志士幽閉の倉(県史跡)がある。1863(文久3)年に倒幕の兵を挙げた天誅組の残党8人が,自首後に幽閉された木造茅葺きの米蔵を復元したものである。志士の1人水郡善之祐が辞世歌を残した柱は,現在,龍神村の玉置家から田辺市龍神教育事務所に委託・保存されている(非公開)。

⑥ 印南から南部へ

鰹節発祥の地印南から、熊野古道の王子社をめぐる。

滝法寺 ㊲
0738-42-1700（印南町教育委員会）
〈M▶P. 150, 193〉 日高郡印南町印南原493 Ⓟ
JR紀勢本線稲原駅🚶15分

＞「お滝さん」で親しまれている寺院

　JR稲原駅から県道28号線を南に線路に沿って約1.3km歩き、左折して350mほど行くと右手に、近在の人びとから「お滝さん」で親しまれる滝法寺（真言宗）がある。寺名は境内にある伊那滝という小滝にちなみ、紀伊国十三仏霊場13番札所として、数々の伝承を伝える。

　発掘調査で、創建は少なくとも鎌倉時代末期まで遡ると推定され、寺伝によると、鎌倉時代中期に実伊上人によって中興された。室町時代に、紀伊国の国人湯河氏の庇護の下に日高の神宮寺の本山として繁栄していたが、羽柴秀吉の紀州攻め（1585年）により全山焼失し、その後、江戸時代に再建されたという。境内には、本堂・観音堂・十三仏堂・伊那滝大権現社などがある。

　滝法寺を出て県道に戻り、印南川に沿って南に約2kmくだると山口地区に至り、左手の山腹に仙光寺（浄土宗）がある。観音堂にある木造聖観音立像は、12世紀頃の典型的な藤原仏で、南北朝時代に南朝の落人によって安置されたといわれる。

滝法寺

印南港 ㊳
0738-42-1700（印南町教育委員会）
〈M▶P. 150, 193〉 日高郡印南町印南 Ⓟ
JR紀勢本線印南駅🚶7分

＞「鰹節発祥の地」の港

　JR印南駅の南約500mにある印南港は、かつて印南浦とよばれ、古くから漁港および廻船の寄港地などとして繁栄していた。また、印南から南部までの地は鰹節発祥地で、江戸時代初期に中村屋次郎

印南港

右衛門によって発明されたと伝承されている。港から県道204号線を北へ250mほど戻り、丁字路を直進すると右手に、慶長年間(1596〜1615)に開基された印定寺(浄土宗)があり、印南出身で、江戸時代前期に土佐国(現、高知県)で鰹節(土佐節)製造を行った初代角屋甚太郎の位牌が収められている。寺の南向かいにある印南小学校郷土館には、鰹節製造に使用した包丁や絵図などが展示されている。

県道を戻って、印南港へ行き、印南交差点を右折して国道42号線を西に800mほど行くと、熊野九十九王子の1つ津井(叶)王子跡がある。津井王子は、室町時代末期まで、ここからさらに熊野古道を西へ約100m行った津井の若宮跡にあったとされる。

印南駅より南東へ250m、右折してJRの廃線道路を150m行き右折すると、小栗判官伝説をもつ東光寺(西山派浄土宗)

印南町の史跡

印南から南部へ

がある。県内でも数少ない鎌倉時代の宝篋印塔や,海上安穏を祈願して奉納された江戸時代の珍しい船観音像がある。また,東光寺の北約400mには大塔宮伝説のある東宮神社や,室町時代の紀伊国人湯河氏の一族下芳養湯河氏の尊崇を受けた宇杉の印南八幡神社などがある。当社の秋季例大祭印南祭(10月2日)は,川渡御や雑賀踊りをともなう祭りとしてよく知られている。さらに印南交差点から国道42号線を東に700m余り進むと冨ノ川橋の手前に,『中右記』天仁2(1109)年条にみえる斑鳩王子社を,旧社地の内垣内(現,印南町印南原)から移転・再建した光川王子社がある。

切目王子神社 ㊴
0738-42-1700(印南町教育委員会)
〈M ▶ P. 150, 193〉日高郡印南町西ノ地328 P
JR紀勢本線切目駅 20分

熊野九十九王子中,もっとも著名な王子の1つ

JR切目駅から国道42号線を印南港方面へ1kmほど進み,少し右に入った所に切目王子神社(祭神天照大神ほか,切目王子跡として県史跡)がある。熊野九十九王子のなかでもとくに重要な五体王子の1つである。現在の王子は「太鼓屋敷」と称する地から移されてきたもので,旧社地には現在,大塔宮旧跡碑が立っている。切目王子は『中右記』や『保元物語』などにたびたび登場し,里神楽・一切経書写奉納・歌会などの特別な行事が行われたと記される。旧社地は,羽柴秀吉の紀州攻め(1585年)により社殿・神宝をすべて焼失したといわれるが,西本願寺(京都市下京区)所蔵の国宝「熊野懐紙」の写しが現存している。なお,境内には本殿・拝殿・境内社などがあり,樹齢300年といわれるほるとのき(県天然)が聳えている。

切目王子神社から旧道を東へ約300m行った所に,王子の別当寺であったとされる西蓮寺(浄土宗)がある。当寺は,江戸時代以前,王子の北の現在,西蓮寺岡として小字名の残る

切目王子神社

所に建てられていたといわれ、現在でも室町時代の五輪塔が残っている。寺のすぐそばの町立切目小学校の約200m北には、御坊亀山城（現、御坊市）主湯河氏の重臣津村氏の居城八千貫城跡があった。

名杭観音堂 ❹
0738-42-1700（印南町教育委員会）
〈M▶P.150〉 日高郡印南町島田1059
JR紀勢本線切目駅🚶25分

厄除観音としても親しまれる十一面観音立像

JR切目駅の北東約1.5kmの名杭に、木造十一面観音立像（県文化）を安置する名杭観音堂がある。もとは名杭谷を東に約300m行った平坦地、通称寺谷にあったが、江戸時代後期に観音堂のみ現在地に移転されたという。観音像は高さ約141cm、ヒノキの一木造で、宝髻を結んだ頭上に頂上仏面と10面の化仏を配し、条帛を左肩からかけ、天衣・裳をつけている。左手には華瓶をもち、右手は軽く曲げて垂らし、右足は軽く浮かせ、腰をやや左にひねっている。制作年代は9世紀後半と推定される。

名杭谷を抜け長尾越えをする途中で左折すると、約500mで印南町切目とみなべ町西岩代の境にある城山山頂（223m）に着く。中世山城の名杭城（鳴滝城、明神ヶ城）跡である。現在でも、本丸や二の丸などの曲輪跡や石垣・空堀などが残るが、築城主や築城年代は定かでない。

名杭観音堂

中山王子跡 ❹
0738-42-1700（印南町教育委員会）
〈M▶P.150, 193〉 日高郡印南町島田2917
JR紀勢本線切目駅🚶30分

眺望のよい峠にある熊野九十九王子

JR切目駅から南へ約150m行き、江戸時代後期の当麻曼荼羅変相図を所蔵する光明寺（浄土宗）の手前の、熊野古道の面影が残る急な坂道をのぼり詰めた榎木峠に、切目の中山王子跡（中山王子神社、県史跡）がある。鎌倉時代の日記などに出てくる「切部中山王子」は、峠を越した中山谷にあったと推定される。現在、本殿・拝殿などがあり、社頭には、室町時代前期の宝篋印塔2基と五輪塔4基が

印南から南部へ 195

中山王子跡

ある。

　中山王子跡から道を引き返し、すぐ左折して谷をおりた後、さらに左折し、再び谷の反対側をのぼると標高158mの狼煙山(やま)に至る。王子跡から山頂まで徒歩約1時間である。なお、国道42号線から軽乗用車でのぼるルートもある。

　山頂から南西に徒歩で約30分くだると、崎山(さきやま)地区でJR紀勢本線と国道42号線に出合う。ここに崎山古墳群があった。国道脇にある14号墳は古墳時代後期(えんぶん)の円墳で直径約20m・高さ約3m、通称切目崎塚穴(ざきつかあな)(県史跡)とよばれる。玉類・銀環(ぎんかん)・刀子(とうす)・鉄鏃(てつぞく)・須恵器(すえき)・製塩土器などが出土している。

岩代(いわしろ)の結松(むすびまつ) ㊷
0739-74-3134（みなべ町教育委員会）
〈M ▶ P. 150, 196〉日高郡みなべ町西岩代伏山(ふせやま)
JR紀勢本線岩代駅 🚶15分

悲劇の皇子有間皇子を偲ぶ景勝の地

　JR岩代駅から国道42号線を北西へ約1km行った沿線に、有間皇子(ありまのみこ)で有名な岩代の結松(県史跡)がある。現在、徳富蘇峰(とくとみそほう)筆の有間皇子結松記念碑と沢潟久孝(おもだかひさたか)筆の万葉(まんよう)歌碑が建てられている。記念碑の裏には7世紀中頃、有間皇子が国家転覆の罪の取り調べのため「牟婁(むろ)の湯(ゆ)」（現、白浜町(しらはまちょう)湯崎(ゆざき)温泉）に護送される途中、岩代で詠んだと伝えられる『万葉集』中の有名な2つの歌が漢字で印刻されている。この付近はかつて「磐代野(いわしろの)」「磐代岸(いわしろきし)」「磐代岡(いわしろおか)」などとよばれ、古代・中世を通じて多くの歌が詠(よ)まれた所である。

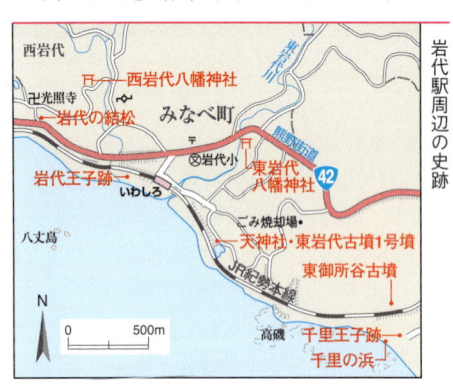

岩代駅周辺の史跡

　岩代の結松から北へ徒歩約3分の所に、西岩代

八幡神社(祭神天照大神・八幡大神ほか)がある。毎年体育の日の前日の岩代祭で，回舞台(県民俗)のある神楽殿で舞われる岩代の子踊(県民俗)が有名である。

　岩代駅の西約150mの所に，平安時代後期の文献にたびたび登場する岩代王子跡(県史跡)がある。王子跡は，もとは鎌倉時代の陶壺・和鏡・合子などが出土した岩代経塚付近にあり，のちに現在地へ移転してきたようである。なお，現王子社には朽損の痕跡が著しい12世紀作の木造男神坐像がおかれ，往時を偲ばせる。

　また，岩代駅から約400m南東に歩くと，天神社(祭神菅原道真)があり，境内に東岩代古墳１号墳が現存している。

　なお，天神社から北東に700mほど入ったこんもりとした森のなかに，東岩代八幡神社(祭神天照大神・八幡大神ほか)があり，回舞台のある神楽殿で踊られる岩代の子踊(県民俗)も，西岩代八幡神社のそれとともに有名である。

千里の浜 ㊺

0739-74-3134(みなべ町教育委員会)　〈M▶P. 150, 196〉日高郡みなべ町山内　Ⓟ
JR紀勢本線岩代駅🚶20分

熊野方面へ向かう旅人が通った歌枕の名所

　JR岩代駅から南東へ，天神社を過ぎ，線路沿いの細い道を約700m歩くと，千里の浜(県名勝・県天然)がみえてくる。全長約２km・幅約20〜100mの砂浜で，浜の突き当りにみえるのが目津崎である。千里の浜は古くから景勝地として有名であったようで，『伊勢物語』『枕草子』などにその名がみえ，鎌倉時代中期作の『西行物語絵巻』には，千里の浜・岩代周辺の景色や港に向かってくる帆船の様子が描写されている。なお，千里の浜はアカウミガメの産卵地としてもよく知られ，５月に入るとあちらこちらで産卵するカメの姿がみられる。高磯を越して千里の浜を約300m歩くと，左手に御所谷とよばれる小さな谷がみえてくる。『後鳥羽院熊野御幸記』にみえる御小養所(休憩所)があった所と伝えられ，この谷の奥に竪穴式石室をもつ東御所谷古墳がある。

　千里の浜の中央部に千里王子跡(県史跡)がある。現在，本殿と拝殿があるにすぎないが，近くに千里観音堂があり，1574(天正２)年の棟札が所蔵されている。

　千里の浜南端にある星光学院のグラウンド左手前の砂丘部に大目

印南から南部へ

津泊り遺跡がある。ここからは、縄文〜平安時代の大量の製塩土器や漁具とともに、弥生時代末期〜古墳時代初期の製塩のための炉跡が発見されている。『大鏡』にみえる花山法皇の「旅の空よはの煙とのぼりなば　あまの藻塩火炊くかとや見ん」の歌は、この地で行われていた、当時の製塩作業場のことを詠んだものと考えられる。

なお、紀州南部ロイヤルホテルの下にある、南部湾のみえる小さな谷に小目津古墳がある。この古墳は横穴式石室をもつ直径10mの円墳で、入口が開いているので今でもなかに入ることができる。

安養寺 ㊹

0739-74-3134（みなべ町教育委員会）

〈M▶P.150, 199〉日高郡みなべ町芝506　P

JR紀勢本線南部駅🚶10分

鎌倉時代の創建とされる古刹安養寺

　JR南部駅から北西に向かい、最初の踏切を越え、北東に約10分歩いた芝地区に、鎌倉時代創建と伝承される安養寺（真言宗）がある。安養寺は、元来、現在の金毘羅社や旧安養寺墓地の近辺にあったが、明治時代から昭和時代にかけて現在地に移転した。本尊は13世紀後期の木造阿弥陀如来立像で、脇侍のうち、向かって右側の勢至菩薩像は13世紀後期、左の観音菩薩像は13世紀後期以降に制作されたようである。ほかに室町時代中期のものとみられ、通称黒仏といわれる伝恵心僧都坐像や、県内最古の自然石板状卒塔婆で、「文永十（1273）年」銘や高野山領南部荘地頭代として有名な「沙弥蓮仏」銘のある板碑2基を含む8基の板碑があり、うち6基が安養寺の自然石板状卒塔婆として県の有形文化財に指定されている。また、室町時代中期作の宝篋印塔が、旧安養寺墓地から移転・安置されている。

　安養寺から東へ徒歩約3分の所に法伝寺（西山派浄土宗）がある。1391（明徳2）年に住持恵龍によって記された「法伝寺地蔵菩薩縁起」によると、法伝寺は元来、猪ノ山の北西山腹地にあったが、1585（天正13）年、羽柴秀吉軍の兵火で焼失し、現在地に移転したと伝承されている。現在、境内には室町時代作の木造地蔵菩薩坐像、客仏として、須賀神社の本地仏で社僧の堀籠氏によって保管されていた平安時代後期作の木造薬師如来坐像などが安置されている。

　安養寺から旧道の商店街を通り抜け、踏切を渡って約600m歩いた所に、三鍋王子跡（県史跡）がある。この王子社の文献上の初見は、

南部駅周辺の史跡

『後鳥羽院熊野御幸記』建仁元(1201)年条であるが,三鍋王子社と推定される王子社の初出は,『中右記』の天仁元(1108)年条である。三鍋王子跡には今でも小栗判官伝説ゆかりの小栗井戸が残されている。なお近年,三鍋王子社を,『大日本国法華経験記』『今昔物語集』の美奈部道祖神救済説話(11世紀中頃成立)の舞台となった場所と考える説も提起されている。

三鍋王子跡から西へ約100m行った所に,丹河地蔵堂のイチョウ(県天然)があり,さらに小道を海に向かって約150m歩いた所に,室町時代後期創建の勝専寺(浄土真宗)がある。

なお,南部駅から南東へ10分ほど歩いた所に,縄文時代から古墳時代にかけての大墓地群である片山遺跡および県立南部高校校内遺跡がある。埴田から気佐藤・千鹿浦付近にかけて発達した大砂州上につくられた遺跡で,なかでもとくに注目されるのが,南部高校校舎近辺に集中する,弥生時代中〜後期の造営とみられる方形周溝墓群の存在である。

南部高校から南へ徒歩約5分の埴田に鹿島神社(祭神天照大神・武甕槌大神・速須佐男命ほか)がある。当社は,もとは「三名部乃浦」で知られる南部湾の南西に浮かぶ鹿島に祭祀されていたが,のちにここへ移されてきたようである。鹿島は,701(大宝元)年に持統上皇・文武天皇らが「武漏温泉」(牟婁の温湯〈現,白浜町湯崎温泉〉)へ行く途中で詠んだ「三名部の浦潮な満ちそね鹿島なる 釣り

印南から南部へ

する海人(あま)を見てかへりこむ」の和歌でよく知られている。

高田土居城跡 ⑮
0739-74-3134（みなべ町教育委員会）
〈M▶P.150, 199〉日高郡みなべ町気佐藤300
JR紀勢本線南部駅🚌10分

和歌山の代表的な中世城郭と原始古代遺跡

　高田土居城跡は，広大な条里制地割によって区画された南部八丁田圃とよばれる南部平野の南端部に位置している。

　高田土居城は，近年の発掘調査を通じて，まず15世紀前半に長方形の単郭形式の居館として構築されたことが明らかになった。そしてさらに15世紀後半には，外郭の外堀3カ所，内郭の堀1カ所を掘削するなどの大規模な工事が行われ，幅10m前後の内堀と土塁でまわりを囲まれた東西約70m・南北約50mの長方形の内郭部と，大規模な2重・3重の堀と土塁で囲まれた東西150m・南北225mの外郭からなる日本屈指の規模の平城形式・複郭形式の城館であることが明確になった。高田土居城は，紀伊国守護畠山氏（畠山政長方）による奥郡（現，有田郡・日高郡から牟婁郡）支配のための拠点として修築されたようである。

　なお，外堀は防御設備であるとともに，川の水を溜め流す機能をももっていたとみられる。しかし，この高田土居城も16世紀前半には廃絶してしまった。

　高田土居城跡を含む近畿自動車道南部IC建設にともなう発掘調査によって発見された徳蔵地区遺跡は，縄文時代中期から後期・晩期を経て，弥生時代前期・後期〜古墳時代前期に至る南部地方最大の広域集落遺跡である。縄文時代晩期〜弥生時代前期の遺跡からは，円形住居や掘立柱建物などで構成される集落跡や，水田開発にともなう堰状遺構などが検出されている。このことから，水田耕作が早い段階から開始されていたことがわかる。

須賀神社 ㊻
0739-74-3134（みなべ町教育委員会）
〈M▶P.150, 199〉日高郡みなべ町西本庄242 Ｐ
JR紀勢本線南部駅🚌龍神行西本庄🚶10分

南部郷を代表する古社と中世の山城跡

　中世の南部荘の中心集落であった西本庄の南端，西本庄バス停から南へ約600mの所に，南部荘の惣鎮守であった須賀神社（祭神素戔嗚命・稲田比売命・八柱御子神ほか）がある。別名を祇園御霊神社といい，社伝によると平安時代中期，神祇大副吉田兼延の3男延春が，京都の祇園神社の祭神を勧請したのが始まりという。

紀中の海岸を行く

南部梅林と梅干し

コラム / 産

南高梅と古城梅の日本一の生産地みなべ

　和歌山県の梅生産量は全国のほぼ半分を占め，全国一である。とくに産地として有名な所はみなべ町と田辺市で，この2市町で県全体の約80％を占めている。

　南部川流域一帯では早くからウメの栽培が行われているが，その起源は江戸時代まで遡る。みなべ町晩稲にある南部梅林と同岩代にある岩代大梅林が産地としてよく知られ，1月末〜2月末に毎年数十万人の観梅客が南部梅林や岩代大梅林を訪れ，「一目100万本」といわれる雄大な景色を楽しんでいる。

　みなべ町域で本格的な梅づくりが始まったのは明治時代に入ってからで，長年にわたる品種改良の結果，1965(昭和40)年に南高梅が生み出され，果肉が厚く柔らかいことから梅干しの主要品種になった。南高梅のほかに，果肉が厚くしかも核が小さい品種である古城梅の生産も盛んで，古城梅は青梅としてもっぱら梅酒用に栽培されている。

　なお，みなべ町役場第2庁舎には，うめ課がおかれ，ウメの行政指導を行っており，町役場の南西約400mには道の駅みなべうめ振興館が設けられ，民俗資料・梅林大型パノラマ模型・マジックビジョンなどを使って梅の町をPRしている。また，東本庄辺川地区にある町立うめ21研究センターは，ウメの研究と情報の伝達にあたっている。

　3棟からなる本殿(県文化)は，1720(享保5)〜21年建立の檜皮葺き・隅木入春日造で，建物全体が極彩色で覆われている。神社所蔵の棟札(32枚が本殿の附指定で県文化)によると，愛洲氏が1393(明徳4)年に社殿2社，1396(応永3)年に若宮を造営し，1513(永正10)年に小野氏によって荒廃していた社殿が再建されたことがわかる。なお，本殿の向かって右端に，16世紀に平須賀城主野辺氏を弾劾した一向一揆衆の連判起請文を埋めおいた起請塚がある。

須賀神社

印南から南部へ　201

江戸時代には歴代紀州藩主によって手厚く保護され、1868(明治元)年に、新政府の神仏分離策により須賀神社と改称された。当社の秋祭(例大祭)は毎年10月9日で、広く長い馬場を使用した競馬(競馬は宵宮の8日に実施)、流鏑馬、獅子舞などの奉納行事が有名である。

　西本庄と東本庄との境近くの高い山の上に、中世の山城跡として知られる平須賀城跡がある。平須賀城は、15世紀後半〜16世紀前半に畠山政長・尚順方の奥郡小守護代野辺氏(忠房か)によって築城されたが、忠房から4代目の野辺春弘が本城を幡山要害城に移したことにより廃城となったようである。発掘調査によって、中国製の青花白磁(染付)や青磁・白磁、さらには日本の古瀬戸などの焼物が多数出土し、遺構としては、本丸・二の丸・三の丸・馬場・空堀などが確認されている。

　また、龍神に向かう国道424号線沿いの山のなかには、備長炭を生産する備長炭窯が点在している。なお、JR南部駅から龍神温泉方面行きのバスに乗り、石倉バス停で下車して5分ほど歩いた清川地区には、町立紀州備長炭振興館がある。備長炭の歴史や製造工程がわかる資料が展示されているほか、製炭窯では窯出しを見学できる。

世界遺産—熊野路

Kumanoji

串本海中公園

熊野速玉大社

①芳養王子跡	⑩神島	⑲滝尻王子跡	㉘権現平古墳群
②芳養八幡神社	⑪秋津王子跡	⑳高原熊野神社	㉙草堂寺
③出立王子跡	⑫紀州備長炭発見館	㉑西光寺	㉚市江地蔵院
④高山寺	⑬三栖廃寺塔跡	㉒近露王子跡	㉛安宅本城跡
⑤扇ヶ浜	⑭朝来・生馬	㉓継桜王子跡	㉜安居用水
⑥田辺城跡	⑮八上王子跡	㉔猪ノ鼻王子社跡	㉝尤廷玉の墓
⑦南方熊楠顕彰館	⑯興禅寺	㉕発心門王子社跡	㉞江須崎
⑧闘鶏神社	⑰住吉神社	㉖白浜温泉	㉟伏拝王子社跡
⑨磯間岩陰遺跡	⑱春日神社	㉗坂田山祭祀遺跡	㊱熊野本宮大社

世界遺産—熊野路

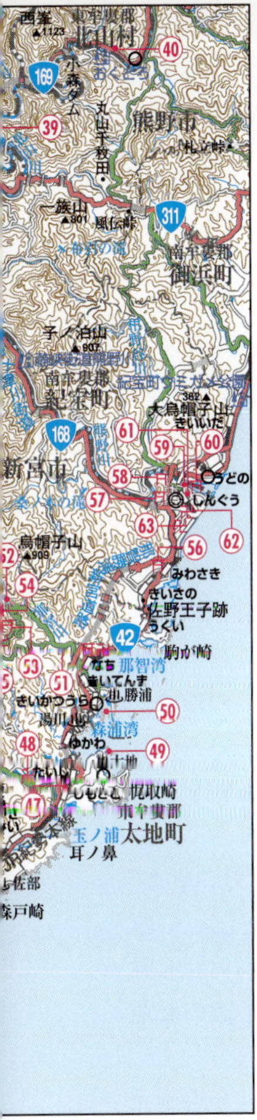

◎世界遺産熊野路散歩モデルコース

1. JR紀勢本線紀伊田辺駅 5 蟻通神社 5 海蔵寺 5 闘雞神社 5 田辺市立歴史民俗資料館 3 南方熊楠顕彰館 5 台場跡 5 田辺城水門跡 10 西方寺・浄恩寺・龍泉寺 10 高山寺 10 天神崎 10 芳養王子跡(大神社) 5 JR紀勢本線芳養駅
2. 白浜バスセンター・JR紀勢本線紀伊田辺駅 50 滝尻バス停 3 滝尻王子跡・熊野古道館 15 不寝王子跡 80 高原熊野神社 45 大門王子跡 30 十丈王子跡 120 牛馬童子像 10 近露王子跡 70 JR紀伊田辺駅
3. JR紀勢本線白浜駅 50 野中一方杉バス停 5 継桜王子跡 15 中川王子跡 30 小広王子跡 110 湯川王子跡 20 三越峠 60 猪ノ鼻王子社跡 15 発心門王子社跡 30 水呑王子跡 30 伏拝王子社跡 60 祓殿王子社跡 3 熊野本宮大社 15 旧本宮社地(大斎原) 40 JR紀勢本線新宮駅
4. JR紀勢本線串本駅 10 無量寺・串本応挙芦雪館 15 潮岬・潮御崎神社 10 JR串本駅 20 紀伊大島(樫野埼灯台・トルコ記念館) 20 JR串本駅 10 串本海中公園 10 JR串本駅 5 JR紀勢本線下里駅 3 下里古墳 3 JR下里駅 5 JR紀勢本線太地駅 10 太地町立くじらの博物館 30 勝浦温泉 10 JR紀伊勝浦駅
5. JR紀勢本線那智駅 3 浜ノ宮王子社・補陀洛山寺 3 JR那智駅 15 市野々小学校前バス停 3 市野々王子社(王子神社) 10 大門坂バス停 30 青岸渡寺・熊野那智大社 10 那智滝 3 神社，お寺前駐車場バス停 40 JR那智駅
6. JR紀勢本線新宮駅 7 浮島の森 10 神倉山・神倉神社 10 本広寺・全龍寺 10 熊野速玉大社 10 丹鶴城跡 15 阿須賀神社 5 徐福公園 15 佐野王子跡 45 三輪崎八幡神社 2 JR紀勢本線三輪崎駅

㊲大斎原
㊳湯ノ峰温泉
㊴瀞八丁
㊵下尾井遺跡
㊶少林寺
㊷串本海中公園
㊸潮岬
㊹無量寺
㊺紀伊大島
㊻成就寺
㊼下里古墳
㊽大泰寺
㊾太地町立くじらの博物館
㊿勝浦港
(51)浜ノ宮王子社と補陀洛山寺
(52)那智滝
(53)熊野那智大社
(54)青岸渡寺
(55)妙法山阿弥陀寺
(56)三輪崎八幡神社
(57)神倉神社
(58)熊野速玉大社
(59)丹鶴城跡
(60)阿須賀神社
(61)徐福公園
(62)東仙寺
(63)新宮共同墓地・真如寺

① 熊野の西の都・田辺

田辺は西熊野の拠点で，熊野参詣道はここで山間を通る中辺路と，海辺を通る大辺路に分岐する。

芳養王子跡 ❶

0739-26-9943（田辺市教育委員会文化振興課）

〈M ▶ P. 204, 206〉田辺市芳養松原1-19-12
JR紀勢本線芳養駅 🚶 5分

芳養王子跡

芳養王子跡周辺の史跡

『中右記』などにも参詣の記録がある王子

　JR芳養駅の西約400m，国道42号線を背にクスノキがこんもり茂った大神社の森がみえる。熊野九十九王子の１つ芳養王子跡（県史跡）である。芳養川の河口にあるこの地は，もと海岸沿いの熊野街道と南部から峠を越え芳養に抜け出てきた古道とが出合う所で，藤原宗忠の『中右記』や藤原定家の『後鳥羽院熊野御幸記』にも参詣の記録がある。

　芳養王子跡の東約100mの所にある善徳寺（浄土宗）は，今川義元の家臣松本左内が天正年間（1573〜92）に創建したと伝えられている。10月第２土・日曜日に大神社で行われる松原の獅子舞は，この地方を代表する勇壮なものである。

　王子跡から国道は芳養川を越え，約700m先に道に突き出た丘陵があらわれる。中世の山城泊城跡である。1585（天正13）年，羽柴秀吉の紀州攻めに際し，日高（現，御坊市）に本拠をもつ国人湯河氏は泊城に退き，やがて秀吉の軍門にくだることとなる。

　なお芳養駅から西へ徒歩で20分ほどの所にある，日高郡と牟婁郡

の境界とされる「袖すり石」は今日，日高郡みなべ町と田辺市との境界で，安珍を追う清姫の伝説が伝えられている。

芳養八幡神社 ❷

〈M ▶ P. 204, 207〉田辺市中芳養803　P
JR紀勢本線芳養駅🚏上芳養行田尻🚶3分

本州最南端の駆け馬神事馬の潮かけでも知られる

芳養王子跡から県道199号線を約2.5km北に歩くと平野が開けてくる。右前方の小高い丘に鳥居がみえるが，そこが9世紀末創建といわれる芳養八幡神社(祭神誉田別命・息長帯比売命・比咩大神)の森である。本殿に通じる石段の前方に馬場があり，ここで，毎年11月2・3日に秋祭(県民俗)が催される。2日の宵宮には馬の潮かけ神事，3日の本祭には流鏑馬や駆け馬神事が行われ，見物者で境内が賑わう。県道を約700m戻った市立中芳養中学校の裏手から農道を通って山に入ると，「史跡 林 銅鐸出土地」の標識が立つ，弥生時代の林遺跡がある。

八幡神社と県道35号線を

芳養八幡神社周辺の史跡

馬の潮かけ神事(芳養八幡神社)

泉養寺木造阿弥陀如来坐像及両脇侍像

熊野の西の都・田辺

隔てて泉養寺(浄土宗)が北側にあり、客仏の木造阿弥陀如来坐像及び両脇侍像(県文化)がある。地方仏師の手による鎌倉時代末期の作で、保存も良好である。

　泉養寺から県道199号線を約900m北行し、平野口バス停から右手に入れば平野の集落である。ここの本願寺は、鎌倉時代の柔らかい大和絵の筆致による絹本著色如意輪観音画像を所蔵している。

　平野口バス停から県道を約1.4km北へ行くと広田橋に出る。橋を渡ってすぐ左の小道に入り800mほど行くと千福寺がある。本尊は平安時代末期の木造十一面観音坐像である。広田橋から約8.5km北東には田辺梅林がある。

出立王子跡 ❸

0739-26-9943(田辺市教育委員会文化振興課)

〈M ▶ P. 204, 209〉田辺市上の山2-7-3
JR紀勢本線紀伊田辺駅🚌芳養方面行江川大橋🚶2分

藤原定家も最後の潮垢離をした王子

　会津川河口に架かる会津橋までは、JR紀伊田辺駅から西へ1km余りである。橋を渡れば、通称江川本通りが町なかを東西に延び、橋詰近くに3つの寺が並んでいる。西の龍泉寺(浄土宗)には、1892(明治25)年冬、勝浦沖でのサンマ漁で遭難した江川町の犠牲者50人の供養碑がある。隣の浄恩寺(浄土宗)には1686(貞享3)年、三十三間堂(京都市東山区)の通し矢で記録をつくった弓の名手和佐大八郎の弓が奉納されており、さらに裏手の西方寺(浄土宗)の境内には、田辺城代家老安藤小兵衛家の墓所、人形浄瑠璃の名人竹本住太夫の墓、漢学塾塾主の湯川退軒の碑もある。

龍泉寺の西側、市立田辺第三小学校への登り口途中に鳥居がみえるのが出立王子跡(県史跡)である。出立はこの地域の古い地名で「出立の松原」「出立の清きなぎさ」などと『万葉集』にも詠われて

出立王子跡

出立王子跡周辺の史跡

いる。これまで海岸に沿ってきた熊野詣の道は、このあと中辺路の山々に入ることになる。王子社の前に広がる出立の浜で、いわば最後の潮垢離をしたことが『後鳥羽院熊野御幸記』に記されているが、今では埋め立てられて人家が並び、昔を偲ぶよすがもない。埋立地にある江川児童公園の一角に、潮垢離浜旧跡の碑が建てられている。江川の浦安神社の恵美須祭（1・5・9月の13日）は、紀南を代表する盛大なものである。

龍泉寺から江川本通りを西に200mほど行くと、道沿いに地元出身力士千田川吉蔵墓がある。大坂や江戸で活躍し、1815（文化12）年頃には前頭であったという。その奥の地蔵寺（真言宗）には、鎌倉時代の木造不動明王立像がある。地蔵寺は地元の漁民に「金比羅さん」と称され、船霊の御符を出すことで有名である。通りの少し先、道に面して合気道の創始者植芝盛平の生家跡がある。さらに500mほど先の天神山の中腹にある能満寺（真言宗）への登り口には、本宮（現、田辺市本宮町）出身で部落解放のために力を尽くした栗須七郎を顕彰する碑が建てられている。

能満寺から浜辺に沿った道を南西に行くと、やがて田辺湾の入口に突き出た小さな岬に出て、眼前にはゆったりとした浜辺の眺望が広がる。日本のナショナルトラスト運動の先駆けの地天神崎である。多くの市民の寄金で自然を買い取り、保存した天神崎では、丘陵地は海岸林に覆われ、海岸は平らな岩礁が続く。暖流黒潮の影響により、多種類の陸・磯・海の生物を観察することができる。岬をまわり目良方面へ行くと、海岸近くの岩陰に、4〜7世紀にかけての古目良岩陰遺跡がある。5世紀頃の埋葬人骨や製塩用の土器も発見されている。

熊野の西の都・田辺

名刹高山寺の丘陵は高山寺式土器の出土地

高山寺 ❹　〈M ► P. 204, 213〉田辺市稲成町392　P
JR紀勢本線紀伊田辺駅 徒 15分

　会津川橋から会津川沿いに200mほど遡ると、西岸に上野山がある。ここには日高地方の国人湯河氏の上野山城跡があり、羽柴秀吉の紀州平定時(1585年)には、弟秀長の臣である杉若越後守が、芳養の泊城から移り、小規模ながらも城下町をつくったという。関ヶ原の戦い(1600年)後、浅野幸長が紀伊に入封し、重臣の浅野左衛門佐氏重が上野山城主となる。その後の数年間に拠城は河口の洲崎城、さらに河口左岸の田辺城(湊村城・湊城・錦水城、現在は錦水公園)へと移った。

　上野山の頂上付近に八立稲神社がある。神社の階段をくだると右手に室町時代後期の連歌師宗祇の庵跡の碑がある。1776(安永5)年に地元の俳人が建てたものである。また近くの願成寺(浄土宗)入口近くにある観音堂には染織聖観音曼荼羅図があり、これを本尊として、観音講の「お砂踏み」の行事が毎年5月17・18日に行われている。

　会津川をさらに遡ると、前方左手の高台に高山寺(真言宗)がある。JR紀伊田辺駅の北西約800mほどの所である。寺の起源は、聖徳太子の草創とも空海(弘法大師)が修行中にここにとどまったことによるとも伝える。室町時代の金剛力士像が立つ仁王門をくぐり石段をのぼると、本堂前に1816(文化13)年建立の多宝塔があり、なかには鎌倉時代後期の木造聖徳太子孝養立像(県文化)が安置されている。

高山寺多宝塔

寺に残る18世紀後半の寺記4冊のうち、『三番日含』(県文化)には円山応挙の高弟長沢芦雪が紀南来訪のおり、当寺に3～4日滞在し絵を描いたとの記録がある。芦雪による紙本水墨柳と烏図・紙本水

武蔵坊弁慶

コラム 人

弁慶生誕地とされる田辺
多々ある弁慶ゆかりの伝承

武蔵坊弁慶は「判官びいき」と絡みあって多くの日本人に好まれる英雄である。JR紀伊田辺駅では，弁慶像が大きな長刀を構えて降り立つ人を迎えてくれる。

弁慶は熊野別当湛増の2男鬼若丸とされ，その出生地伝説は各地にあるが，「正真正銘の出生地」を名乗る田辺には，弁慶にまつわる遺物・遺跡が少なくない。

源平合戦で源氏に味方することになった湛増が，熊野水軍出陣の船にまつったという「弁慶観音」は海蔵寺の木造菩薩形坐像で，弁慶産湯釜と主君源義経遺愛の横笛白竜は，湛増が勧請したといわれる闘雞神社の宝物である。

湛増の屋敷跡付近という市立田辺第一小学校には，弁慶産湯の井戸（田辺市役所に復元），八坂神社（通称ぎおんさん）には，弁慶腰掛けの岩があった。さらに先年まで，その近くに樹齢数百年を数えた弁慶松があって田辺市民に親しまれていたが，マツクイムシのため枯死した。跡地にはモニュメントが建てられ，田辺市役所の玄関ホールには，輪切りにされた直径2mほどの根元の部分が飾られている。

弁慶像

墨寒山拾得図（ともに県文化），江戸時代後期の絵師岸駒の絹本水墨淡彩人物図（県文化）がある。境内の墓地には博物学者南方熊楠，合気道創始者植芝盛平，『牟婁新報』創刊者毛利清雅，田辺組大庄屋の記録「万代記」を残した田所家などの墓がある。

高山寺のある丘陵は，会津川と稲成川によりできた沖積地に突き出ている。境内の南向きの谷頭で，貝塚（高山寺貝塚，国史跡）がみつかり調査されたのは，1938（昭和13）年のことで，以後，境内の西部・北部とあわせて3カ所の貝塚が発見されている。南の1号貝塚には，「高山寺の貝塚」の石標が立っている。これらの貝塚は，6000〜7000年前の縄文時代早期後半のもので，土器や石器，シカやイノシシなど動物の骨が出土している。とくに土器は尖底押型土器で，近畿地方でも古い時期のものであり，「高山寺式土器」として，縄文時代早期後半の標識土器となっている。

高山寺の北約1kmの丘陵上に，稲荷神社（祭神稲倉魂神・稚産

熊野の西の都・田辺

霊神・保食神)がある。1500(明応9)年からの棟札が残り，社叢にはシダの一種ヒトツバイワヒトデの群落がある。正月初午(近年は二の午)に粥占神事，5月5日には御田植祭が行われる。

丘陵をくだり稲成川沿いに北へ約2kmのぼると，ヒキガエルが天を仰いで雨をよぶ姿に似た巨岩のある景勝地蟾蜍岩(県天然)がある。蟾蜍岩群一帯は南方熊楠の好んだ動植物採集地であった。

扇ヶ浜 ❺

〈M ▶ P. 204, 213〉田辺市扇ヶ浜　P
JR紀勢本線紀伊田辺駅 🚶 10分

白砂青松の浜、市民の憩いの場

JR紀伊田辺駅前の商店街を抜けて扇ヶ浜に通じる1kmほどの道を田辺大通りとよぶ。駅から南へ200mほどの2つ目の信号を西に折れ，さらに200mほど行くと左側に蟻通神社(祭神 天児屋根命)がある。神社の森は，古くから鎮守の森とされ，イチョウの雌株の大木があり，かつてはタブ林を主とする照葉樹林であった。神社と背中あわせに海蔵寺(臨済宗)があり，鎌倉時代の作といわれる宝冠・瓔珞をつけた木造菩薩形坐像(通称弁慶観音，県文化)がある。また旧田辺領主安藤氏一族の位牌もまつられている。

大通りをそのまま南に進むと扇ヶ浜に出る。かつては数百年を経たと思われる老松や，大人の背丈以上もあるような「根あがり松」などが広く長く続く砂浜の海岸で，大浜とよばれた市民の憩いの場であった。現在大浜は扇ヶ浜公園となり，熊野別当湛増が壇ノ浦の戦い(1185年)に，源氏の白旗を押し立てて馳せ参じたという故事にちなんだ熊野水軍出陣の地碑や，「軍艦マーチ」の作詞者鳥山啓顕彰碑・南方熊楠顕彰碑・植芝盛平翁顕彰碑・野口雨情詩碑などが立っている。

浜から大通りを180mほど戻ると左手に，「不許葷酒入門内」の結界石の立つ法輪寺(曹洞宗)があり，収蔵庫

扇ヶ浜

紀伊田辺駅周辺の史跡

には、1678(延宝6)年の黄檗版大蔵経1955冊がある。墓地には紀州藩重臣であったが、田辺に配流されて客死した牧野兵庫頭長虎の墓がある。

法輪寺のすぐ西の田辺市役所からさらに西に200mほど進むと、カトリック教会のある小高い台地がある。1854(安政元)年、田辺領の武士柏木兵衛が護国海防のため砲台を築いた台場跡である。台場跡の前面の海岸(波止場)は、1927(昭和2)年7月文里(現、田辺市)に港が移るまで田辺の玄関口として賑わった。

田辺城跡 ❻
全国でも珍しい水城唯一の遺構水門は埋め門

0739-25-0501(市立歴史民俗資料館)　〈M▶P.204, 213〉田辺市上屋敷3-7-16
JR紀勢本線紀伊田辺駅🚶15分

　台場跡から300mほど西に進むと、会津川に架かる田辺大橋がある。橋の手前で右に折れると擬宝珠のついた小橋があり、そばの錦水公園一帯が田辺城(湊村城・湊城・錦水城)跡で、公園から石段をおりると、田辺城の唯一の遺構である水門がある。1600(慶長5)年の関ヶ原の戦いの後、浅野幸長が入国し、その重臣浅野左衛門佐氏重が田辺城主に任ぜられた。1619(元和5)年浅野氏が安芸国(現、広島県西部)に国替となり、徳川頼宣が紀州藩に封ぜられたとき、

熊野の西の都・田辺

田辺城水門

田辺領3万8000石(こく)はその付家老安藤帯刀(つけがろうあんどうたてわき)が領し、この城を居城とした。1871(明治4)年に廃城となり、安藤氏も東京に去り、やがてその建物もほとんどこわされて、その跡に多くの民家が建てられ、今は錦水町などの地名でよばれている。市役所の裏手200mほどの所にある南方熊楠旧邸付近の中屋敷町(なかやしきまち)周辺に、城下町の名残りがある。

　JR紀伊田辺駅から田辺大通りを南に600mほど、5つ目の信号のすぐ手前を東に折れると、田辺市立歴史民俗資料館がある。資料館には、市内上秋津岩倉山(かみあきづいわくらやま)北面出土の銅鐸や秋津堂ノ谷瓦窯跡出土の鴟尾(しび)、三栖廃寺(みすはいじ)塔跡の古瓦などが展示されている。

南方熊楠顕彰館(みなかたくまぐすけんしょうかん) ❼
0739-26-9909
〈M ▶ P.204, 213〉田辺市中屋敷町36　P
JR紀勢本線紀伊田辺駅 徒歩10分

熊楠の息づかいが感じとれる空間

　JR紀伊田辺駅前の道を南へ進み、3つ目の信号を右折して350mほど行くと南方熊楠顕彰館に着く。

　2006(平成18)年5月、南方熊楠が残した多数の資料を保存・調査し、研究のために運用することを主たる目的として、南方熊楠顕彰館が開館

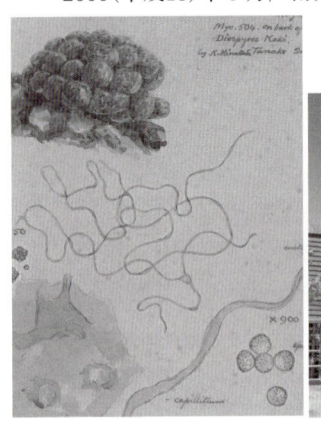

ミナカテラ・ロンギフィラ

南方熊楠顕彰館

紀州が生んだ世界の学者南方熊楠

コラム 人

日本民俗学第一の恩人
紀州が生んだ世界的学者

南方熊楠は1867(慶応3)年、和歌山城下の金物商の2男として生まれた。幼少の頃から読書を好み、記憶力にすぐれ、当時の大百科事典『和漢三才図会』や『本草綱目』などを筆写してその博学の基礎をつくりあげていった。しかし生来の自由奔放な性格は、成績に追われる、型にはまった勉強を嫌い、大学を中退して20歳で渡米した。

6年間のアメリカ滞在中、各地を放浪し、西インド諸島にまで足を伸ばして生物の採集・調査に没頭している。1892(明治25)年、当時、文化の中心であったロンドンへ渡った。大英博物館には毎日のように通い、古今東西の書物に目を通し、ノートに筆写した。やがてその学識才能を認められ、同館の嘱託として書籍目録の作成などにあたるかたわら、一流の科学誌や文科系の随筆誌などに多くの論考や随筆を寄稿し、その名を知られていった。民俗学上すぐれた論考も多く、のちに柳田国男は「日本民俗学第一の恩人」といっている。

1900年に帰国し、和歌山での採集の後、翌年には勝浦や那智(ともに現、那智勝浦町)を始め、紀南各地で菌類や藻類などの採集と調査を始めた。やがて田辺を永住の地とし、1941(昭和16)年に亡くなるまで37年間、この地で生物学、とくに菌類の調査や民俗学の研究に没頭した。明治時代末期の神社合祀令に対しては、社叢の伐採による隠花植物の危機を憂えて、反対運動に奔走した。雑誌『太陽』に盛んに論文・随筆を発表し、その博学ぶりは日本でも注目され、1922(大正11)年には多くの著名人の支援により南方植物研究所が設立された。1929(昭和4)年、昭和天皇の南紀行幸の際、熊楠は田辺湾内の神島で天皇を案内し、御召艦長門の艦上で生物の講義をした。このとき変形菌(粘菌)標本をキャラメルの箱に入れて献上したことは有名な話である。

した。約4000点の蔵書を始め、雑誌・書簡・標本など資料の総数は約2万5000点にのぼる。最新の保存科学とデジタル技術によって、資料を保全し研究のために運用できるよう、今も調査が進行中で、1Fには玄関ホールの展示スペース・収蔵庫・学習室、2Fには研究作業室、交流・閲覧室がある。

隣接する南方熊楠旧邸は、熊楠が妻松枝・長男熊弥・長女文枝・およどん(お手伝いさん)とともに、1916(大正5)年以来、終世生活の場とした地で、敷地面積約400坪、母屋・土蔵・書斎・研究園と

熊野の西の都・田辺

しての庭がある。熊楠ゆかりのクスノキ・安藤みかん・センダンの木・変形菌（粘菌）の新種ミナカテラ・ロンギフィラを発見したカキの木などが，熊楠の息づかいを今に伝えている。

闘雞神社 ❽　〈M▶P. 204, 213〉田辺市湊655　**P**
0739-22-0155　　JR紀勢本線紀伊田辺駅 🚶 8分

源平合戦ゆかりの鶏合権現社

　JR紀伊田辺駅から駅前通りをまっすぐ300mほど進んで，3つ目の信号を左折し150mほど行くと，大きな鳥居の闘雞神社（祭神伊邪那美神ほか15神）がある。『平家物語』によれば，源平合戦の壇ノ浦の戦い（1185年）に際し，去就に迷った熊野別当湛増が神社の境内で，赤を平氏，白を源氏に見立てて，紅白の鶏を7羽ずつ闘わせて占ったところ，「赤き鶏一つも勝たず皆負け」たため，源氏の白旗をなびかせた熊野水軍を率いて紀伊水道を渡ったという。

　社伝によれば419（允恭天皇8）年の創建というが，12世紀中頃湛増の父湛快が口熊野の拠点として田辺に本拠を定めたときに鎮守神としたといい，「権現さん」の名で親しまれている。熊野造の古い名残りをみせる堂々とした構えの社殿である。古くは新熊野十二所権現・新熊野鶏合権現などと称し，闘雞神社の社名は明治時代以降といわれる。社宝に源義経遺愛の横笛白竜や弁慶産湯釜などがある。また，1471（文明3）年から1839（天保10）年までの田辺組大庄屋の記録「万代記」や「御用留」，田辺町会所記録「田辺町大帳」「田辺町大帳早引」（いずれも県文化）などが保管されている。毎年7月24・25日に行われる当社の例祭は，田辺祭（県民俗）や笠鉾祭とよばれ，この地方最大の夏祭りである。

　境内の一隅には初代田辺領主安藤直次を祭神とする藤巌神社もあり，社殿の裏の仮庵山の2ヵ所で，平安時代末期〜鎌倉時代初期の経塚が

闘雞神社社殿

216　世界遺産―熊野路

発見された。銅板製経筒外筒壺・和鏡・刀子・硯・ガラス玉などの出土品は、田辺市立歴史民俗資料館に展示されている。南方熊楠が「一坪毎に奇異貴重の植物がある」と述べているのは、この闘雞神社の神社林である。

磯間岩陰遺跡 ❾

〈M▶P. 204, 213〉田辺市湊203-1
JR紀勢本線紀伊田辺駅🚌文里経由白浜行磯間🚶1分

田辺湾沿いの海食洞に葬られた古代人

　磯間バス停の前の狭い道を60mほど行くと、フェンスに囲まれた奥に磯間岩陰遺跡(国史跡)がある。遺跡は磯間浦の氏神日吉神社の丘陵背後になる。1942(昭和17)年に天神崎に近い目良海岸の岩陰(古目良岩陰遺跡)から製塩用の土器などが発見されて以来、田辺湾一帯の海食洞に岩陰遺跡が少なくないことが知られていたが、この遺跡は田辺湾のもっとも奥の海食岩陰で、1969年に発見された。4世紀後半から7世紀にかけて継続して営まれた、全国でも珍しい遺跡である。前面の幅23m、奥行・高さともに5mの岩陰を利用したもので、3基の石室と5基の石棺墓、火葬跡5カ所、ウミガメを利用した特殊埋葬跡1カ所が発掘され、そこから身長150cmほどの縄文的畿内人の特徴をもつ12体の人骨があらわれた。被葬者はヤマト政権とつながる田辺湾周辺の海運・漁労を支配した有力者とみられる。出土品(国重文)は鹿角製品が多く、組み立ての釣針・銛・鳴鏑・直弧文のついた刀装具などが発見された。田辺市立歴史民俗資料館に保管されている。

　磯間岩陰遺跡から海岸沿いの道をさらに東に約600m行くと、県道206号線と県立神島高校のグラウンドの間に長く続く公園の一角に、海外引揚者上陸記念碑が立っている。田辺湾奥部に位置する文里港が、海外引揚者の上陸港に指定されたのは、第二次世界大戦敗戦の翌年、1946(昭和21)年早々のことで、最初の引揚船入港は同年2

磯間岩陰遺跡

熊野の西の都・田辺　217

月24日であった。引揚指定港になったのは、ここに旧海軍の海兵団兵舎があったからで、業務はわずか4カ月であったが、その間に63隻、22万人余りの軍人や民間人と1万余柱の遺骨を迎えた。

文里港一帯の神子浜・新庄では、明治時代末期まで製塩が盛んで、塩田もみられた。市立新庄小学校校庭の一隅には、新荘村新築塩区之碑(1838年造立)もある。戦前には文里港周辺から白浜町堅田にかけての一帯は、紀州砥石の産地として全国一の生産を誇っていた。

田辺の礫坂(湊～神子浜)から通じる大辺路街道沿いの新庄町名喜里は、近世に在方商人が活躍した所として知られている。街道の山手には大潟神社が鎮座し、祇園祭の宵宮(7月13日)の民俗行事、祇園祭の夜見世(国選択)で有名である。新庄には近畿地方中南部では唯一とされる杜氏が存在し、冬期、おもに県内各地に出稼ぎに行き、「山おろし」「すり返し」の杜氏唄も伝承されている。名喜里川の源流にあたる新庄町奥山には甌穴(県天然)がある。最大のものは直径5.5mもあり、地質学上貴重である。

リアス式海岸の文里港は、古来から大地震のたびに津波におそわれた。県道33号線入口近くの東光寺(臨済宗)山門そばに、宝永・安政両地震(1707・1854年)の際の津波の猛威を示す「津浪之碑」があるが、1946(昭和21)年12月の南海大地震による津波でも壊滅的な被害を受け、近年、東光寺に犠牲者慰霊碑も建てられた。また第二次世界大戦中、学徒動員で空襲の犠牲となった女学生の慰霊碑「殉国乙女の碑」もある。

神島 ⑩

0739-26-9943
(田辺市教育委員会文化振興課)

〈M▶P.204〉田辺市新庄町3972
JR紀勢本線紀伊田辺駅🚌白浜温泉行内の浦🚶15分

熊楠が保存に取り組んだ島

神島(国天然)は、田辺湾の東部に浮かぶ小島で、「おやま」「こやま」の2島からなり、古くから海上鎮護の神として信仰の対象であった。内の浦バス停から鳥ノ巣まで約500m行くと鳥ノ巣半島に着く。島内には、暖地性の照葉樹林がよく発達し、南方熊楠の研究によりハカマカズラ(弯珠)など暖地性のツル植物や変形菌(粘菌)類が多く成育していることが確認された。鳥ノ巣半島の西海岸から島を

神島

遠望できる。

　鳥ノ巣半島の西岸から北岸にかけての海食台上や背後の海食崖には，数百条の泥岩岩脈(でいがんがんみゃく)（国天然）が発達している。砕屑岩脈群としては日本最大の規模である。現在，上陸には許可が必要で，田辺市教育委員会への事前申込みを要する。

秋津王子跡(あきづおうじあと) ⓫

〈M▶P. 204, 213〉田辺市秋津町57
JR紀勢本線紀伊田辺駅🚌龍神温泉行下秋津🚶5分

八丁田圃ともよばれる条里制が残る秋津平野

　田辺湾にそそぐ会津川河口から1kmほど上流に架かる切戸橋の袂(たもと)に，1732（享保(きょうほう)17）年の大飢饉の際の餓死者追善供養のための切戸地蔵(じぞう)がある。また，1889（明治22）年8月の大水害の犠牲者もこの付近に葬られたという。800mほど上流の左・右会津川の分岐点から右会津川を遡ると「八丁田圃(はっちょうたんぼ)」とよばれる肥沃な水田地帯で，「四の坪(しのつぼ)」「九の坪(くのつぼ)」などの地名が条里制(じょうりせい)の名残りをとどめている。

　熊野九十九王子の1つ秋津王子は藤原定家の『後鳥羽院熊野御幸記』にみえ，この付近なのは確かだが，会津川の氾濫(はんらん)でもとの場所は流出して確認できない。左・右会津川の分岐点よりやや上流の，現在，田辺市水道局のある付近ともいわれる。秋津王子跡は1870（明治3）年，この土地の氏神(うじがみ)でもあった雲(くも)の森大明神(もりだいみょうじん)，今の豊秋津神社(とよあきつじんじゃ)に合祀され，現在は本殿の西側の西神社として鎮座している。

　豊秋津神社の西約300mの堂(どう)の谷(たに)の谷間で，白鳳期(はくほう)（7世紀後半）〜天平(てんぴょう)年間（729〜749）の瓦窯跡（堂ノ谷瓦窯跡(じょうのたにがようあと)）が発見され，高さ74cm・横69cm・幅40〜49cmのほぼ完全な形の鴟尾も出土した。堂ノ谷瓦窯跡出土鴟尾瓦として，田辺市立歴史民俗資料館に展示されている。

紀州備長炭発見館(きしゅうびんちょうたんはっけんかん) ⓬
0739-36-0226

〈M▶P. 204〉田辺市秋津川125　🅿(道の駅紀州備長炭記念公園)
JR紀勢本線紀伊田辺駅🚌龍神温泉行道の駅

　豊秋津神社から右会津川を隔てて600mほど東側に「岩倉の小野(おの)

熊野の西の都・田辺　219

ゆ秋津に立ち渡る　雲にしもあれや時をし待たむ」と詠われている岩倉山(92m)がある。北側山頂近くの山田代から高さ109cmの袈裟襷文の銅鐸が発見され，田辺市立歴史民俗資料館に展示されている。反対側の南斜面でも1890(明治23)年頃銅鐸が発見され，破片が同館に保管されている。

　岩倉山の北約3.7kmに高尾山(606m)がある。中腹に平安時代の経塚が3カ所あり，出土品は東京国立博物館(東京都台東区)に収蔵されている。

　上秋津から右会津川をさらに約2km遡ると奇絶峡がある。1966(昭和41)年，山の中腹に堂本印象原画の磨崖三尊仏が刻まれた。さらに2kmほど上流が秋津川で，田辺の商人備中屋長左衛門が考案したといわれる備長炭の発祥地といわれる。昭和30年代頃までは紀伊半島一帯で製造されていた。品質がすぐれていることから根強い需要もあり，田辺市を中心に，日高郡・西牟婁郡などで保存会が紀州備長炭製炭技術(県民俗)を伝えている。県道29号線沿いに道の駅紀州備長炭記念公園が建設され，紀州備長炭発見館では，木炭の歴史・製炭方法などを知ることができる。落合バス停から北へ徒歩10分ほどの万福寺(臨済宗)には，1937(昭和12)年に地元の有志が建てた備長頌徳碑があり，備長炭考案伝説に由来する「おるり音頭」という盆踊りも伝えられている。

備長炭発祥地の歴史がわかる一帯

三栖廃寺塔跡 ⓭

0739-26-9943(田辺市教育委員会文化振興課)

〈M▶P.204〉田辺市下三栖234-1
JR紀勢本線紀伊田辺駅🚌伏菟野行下三栖 🚶12分

牟婁郡の古代寺院法隆寺式の伽藍配置

　下三栖バス停から旧道を西に300mほど行き，右手のなだらかな道をのぼっていくと，住宅とミカン畑に囲まれて弥勒堂がみえ，近くには「史跡三栖廃寺塔址」の石標が立っている。

　三栖廃寺塔跡(国史跡)は発掘調査によると，塔の中心の柱の礎石がある地下からは，約9m四方の瓦積基壇と石積みの階段や白鳳期(7世紀後半)後半から奈良・平安時代にかけての，多くの屋根瓦や塔の軒先に吊す風招，屋根の頂につける相輪の一部分の石製九輪・石製天蓋の破片が出土した。廃寺は約1町四方(約1万m²)の法隆寺様式の伽藍配置をもち，白鳳期後半に建立され，寺域は約

三栖廃寺塔跡

2町あったのではないかと推定されている。現在は，塔基壇などが復元・整備されている。

下三栖バス停から県道216号線を北に進むと，一里塚跡や江戸時代の三栖組大庄屋屋敷跡がある。バス停から北東へ約1.7kmの市立三栖小学校裏手の衣笠山(234.2m)の山頂には，鎌倉時代に豪族愛洲八郎経信が城を築いたといわれ，曲輪や堀の跡がある。

三栖小学校から県道216号線を4kmほどのぼると，長野八幡神社がある。11月3日の例祭には，古式豊かな住吉踊(県民俗)が奉納される。

長野八幡神社からきた道を戻り，県道209号線を経由して県道218号線を北東に進むと，槇山(796m)へと通じる。その尾根伝いの道は，長尾坂や清姫ゆかりの捩木峠，そして潮見峠と続く近世以降の熊野古道(中辺路)である。江戸時代中期以降，「関東へえ」(関東・東北地方の農民)の熊野詣の道であり生活道路でもあった。捩木峠には，幹周り6m・高さ20mほどの枝のねじれたスギの大木があり，峠の名はこのスギに由来する。

熊野の西の都・田辺

② 中辺路に沿って

熊野古道中辺路は山間ルートで，田辺から富田川(旧石田川)を渡り，近露から熊野本宮大社に至る。

富田川(旧石田川)流域をめぐる

朝来・生馬 ⑭
0739-47-0550(上富田町役場)

〈M▶P.204〉西牟婁郡上富田町朝来・生馬
JR紀勢本線紀伊田辺駅🚌栗栖川行朝来🚶10分(櫟原神社まで)

　田辺市方面から国道42号線で田鶴峠を越えると，上富田町朝来に出る。峠から数百m行った道路右脇の高みを糠塚といい，木立のなかに耕地整理碑が立っている。この板石は，熊野街道にあった大沼大橋の板石で，表面には轍が2条残っている。新庄峠から糠塚に至る熊野古道沿いには弘法井戸もある。朝来の円鏡寺(臨済宗)には義民三兵衛碑があり，櫟原神社北隣の旧朝来小学校校舎の上富田町郷土資料館には，農具を中心に多くの民具が保管されている。同所から国道を南へ約1km進むと，富田川の堤防に出る手前左側に，波切不動尊をまつる不動堂がある。地下には富田川の水を農地に導く岩崎洞溝がうがたれ，近くの正福寺境内には洞溝碑がある。

　不動堂から国道42号線を約300m戻り，国道311号線を1.5km北西へ行くと，右手に生馬橋があり，富田川を渡った右前方に県林業試験場の建物と樹林がみえる。本館内の展示室では，有用材の林鑑や害虫標本のほか，各種山林用具がみられる。富田川左岸を約700mくだると，社叢に囲まれた日吉神社(祭神大山咋神・和魂ほか)がある。11月23日の祭礼には山姥(山の神)が登場する。神社の後方丘陵部には，箱式石棺などが確認された山王古墳群がある。

　生馬橋に戻り，国道311号線を北西へ約250m行くと，道路脇にサクラの木に囲まれた石碑が数基ある。江戸時代に，富田川の洪水に悩む

糠塚

村々のため、人柱となって土手の完成を導いたと伝わる彦五郎を追悼する碑で、この辺りの堤防は彦五郎堤とよばれる。しかしその後も、1889(明治22)年には565人の死者を出す大洪水があり、追善の溺死招魂碑も立つ。生馬橋の北約2.5kmの山間には、小栗判官の説話で知られる救馬渓観音(真言宗)がある。

八上王子跡 ⑮
0739-47-1741(八上神社)

〈M ▶ P. 204, 224上〉 西牟婁郡上富田町岡1382
JR紀勢本線紀伊田辺駅🚌栗栖川行紀伊岩田🚶25分

サクラの美しさに西行が玉垣に和歌を記した王子

熊野古道は田辺市郊外の三栖王子跡を経た後、高畑山の中腹を越えて上富田町岡の八上王子跡(県史跡)、現在の八上神社におりてくる。岩田バス停からは北西へ約2kmの所である。歌人西行が熊野参詣の途中、サクラのあまりの美しさに、八上王子の玉垣に和歌を書きつけたことで有名である。11月23日の八上神社の例祭では、岡の獅子舞(県民俗)のほか「おへいさん(御幣さん)」「おばなち」の神事がある。八上神社の南にある普大寺(臨済宗)には、「応永三(1396)年」銘の板碑や、江戸時代後期の三栖村(現、田辺市)の画家真砂幽泉の襖絵がある。八上神社から岡川に沿って約4.5km上流へ行った所にある岡川八幡神社の社叢(県天然)は、自然林がよく保存されている。

八上神社前の道を700mほどくだると、右手に田中神社の森(県天然)がある。南方熊楠命名のオカフジ(岡藤)は、大きいものは根周り70cmほどある。北隣

八上王子跡

稲葉根王子跡

中辺路に沿って

八上王子跡周辺の史跡

のハス田では、7〜8月にかけて大賀ハス(2000年ハス)約1000株が咲き乱れる。

　田中神社から南へ約1km進むと、国道311号線に出る。左に折れて中辺路に向かうと、約1kmで富田川の堤防に至る。目の前の木立は五体王子の1つである稲葉根王子跡(県史跡)で、現在は王子宮となっている。かたわらには上皇の御所も営まれていた。また、まつられていた藤原〜室町時代の木彫神像群(11体は県文化)は、1915(大正4)年以来、近くの岩田神社に移されている。後鳥羽上皇が宿泊所として利用した岩田御所もこの辺りにあった。

興禅寺 ⓰
0739-48-0101

〈M ▶ P.204, 224下〉 西牟婁郡上富田町市ノ瀬無番地　P
JR紀勢本線紀伊田辺駅🚌栗栖川行市ノ瀬🚶15分

中世の景観を保つ興禅寺周辺の河岸段丘

　稲葉根王子跡から国道311号線を東へ約1km行くと、右手の市ノ瀬橋の向こうの山腹に、白亜の大だるまの露坐像がみえる。興禅寺(だるま寺、臨済宗)である。だるま像は仏蹟地の霊砂と、第二次世界大戦の激戦地の土を塗りこめて完成された。本堂の裏の墓地のなかを天保年間(1830〜44)開削の農業用水路清水溝手が通っており、その恩恵は数km先の田畑にまでおよんでいる。用水路の取水地点は、市ノ瀬橋から富田川左岸の県道219号線を東へ約300m行き、清水谷川に沿って約2kmのぼった所で、水路開設顕彰碑がある。その付近では寛保年間

興禅寺周辺の史跡

224　世界遺産―熊野路

興禅寺

(1741〜44)頃，銅鉱が採掘され，一ノ瀬銭が鋳造されていた。清水谷に坑口が残っている。

　県道を上流へさらに約600m行った小山集落に入ると，一ノ瀬王子跡(県史跡)の石碑がある。市ノ瀬地区には，一ノ瀬大踊(県民俗)が伝承されており，男女が編み笠をかぶり，男性は両手に団扇をもち，女性はササラを摺るなど，左回りで古風な面影を残す。対岸の高さ60mほどの城山は，戦国時代に国人山本主膳正康忠が，竜松山城を築いた所といわれる。国道沿いの紀伊一乗寺バス停そばから坂道を約15分のぼると，頂上の平地に曲輪などの跡がある。南麓の春日神社(祭神建甕槌命・経津主命)は，竜松山城守護のために勧請されたといわれ，毎年10月13日の例祭に寿三番叟や地芝居が奉納される。

竜松山城跡

住吉神社 ⑰
0739-26-9943
(田辺市教育委員会文化振興課)

〈M▶P. 204, 224下〉田辺市鮎川1512　P
JR紀勢本線紀伊田辺駅🚌栗栖川行鮎川新橋🚶10分

緑濃い社叢に囲まれた「お劔さん」

　国道311号線の鮎川新橋バス停脇に鮎川王子跡(県史跡)の碑があり，そばの石段をのぼると小祠があるが，いずれも近年，道路建設により東約10mほどから移されてきたものである。鮎川新橋を渡ると，田辺市大塔行政局のある下平で，下平の約250m北の山裾に，緑濃い社叢(県天然)に囲まれた住吉神社(俗称お劔さん，祭神上筒男命・中筒男命・底筒男命ほか５神)がある。明治時代末期，ここに近くの劔神社が合祀されたが，以来，その名のほうが知られてい

中辺路に沿って　225

住吉神社

百間山渓谷

る。社叢には暖地性の常緑高木おがたまの木(県天然)がある。

　下平の東はずれから富里・水呑トンネル方面に通じる県道219号線と中ノ又川との合流地点には古第三紀層の赤滑の漣痕(県天然)がある。

　県道219号線と221号線の分岐点で道を右にとると，約10kmで深谷のトンネルをくぐる。1.5kmくだると日置川が眼下を流れており，川に沿って約3kmのぼると，右に合川ダムを見下ろす所に出る。第二次世界大戦後，わが国最初のアーチ式ダムとして建設されたもので，せきとめられた水は，1.7km西の殿山発電所に送られている。

　合川ダムから百間渓谷行きバスで百間山渓谷(県天然・県名勝)の入口百間口バス停まで行く。バス停前の谷川を渡ると，カモシカ(国特別天然)を飼育するかもしか牧場や滝や奇岩，せせらぎを訪ねる遊歩道があり，最奥にほとんど手が加えられていない大小の岩片数十個を並べただけの千体仏がある。

春日神社 ⑱
0739-26-9943
(田辺市教育委員会文化振興課)

〈M▶P.204〉田辺市下川下字宮平
JR紀勢本線紀伊田辺駅🚌苫口行富里支所前🚶3分

上野の獅子舞や流れ施餓鬼が有名

　下平から東へ約8kmの水呑トンネルを抜けると，4km余りで上野集落に至る。目の前の谷を日置川が流れ，右岸の国道371号線を約1kmのぼると，スギの大木の茂る春日神社(祭神天児屋根命ほ

か6神)の前に出る。11月3日の例大祭には室町時代から伝わるという上野の獅子舞(県民俗)が奉納される。8月15日に行われる盆行事下川上の流れ施餓鬼(県民俗)は，麦と稲の藁で施餓鬼舟をつくる。

　国道をさらに3.2kmほどのぼり，日置川を江口橋で渡って約13km行くと平瀬に着く。国道脇に田辺市立大塔歴史民俗資料館がある。山村の生産・生活用具のほか，ニホンオオカミの顎の骨も展示されている。

滝尻王子跡 ⑲
0739-26-9943
(田辺市教育委員会文化振興課)

〈M▶P.204〉田辺市中辺路町栗栖川859　P(熊野古道館)

JR紀勢本線紀伊田辺駅🚌栗栖川行滝尻🚶3分

　国道311号線の北郡トンネルを抜け，約1km先の真砂大橋で富田川を渡る。富田川畔には清姫淵(荘司ヶ淵)があり，すぐ北の木立のなかに，娘道成寺で名高い清姫の墓と伝えられる板碑がある。清姫の墓から600mほど北に，庄司屋敷(清姫の生家)の跡がある。

　清姫の墓前方の西谷川に沿って約3kmのぼると，一願地蔵尊で有名な福巌寺(臨済宗)に着く。地蔵にトウガラシと清酒を供えて拝むと，一願がかなうという。

　清姫の墓の東約1km，河岸段丘の北郡地区の洞谷付近から栗栖川亀甲石包含層(国天然)がみつかっている。中辺路町北郡と鮎川の境より下流の富田川は，オオウナギ生息地(国天然)となっている。

　真砂大橋から国道を2km余りのぼると，富田川(岩田川)右岸に樹叢に包まれた滝尻王子跡(現在の十郷神社，国史跡)が望まれる。五体王子の1つとして尊ばれ，ここで開かれた歌会の際の詠草が，現存する熊野懐紙30通余りのうちの9通とされている。境内には鎌倉・室町時代の笠塔婆や宝篋印塔があり，また奥州平泉(現，岩手県平泉町)の藤原秀衡奉納と伝えられる黒漆小太刀(国重文)

五体王子の1つ，熊野懐紙が現存

滝尻王子跡

中辺路に沿って　227

を蔵している。滝尻王子は，熊野三山の結界（霊域の入口）とされた要所で，熊野御幸の盛時には，神仏習合の儀式が行われた。滝尻王子社背後の剣山(371m)頂部周辺から経塚が発見されている。滝尻王子跡の前を流れる石船川を渡ると熊野古道館があり，『熊野権現縁起絵巻』などを展示している。

高原熊野神社 ⑳
0739-26-9943
(田辺市教育委員会文化振興課)
〈M▶P.204〉田辺市中辺路町高原1120
JR紀勢本線紀伊田辺駅🚌栗栖川行古道ヶ丘🚶40分

最古の熊野古道沿いの社殿

　熊野古道は滝尻王子社の裏手から急峻な滝上坂にかかり，約300mで胎内くぐり岩，藤原秀衡にまつわる説話のある乳岩を過ぎ，さらに約100mのぼると不寝王子跡に至り，続いて剣山山頂に出る。そこから古道は尾根沿いに約4km先の高原集落を経て，大門王子跡・十丈王子跡(県史跡)・大坂本王子跡を縫う。世界遺産に登録されている熊野古道の中辺路ルートは，京都を出発した人びとが熊野三山のうち，最初に参詣した本宮へと延びる。

　高原には，1394(応永元)年に熊野権現を勧請した高原熊野神社(祭神速玉大神)がある。1544(天文13)年建立の本殿(県文化)は春日造・檜皮葺きで，中辺路に現存する最古の神社建築である。

中辺路行政局のある栗栖川集落なかほどの中芝バス停の石垣上には，南朝年号の「建徳元(1370)年」銘の入った板碑がある。清姫の墓の板碑とともに市の史跡に指定されている。

高原熊野神社

西光寺 ㉑
〈M▶P.204〉田辺市中辺路町温川990
JR紀勢本線紀伊田辺駅🚌本宮大社方面行紀伊中川🚶60分

　中辺路行政局から国道311号線を約1.5kmのぼり，国道371号線に入り約5kmのぼって温川集落に至る。中川に架かる大氏橋を渡る

熊野九十九王子

コラム

武士・庶民の熊野詣が盛行

　平安時代中頃から鎌倉時代に，熊野参詣は社会風習となり，大坂から那智山に至る熊野道の沿道に100カ所ほどの祠社が成立した。いずれも熊野三山から金剛童子などを勧請して営まれたので，王子社とよばれたが，とくに重要な5カ所は，五体王子として尊ばれた。五体王子に該当する王子社については諸説あるが，現在では藤白王子・切目王子・稲葉根王子・滝尻王子・発心門王子とするのが一般的である。

　院政期（11世紀末〜12世紀末頃）に八十余所，鎌倉時代に九十九王子といわれたのは，王子社の数の多いことをいったものとされる。それらに参拝しながら進むと，熊野三山に達するわけである。

　熊野は元来，山岳修行の霊地として開かれ，10世紀頃に神仏習合の思想が広がると，阿弥陀如来・薬師如来・観音菩薩の浄土とみなされ，貴賤を問わず人びとの憧れるところとなった。1086（応徳3）年に院政を始めた白河上皇が，1090（寛治4）年に熊野に参詣したことから，いわゆる熊野御幸が始まった。御幸は上皇1代38年間に12回を数え，一行は毎回数百人をくだらず，京都・熊野間約300kmを20日余りで往復した。御幸が回を重ねるにともない，貴族階級を始め庶民の参詣も盛んになり，街道や宿駅が整えられた。

　さらに，鎌倉時代末期に時宗があらわれ，熊野権現を自宗擁護の神とし，あわせて王子社を尊んだことから，一時衰退していた王子社が再興された。これが機縁となって，武士・庶民の熊野詣が盛行し，「蟻の熊野詣」「熊野九十九王子」といった語が生まれるに至った。

　近世になると熊野街道は各地で新道にとってかわり，王子社の多くは忘れ去られていった。そこで紀州藩では，享保年間（1716〜36）に王子碑を各所に建て，往古の記念とした。

　近年は文化庁の「歴史の道」指定によって，王子跡や一部古道の保存・整備が進められたので，かつての熊野詣を偲びながら歩ける所が多くなった。

　2004（平成16）年7月「紀伊山地の霊場と参詣道」が世界遺産登録され，史跡熊野参詣道（中辺路・小辺路・伊勢路・熊野川），史跡大峯奥駈道などが遺産登録されている。

と，正面に西光寺（臨済宗）がみえる。本堂左隣の阿弥陀堂には，身丈20cmほどのヒノキの一木造の観音坐像がある。大氏橋北詰から国道を約300m進んだ右手に，かつて栗栖川荘の総社だったといわ

中辺路に沿って

中辺路の古道と王子

中世のたたずまいを残す温川の集落景観

れる春日神社(祭神天児屋根命)がある。由緒を物語る「明応七(1498)年」以来の棟札が数枚ある。

　西光寺から約 2 kmのぼり、右へ住吉橋を渡って小松原集落に入る道を300mほど行くと、右手にスギの巨木の聳える住吉神社があり、1430(永享 2)年以来の棟札十数枚がある。鳥居右手の小祠は西氏社といい、板壁に描かれている 5 本骨扇の図柄は、南北朝時代頃、当地の西氏が護良親王から賜って家紋にしたものといわれている。

近露王子跡 ㉒

0739-26-9943
(田辺市教育委員会文化振興課)

⟨M ▶ P. 204, 230⟩ 田辺市中辺路町近露字北野906
Ⓟ(近露王子公園)
JR紀勢本線紀伊田辺駅🚌本宮大社方面行近露王子
🚶 2 分

田辺と本宮間の中間拠点

　近露王子バス停のすぐ手前に、1933(昭和 8)年に当地を訪れた大本教教主出口王仁三郎の揮毫による「近露王子之跡」碑がある。翌年、王仁三郎が治安維持法に問われたとき、近野村長は自分の筆跡と主張し、からくも守られたものという。近露王子跡(国史跡)の地下には、明治時代末期に土地

近露王子跡周辺の史跡

230　世界遺産―熊野路

近露王子跡

の一農民が掘った灌漑用の川崎水路が通じている。近くに「ごしょ田」という地名があり、近露宿所跡に比定されている。

近露王子跡の東約200mの野長瀬家は、『太平記』などに活躍ぶりが記されている野長瀬六郎・七郎兄弟の後裔とされ、後村上天皇の綸旨といわれる古文書が伝えられている。シダレザクラも有名である。同家から約500m東の観音寺墓地に、ともに南朝方の功臣である野長瀬氏・横矢氏一族の墓所(県史跡)がある。

なお、近露王子跡から旧国道を約2kmのぼると、右手の箸折峠の故地に、10世紀に花山法皇が埋経したと伝わる宝篋印塔(県史跡)や役行者像・牛馬童子像がある。

近露王子跡から旧国道を約2.5km東に行くと、左上手に比曽原王子跡(国史跡)がある。

継桜王子跡

0739 96 0040
(田辺市教育委員会文化振興課)

⟨M▶P. 204, 231⟩ 田辺市中辺路町野中591
JR紀勢本線紀伊田辺駅□本宮大社方面行野中一方杉 5分

熊楠が保全に取り組んだ神社林

近露から国道311号線を東へ約5km行った野中一方杉バス停北600mほどに、名水「野中の清水」が湧いている。清水の真上にあたる山腹に、数百年を経たスギの巨木の間をのぼる石段があり、継桜王子跡(現在の若一王子神社、国史跡)に至る。スギは枝の張り具合から野中の一方杉(県天然)とよばれる。毎年11月3日に、若一王子神社に奉納される野中の獅子舞(県民俗)は、南北朝時代頃、南朝軍を鼓舞するために始められたといわれる。継桜王子跡から旧国道を東へ行くと、高尾トンネルを過ぎてまもなく山手に、中川王子跡(国史跡)がある。

中川王子跡から約1km旧国

継桜王子跡周辺の史跡

中辺路に沿って

継桜王子跡

道を行くと小広王子跡があり,さらにのぼり詰めた所が小広峠である。坂を約1kmくだると道湯川橋バス停辺りから,熊野川水系の四村川が流れる。バス停から左へ林道にそれ,橋やトンネルを過ぎ古道を横切って行くと,道湯川集落跡近くに蛇形地蔵尊まで100mという立札が左下の谷を指している。地蔵尊からなおも進んで土橋を渡り,道湯川集落跡のスギ植林地を抜けて数十m行くと,湯川王子跡(国史跡)に至る。ここから三越峠を越えると,旧本宮町(現,田辺市)となる。

猪ノ鼻王子社跡 ㉔
0735-42-0735(熊野本宮観光協会)

〈M ► P.204, 233〉田辺市本宮町三越182
JR紀勢本線田辺駅🚌本宮大社方面行小広峠🚶60分

いよいよ奥熊野 猪ノ鼻の初見は『中右記』

　田辺市本宮町三越の三越峠(560m)は,要害森山(779m)の北西部に張り出した尾根の鞍部にある。かつての西牟婁郡と東牟婁郡の郡境である。三越峠の名は,『中右記』天仁2(1109)年10月25日条に,「三輿之多介」と出てくる。藤原宗忠一行もここを越えて行ったことがわかる。西行の代表作である『山家集』には,心情を込めて「たち登る月のあたりに雲消えて　光かさぬる七越の峰」と詠われており,峠にはこの歌碑が建てられている。

　鎌倉時代末期,1332(正慶元)年2月にはここに関所が設けられ,熊野参詣者たちから関銭が徴収されたと『紀伊続風土記』に記されている。また,江戸時代にはここに茶店がおかれ,大正時代頃まで繁盛していたという。

　ここから,かなり険しいつづら折れの道をくだる。『中右記』に「超三輿之多介,次下谷」と出てくるが,この「谷」をくだって流れる急流が音無川の一源流なのであろう。

　峠から2.5km余り行った音無川上流部の川岸に船玉神社(祭神船玉十二所大明神)と玉姫稲荷神社(新社)が鎮座している。船玉神

社は，熊野川河口部の新宮の対岸にある鵜殿の船乗りたちが崇めた海上交通を守護する神で，その造営や修理は，船乗りたちの寄進によるものといわれている。旧社地は，現在地から左手に少しのぼった，フジの木の大木がある小さな丘とされる。

　船玉神社から300mほど行くと猪ノ鼻王子社跡(国史跡)がある。猪ノ鼻という地名は，『中右記』天仁2年10月25日条に，「亥之鼻」として登場する。そこには，谷川(音無川)を数度渡った後で亥之鼻(音無川とその支流の合流地点)を過ぎる，と書き記されている。川に沿っていた当時の道は，今の道と違って固定されていなかったようである。猪ノ鼻王子社は，江戸時代には衰退したようであるが，1722(享保7)年，跡地に紀州藩6代藩主徳川宗直が寄進した，緑泥片岩製の石碑が建てられた。

発心門王子社跡 ㉕

0735-42-0735(熊野本宮観光協会)

〈M▶P. 204, 233〉田辺市本宮町三越1652
JR紀勢本線新宮駅🚌本宮大社前小広峠🚶90分

五体王子の1つ
仏の道に帰依する心を発する入口

　猪ノ鼻王子社から北へ700mほど進むと，発心門王子社跡(国史跡)に至る。文献上の初見は，『中右記』天仁2(1109)年10月25日条で，「次入発心門…中略…次参王子奉幣」と記されている。なお，「発心門」とは，かつてこの地にあったとされ，熊野神域の入口とされた大鳥居の呼称で，熊野三山に参詣する人びとは，この前で必ず祓いを行い，門のなかに入って発心門王子社を参詣した，という。その門の位置は，時代によって移動していたことが推定される。

　藤原定家は，この門の巽角の柱に，「慧日光前懺罪根，大悲道上発心門，南山月下結縁力，西刹雲中予旅魂」という漢詩と和歌を書きつけている。発心門の大鳥居は，『一遍上人絵伝』では「こころのとざしをひら」かれたとか，『宴曲抄』では「発心の門ときけば，人よりいとどにごりなく」などとその心が開かれていく様が書かれている。

　さらに，『経俊卿記』には，鎌倉時代の公卿吉田経俊ら

発心門王子社跡周辺の史跡

中辺路に沿って

一行が,発心門において装束を改め,本宮に向かったことが記載されている。

また,1326(正中3)年の『熊野縁起』(仁和寺蔵)には,「発心門　五体王子祓」と書かれている。発心門王子社は熊野九十九王子中,五体王子としての扱いを受けていたようである。

しかし,この発心門王子社も,いつの頃からかさびれ,『紀伊続風土記』によれば,1722(享保7)年,跡地に当時の紀州藩6代藩主徳川宗直が寄進した,緑泥片岩製の石碑が建てられ,さらに享保年間(1716〜36)に再建されたうえで,熊野本宮大社の末社とされたようである。

『後鳥羽院熊野御幸記』建仁元(1201)年10月15日条に,「次発心門,午時許著発心門,宿尼南無房宅」とある。南無房宅のあった場所は,発心門王子社跡の裏手の,やや低地にある庵主屋敷と称される地とされている。藤原定家一行はここを宿所としたようで,『後鳥羽院熊野御幸記』に「この宿所は尋常なり。件の尼,京より参会す。会釈にて相逢い,著袙を給う」と書き記している。

これよりしばらく車道を歩く。見晴らしは非常によく,遠くに県境の果無山脈がみえる。

800mほど行くと水呑王子跡(国史跡)に到着する。水呑王子の初見は,『中右記』に登場する「内水飲王子奉幣,新王子」である。

江戸時代中期に廃絶したため,1722年7月,跡地に徳川宗直が寄進した,緑泥片岩製の碑が建てられた。さらにその後,その隣に地蔵石像2体がまつられるようになり,腰痛地蔵として人びとの信仰を集めるようになったという。

③ 海岸美の大辺路

田辺から紀伊半島南部をめぐる。富田川・日置川・古座川の河口部を行く。南海の絶景を展望できるコース。

白浜温泉 ㉖
0739-43-5511（白浜観光協会）

〈M▶P.204, 237〉 西牟婁郡白浜町　ℙ（平草原公園）
JR紀勢本線白浜駅🚌新湯崎・三段壁行白浜🚶1分

『万葉集』『日本書紀』にも紹介されている温泉

　白浜温泉はJR白浜駅から北西約3kmの半島部にある。駅から新湯崎・三段壁行きバスで約10分の綱不知港は，名のとおり船をつなぐのに綱のいらないほど波静かで，1933（昭和8）年に白浜駅に鉄道が開通するまでは，対岸の田辺市と結ぶ田辺湾航路の港であり，また白浜温泉への唯一の玄関口でもあった。半島の西側には，温泉街の中心地鉛山湾に面して名勝白良浜が広がる。石英砂からなる砂浜は雪のように白く明るい。平安時代から室町時代にかけては歌枕として数多くの歌に詠まれた。

　白良浜を過ぎると白浜温泉の発祥地湯崎の湯崎温泉に着く。奈良時代には，牟婁の温湯・紀温湯・武漏温泉などとよばれた。658（斉明天皇4）年，この地に湯治中の斉明天皇・中大兄皇子のもとに，謀叛の疑いにより捕らえられ，護送されてきた有間皇子が，中大兄皇子により厳しい裁きを受けた地としても有名である。天皇の行宮跡は，湯崎の西端にある「崎の湯」背後の御殿跡とよばれた台地上とされ，御殿跡を示す御幸芝の碑が，行幸源泉（牟婁の湯）そばの小丘にある。崎の湯・屋形（館）の湯・浜ノ湯・元湯・摩撫湯の「五湯」が江戸時代に成立し，やがて粟湯と疝気湯をあわせて「七湯」が明治時代に成立した。

　湯崎はもと瀬戸鉛山村といい，その村名はかつてこの地で鉛を掘ったことに由来するという。16世紀に初めて鉛を掘り出し，江戸時代には，紀州藩主浅野幸長や徳川頼宣も年貢を免じて鉛の採掘を奨励した。この地一帯の山中には，鉛

白浜温泉

海岸美の大辺路

を掘った露天の鉱穴が300ほど口を開けていたという。新湯崎・三段壁行きバスで湯崎で下車、バス停から東に約600m、町立白浜第二小学校の南西そばに山神社(祭神金山彦命)がある。境内には、年貢免除を書き記す4通の古文書を神体とする御書神社がある。11月2日の山神社の例祭日には御書祭りが行われ、古文書の写しを駕籠に載せ、古式ゆかしく大名行列が、温泉街から御書神社へと練り歩く。

　山神社から遊歩道を200mほどのぼると、サクラの名所平草原公園があり、温泉街を眼下に、田辺湾さらに遠く日ノ岬までが一望の下に見渡せる。平草原公園入口にある紀州博物館には、古陶磁器や喜多川歌麿・歌川(安藤)広重らの浮世絵が展示されている。また、公園内には白浜町立白浜民俗温泉資料館もある。

坂田山祭祀遺跡 ㉗

0739-43-5555(白浜町役場)

〈M→P.204, 237〉 西牟婁郡白浜町1　P(白浜美術館) JR紀勢本線白浜駅　新湯崎・三段壁行白浜桟橋　10分

古代の神籬形式の祭祀遺跡として有名

　網不知から湾沿いに北に10分ほど歩くと坂田山祭祀遺跡がある。発掘調査の結果、坂田山の丘陵裾部で、砂岩礫を径約1mの不正円形に配置した石組遺構のなかから、滑石製の有孔円盤・剣形石製模造品・白玉・製塩土器・須恵器・土錘などが多量に出土した。また上方の岩盤を依代とした古墳時代の祭祀遺跡は、当地方では類例のない神社形式以前の神籬形式を示す貴重な遺跡である。現在は、岩盤に残る陰陽の彫刻をまつる坂田神社(歓喜神社)としてまつられ、隣接する白浜美術館内には多数の歓喜仏を展示している。遺物の一部は神社に保管・展示している。遺跡背後の海岸には白浜の化石漣痕(国天然)がある。約1500万年前の砂質泥岩に、浅海にできたさざ波の痕跡がそのまま模様として砂の上に残り、化石となったものである。

　ここから西へ約1.5km、白浜半島の北端に通称番所山がある。山頂には番所旧蹟碑が立っている。その名は1643(寛永20)年、異国船航行を警戒する遠見番所がおかれたことによる。近くに南方熊楠記念館がある。館内には700点におよぶ遺品や研究資料が展示されている。番所山から南東の瀬戸にかけての砂洲部には、京都大学理学

部付属瀬戸臨海実験所があり、隣接する京都大学白浜水族館は、無脊椎動物・魚類・海亀類512種・5057点を有し、日本屈指の水族館として知られている。砂洲部にある瀬戸遺跡からは、石棒や紀南地方では最古の弥生土器が出土しており、注目されている。

JR白浜駅から新湯崎・三段壁行きバスに乗り、瀬戸の浦バス停で下車すると、そばに本覚寺（浄土宗）がある。別名「貝寺」とよばれ、浦人たちから寄進された多数の貝を所蔵している。寄進された巻貝から新種が発見され、寺にちなんで命名されたホンカクジヒガイは有名である。ここから南に約300m、名勝円月島（高嶋）を正面にみる海岸に、白浜の泥岩岩脈（国天然）がある。約1500万年前に、砂岩層の割れ目のなかへ地中から礫を含んだ泥漿が入り込み凝結したものである。岩脈そばには、熊野三所神社の社叢（県天然）である御船山（権現山）があり、クスノキ・オガタマノキ・ホルトノキ・ナギなどの樹木が生い茂っている。また境内には、6世紀後期に築造された火雨塚古墳（県史跡）がある。直径8m・高さ2m

火雨塚古墳

海岸美の大辺路　237

の円墳で、東南方向に開口する横穴式石室を有する。組合せ式石棺の蓋石裏に、人名と考えられる「大粒」と部を略したとみられる「阝」が線刻されている。

権現平古墳群 ㉘

0739-43-5555（白浜町役場）

〈M ► P.204, 238〉 西牟婁郡白浜町才野字権現平 P
JR紀勢本線紀伊富田駅 🚶25分

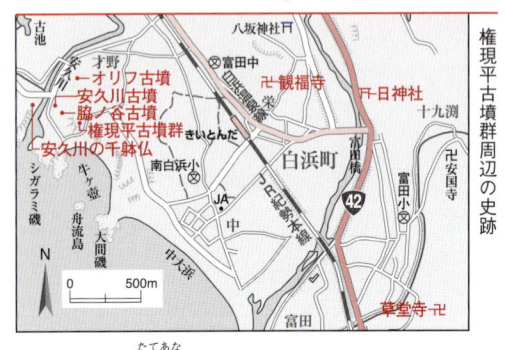

権現平古墳群周辺の史跡

富田川流域の古墳群
円筒埴輪も出土

JR紀伊富田駅裏の西1kmほどにある標高約40mの洪積台地が、熊野権現鎮座の伝承の地権現平である。台地西端に鎮座する熊野神社本殿裏の、海に臨む山林内に権現平古墳群がある。竪穴式石室をもつ5世紀中頃に築造された古墳8基で、県内における南限の古墳群である。主墳は直径21m・高さ3m、幅2mの周溝があり、古墳群中最大のものである。ほかの7基は、主墳を軸に西から南東にかけて並ぶ小円墳である。墳丘はことごとく削平され、主墳の封土一帯が崩壊して、石棺から直刀・鉄鏃・人骨の一部が、また裾部から円筒埴輪が出土している。

台地北西の丘陵突端には、6世紀のオリフ古墳がある。古墳群から見下ろす安久川左岸の河口には、6世紀後期の横穴式石室の円墳である、安久川古墳がある。そばには脇ノ谷古墳があり、組合せ式石棺が移築・復元されている。5世紀後半代初めの円墳で、鉄剣や鉄鏃、須恵器・長頸壺などが出土し、白浜町立白浜民俗温泉資料

安久川の千躰仏

世界遺産―熊野路

コラム

富田坂

晴天の日には四国の山並みも望める峠道

　草堂寺から日置川流域の安居へ通じる熊野古道(熊野参詣道)大辺路(国史跡)の富田坂は，歴史の面影が残る風光明媚な峠道である。草堂寺の右手から山道となり，小坂を越えると一里松跡があり，拡幅された林道を進むとやがて急な登り坂となる。なだらかな自然林沿いの道を経て，峠の茶屋跡や「阿弥陀仏」墨書名号石，やがて紀州本藩領と田辺領の境界であった辻松峠に至る。辻松峠からは自然林も残る蛇行した古道をくだり，安居坂を経て安居を目指す。安居は，大辺路の要地で，江戸時代末期に医家として知られた並木家の屋敷には，多くの文人墨客が立ち寄ったという。現在も日置川の「安居の渡し」が富田坂と仏坂をつないでいる。

富田坂

富田坂

館に展示されている。

　ここから北に約200m，安久川橋を渡ると道路そばの通称地蔵山に，安久川の千躰仏(県史跡)がある。地蔵山の麓から頂上にかけて，当地に産する軟砂岩で彫られた石仏や板石に，数十体以上彫ったものもある。山頂には「貞享四(1687)年」「宝永二(1705)年」の2基の在銘碑を囲んで，約50体の石仏が一群をなしている。

草堂寺㉙　〈M→P. 204, 238〉 西牟婁郡白浜町富田1220-1　P
0739-45-0004　JR紀勢本線紀伊富田駅🚌 椿温泉行富田🚶7分

円山応挙の高弟長沢芦雪が来寺

　JR紀伊富田駅から北に約400m行くと，観福寺(臨済宗)がある。1302(正安4)年，京都六波羅探題より下付された六波羅御教書は，同寺への守護・地頭・御家人の乱暴狼藉を禁じたもので，寺宝として保存されている。紀伊富田駅前から県道214号線を東へ約700m，オオウナギ生息地(国天然)の富田川を渡る。国道42号線を北へ行くと，平安時代末期創建と伝えられる日神社(祭神天照大神)がある。

海岸美の大辺路

草堂寺

本殿(県文化)は18世紀初頭に建立された一間社隅木入春日造で、1351(正平6)年以降の棟札(本殿の 附 指定で県文化)もあり、歴史の古さを偲ばせている。

1707(宝永4)年の津波警告板(県文化)も保存されている。日神社の南西約1.5kmの富田浦は、菱垣廻船の発祥の地といわれている。

近世の熊野古道大辺路は、朝来から岩崎(いずれも現、上富田町)、北富田・平集落(現、白浜町)を通り、血深の渡しを渡り、日神社前を通り富田に至る。

日神社の南、橋の袂の交差点から旧道を南へ1.5kmほど行くと、草堂寺(臨済宗)に着く。蘆雪寺ともよばれ、円山応挙・長沢芦雪筆の屏風5隻・障壁画71面(ともに草堂寺障壁画として国重文)・芦雪筆の紙本墨画群猿図1双(国重文)などがある。当寺5世住持棠陰と親交のあった応挙が、本堂の建立に際し、高弟芦雪をみずからの作品とともに送り込んだ結果、残されたものである。

草堂寺から椿温泉行きバスで終点まで行くと椿温泉に着く。この地が観光地として発展し始めたのは大正時代のことで、それまでは近在の人びとの静かな湯治場にすぎなかったが、1935(昭和10)年紀勢西線椿駅が開通してからは、一躍温泉地として発展した。バス停の南西約650mの番所崎は、白浜の番所山と同様江戸時代に遠見番所がおかれた所である。

市江地蔵院 ㉚
0739-43-5555(白浜町役場)

〈M ▶ P.204〉 西牟婁郡白浜町市江
JR紀勢本線紀伊日置駅 🚌 田辺行市江口 🚶 4分

海上鎮護の神、焼火地蔵がまつられている地蔵尊

市江口バス停から市江川沿いに300mほど行き、小道を左に入ると、市江地蔵院(市江地蔵尊、別名焼火権現)がある。本尊の石地蔵は、元禄年間(1688〜1704)頃、大坂の廻船が時化に遭い難破を免れたときに、碇にかかり引き揚げられたのをまつったものとも、地元の漁師の網にかかったのを隠岐国焼火地蔵の分身として安置した

ものともいわれている。焼火とは，海上鎮護の神として広く信仰されている島根県西ノ島町の焼火神社のことで，市江地蔵のほかにも紀伊水道海岸部には数カ所このような地蔵がある。地蔵院には，海難絵馬4面が奉納されており，今も海上安全の守り神・豊漁の神として信仰されている。

安宅本城跡 ㉛

0739-43-5555（白浜町役場）

〈M▶P.204, 241〉西牟婁郡白浜町安宅字城の内
JR紀勢本線紀伊日置駅🚌奥志原・田辺行安宅橋🚶2分

海の豪族 安宅水軍の本拠地

　安宅橋バス停近くに長寿寺（臨済宗）がある。境内の竹藪から出土した甕は，在銘備前焼のなかではわが国で最古といわれ，器面には「備前国住人香登御庄　暦応五（1342）年」の紀年銘と，僧侶や鱗を逆さに描いた魚，菊花文などが刻まれている。

　安宅橋を渡ると手前に民家が立ち並んでいる。この地一帯は，安宅河内守が享禄年間（1528〜32）に築いた安宅本城跡である。南北朝時代から戦国時代末期までの約200年間，安宅氏はこの地を根拠に紀伊水道を挟んで，遠く四国・淡路（現，兵庫県）・河内（現，大阪府東部）にまたがる一大水軍を形成し，海の豪族といわれたが，関ヶ原の戦い（1600年）で西軍につき，滅びた。

　橋から北に200mほど行くと，安宅八幡神社（祭神誉田別命）がある。境内のイナイガシ（県天然）は推定樹齢300年で，胸高の幹周りは4m，高さは約18mもある巨木である。背後の八幡山には，安宅本城の北の要として八幡山城跡がある。神社の北側山麓の宝勝寺（臨済宗）には安宅氏一族の墓がある。

　寺から日置川左岸を約2kmくだると塩野薬師堂がある。本尊の木造如来形坐像（伝薬師如来，木造台座とも県文化）は，平安時代後期頃の作で，格調高い仏像である。

　さらに下流600mに架かる

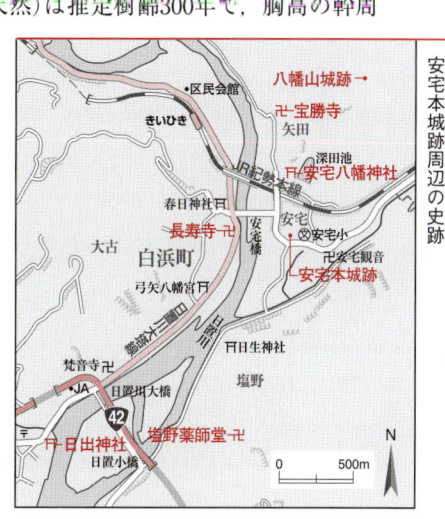

安宅本城跡周辺の史跡

海岸美の大辺路

日置川大橋を渡ると、河口近くに日出神社(祭神月読命)がある。例祭日の10月17日には、熊野水軍の諸手船をかたどった神船の潮かけ行事が勇壮に行われる。

安居用水 ㉜
0739-43-5555(白浜町役場)

〈M ▶ P. 204〉 西牟婁郡白浜町安居
JR紀勢本線紀伊日置駅🚌久木方面行 峠🚶1分

今も人びとに語りつがれる暗渠

峠バス停で下車し、南へ約100m行くと安居用水がある。天明の大飢饉(1782～)の後、安居村(現、白浜町)庄屋鈴木七右衛門重秋は、紀州藩の許可を受け、村人とともに金比羅山を273mの暗渠で刳り貫いて用水をつくる工事に取りかかり、6年の歳月をかけて1805(文化2)年に安居用水を完成させた。以後、寺山(現、白浜町)・安居両村は干魃から救われた。

七右衛門重秋の墓は安居の大圓寺(臨済宗)にあり、藩主の命により1834(天保5)年に造立された、安居村暗渠顕彰碑が同所の三須和神社にある。

金比羅山の峠をくだり、日置川の上流へ15分ほど歩くと久木に出る。県道37号線沿いにある門のみを残した屋敷跡は、国産の天然痘予防ワクチンをつくった江戸時代後期の医師小山肆成の生家跡で、ここで幼年期を過ごした。

小山肆成は若くして京都に遊学し、医術を高階枳園に学んだ。牛痘法の書物『引痘略』でイギリスのジェンナーの種痘法の原理を知り、翻訳した。さらに『引痘新法全書』2巻を著し、種痘法の普及を図るとともに臨床実験を重ね、1849(嘉永2)年、天然痘ワクチンの牛化人痘苗を開発した。ジェンナーが牛痘をわが子に接種してから53年目である。

日置川

仏坂

コラム

日置川の清流を眼下に望む檜林の続く道

　富田坂から「安居の渡し」で日置川を渡ると、熊野参詣道大辺路（国史跡）の急坂 仏坂 をのぼる。のぼった所が 桂松跡 で、和歌山から25里（約100km）の一里塚があった所である。桂松跡を過ぎるとほどなく茶屋跡に至るが、近くにはかつて熊野牛の「牛市」が開かれた広場がある。日置川の河口を望みながら尾根道を進むと檜林が続く。石仏の不動尊辺りから入谷へのくだり道となり、自然林が残り、石畳などもみられる。太間川沿いの県道222号線を進む

と、やがて周参見川の川岸に出て、周参見王子神社に達する。

仏坂

尤廷玉の墓 ㉝

〈M▶P.204〉西牟婁郡すさみ町串の戸5350
JR紀勢本線周参見駅🚶5分

日中友好を今に伝える墓碑

　JR周参見駅から国道42号線に出ると、周参見湾口に浮かぶ稲積島が正面に望める。山桑樹型の小島で、古くから船乗りの信仰に守られて神聖視され、稲積島暖地性植物群落（国天然）が生い茂る。

　稲積島を右手に国道を南に約500m行くと、左側に谷三郎左衛門の碑が立っている。昔、現国道に沿う字下地には防波堤がなく、高波で住宅が流され人命を失うことが多かったが、寛永年間（1624～44）に周参見浦の大庄屋三郎左衛門の尽力で防波堤が築かれた。

　碑から国道を南に3分ほど歩くと、右手の山裾に尤廷玉の墓がある。1780（安永9）年、房総半島に漂着した清国南京の商船が帰国の途中、乗組員の尤廷玉が急病となり周参見に緊急入

稲積島

海岸美の大辺路　　243

港したが、薬石効なく客死した。その死を哀れんだ紀州藩9代藩主徳川治貞の命により墓碑が建てられた。

引き返して国道を北に約2km、周参見湾西方の標高81mの丘頂に上ミ山古墳がある。1970(昭和45)年、宅地造成中に発見された6世紀後期築造の横穴式石室をもつ円墳で、直径40m・高さ4mと推測されている。石室内は石障で3区に屍床が設けられ、武具・装身具・土器類などが出土し、朝鮮南部の加耶(任那の古称)土器の影響を受けた高杯もある。出土遺物は、すさみ町歴史民俗資料館に展示されている。

周参見駅から北に約700m、遠見橋右岸の袂に山西由造頌徳碑がある。山西は、1898(明治31)年にオーストラリアの木曜島に渡り、ダイバーとして真珠貝採りに従事した。その後、山西のよびかけで、地元から280人余りが木曜島に仕事を求めて渡った。

碑の北約200mに周参見王子神社がある。境内にあるすさみ町歴史民俗資料館には、神社の奉納絵馬52点が納められている。最古の絵馬は、1779(安永8)年の芝居図で、珍しい算額「開平算等解説図」も奉納されている。

王子神社から周参見川を隔てた東方約1kmの神田山には、神田城跡がある。1569(永禄12)年、周参見氏一族である宇都宮道直が築城し、この道直がのち神田と改姓して、6年間居城としたという。本丸跡の北隅に「神田城趾」の碑がある。神田山の麓、小字防地の持宝寺(臨済宗)には長沢芦雪の「梅月図」、長沢芦州らの「十六羅漢図」が保存されている。

周参見駅裏の萬福寺(臨済宗)は、戦国時代この地を支配した周参見氏の菩提寺で一族の墓があり、寺脇の平地には居館があった。山城は裏の秋葉山頂にあり、平地の館と物見の山城を結合させた根小屋式城郭であったという。

江須崎 ㉞　〈M▶P.204〉西牟婁郡すさみ町江住154・155
JR紀勢本線江住駅🚌奥志原行江須崎🚶6分

JR江住駅に降り立つと、国道42号線を隔てて岩礁と青い海が織りなす素晴らしい枯木灘の景観が広がる。明治時代に、地方の中等教育のために情熱をそそぎ込んだ城桂谷(彦太郎)は、この地に生

長井坂

コラム

大辺路の代表的な難所　南海の絶景が眼下に展開

長井坂は、熊野参詣道大辺路（国史跡）の代表的な難所であり、景勝の地とされた。和深川から見老津までの海沿いの山の稜線をたどる。稜線のコースは平坦で、土手のように土を盛りあげて、道の水平を保つ「段築（版築）」、ツツジやウバメガシのトンネルが続き、自然林が残されている。展望できる枯木灘や紀伊水道は、まさに「南海の絶景」である。

なお馬転坂は、大串の浜から西浜のコースで、馬も転がり落ちるほどの険路であったが、一部が通行可能になった。

長井坂ツツジのトンネル　　　　　馬転坂

熊楠も注目したハカマカズラの群生地

まれ、少年時代から津藩（現、三重県）の儒者土井聱牙に儒学を学び、1867（慶応3）年に20歳で学問を終えて帰郷した。

城は私学校創立を決意し、1882（明治15）年10月、私財を投げ出しみずからが校長となって熊野私学校を開校したが、経営難に陥り、万策尽きて37歳の命を断ち、私学校も開校わずかに1年9カ月の短い歴史を閉じた。

江住駅から北東へ車で約5分の県道36号線沿いの城医院の屋敷内に私学校があった。門下生によって建てられた城桂子顕彰碑は町立江住小学校にあり、城の墓は江住駅の北約250mの潮音寺（臨済宗）にある。

江住駅の南西約1.5kmにある江須崎は、狭い水路で陸地と隔てられた無人の小島である。周囲約3km・広さ7haの同島へは江須崎橋が架けられている。全島が、ハカマカズラ・ビャクシン・ウバメガシ・シイなどが繁茂する江須崎暖地性植物群落（国天然）である。島内には江須崎神社があり、神社裏手から周囲約2kmの周遊道が

海岸美の大辺路　　245

江須崎

ある。原生林を抜けると島の先端には，白亜の無人灯台(とうだい)がある。

　国道42号線近くには，全国的にも珍しい童謡公園「日本童謡の園」や，エビとカニだけのユニークなすさみ町立エビとカニの水族館がある。

④ 熊野川をくだる

熊野古道中辺路の最初の目的地である熊野三山の古社・熊野本宮大社を経て熊野川をくだり瀞八丁、そして少林寺へ。

伏拝王子社跡から祓殿王子社跡まで ㉟

0735-42-0735（熊野本宮観光協会）

〈M▶P. 204, 233, 249〉田辺市本宮町伏拝
JR紀勢本線新宮駅🚌熊野本宮方面行萩農協前🚶30分（伏拝王子社跡まで）

和泉式部の伝説と音無茶で有名な伏拝の里

　伏拝は見晴らしの良い丘の上にあり、辺りには家が散在し、棚田と茶畑・野菜畑などが広がっている。伏拝の茶は、江戸時代から栽培が始まり、明治時代以降、音無茶という名で知られるようになった。

　伏拝王子社跡（国史跡）は地区のはずれの、道を少しあがった所に小祠がまつられている。伏拝王子社は1730（享保15）年の『九十九王子記』において、発心門王子・水呑王子についで、文献上初めて登場する。

　王子社跡からは、音無川と熊野川が合流する辺りに、本宮大社旧社地の大斎原（国史跡）がみえ、まさに、参詣する人びとが伏して拝んだ場所であることがわかる。

　伏拝王子社跡のすぐそばに、和泉式部供養塔といわれる笠塔婆がまつられている。これは三百町卒塔婆（道標の役割をはたすために、1町ごとに建てられた笠卒塔婆）の残欠だと推定されるが、この供養塔には、平安時代前期の女流歌人和泉式部にちなむ逸話が江戸時代の『熊野巡覧記』などに伝えられている。

　和泉式部が熊野参詣を遂げようとはるばる京から熊野にやってきたとき、ちょうど月の障りとなった。式部は、血の穢れのために熊野の神への奉幣がかなわないと思い込み、その不運を嘆きつつ、「はれやらぬ身

伏拝の茶畑

のうきくものたなびきて　月のさはりとなるぞかなしき」と歌を詠んで寝たところ、その夜の夢に熊野権現があらわれ、「もろともにちりにまじわる神なれば　月のさはりもなにかくるしき」と式部を慰めたという。

この伝承は、熊野権現が女人の不浄を嫌わない事例として、時宗の聖たちが世の中に広めたものと考えられている。

伏拝王子社跡から熊野本宮大社に向かって延びる道の幅は広く、所々に石畳が張られている。この石畳は、1619(元和元)年の改修によるものと推定される。

ちょうど中辺路と小辺路の交差地点に三軒茶屋跡がある。茶屋は大正時代まで営業し、多くの人びとで賑わっていた。三軒茶屋跡から小辺路方面に向かうと、戦国時代に伏拝の領主であった鬼ケ城氏(のちの松本氏)の居城鬼ケ城跡に至る。鬼ケ城跡は、三越川が熊野川に合流する河口の丘(100m)の上に構築された天然の要害である。現在、城跡には三里神社がまつられている。

鬼ケ城跡から坂道をくだると、祓殿王子社跡(国史跡)に到着する。旧熊野本宮大社(現、大斎原)にもっとも近い王子社であり、ここで旅の汚れを祓ったところから、祓殿と称されるようになったようである。祓殿王子社は、現在の熊野本宮大社の裏手にある。

熊野本宮大社 ㊱　〈M▶P.204, 249〉田辺市本宮町本宮1110　🅿
0735-42-0009　　　JR紀勢本線新宮駅🚌熊野本宮方面行熊野本宮大社前🚶すぐ

神仏習合により熊野三山の中心となった古社

熊野本宮大社(熊野坐神社・熊野十二所権現社、国史跡)は、かつて大斎原に鎮座していたが、1889(明治22)年の大水害によって社殿の大半を流失したため、祓殿王子社跡近くの山中高台に、流失を免れた上四社(江戸時代後期建立)や東門(現在は神門として利用)だけが移転・再建された。入母屋造の相殿神殿である第1殿・第2殿は、両所・西御殿とよばれ、熊野牟須美神と熊野速玉之男神を主祭神としている。本社殿である第3殿(正面切妻・背面入母屋春日造)は、証誠殿とよばれ、熊野家津美御子大神を祭神としている。第4殿(正面切妻・背面入母屋春日造)は、若宮とよばれ、天照皇大神を祭神としている。なお、現在、熊野本宮大社境内のか

熊野本宮大社

たわらに和泉式部祈願塔がある。神社の膨大な宝物類はその多くを水害で失ったが、各々の神殿に祭神としてまつられている4体の神像(10世紀末作、国重文)をのぞく宝物の多くは、宝物殿に収蔵されている。主要な宝物は、三角縁神獣鏡など奉納鏡16面(県文化)、平安時代末期の平清盛奉納紺紙金泥経、鎌倉時代初期の源頼朝奉納鉄湯釜(1198年、国重文)、備崎経塚出土遺物、熊野本宮大社文書、南北朝時代の絹本著色熊野本宮八葉曼荼羅(県文化)、室町時代の儀丈鉾2振(1466年、県文化)、江戸時代初期の豊臣秀頼奉納銅鍍金釣灯籠(1612年、県文化)、秀頼奉納の神額(1613年、県文化)、秀頼・浅野幸長ら奉納の銅鉢(1614年、県文化)、能面、徳川頼宣奉納の擬宝珠3個(1620年、県文化)などである。

なお、熊野古道は、熊野本宮大社が移転してくる以前、現在の社地内を通っていたようで、今でも熊野本宮大社の社殿の裏と参道の西側に、旧参詣道が階段状に残されている。

熊野本宮大社で行われる神事は多数あるが、1月7日に行われる

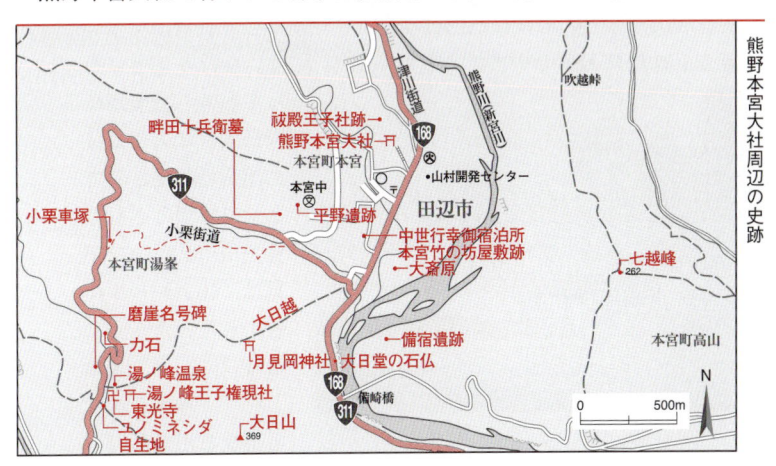

熊野本宮大社周辺の史跡

熊野川をくだる

八咫烏神事，4月13日に行われる湯登神事，12月10日に行われる御竈木神事(いずれも県民俗)は著名である。

　熊野本宮大社の南側には，大日山(369m)の北側の峠を越えて湯ノ峰に達する大日越え(国史跡)の山道がある。『中右記』によると，藤原宗忠は本宮から湯ノ峰に向かったが，このときに通った道はこの大日越えの山道であったようである。しかし，しだいに修験者だけが往来する道になり，湯登神事のときにのみ，一般の参詣者もこの道を通って湯垢離のため，湯ノ峰王子社へ参詣したようである。なお，大日山頂近くの月見岡神社(大日社)には鎌倉時代作と推定されている大日堂の石仏(県文化)がある。

大斎原 ㊲

〈M ▶ P. 204, 249〉田辺市本宮町本宮　P
0735-42-0009(熊野本宮大社)
JR紀勢本線新宮駅🚌熊野本宮方面行熊野本宮大社前
🚶5分

社家が守ってきた熊野本宮大社の故地

　熊野本宮大社の表鳥居から国道168号線を渡ると，旧社地の大斎原(国史跡)への新しい石畳の参道がある。この付近は，室町時代の『熊野詣日記』によると「鳥井の辻」とよばれていた。中世の参道は，熊野川の畔にある産田社の手前で右折し，そのまま南に進み蛇行してきた音無川を渡り，東鳥居をくぐって大斎原に至ったようである。

　熊野古道中辺路を歩く参詣者たちは，その上流・中流において何度か音無川を渡り，最後に旧熊野本宮神社社前で必ず音無川を歩いて渡り，社地に入るという「ぬれわらじの入堂」を行うことになっており，音無川は熊野本宮に入る最後の潔斎垢離場としてとくに重要とされた。音無川の文献上の初見は，10世紀後半に書かれたと考えられる紀行文『いほぬし』で，神域を流れる聖なる川として，

大斎原

歌枕となっている。

　熊野本宮大社は以前,上四社・中四社・下四社,あるいは三所権現社・五所王子社・四所明神社で構成され,熊野川とその支流の合流地点に形成された広大な中洲である大斎原に鎮座していた。しかし,1889(明治22)年の大水害によって社殿の大半を流失し,祓殿王子社跡近くの山中に,流失を免れた上四社だけが移転・再建された。大斎原とよばれる旧社地には,現在,杉木立に囲まれた切石積みの巨大な基壇が残され,そこに流失した中四社・下四社の神々をまつる小祠が建てられている。

　大斎原から音無川を渡り,西鳥居から外に出た目の前の高台をのぼった所に,中世行幸御宿泊所本宮竹の坊屋敷跡(県史跡)や大智庵がある。

　竹の坊屋敷跡は現在,市立本宮小学校の敷地内にあるが,院政期の一時期に,上皇・女院・法皇らの参詣の際に宿坊として利用されたようである。

　大智庵には,江戸時代に制作された木造家津御子神像(県文化)と室町時代後期に制作された木造薬師如来坐像が安置されている。また,旧光明寺墓地には,本草学者の畔田十兵衛墓(県史跡)があり,その西北の市立本宮中学校の裏山には,平安時代から室町時代にかけての中世墓地群である平野遺跡がある。

　熊野川を挟んだ大斎原の対岸に,備崎丘陵がある。ここは大峯奥駈道の始まりであり終点でもあった。

　備崎丘陵には,備宿遺跡とその関連遺跡である備崎経塚,さらには海神社跡などがある。

　備宿遺跡は,熊野から入り吉野へ抜ける順峰の第1宿にあたっており,広い意味で備崎丘陵の森一帯を指しているといえる。備宿遺跡は,礼拝所である磐座群および石窟(胎蔵窟・金剛窟)と,納経所で,12〜14世紀の大規模な経塚群である備崎経塚,さらには参籠所と標高159mの最高所にある神仏の宿る「神仏界」とから構成されている。

　七越峰(262m)は,備崎丘陵からつながる「役行者一千日山籠」の伝承をもつ聖域で,山頂の広場には,西行法師の歌碑が立ち,

熊野川をくだる

さらにそのそばには、江戸時代中頃の丸彫り地蔵尊像2体がまつられている。

さらに、奥駈道は続き、吹越宿跡を経て山在峠・大黒天神岳・五大尊岳へとつながっていく。この辺りはもう奈良との県境である。

湯ノ峰温泉 ❸

0735-42-0074（湯の峰温泉公衆浴場）

〈M▶P.204, 249〉田辺市本宮町湯峰 P（湯の峰温泉公衆浴場）
JR紀勢本線新宮駅🚌湯の峰温泉行・本宮方面行
湯の峰温泉🚶1分

奇病を治癒してくれる跡と伝説の温泉

四村川の支流湯ノ峰川河畔にある本宮最古の温泉湯ノ峰温泉は、初代の熊野国造であった大阿刀足尼によって発見されたと伝承されている。壺湯（国史跡）は、1m四方の小さな湯壺で、かつてここに斎屋を設けて潔斎を行ったようである。小栗判官が妻照手姫に伴われて入浴し、病を癒したという伝説が残されている。泉質はアルカリ重曹硫化水素泉で平均泉温92度、胃腸病・リューマチ・婦人病などに効果があるとされている。

湯ノ峰川岸の道端、赤木越えの山道の終点に、1365（正平20）年に念仏聖仏心が建立した磨崖名号碑（伝一遍上人名号石、県史跡）がある。碑高は約3mである。

道端に露出している大岩の上に、初代の熊野国造であった大阿刀足尼の墓と伝える一角があり、鎌倉時代末期から南北朝時代にかけてのものと推定される宝篋印塔の一部分とみられる石造物が、組み合わされてまつられている。

そして、温泉街のちょうど真ん中あたりに、湯ノ峰王子権現社の別当寺であった東光寺（天台宗、国史跡）がある。東光寺の本尊は、湯の花の化石でできた薬師如来坐像で、その胸から湯が湧き出し

湯ノ峰温泉の壺湯

たことから「ユノムネ」とよばれ、これが訛って「ユノミネ」となったといわれている。薬師如来像の厨子の扉に描かれた室町時代作の日光・月光菩薩扉絵(県文化)はとくに有名である。

さらに、東光寺の近くにある湯ノ峰温泉の湯元のすぐそばに、ユノミネシダ自生地(国天然)があり、ここが北限とされている。

湯ノ峰から本宮に至る小栗街道(車道)を北へ向かうと、小栗車塚がある。この車塚は、病に冒された小栗判官が妻照手姫に伴われて湯ノ峰温泉に入り、病気回復後、乗せられてきた車を埋めた場所と伝承されている。ほかにも、大日山から運ばれてきたという南北朝時代の「永和二(1376)年」銘の板碑や、小栗判官が自分の力を試したという力石が伝えられている。

湯ノ峰温泉から渡瀬温泉を経て、最初の信号のある交差点を右折して温泉トンネルをくぐると、田辺市本宮町皆瀬川にある川湯温泉に至る。川湯温泉は、大塔川の左岸の河原を掘れば温泉が湧くという野趣が人気の温泉で、江戸時代中期頃には温泉宿が開かれていた。泉質はアルカリ重曹泉で平均泉温72度、胃腸病・リューマチ・婦人病などに効果があるとされている。

瀞八丁 ㉚

0597-89-4111
(三重県熊野市観光課)

〈M▶P.205〉 新宮市熊野川町玉置口 P
JR紀勢本線熊野市駅 🚌 紀和町 力 田付小川口乗換入 🚶 20分

北山川上流にある奥熊野一の神秘的な峡谷

新宮市熊野川町志古から、ウォータージェット船で熊野川の支流の北山川まで行く。奈良・三重・和歌山を流れる北山川は、下流から下瀞、上瀞、奥瀞(全体を瀞峡という)とよばれているが、そのなかでもとくに下瀞は瀞八丁(国特別名勝・国天然)とよばれ、約1.2kmの渓谷の両岸には、夫婦岩・天柱岩・獅子岩・亀岩な

瀞峡

熊野川をくだる　253

どとよばれる奇岩・巨石が続いている。

下尾井遺跡 ❹

0735-49-2331（北山村教育委員会）

〈M ▶ P. 205〉 東牟婁郡北山村下尾井 P
JR紀勢本線熊野市駅🚌下尾井行筏センター🚶1分

秘境北山にある県を代表する縄文遺跡

　熊野川の支流北山川右岸の河岸段丘上に，下尾井遺跡の石碑がある。下尾井遺跡は，1978（昭和53）年の発掘調査で確認された，縄文時代前期末葉〜後期後半の遺跡である。石組の遺構から出土した土器は縄文時代後期中頃のものが中心であったが，ほかに切目石錘や打製石斧・石鏃・磨製石斧などもみつかった。

　後期の土器のなかには，東日本に分布の中心をもつ土器片もみつかっており，その影響がおよんでいたことがわかる。これらの出土品は村営旧筏センターに保存・展示されている。

少林寺 ❶

0735-44-0773

〈M ▶ P. 204〉 新宮市熊野川町日足 P
JR紀勢本線新宮駅🚌熊野本宮方面行楊枝口🚶2分

古仏が安置された寺として注目の寺

　熊野川に沿って本宮方面から国道168号線をくだると，赤木川が熊野川に合流する地点にある少林寺（曹洞宗）に到着する。少林寺には，本尊として平安時代後期作の木造阿弥陀如来坐像と，平安時代末期作の客仏の木造地蔵菩薩坐像，さらには室町時代作と推定される木造韋駄天像が所蔵されている。

　ほかに，戦国時代に守護の一族であった畠山義就に味方した，この地域の土豪西重左衛門の墓と伝える「文明十一（1479）年」銘の宝篋印塔がある。

5 潮岬から那智勝浦まで

海岸部は隆起海岸からリアス式海岸へと変化し、天然の良港や大辺路沿いの道には、人びとの歴史と文化が息づく。

串本海中公園 ㊷
0735-62-1122

〈M▶P. 204, 256〉東牟婁郡串本町有田1157 P
JR紀勢本線串本駅🚌江住行串本海中公園🚶すぐ

海の生き物が間近で楽しめる水族館型の公園

　JR串本駅から袋地区を通り、車で西へ15分ほどで串本海中公園に到着する。串本海中公園は、1970（昭和45）年に日本で最初に海中公園の指定を受けた地区である。串本の海は黒潮の影響を強く受け、水温は温かく抜群の透明度を誇り、色とりどりの熱帯魚が泳いでいる。とくに海中公園のある場所は、潮岬によって台風の荒波から守られた湾になっていて、大規模で高密度、かつ多様性の高いサンゴ群落が生息している。テーブルサンゴ・オオナガレハナサンゴ群落は国内最大規模で、これらの種を含め、世界最北となるサンゴ群落も多数分布している。2005（平成17）年、串本沿岸海域はラムサール条約湿地に指定されている。

串本海中公園

潮岬 ㊸
0735-62-0514（灯台）

〈M▶P. 204, 256〉東牟婁郡串本町潮岬 P
JR紀勢本線串本駅🚌潮岬行終点🚶すぐ

海に沈む夕日が見物できる本州最南端の岬

　JR串本駅前にレディ・ワシントン号という船の彫刻模型が立っている。アメリカのペリーが浦賀（現、神奈川県横須賀市）に入港する62年前の1791（寛政3）年、アメリカ商船2隻が串本に寄港し、貿易を申し込んでおり、それを記念してつくられたものである。

　串本駅から車で南へ約15分で、本州最南端の潮岬（県名勝）に着く。串本は、本州と潮岬が砂州で陸繋島としてつながってつくられた町である。

　潮岬・紀伊大島沖の荒波や暴風雨を避けて、古来よりこの静かな串本湾に多くの船が入ってきた。1866（慶応2）年、イギリス軍艦セ

潮岬・紀伊大島周辺の史跡

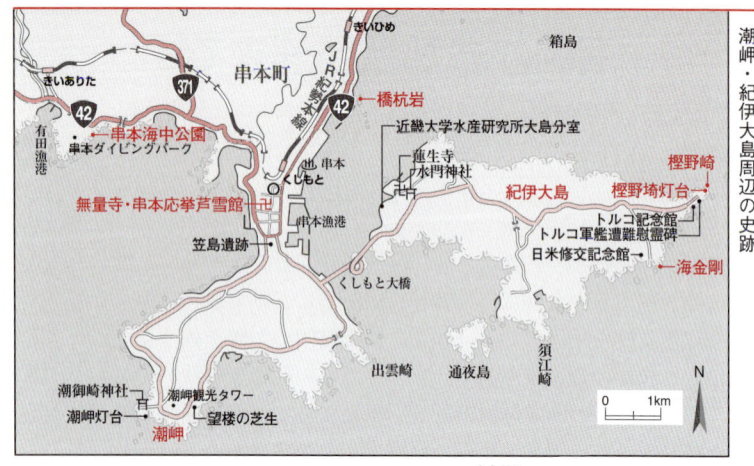

ル・ヘン号が，改税約書（江戸協約）による灯台建設の場所の調査のために，串本の入江（いりえ）にやってきた。また，1886（明治19）年には，ノルマントン号遭難時に生き残った数少ない乗組員のボートが串本の砂浜に漂着している。

潮岬の先端に着くと，約10万m²という望楼（ぼうろう）の芝生（しばふ）がみえる。芝生には俳人・山口誓子の「太陽の出でて没（ぼっ）するまで青岬（あおみさき）」の句碑が立っている。

潮岬灯台は，芝生から歩いて数分の所にある。元来，ここには潮御崎（しおのみさき）神社（祭神 少彦名命（すくなひこなのみこと））があったが，1870（明治3）年に灯台ができたときに神社は灯台の少し奥に遷（うつ）された。

江戸時代初頭，潮岬周辺の漁場のカツオが鰹節の原料として経済的価値を持ち始め，漁場（ぎょば）争いが繰り返された。1637（寛永（かんえい）14）年に下田原（しもたわら）（現，串本町）から見老津（みろづ）（現，すさみ町）までの浦々の庄屋（しょうや）が一堂に集まり，それまであった紀南（きなん）漁業の共同組織，「潮岬会合（かいごう）」

潮岬

を改組・強化した場所が潮御崎神社である。潮御崎神社は，周参見浦から古座津荷浦までの海浜村々の総産土神社で，紀南漁民の精神的支柱となってきた。

潮岬灯台は，1866年５月に江戸幕府がアメリカ・イギリス・フランス・オランダの４カ国と締結した改税約書によって，国内に建設された８つの灯台の１つである。リチャード・ヘンリー・ブラントンが設計・指導して，1869(明治２)年に樫野埼灯台(串本町)とともに着工され，本点灯は1873年で，当初は，木造で耐久性に乏しかったため，1878年に，石造灯台に改築されて今の姿になった。

無量寺 ㊹

0735-62-6670

〈M►P. 204, 256〉東牟婁郡串本町串本833 P
JR紀勢本線串本駅🚶10分

串本応挙芦雪館に芦雪の傑作「龍虎図」が展示

JR串本駅から南に10分ほど歩くと無量寺(臨済宗)がある。無量寺には，円山応挙と弟子の長沢芦雪の障壁画(方丈障壁画，国重文)や笠島遺跡などから出土した生活用具，弥生時代の構造船の一部，漁具，串本各地で出土した土器片などを展示する串本応挙芦雪館がある。

さらに，そこから国道42号線に出て，西へ徒歩10分ほどで袋港に着く。無量寺は，江戸時代中期の1707(宝永４)年におこった宝永の大地震の津波によって流されるまでは，袋地区にあった。この地区は，1946(昭和21)年におこった南海大地震のときにも津波による大きな被害を受けた。この袋港は，湾になっていて津波で押し寄せた海水の逃げ場がない地形をしているからである。江戸時代には，袋湾にクジラを追い込んで捕獲しており，袋大納屋(春季漁中の出張所・解体処理場)があった。明治時代初期まで，捕鯨が盛んでクジラ組合があった。

橋杭岩

袋地区から山手に向かってしばらく歩くと，熊野古道の大辺路に出合う。田圃や小川の近くの細い道を40

〜50分ほど歩くと，橋杭岩(はしぐいいわ)の近くに出る。

　橋杭岩(国名勝・国天然)は，串本から大島方面に向かって，大小40余りの岩が850mほど列をなして並んでいる。約1400万年前，那智から熊野にかけて火山活動が活発になったときに，地層の割れ目から噴出したマグマが冷えて固まり，大きな直立した熱い板状の岩脈となったもので，その後，柔らかい泥岩の部分が波に浸食されて，かたい石英斑岩の部分だけがあたかも橋の杭だけが立っているように残った。橋杭岩は，吉野熊野国立公園内にあり，「日本の朝日百選」にも選ばれている。

　1880(明治13)年に橋杭事件がこの地でおこった。ドイツの軍艦プリンスアタルベルト号乗組員が突如橋杭地区に上陸し，銃で猟をし，村人に対する暴力事件をおこしているが，不平等条約の下で，ドイツに外交上の問題として抗議もできなかったという。

紀伊大島(きいおおしま) ㊺
0735-62-3171(串本町観光協会)

〈M▶P. 204, 256〉東牟婁郡串本町大島　P
JR紀勢本線串本駅🚌樫野灯台口行終点🚶すぐ

亜熱帯林散策と釣りが楽しめる紀伊大島

　紀伊大島へは，以前は巡航船かフェリーで串本港から行ったが，1999(平成11)年に「くしもと大橋」ができたため，現在は串本駅からバスで終点樫野灯台口まで30分ほどで行くことができる。

　潮岬と本州が砂州でつながれて形成された串本町は，昔は遠浅(とおあさ)であった。そのため，潮岬対岸の江戸時代の大島浦は，江戸と大坂航路の風待港，避難港として多くの菱垣廻船(ひがきかいせん)や樽廻船(たる)で賑わっていた。江戸時代末期には，勝海舟(かつかいしゅう)や，イギリス公使ハリー・パークスと秘書官のアーネスト・サトウも立ち寄っている。

　くしもと大橋の北東約1km，大島港の高台にある蓮正寺(れんしょうじ)(臨済宗)には遊女お雪の墓がある。蓮正寺の隣には水門神社(みなと)があり，毎年2月11日には櫂伝馬レース(かいてんま)で有名な大島水門祭(まつり)(県民俗)が行われる。

　今は大島の静かな入江を利用して，魚の養殖が盛んである。なかでも，大島の西側にある近畿大学(きんき)水産研究所大島分室は，2002(平成14)年，世界で初めて本マグロの完全養殖に成功した。

　黒潮がもっとも近くまで接近する潮岬沖は，北上する豊富な餌(えさ)を追いかけてクジラが多く接近する所で，明治時代以降は，大島港を

紀伊大島の海金剛

基地にして近代捕鯨が1962（昭和37）年まで行われていた。今は観光用のホエール・ウォッチングの船が大島や串本から出ている。

大島港から車で20分ほど行くと樫野崎に着く。樫野崎には，レディ・ワシントン号の寄港を記念して建てられた日米修交(しゅうこう)記念館がある。

樫野崎の南側には荒々しい断崖絶壁のある海金剛(うみこんごう)(1983年に「日本の自然100選」に選ばれた)の海岸がある。そこをさらに先端に向かうと，トルコ記念館とトルコ軍艦遭難慰霊碑がある。1890（明治23）年，オスマン帝国皇帝の特使を乗せて日本に派遣されたエルトゥールル号が樫野埼灯台の近くで座礁(ざしょう)し，587人の犠牲者を出した。地元大島の住民は遭難者に対して温かい対応をした。これを記念して遭難現場の近くに，記念館と慰霊碑が建てられた。

樫野崎の最先端には，1870（明治3）年に建設された日本最古の石造の樫野埼灯台がある。また，喫茶店近辺には江戸時代の魚見台(うおみだい)(山見(やまみ))があり，鯨方役所(くじらかたやくしょ)のあった対岸の古座浦から回遊してくるブリ・カツオ・クジラの見張りをしていた。9月頃から12月頃までの，上りクジラを追う冬漁は，この樫野崎沖で展開していた。

成就寺(じょうじゅじ) ㊻ 〈M▶P.204〉 東牟婁郡串本町西向(にしむかい)396 Ⓟ
0735-72-0754　JR紀勢本線古座駅🚶3分

古座小山氏の菩提寺は長沢芦雪の襖絵で有名

JR串本駅から車で約10分でJR古座駅に着く。途中，古座川河口から約1kmの沖合にみえる九龍島(くどう)（往古は黒島(くろしま)とよばれた）と鯛ケ島(たいがしま)は，熊野水軍(すいぐん)の拠点の1つであったと伝えられている。

古座駅から西へ歩いて約3分の所に，成就寺（臨済宗）がある。南北朝時代の古座水軍の頭目小山実隆(こやまさねたか)の菩提寺(ぼだいじ)であるが，開山(かいさん)は1705（宝永2）年である。当寺には，本堂修築の際に描かれた長沢芦雪の襖絵(ふすまえ)唐獅子図(からじしず)・花鳥群狗図(かちょうぐんくず)・山水図(さんすいず)などの障壁画(しょうへきが)(方丈障壁画，国重文)がある。

西向の通称城山(しろやま)とよばれる丘の上に，小山氏の居城跡がある。現

潮岬から那智勝浦まで　259

在、稲荷神社が鎮座している。また、城跡の西方、線路の脇に小山氏屋敷跡があり、井戸が残されている。

古座駅から古座川を渡って歩いて約10分の所に、羽柴秀吉の雑賀攻め(1585年)の後、古座に逃れてきたと伝えられる雑賀衆の山本弘忠(善空)の創建による善照寺(浄土真宗)がある。当寺には、比叡山から持ち出された鎌倉時代の絹本著色阿弥陀三尊像(国重文)が残っている。

中湊地区の背後の山を通称上の山といい、戦国時代に高川原氏が虎城山城を構えた。現在でも石垣の一部や堀切などが残存している。山の中腹にある現在の青原寺(曹洞宗)付近も当時の城郭の一部で、同寺の庫裏の大黒柱は、城の部材を用いたものと伝えられている。

1954(昭和29)年にビキニ環礁周辺で被曝した第五福竜丸は、串本町古座で建造された。古座駅から南東方面へ徒歩で約10分の場所、古座川下流の国道42号線のかたわらに、第五福竜丸建設地の石碑が立っている。

さらに、そこから古座川町に入り、車で10分ほど古座川の上流に行くと川のなかに、河内神社(旧宇津木・月野瀬・高川原・古座・古田5カ村の鎮守)の神体で、「河内様」とよばれる小島(清暑島)がみえてくる。毎年7月24日にここを舞台に古座神社(河内神社を合祀)の祭礼である河内祭(御船祭、河内祭の御舟行事として国民俗)が行われる。この祭りは源平の合戦に出陣し、勝利を収めた熊野水軍の凱旋の姿を伝えたものだといわれ、渡御神事後の勇壮な伝馬船競漕が見物である。なお、神事中に唐船に乗った生き神に捧げられる獅子舞も、国の重要無形民俗文化財に指定されている。

さらに車で15分ほど上流に進むと、明神橋で古座川は2つに分かれる。古座川の支流にあたる右手の小川に進むと、5分ほどで世界最小のトンボといわれるハッチョウトンボの生息地に着く。

明神橋に戻り、左手の古座川本流を進むと、20分ほどで相瀬地区にある古座川の一枚岩(国天然)に着く。一枚岩は高さ約100m・幅約500mもある巨岩である。この一枚岩は、熊野層群を貫いた弧状の大岩脈が地表にあらわれた一部である。橋杭岩とほぼ同じ頃にで

一枚岩

きたが，この巨岩は全体が凝灰質の石英粗面岩でできており，固くて風化侵食されにくいため，巨大な一枚岩として残った。

一枚岩にくる途中には，高池の虫喰岩(国天然，池野山地区)，牡丹岩(月野瀬地区)，少女峰(十七夜岳，月野瀬地区)などの巨石・奇岩群が多くみられるため，古座川沿いは「日本の桂林」ともよばれている。高池の虫喰岩は，凝灰質の石英粗面岩が風水食により虫が食ったようにみえる岩である。

古座駅ではレンタルカヌーを借りると，自分の出発地までカヌーとともにバスで送ってくれるので，この美しい清流をカヌーでくだることができる。

JR紀勢本線紀伊田原駅の北東近在にある木葉神社で，毎年12月第1日曜日の早朝から行われるねんねこ祭(県民俗)は，神功皇后の皇子愛育の古事に由来すると伝えられている。

さらに，田原駅から南西へ徒歩約5分で荒船海岸に着く。全長約3kmにおよぶ荒船海岸は，巨石・奇岩の続く景勝地である。

山の手の佐部地区には，新宮に本拠をおく熊野の戦国大名堀内氏善の西端の出城として知られた佐部城跡(133m)がある。

下里古墳 ❹

0735-52-4686(那智勝浦町教育委員会生涯学習課)

〈M▶P.205, 264〉東牟婁郡那智勝浦町下里
JR紀勢本線下里駅 3分

本州最南端の謎の前方後円墳

JR下里駅の北約200mに下里古墳(国史跡)がある。下里古墳は，前方部が削り取られていたため円墳と考えられてきたが，1972(昭和47)年の発掘調査により，4世紀後半に造営された全長約40mの柄鏡形の前方後円墳であることが明らかになった。前方後円墳としては本州最南端に位置する。

後円部の高さは約7mで，そこに割石積みの竪穴式石室がつくられている。副葬品として，かつて石室から鏡や剣，大型管玉・管

潮岬から那智勝浦まで　　261

下里古墳

玉・小玉，碧玉製の玉杖（首長権の象徴）が発見されている。

なお，下里の下里神社には，毎年9月15日の祭礼日に奉納される高芝の獅子舞（県民俗）が伝えられている。日本基督教団紀南教会（国登録）は，新宮市出身の教育者・建築家西村伊作の設計による教会堂で，下里駅の南約300mにある。

大泰寺 ㊽　〈M▶P.205〉東牟婁郡那智勝浦町下和田775　P
0735-57-0234　JR紀勢本線下里駅🚌小匠 行下和田🚶5分

下和田バス停から北へ約200mの大泰寺（臨済宗）は，元来，天台宗の寺院であったが，室町時代中期に禅宗寺院に改宗した。

門前にあるしいの老樹は，県の天然記念物に指定されている。また，参道の脇には1379（永和5）年に造立された板碑がある。この板碑は，高さ1.5m・幅20cmで自然石の形態を残しており，県の史跡に指定されている。

大泰寺の薬師堂は，入母屋造・瓦葺きの建物で，建築様式からみて室町時代中期に建立されたと考えられている。

この堂には，本尊である木造阿弥陀如来坐像（国重文）と，その脇侍として塑造日光菩薩立像・塑造月光菩薩立像がまつられている。

阿弥陀如来坐像は，胎内銘により，1156（保元元）年に制作されたことがわかる。制作を依頼した願主は，鳥羽上皇の熊野

大泰寺

この地域の文化財の宝庫

世界遺産―熊野路

詣の際の三昧堂修造の功により，1153(仁平3)年に法橋に叙位された那智常住の社僧尊誉である。

薬師堂内陣の宮殿形厨子の上の桟には，3面の懸仏が取りつけられている。もっとも大きい懸仏は薬師三尊像で，裏面の銘文から室町時代の1440(永享12)年に制作され，生馬荘(現，上富田町)の稗田之亀鶴丸(熊野別当家の末裔)によって奉納されたものであることがわかる。

太地町立くじらの博物館 ㊾
0735-59-2400

〈M ▶ P. 205, 264〉東牟婁郡太地町大字太地2934-2 P
JR紀勢本線太地駅🚌町営じゅんかんバスくじら館前🚶すぐ

捕鯨の歴史と文化を学べる博物館

太地町には，背古(世古)・筋師・遠見という珍しい苗字があるが，背古(世古)はクジラを追いかける勢子船の乗り手，筋師はクジラの筋などの解体などをおもに扱う人，遠見は山見の見張番にそれぞれ由来する苗字である。また，太地の人びとは近代には，南氷洋や北洋での捕鯨に活躍した。

1969(昭和44)年，森浦湾に面した地を埋め立ててつくった「くじら浜公園」に，くじらの博物館やマリナリウム(水族館)，捕鯨船資料館が建設された。太地町立くじらの博物館では，古式捕鯨や近代捕鯨の歴史などについて詳しく知ることができ，捕鯨用具の一部は，県の有形文化財に指定されている。また，現在は観光のためクジラショーも行い，湾内・プール・水族館内では，クジラや熊野灘に棲む魚などが飼われている。

なお，捕鯨船資料館では，南極海で活躍した近代捕鯨の資料を展示している。

太地町には，県指定の無形民俗文化財であるくじら踊が伝わっており，毎年8月に船上で行われる座踊は勇壮かつ素朴である。

熊野の戦国大名堀内氏善

太地町立くじらの博物館

潮岬から那智勝浦まで

配下の太地の土豪和田忠兵衛頼元が、江戸時代初期の1606(慶長11)年にクジラの突き刺し漁法に基づいて捕鯨を組織化し、刺手組をつくったことにより、太地は捕鯨の中心地になった。

くじらの博物館から南へ約1.5km、太地港の西岸の小高い山に、飛鳥神社があり、その麓に、和田氏一族の菩提寺で、1671(寛文11)年に移転してきた順心寺(臨済宗)がある。当寺には、和田頼元の位牌が収められているほか、墓地には「慶長十九(1614)年」銘がある捕鯨の祖和田頼元墓(県史跡)もある。なお、クジラの突き刺し漁法は、1677(延宝5)年に、頼元の孫角右衛門頼治によって効率のよい網による捕獲漁法にかえられ、捕鯨はさらに発展を遂げた。

勝浦港 ㊿

0735-52-0555(那智勝浦町産業課観光振興係)

〈M▶P.205, 266〉東牟婁郡那智勝浦町　P
JR紀勢本線紀伊勝浦駅 🚶 7分

太平洋の活魚の集散地

那智勝浦町の海岸線は、典型的なリアス式海岸である。細長い半島に3面を囲まれ、南の入口付近に中の島を有する勝浦湾の奥まった所にある勝浦港は、日本有数の遠洋漁業基地となっている。勝浦湾のすぐ外の半島の先の海には、紀の松島とよばれる大小130余りの、変化に富んだ島々が点在しており、観光船で、この大自然がつくり出した素晴らしい景観を満喫することができる。

勝浦湾に臨む勝浦温泉は、紀南地方を代表する温泉郷で、近代的な旅館やホテルが半島部や大小の島につくられ、現在では、那智湾に臨む北浜地区にも広がっている。

かつて勝浦港東方の秋葉山腹には、平安時代に創建されたという

勝浦港

松音寺があり，本堂に安置された波切不動尊は，江戸時代に勝浦港に立ち寄る多くの漁民たちの信仰を集めていた。しかし，いつの頃からか寺勢が衰え，廃寺となった。本尊の波切不動尊は，現在，秋葉山腹にある海翁寺(臨済宗)に安置されている。海翁寺は，覚心(法燈国師)を開山とする寺で，前身は興国寺(由良町)の末寺であった。

那智川の河口部付近にある天満港は，室町時代末期までは陸海交通の要衝で，「那智の天満か備後の鞆か」といわれるほどの良港であった。その繁栄ぶりは，当時制作された『熊野那智参詣曼荼羅』からも，うかがい知ることができる。

天神社(天満宮，祭神大国主命ほか)は，JR紀勢本線紀伊天満駅前，天満地区のほぼ中央に鎮座している。天神社は，熊野那智大社の末社であり，その様子は「天満神社古記録」に詳しく記され，例祭日には，現在でも獅子舞神楽と御弓神事が行われている。

浜ノ宮王子社と補陀洛山寺 (51)

補陀落渡海上人たちの思いがこもる里

0735-52-2523(補陀洛山寺)

〈M►P. 205, 266〉東牟婁郡那智勝浦町浜ノ宮353／浜ノ宮348 P
JR紀勢本線那智駅 すぐ

JR那智駅から東へ100mほど行くと，浜ノ宮王子社(熊野三所大神社，国史跡)に着く。本殿は，三間社流造・檜皮葺きの中世の形式を色濃く残した社殿であるが，棟札によると，建立されたのは1648(慶安元)年である。浜ノ宮王子社には，祭神として平安時代中期作の大山祇命坐像・彦火々出見命坐像・天照大神坐像(木造男神坐像２体・木造女神坐像１体，国重文)などが奉祭されている。

神社隣にある補陀洛山寺(天台宗，国史跡)は，かつて千手堂とよばれ，平安時代中期の木造天部形立像(県文化)，本尊である平安時代後期の木造千手観音立像(国重文)や，「享禄二(1529)年」銘のある銅製の華瓶(県文化)，1577(天正５)年に制作された銅製の仏餉鉢(仏前への奉賽品を納める器，県文化)が所蔵されている。

補陀洛山寺

　補陀洛山寺は，那智山への入口であり，補陀落渡海への出発点でもあった。現在，補陀洛山寺の裏山には補陀落渡海を行った渡海上人たちの墓や，北条政子の供養塔と伝承される五輪塔がある。元来，渡海上人たちの墓は，那智川を渡る汐入橋に近い所にあったが，国道42号線の拡張工事によって墓石の大部分がここに移転された。

　那智駅の前に，那智海水浴場がある。熊野詣の旅人のなかには，観音浄土を目指して補陀落渡海を試みた人もいたようで，この那智の砂浜から船出をしたといわれている。

　なお，浜ノ宮の宮地区に伝わる櫂踊（県民俗）は，漁夫の気概がこもる男性的な踊りである。

　1998（平成10）年，那智川の河口部において藤倉城跡とそれに隣接する川関遺跡が発見された。藤倉城跡（破壊されて現在なし）は，実報院の居城跡であった。那智川を挟んで潮崎廊之坊の居城跡とされる浜ノ宮の勝山城跡に対峙する場所に位置している。また，川関遺跡は実報院を中心とした那智山社僧らの屋敷跡が展開する大規模な集落遺跡で，大量の輸入・国産陶磁器が出土している。

紀伊勝浦周辺の史跡

那智滝 ㊵
0735-52-0555
(那智勝浦町産業課観光振興係)

〈M▶P.205, 269〉東牟婁郡那智勝浦町那智山 **P**
JR紀勢本線紀伊勝浦駅🚌神社，お寺前駐車場行滝前🚶3分

海からもみえる日本一の滝

　那智山への道は，JR那智駅からまっすぐ北に谷をのぼっている。JR紀伊勝浦駅から神社，お寺前駐車場行きバスに乗り，市野々小学校前バス停で降りる。学校の横を通って右に折れると市野々王子社(王子神社〈祭神天照大神・忍穂耳命・葺不合命〉，県史跡)がある。市野々王子社は，古くは一野王子とよばれ，市野々集落の旧熊野参詣道東側に鎮座している。市野々王子社は，江戸時代に現在地に移り，旧地には御旅所がおかれた。

　さらにバスに乗り，大門坂バス停で下車して，左手の熊野古道大門坂への坂道をのぼる。那智山への登り口の左右に，夫婦杉とよばれる大杉が2本あり，これより那智山の大門跡まで杉並木(県天然)が続く。杉並木の道は，鎌倉時代に敷かれたという石畳の道である。この石畳道が大門坂(国史跡)である。『一遍上人絵伝』『熊野那智参詣曼荼羅』などに，石畳の坂道が大門に向かっている場面が描かれている。

　なお，この大門坂の途中には，江戸時代に創建されたと推定される多富家王子跡(祭神彦火々出見命，県史跡)がある。

　バスは蛇行しながら那智山にのぼって行く。鬱蒼と茂る那智原始林(国天然)には，北方の烏帽子山・大雲取山・妙法山・舟見峠から流れる4つの渓流が流れ，60におよぶ滝がある。このうち修験に適した滝を那智48滝という。いちばん高さのある一の滝のことを大滝あるいは那智大滝(高さ133m，国名勝)とよぶ。滝前バス停で降りて那智山大鳥居をくぐり，杉木立の茂る石段をくだった鳥居前方に滝の姿がみえてくる。大滝の手前広場の左脇に飛滝神社(飛滝権現，

那智山三重塔

潮岬から那智勝浦まで

祭神大己貴命)の拝殿がある。ここには本殿はなく拝殿のみがある。

なお、斎場の奥の滝近くには、お滝祈願所と滝壺拝所がある。お滝祈願所には現在、鎌倉時代作の木造役行者坐像・脇侍像(県文化)と室町時代作の不動明王立像が安置されている。また、那智滝付近には、滝修行者の堂宇があった。花山法皇御籠所跡、山上不動堂跡、滝見堂跡、さらに亀山天皇御卒塔婆建立地跡(いずれも県史跡)などがある。

那智滝へおりる参道入口の脇にある那智山経塚では、1918(大正7)年から、前後7回にわたる発掘調査が行われ、飛鳥時代から室町時代にかけてのたくさんの仏像・仏具類・密教大壇具・経塚関係品などが出土した。現在、熊野那智大社・青岸渡寺・東京国立博物館(東京都台東区)などに保管・所蔵されている遺物は、県の文化財に指定され、那智山経塚は、全国有数の仏教遺跡の1つに数えられている。

熊野那智大社 53
0735-55-0321

〈M ▶ P.205, 269〉東牟婁郡那智勝浦町那智山1 P
JR紀勢本線紀伊勝浦駅🚌神社、お寺前駐車場行終点 🚶
すぐ

観音浄土の中心

飛滝神社から5分ほど歩き、神社、お寺前駐車場バス停の前をのぼると、熊野那智大社(国史跡)に着く。表参道の石段をのぼって行くと、中腹左手にかつて那智山の社僧・御師の僧院・僧房として大勢力を誇った実報院の跡地があり、さらに青岸渡寺の下方石段左手に、那智最古の家柄を誇った尊勝院の建物(開山の裸行上人像と仏頂如来像を安置)や志津の岩屋などがある。

現在の熊野那智大社の社殿(国重文)は、江戸時代末期の1851(嘉永4)〜54(安政元)年にかけて建立された。第1殿・滝宮、第2殿・証誠殿、第3殿・中御前、第4殿・西御前、第5殿・若宮、そして第6殿・八社殿が直角に折れ曲がり、並んで建てられている。

熊野那智大社の宝物館には、平安時代の古銅印(牟婁郡印、国重文)や、さらに平安時代前期の女神坐像、平安時代後期の男神坐像、古墳時代から江戸時代にかけて制作された奉納鏡88面、鎌倉時代の熊野本地仏曼荼羅図、大湯釜、木造漆塗瓶子2口(いずれも県文化)、花山法皇御籠所跡から出土した鎌倉時代の瀬戸四耳壺・山茶

熊野那智大社

碗(県文化)，さらに鎌倉〜室町時代の熊野三所権現・千手観音・阿弥陀如来・薬師如来・如意輪観音・十一面観音などの懸仏，鎌倉〜室町時代の大小2基1組の神輿，鎌倉〜南北朝時代の鉄燈籠(ともに県文化)，南北朝時代の若宮本地仏の十一面観音坐像，南北朝〜室町時代の朱塗唐櫃，室町時代制作の鬼面(ともに県文化)，さらにはかつて豊臣秀頼によって市野々王子社に奉納されていた「慶長六(1601)年」銘の鰐口，「寛永二(1625)年」銘の擬宝珠3個，鎌倉時代から室町時代にかけての剣を収める江戸時代前期の金銀装宝剣拵 附 銅鍍金銀箱(国重文)などを所蔵・展示している。熊野那智大社文書46巻11冊2帖2枚が国の重要文化財に指定されている。

熊野那智大社周辺の史跡

境内には，白河法皇手植えの老樹として有名な枝垂ザクラの大樹と，平 重盛手植えの老樹として有名な那智の大樟(ともに県天然)がある。

現在，熊野那智大社の例大祭として，毎年7月14日に扇会式(扇祭)が行われているが，これは，滝をかたどった大きな木の板に扇と奉納された鏡を取りつけた神輿が，社殿から那智滝までお渡りを行い，神輿とともに滝本まで移動した神々が，扇誉め神事によってあらたな生命力を獲得するという祭礼である。お渡りの際に，巨大な松明に火をともした勇壮な集団が先導するところから，那智の火

潮岬から那智勝浦まで　269

祭（県民俗）ともよばれている。

　なお，扇会式の際に行われる那智の田楽（国民俗）は，室町時代初期に京都から招いた田楽法師によって始められたと伝えられている。同時に行われる御田植式も中世の雰囲気を残すものとして知られている。

　『熊野那智参詣曼荼羅』の中心に描写されている那智山奥の院は，覚心（法燈国師）によって開山され，那智山において葬送儀礼を担当したという。別名，滝見寺（臨済宗）ともいい，那智社家の菩提所とされている。ここには，大小の板碑・宝篋印塔・五輪塔が数十基ある。

青岸渡寺 ❺ 西国三十三カ所観音霊場 第1番札所
0735-55-0401

〈M▶P. 205, 269〉 東牟婁郡那智勝浦町那智山8 Ｐ
JR紀勢本線紀伊勝浦駅🚌神社，お寺前駐車場行終点🚶15分

　熊野那智大社の隣に青岸渡寺（天台宗，国史跡）がある。青岸渡寺は，元来，如意輪観音堂とよばれていた。平安時代末期に2代熊野三山検校行尊らによって観音霊場として喧伝された結果，西国三十三カ所観音霊場第1番札所として有名になった。

　青岸渡寺の仁王門には，高さ3ｍを超える鎌倉時代後期作の木造金剛力士立像（県文化）が安置されている。この仁王像は，本来，那智山全体の総門にあたる大門に安置されていた仏像であるが，大門消滅後，1933（昭和8）年に仁王門が再建されたことにより，ここに安置されるようになったという。

　本堂（国重文）は大規模な9間堂で，建築様式と奉納された鰐口の刻銘から，豊臣秀吉によって1590（天正18）年に再建されたようである。入母屋造・柿葺きの建物で，大勢の参詣者が土足のまま外陣に入ることができるように大空間がつくられ，熊野地方における桃

青岸渡寺

山建築の代表的建造物とされている。

なお,本堂には,那智山経塚出土の仏像のうち,奈良時代のものと考えられる銅造観音菩薩立像や,平安時代前期作と推定される銅造如来立像,さらに平安時代後期の金銅大日如来坐像など,いずれも国指定重要文化財の8体の仏像,さらには室町時代の熊野本地仏曼荼羅図や熊野垂迹神曼荼羅図,「応仁元(1467)年」銘の山上不動尊板棟札,本尊大黒天像などが保管されている。

なお,外陣には,巨大な鰐口(県文化)がかけられている。この鰐口は,銘文から1590年に豊臣秀吉によって奉納されたことがわかる。

さらに,本堂の北隅には,1322(元亨2)年に建造された宝篋印塔(国重文)がある。

鐘楼には,1324年建造の梵鐘(県文化)があり,本堂の脇にはイヌグスの大木(県天然)が茂っている。

宝物館には,1592(天正20)年作の阿弥陀如来坐像が所蔵されている。銘文により,奈良の下御門(現,奈良市下御門町)を拠点としていた「なら大仏師宗貞法印」らによって制作されたことがわかる。

妙法山阿弥陀寺 ㊺

〈M ▶ P. 205, 209〉 東牟婁郡那智勝浦町南平野2270-1 P
JR紀勢本線紀伊勝浦駅🚗30分

妙法スカイライン(有料道路)終点の那智勝浦町南平野にある広場から石段をのぼると,女人高野ともよばれる妙法山阿弥陀寺(真言宗)の山門に至る。山門を入ると,正面に本堂があり,阿弥陀如来立像が安置されている。妙法山は,古くから法華経修行者が集まる霊山であった。阿弥陀寺は,元来,こうした修行者によって開山されたものと推定されている。なお,本堂の左手には,人民解放運動戦士之碑や社会主義運動の先人荒畑寒村の歌碑もある。

さらに境内には,2つの宝篋印塔が立つ応照上人の火定跡とされる遺跡がある。平安時代中期の『本朝法華験記』によると,応照上人は真摯な法華経護持者であり,日本で初めて焼身してその身を諸仏に捧げた人物としてよく知られている。なお,宝篋印塔の1基は,1488(長享2)年に補陀落渡海した渡海上人の供養塔である。

本堂の左に鐘楼がある。この鐘楼にかかる鐘は,人が死ぬと霊魂

がすぐさまここに詣でて鐘を打つため,「人なきに鳴る亡者の1つ鐘」として有名である。

なお,境内には,弘法大師像を安置する大師堂(県文化)がある。大師堂は,宝形造・銅板葺きで,禅宗様式が強い建物であるが,和洋の要素も多い建物である。屋根の宝珠に刻まれた銘から,1509(永正6)年に建立された建物であることがわかる。

那智山参詣者の多くは,妙法山へ参詣した後で,大雲取り・小雲取りの険しい峠道を越え,本宮方面へと向かったようである。

那智の奥には,平家落人や南朝ゆかりのさまざまな伝承や遺物で知られる色川地区がある。車で40分ほどかかる。産土神の口色川の色川神社には,「永禄二(1559)年」の銘がある翁面と黒色尉(越後国北条住人孫九郎制作)を含む室町時代から戦国時代にかけての9面の能面と1点の龍頭が伝えられ,現在,大野保郷会によって管理されている。

熊野観光の中心・新宮

❻

神倉神社・熊野速玉大社・阿須賀神社に代表される，奥熊野の歴史と文化が息づく新宮の町を歩く。

三輪崎八幡神社 ❺⑥　〈M▶P.205〉新宮市三輪崎1512　P
0735-31-7093　JR紀勢本線三輪崎駅 🚶 2分

海で暮らす漁師たちの心の拠り所

JR三輪崎駅の南西約150m，国道42号線沿いに三輪崎八幡神社がある。神社の例祭は9月16日に行われるが，その際に奉納される鯨踊（県民俗）は，神社階段下と漁協前の広場で行われる。

『万葉集』に，「神の埼狭野の渡り」「神の崎荒磯も見えず」などと詠まれた三輪崎は，中世においては熊野新宮領佐野荘（現，新宮市三輪崎～同市佐野）に含まれていた。佐野荘は元来，熊野別当家の嫡流新宮別当家の所領であったが，戦国時代には新宮氏（新屋氏・新氏）の領地とされ，さらに幾多の変遷を経て最後には堀内氏の所領になった。江戸時代，三輪崎には二歩口役所がおかれ，捕鯨の基地として栄えた。また，三輪崎鍛冶の発祥地である。

佐野の沖積平野や熊野灘沿岸部では，弥生時代から古墳時代にかけての集落遺跡（佐野遺跡）が確認されている。佐野の砂丘一帯は，那智黒石の産地としても有名であった。

JR紀勢本線紀伊佐野駅から国道42号線を南へ約700m行った王子橋バス停そばにある佐野王子跡（県史跡）は，若一王子ともよばれた。鎌倉時代前期頃に創祀されたと推定されるが，佐野王子の名前が初めて出てくるのは，1473（文明5）年の「九十九王子記」である。1907（明治40）年に天御中主神社に合祀された。現在，跡地には宝篋印塔や石仏などが集められている。

佐野と那智勝浦町宇久井との境の山頂(61m)に和田森城跡があり，山の麓を熊野古道中辺路（現，国道42号線）が走っている。

三輪崎八幡神社

「佐野下諏訪社社記」によると，1570(元亀元)～92(天正20)年に，堀内氏虎・氏善父子がこの和田森城に拠っていたようである。堀内氏は新宮に進出して戦国大名になるまで，和田森城の山麓(旧巴川製紙工場内の一角)に居館を構えていたという。城跡には，堀切や曲輪が残る。

神倉神社 ㊺
0735-22-2533(熊野速玉大社)

〈M ▶ P. 205, 277〉新宮市神倉1-13-8
JR紀勢本線新宮駅 🚶15分

火の祭りで有名な数々の古代伝承が残る神社

神倉神社(国史跡)は，熊野速玉大社の南西，千穂ケ岳(権現山，253m，国史跡)の南端に位置する神倉山(神蔵山，199m)の山頂から少しくだった所に鎮座している。神倉山は，JR新宮駅から踏切を越えて駅の裏側を西へ8分ほど歩いて，国道42号線を南にくだり，最初の曲がり角を右に折れた突き当りにある。この神社の神体は，町中からはっきりとみえる「ごとびき岩」とよばれる山上の巨岩である。

1956(昭和31)年に「ごとびき岩」周辺3カ所から，神倉山を修行場とした修験者(神倉聖)によって造営された神倉山経塚が発見され，平安時代末期の鏡面毛彫馬頭観音像・亀甲文双雀鏡・湖州八花鏡・常滑刻線文経壺・陶製経筒・青白磁合子，鎌倉時代の金銅製十一面観音像・懸仏，室町時代の一字一石経石などが出土している。さらに注目すべきことは，その下層から滑石製模造品，袈裟襷文銅鐸の破片が出土したことである。この信仰の背後には，原始以来の磐座信仰があったことがわかる。

神倉神社

神倉神社の祭神は，天照大神・高倉下命である。『日本書紀』に登場する「熊野神邑」の天磐盾が神倉山に比定されるところから，ここに高倉下命がまつられるようになったと考えられる。神仏

習合に基づくその後の熊野信仰の隆盛により、神倉山は熊野権現の降臨地とされ、熊野速玉大社の奥の院となったが、その後、同社の摂社となった。

　神社の境内には、本殿のほかに並宮と、崖にかけられた拝殿（本堂）が設けられていたが、拝殿は、台風によって倒壊し、今はない。山麓から「ごとびき岩」まで続く、自然石を巧みに組み合わせてつくった538段の急な石段（国史跡）は、源頼朝によって寄進されたと伝えられるものである。現在、山麓には大鳥居や太鼓橋などが設けられ、「下馬」標石（国史跡）も今に伝わっている。

　例大祭の御燈祭（県民俗）は、毎年2月6日に実施されている。この祭は、元来、旧正月6日の修正会に行われた火祭で、白装束を着た男たち数百人が、燃えさかる松明を片手に石段の途中から急坂をいっせいに走りくだる非常に勇壮な祭りとして有名である。

　妙心寺（臨済宗）は神倉山の登り口にある。もとは尼寺で、本尊は愛染明王である。平安時代末期の12世紀初頭に天台宗寺院として開基されたが、鎌倉時代末期に法燈国師とその母親が住んだことにより臨済宗法燈派になったと伝えられている。当寺には、鎌倉時代の木鉢（県文化）や、江戸時代前期作の聖徳尼・永信尼坐像などが所蔵されている。木鉢は仏具の一種で、僧侶が人家をまわり喜捨を請う托鉢の際に使用されたもので、法燈国師の遺品とされている。

熊野速玉大社 ㊽
0735-22-2533
〈M▶P. 205, 227〉新宮市新宮1　P
JR紀勢本線新宮駅 🚶15分

奥熊野随一の信仰と文化財の宝庫

　JR新宮駅から商店街を通り抜け、県道42号線を約15分歩くと、熊野川縁の熊野速玉大社（新宮大社、国史跡）に着く。当社の社殿は、1883（明治16）年に火災で焼失した。そのため、1953（昭和28）年に再建された際に社殿構成が大きく改変され、第2殿（速玉宮）が左端におかれるとともに、第1殿（結宮）・第3殿（証誠殿）・第4殿（若宮）が相殿に、さらに第5〜8殿、第9〜12殿がそれぞれ相殿になった。これらの改変により、現在の熊野速玉大社の社殿は、文化財に指定されていない。

　第1殿の祭神である木造熊野夫須美大神坐像（国宝）は、ふくよかで艶やかな面相、頭の上で高く結った髷、両肩と背中に長く垂らし

熊野速玉大社

た髪の毛をもつ。女神像の体つきは豊満で、左膝を立てて座り、立てた膝の上で重心をやや左に移しつつ、両手を袖のなかに入れたまま静かに坐している。女神像の制作時期は、9世紀後半まで遡らせて考えることができる。

第2殿の祭神である木造熊野速玉大神坐像(国宝)は、宝冠をいただいた男神像で、氏神としての威厳を漂わせている。制作時期は、9世紀後半と推測される。

熊野速玉大社の第3殿の主祭神は、木造家津御子大神坐像である。同じく第3殿にまつられている木造国常立命坐像(ともに国宝)は、9世紀後半に制作されたと考えられるが、この家津御子大神坐像は、やや遅れて9世紀末〜10世紀初期に別人によって制作されたと考えられている。

熊野速玉大社の神宝館は、約1000点もの古神宝類を所蔵し、一括して国宝に指定されている。古神宝類の大半は、1390(明徳元)年の遷宮に際して、当時の天皇・上皇・室町幕府3代将軍足利義満および諸国の守護によって奉納されたものであるとされている。

ほかに、当社の本願寺院の霊光庵跡から山茶碗などとともに出土した鎌倉時代作の鉄斧と、同じく鎌倉時代に制作された入峰の斧、室町時代中期の釿始儀式用具3点、戦国時代の「永正十一(1514)年」銘の御正体(懸仏)、16世紀末に制作され、神占いに使われた鉄製の三ツ口釜なども県の文化財に指定されている。

なお、鎌倉時代から江戸時代にかけての「熊野速玉大社文書」5巻(『熊野速玉大社古文書古記録』に収録)は、当時の熊野地方の歴史を知るうえで貴重なものである。

熊野速玉大社では、現在、例大祭として毎年10月15日に神馬渡御、16日に御船祭が行われ、熊野速玉祭として県の無形民俗文化財に指定されている。このほかに7月14日に行われる扇立祭がある。

世界遺産―熊野路

なお、熊野速玉大
社の鳥居の南側には、
聖護院門跡の宿所
の梅本庵主屋敷跡
(庵主庵跡)がある。

熊野速玉大社周辺
にはいくつかの経塚
群がある。権現山奥、
かつて熊野速玉大社
の神宮寺有峰寺のあ
った場所近くの小丘
上に、如法堂経塚群
(6カ所)がある。こ
こから金製毛彫薬師像が納入された平安時代末期の陶製経外筒、
1275(建治元)年に信濃国(現、長野県)の井上源氏女が奉納した金
銅製の経筒、「弘安四(1281)年」在銘の経筒、鎌倉時代作の金銅製
懸仏、室町時代の礫石経などが出土している。

このほかに本殿裏側の礫石経塚群(3カ所)、社務所近くの庵主池
経塚群(2カ所)、御旅所礫石経塚などが確認されている。礫石経塚
群からは礫石経石、柿経などが一括して出土し、庵主池経塚群か
らは、平安時代末期から鎌倉時代にかけての、十一面千手観音像と
金銅製懸仏、南北朝時代の銅納札、室町時代の土製地蔵菩薩像の破
片多数が出土している。

熊野速玉大社から南の神倉山に至る1kmほどの道筋には、寺院
が立ち並ぶ別当屋敷町がある。本広寺から順に南に訪ねてみよう。

別当屋敷町の南を堀端通りがほぼ東西に通っている。町名の由来
は、江戸時代に旧長徳寺・旧専光寺のあった地域(横町の西側)に、
平安時代末期の鳥居在庁の住房を起源とする熊野別当屋敷跡があっ
たことによるという。

熊野別当は平安時代後期から南北朝時代中期にかけて、熊野三山
検校の支配を受けつつ、熊野三山の政治・経済・軍事の実権を握
っていた熊野修験教団の事実上の統括者であり、在地武士団や熊野

水軍の指導者でもあった。熊野別当家は，平安時代末期に新宮別当家(長範家)と田辺別当家(湛快家)に分立したが，新宮別当家の人びとは，この別当屋敷町を中心に新宮・那智方面に勢力を振るったという。しかし，のちに彼らはその拠点を丹鶴山南東麓に移し，諸家(宮崎氏・瀧本氏・鵜殿氏・鳥居氏ほか)に分裂していったという。

慶長年間(1596〜1615)，この屋敷跡に日蓮宗の法華寺が建立されたが，1678(延宝6)年に，紀州藩付家老で丹鶴城3代城主であった水野重上によって本広寺と改名された。なお，境内には，新宮出身で茶道江戸千家の基礎をつくった川上不白が，1797(寛政9)年に建立した書写妙法蓮華経印塔(県文化)がある。

戦国大名として台頭しつつあった堀内氏は，天正年間(1573〜92)の始め頃に，佐野から熊野速玉大社近くの宇井野地(現，新宮市新宮)に拠点を移し，周囲に堀をめぐらした方1町の居館を構え，熊野地方に威を振るった。堀内氏の居館跡は，堀内氏が退転した後，元和年間(1615〜24)に，紀州藩付家老で丹鶴城2代城主の水野重良が矢倉町にあった真梁寺を全龍寺(曹洞宗)と改名し，その居館跡に移建し，水野家の菩提寺とした。

宗応寺(崗輪寺，曹洞宗)は，もともと丹鶴山南麓にあって熊野速玉大社の神宮寺としての役割をはたしていた。その後，香林寺と名を改め，堀内氏善によって天正年間に曹洞宗の禅寺とされた。香林寺は，1601(慶長6)年，浅野氏が丹鶴城を築く際に現在地に移転させられ，さらに1606年に，丹鶴城主浅野長吉の命を受け，寺の名前を宗応寺とかえた。

宗応寺には，現在，南北朝時代作の木造聖徳太子立像(県文化)と，絹本著色仏涅槃図が所蔵されている。聖徳太子像は，2歳のときに東を向いて経典を唱えたとされる南無仏太子像である。上半身は裸で，下半身には緋色の長袴を着けている。14世紀前半，律宗寺院だった頃に制作されたものと推考される。

無量寿寺(臨済宗，無住)は，千穂ケ岳(権現山，253m，国史跡)の東麓の山際地にある。本尊は，鎌倉時代に制作されたと推定される阿弥陀三尊像である。

また，ここには南北朝時代から室町時代初期頃にかけての絹本著

色仏涅槃図や，室町時代の絹本著色十六羅漢図もある。

丹鶴城跡 (59)

奥熊野に輝きを放つ紀州藩の押さえの城

0735-23-3357(新宮市商工観光課観光係)

〈M►P. 205, 277〉新宮市新宮7690 P
JR紀勢本線新宮駅 徒歩10分

熊野速玉大社の東方にある丹鶴山には，もともと，熊野別当家の嫡流である新宮別当家の別邸や，平安時代末期の1130(大治５)年に源為義の女「たつたはらの女房(別名熊野鳥居禅尼)」が夫の熊野別当行範の死後，その冥福を祈るために創建した東仙寺や，熊野速玉大社の神宮寺であった崗輪寺などがあった。

1600(慶長５)年，浅野幸長が甲斐国(現，山梨県)から紀伊国に入り，翌年，幸長の２男忠吉が新宮に入り，まず当地にあった東仙寺や崗輪寺を他所に移し，縄張りを始め，1619(元和５)年に丹鶴城(新宮城・沖見城)を築いた。

天守丸は大天守(９間四方)や小天守が付設された複合式であった。しかし，丹鶴城の築城工事そのものは，新城主となった紀州藩付家老水野重央(水野家初代)に引き継がれ，1667(寛文７)年，３代城主水野重上の時代にようやく３万5000石の本城として完成された。完成時には，本丸の西に鐘ノ丸が，そしてその北に松ノ丸が別につくられていた。大天守閣は３層もしくは５層であったようである。

丹鶴山の西麓と東麓にある俗称ボッツリ山で，灰釉の古瀬戸壺２口および古瀬戸瓶子１口(いずれも県文化)が発見されている。

なお，丹鶴城は，1871(明治４)年の廃藩置県により廃城となり，1922(大正11)年には外堀も埋め立てられた。そのため，現在の城跡には，本丸と鐘ノ丸の石塁と発掘調査で確認された松ノ丸の石塁および土壁などが残存しているだけであるが，近年の発掘調査により，熊野川に面して設けられた水手門(水ノ手郭)付近から炭納屋群13棟の存在が明らかになった。

丹鶴城跡

阿須賀神社 ⑥

〈M ▶ P. 205, 277〉 新宮市阿須賀1-2-25 P
JR紀勢本線新宮駅🚶10分

原始以来の蓬莱山を神体とする神社

　丹鶴城跡から東へ500mほど行くと、蓬莱山(40m、県史跡)の山麓に、熊野速玉大社の摂社阿須賀神社と新宮市立歴史民俗資料館がある。

　蓬莱山は、元来、熊野川河口にある小さな島であったようである。社殿に向かってすぐ左手の場所から、弥生時代後期の竪穴住居跡2棟が発見され(阿須賀遺跡)、当時の人びとがこの付近にも住み着き、弥生時代から古墳時代にかけて一大集落を形成していたことがわかる。

　阿須賀神社には、熊野3神と事解男神(本地仏は大威徳明王)がまつられている。『紀伊続風土記』によると、近代以前、境内には本殿のほかに、並宮・河面宮・拝殿・御供所・鐘楼堂・四脚門・鳥居・社僧行所などがあったようである。

　蓬莱山経塚からは、陶製経甕破片・経筒断片・銅銭や「貞治元(1362)年」銘の銅板金具が出土している。また、経塚遺跡に近い所から、御正体(懸仏)106体と鏡像85体が発見されているが、これらは元来、神社に奉納されたもので、平安時代末期から室町時代初期にかけて制作されたものであったことがわかる。

　なお、1390(明徳元)年に、室町幕府3代将軍足利義満が当社に奉納した国宝の古神宝類(阿須賀神社伝来)は、現在、京都国立博物館が所蔵している。

阿須賀神社

徐福公園 ⑥

0735-21-7672(財団法人新宮徐福協会)

〈M ▶ P. 205, 277〉 新宮市徐福1-4 P
JR紀勢本線新宮駅🚶2分

　JR新宮駅から東へ100mほど歩くと、徐福公園があり、そこは徐

徐福の墓

福の墓があった所と言い伝えられている。徐福は秦の始皇帝の命令により、不老不死の薬を求めて数千人の子どもたちを率いて蓬莱山に向かって船出したが、ついに帰国することなくその消息が途絶えたという。日本には、徐福が熊野地方に漂着し、熊野で没したという伝えがあり、1376(永和2)年に明に渡った絶海中津が太祖洪武帝に謁した際に、徐福の消息について尋ねられたことに対し、「熊野峰前に徐福の祠がある」と答えている。さらに、『紀伊続風土記』によると、慶長年間(1596〜1615)の熊野新宮修営に際し、「徐福之墓」が築かれたようである。

中国から渡来したと伝える徐福の眠る地

　現在、その地には中国から渡来した紀州藩の儒臣李梅渓筆の「秦徐福之墓」碑と潘儒仁井田好古撰の秦徐福碑が建てられている。なお、阿須賀神社の背後にある蓬莱山(40m、県史跡)の名は、徐福がここに生育する薬草の不老不死の天台烏薬を採取した、という伝えに由来しているという。

　新宮駅から西へ7分ほど歩いた所に、浮島の森(新宮藺沢浮島植物群落、国天然)がある。底なしといわれる湿地帯にある森(4962m^2)には、ヤマモモ・スギ・アカマツ・ヤブニッケイなどが群生し、それらの樹の下に生育するミズゴケの間に、温帯性のヤマドリゼンマイや亜熱帯性のテツホシダなどが混生しており、植物生態・分布学上貴重である。

東仙寺 ⑫　〈M▶P.205, 277〉新宮市新宮4603-1　P
0735-22-5361　JR紀勢本線新宮駅🚌10分

源頼朝の叔母鳥居禅尼にゆかりの寺

　王子神社(祭神稲飯命・三毛入野命)は、熊野速玉大社から阿須賀神社を経て、さらに海岸沿いに那智へ向かう旧熊野街道脇に鎮座している。県指定史跡の熊野九十九王子の1つで、浜王子とも称した。この付近を下熊野地というが、かつて市田川の左岸に源為義の10男新宮十郎源義盛(行家)屋敷跡があり、その子孫が新宮氏を名乗り、

熊野観光の中心・新宮

そこに代々住んでいたという。

　王子神社の南西に東仙寺(真言宗)がある。1130(大治5)年,「たつたはらの女房(別名熊野鳥居禅尼)」が, 丹鶴山に建立した寺で, 幾多の変遷を経て現在地に再興された。その禅尼が祈念仏としていたのが, 東仙寺の阿弥陀如来坐像・薬師如来坐像・千手観音菩薩坐像の三尊像である。県指定文化財の阿弥陀如来坐像・薬師如来坐像はともに平安時代後期に制作されたが, 千手観音菩薩坐像は古像を模して室町時代に新しく制作された。

新宮共同墓地と真如寺 ⓫
0735-23-3357(新宮市商工観光課観光係)

〈M▶P.205〉新宮市新宮3464　P
JR紀勢本線新宮駅🚗20分

新宮の町で亡くなった庶民の共同墓地

　江戸時代に入り, 浜沿いの熊野古道中辺路(現, 国道42号線)とは別に, 熊野速玉大社から丹鶴城の城下町の中央部を南下して, 市田川南岸の橋本から山際の道を広津野(広角)台地に至る新しい街道が開かれた。1656(明暦2)年に, 町方の墓地がこの道沿いにある南谷に移された。現在ではこの墓地のことを, 新宮共同墓地(南谷共同墓地)という。

　1720(享保5)年以降, 真如寺(浄土宗)が常念仏堂として共同墓地の回向と管理にあたった。真如寺はもともと三輪崎にあったが, このためここに移転してきた。当寺には本尊として, 鎌倉時代作と推定される阿弥陀如来坐像がまつられている。

　この墓地には, 大塩平八郎の門下生として大塩平八郎の乱(1837年)に連なった湯川鬘堂の墓や, 1866(慶応2)年の第二次長州征討の戦死者の石碑, 1910(明治43)年の大逆事件に連座したとの冤罪を得て刑死・獄中死した大逆事件関係者(大石誠之助・峰尾節堂)らの墓がある。

熊野の名物と観光スポット

コラム

熊野の豊かな食と体験型観光

[串本町]

サンマ寿司

サンマは秋になると、オホーツク海方面から、産卵のため寒流に乗って南下してくる。熊野灘まで長い距離を移動し、また、産卵のために油が抜け落ちて、肉が引き締まり、丸干しや寿司にすることができるようになる。サンマ寿司は、熊野地方では昔から祭りや正月の料理としてそれぞれの家でつくられており、保存食から発展したものといわれている。

サンマの開き方は地域によって違い、串本の田並地区から白浜にかけての枯木灘では腹開きにし、串本の有田地区から新宮、三重県にかけての熊野灘では背開きにする。背開きにすることによって、腹骨を1本1本骨抜きで抜いていくという手間が発生するが、なんといっても腹の部分が一番おいしいのと、見た目に美しく仕上がるからだといわれている。串本では、くすもと（電話0735-62-2086）のサンマ寿司が、古座川町産のユズ酢でつくりあげていて、おいしいと評判である。

紀伊大島のきんかん

紀伊大島は四方を黒潮の海に囲まれて温暖なため、霜が降りないのでキンカンの露地栽培ができる。明治時代末期に栽培されるようになり、現在、栽培されている地域としては、もっとも歴史が古いといわれている。きんかんワイン・きんかんジャムなどにも加工されている。

トビウオ

串本は、県内で唯一トビウオの水揚げを行っている地域である。串本ではトッピーの愛称で親しまれ、串本町の魚とされている。漁期は4～10月が中心である。脂肪分が少なく淡泊な味で、刺身、酢締め、干物などにする。7～9月にかけては、トビウオのすくいどりを観光にしている。光に集まるトビウオの習性を利用した珍しい漁である。問い合わせは、串本海中公園（電話0735-62-1122）まで。

キビナゴ

キビナゴはニシン科に属する体長7～8cmの小魚である。天ぷら・丸干しになどにすることが多く、刺身は淡泊でとてもおいしい。

ケンケンカツオ

田並港は、ケンケンカツオ漁の発祥の地である。田並出身の小野七之助が、ハワイの先住民のケンケンとよぶ釣り道具を、明治時代末期にこの地域に伝え、考案して現在の擬似餌針を全国に広めた。ケンケンカツオ漁とは、船を走らせながら擬似餌でカツオを釣りあげる一本釣り漁法のことである。釣り上げたカツオをすぐに生き締めにして鮮度を保っているので、刺身にするのもよい。

串本港はケンケンカツオの集散

熊野観光の中心・新宮

地として有名である。とくにここに集められるケンケンカツオは「しょらさんカツオ」（平成17年商標登録）とよばれ、親しまれている。「しょらさん」とは串本の方言で、「私の大事な人、恋人」の意味である。

青のり
　日本有数の清流である古座川の水と黒潮が微妙に入りまじる河口に、色・香り・食感とも最高級品の「古座の青のり」が育つ。青のりは船から長い竿で採り、採集後水洗いして天日に干して手作業でつくる。問い合わせは、古座漁協女性部（古座生き生きレディース、電話0735-72-0048）まで。

体験ダイビング
　黒潮の温暖な海に囲まれた、世界最北のサンゴの磯をみることができる。問い合わせは、串本町観光協会（電話0735-62-3171）まで。

[古座川町]

ユズ
　ユズは他の柑橘類に比べて冷涼な所を好み、平均気温12〜13度の地が適地とされている。この気象条件に恵まれ、澄み切った空気、きれいな水の古座川のユズは、一層の芳香を放ち、品質の良さで高い評価を受けている。そのユズを原料に、柚子ワイン・ジャム・マーマレード・柚子酢・ユズだれなどの加工品を、製造・販売している。問い合わせは、古座川ユズ平井婦人部（電話0735-77-0123）まで。

アユの火ぶり漁
　古座川の月野瀬地区では、毎年7月1日から9月中旬まで、伝統漁法である、燃える松明を振るってアユをとる火ぶり漁が行われ、アユの塩焼きなどを食べることができる。問い合わせは、月野瀬温泉ぼたん荘（電話0735-72-0376）まで。

[太地町]

鯨肉
　鯨料理（鯨カツ、刺身、龍田揚げ）では、くじら家（電話0735-59-2173）が有名である。鯨肉販売は太地漁協スーパー（電話0735-59-3517）などで行っている。

[那智勝浦町]

那智駅交流センター（電話0735-52-9201）
　JR那智駅の建物のなかにあり、2階が丹敷の湯という温泉になっている（有料）。JR西日本では初めての駅舎の温泉としてオープンした。1階は、くつろぎ広場・地元農産物直売コーナーとなっている。そこでは、色川茶・めはり寿司などを売っている。

めはり寿司
　高菜の浅漬けで握った弁当用のおにぎり。JR紀伊勝浦駅で駅弁として売っているが、駅外のスーパーなどでも売っている。

色川茶

色川地区では茶の栽培が盛んで，色川茶のブランド名で全国的によく知られている。色川地区では，無農薬の色川茶も販売されている。問い合わせは，那智勝浦観光協会（電話0735-52-5311）か，色川茶業組合（電話0735-56-0121）まで。

サンマ寿司

ダイダイなどの柑橘類の搾り酢を隠し味に，ほどよく油の抜け落ちたサンマを背開きにして，塩で締めている。問い合わせは，那智勝浦観光協会（電話0735-52-5311）まで。

那智黒石

那智黒石は，水成粘板岩が噴出溶岩と接触して，多量の炭素を含んだ黒色硅質頁岩のことである。色は黒く，濡れたような光沢があり，かつては熊野詣の旅人が，その証に持ち帰ったと伝えられている。碁石の黒石・硯・床置石・装飾品などとして利用されている。

那智黒飴

黒砂糖を使った飴で，那智黒石によく似ている。

マグロ

勝浦港は，近海物生マグロ水揚げ量年間1万tで，日本一を誇っている。ほとんどがマグロ延縄漁で捕えられている。

[新宮市]

サンマ寿司

新宮のサンマ寿司は，ユズやダイダイ酢を利用しているものが多い。

めはり寿司

熊野地方・吉野地方の，高菜の浅漬けの葉でくるんだおにぎりのことで，南紀・熊野地方の山仕事や農作業で食べる弁当として始まったと伝えられている。多忙な仕事の合間に，簡単に食事を済ますために，目を見張るほどの大きさに握ったといわれている。めはり寿司の名称は，大きさやうまさから「目を張るように口を開ける」「目を見張るほどおいしい」説，「おにぎりに目張りずるように完全に包み込む」ことに由来するという説などがある。

なれずし

古くからの保存食であり，酢で発酵させる。アユ・サンマ・サバなどがある。サンマのなれずしが独特の味である。

[田辺市本宮町（旧本宮町）]

音無茶

音無茶は，江戸時代から栽培が始まり，明治時代以降，音無茶という名前で知られるようになった。音無茶の主産地は寒暖の差が大きい伏拝地区であるが，地区内を流れ，熊野川にその流れをそそぐ音無川にちなんで，音無茶と名づけられたという。伏拝地区などで

収穫される茶のなかでも、5〜6月に摘まれる一番茶だけを音無茶とよぶ。そして、この一番茶を摘み終わると、7月中旬頃に二番茶を摘む季節がやってくる。二番茶は3回ぐらい天日干しして煎ったり、揉んだりして番茶になる。この番茶でつくられるのが紀州の茶粥「おかゆさん」である。

[北山村]

ジャバラ

ジャバラは北山村の特産物で、ユズやスダチ・カボスといった酢ミカンの一種である。ジャバラという名前には、正月料理などにジャバラからとった酢を使っていたため、「邪を祓う」という意味でつけられたという説と、イバラやカラタチの垣根をジャケチイバラとよんでいたのが訛ってつけられたという説がある。レモン並みの酸を含みながら、温州ミカン並みの糖度をもつという。

北山奥瀞観光筏下り

北山村の観光筏下りは、毎年5月3日に始まり、9月末日に終わる。この観光筏下りは、かつて木材運搬の手段だった筏下りを、1979(昭和54)年から体験型観光として復活させたもので、北山川のオトノリ・小松間の奥瀞の激流約5kmを、救命胴着を着込んだ定員20人の観光客を乗せて約1時間かけてくだる。連結した筏の全長は約30m、熟練の筏師が櫂を操って巧みにくだる。運航は予約制で、北山村観光センター(電話0735-49-2324)で受付をしている。

あとがき

　新版『和歌山県の歴史散歩』が発行されたのは1993(平成5)年である。その後，2002年新装版の依頼を受け，ようやく刊行することができるようになった。その間には，2004年に「紀伊山地の霊場と参詣道」がユネスコの世界文化遺産として登録され，熊野古道を歩くツアーも多くなった。

　和歌山県はもともと，国宝の数では全国でも6番目に多い(2009年2月1日現在)という文化財の宝庫であり，県内各所に文化財・史跡が存在している。それらのことを念頭に，世界遺産にこだわることなく，県内の歴史を知り，各地域の文化財を巡れるように，本書では県内を4つの地域に分けて紹介した。

　和歌山県は紀北・紀中・紀南と地域区分される場合が多いが，紀北地方を高野山とその影響をうけた紀ノ川流域，城下町和歌山とその南に位置する海南市・海草郡紀美野町で章を構成した。紀中は有田川・日高川・南部川などおもな河川に沿って散歩ができるようにし，紀南は熊野地方であるが，熊野参詣道大辺路を通り，新宮市までの道筋で案内している。

　旧版より章立てを減らし，県内の名品・工芸品・食を紹介し，地域・市町村別に巡れるように配慮している。

　本書を手に和歌山県を歩いて知っていただければ幸いである。そして，本書で語り尽くせていない部分があれば，忌憚ないご意見をいただければと思っている。

　最後に本書の出版にあたり，写真・図版を始め，多くの資料を快く提供してくださった方々に深く感謝申し上げます。また，山川出版社編集部には，長い歳月をかけご迷惑をかけたにもかかわらず，辛抱強くご協力・ご助言を頂いたことを厚くお礼申し上げます。

　　2009年3月

　　　　　　　　　　　　　　　　　『和歌山県の歴史散歩』編集委員
　　　　　　　　　　　　　　　　　　　　　　　　　　長谷正紀

【和歌山県のあゆみ】

原始・古代

　和歌山県は紀伊半島の西半分を画し，県内面積の8割が山地で，紀ノ川や日高川などの河川がつくった沖積平野以外は山々に覆われている。気候は温暖で，自然の恵みを受け，古くは「木の国」とよばれた。のちに国名の改称によって「紀伊国」とよばれる。

　和歌山市山東大池遺跡，紀の川市平池遺跡，有田郡有田川町土生池・藤並・野田遺跡の調査で，県内でも後期旧石器時代に生活の始まったことがわかる。

　県内最古の土器が出土した田辺市高山寺貝塚は，縄文時代早期の遺跡であり，前期には，和歌山市鳴神貝塚や禰宜貝塚・吉礼貝塚などの貝塚遺跡がある。縄文時代の生活の様子を知る遺跡として，有田市地ノ島遺跡・有田郡広川町鷹島遺跡・日高郡みなべ町徳蔵地区遺跡などがあり，村と墓地の跡がわかった海南市溝ノ口遺跡，縄文時代後期の抜歯した屈葬人骨がみつかっている西牟婁郡白浜町瀬戸遺跡などからも当時を知ることができる。

　弥生時代になると，畿内より少し遅れて稲作が行われるようになる。遺跡の分布をみると，和歌山市から白浜町までの海岸に沿った地域に集中しているが，紀ノ川の流域だけが上流の奈良県境付近にまでおよんでいる。御坊市堅田遺跡や和歌山市太田・黒田遺跡では環濠集落の存在も知られ，和歌山市橘谷遺跡など高地性集落も営まれていた。

　県内では銅鐸の発見例も多く，有田川以北では古い形の聞く銅鐸が多く，日高川以南では，新しい形の見る銅鐸がみつかっている。政治形態の違いによるものかと考えられている。

　3世紀後半から5世紀初頭にかけて，紀ノ川下流域では「紀氏」という同盟集団が形成され，古代紀伊を長い期間支配していた。3世紀後半，紀ノ川南岸の和歌山市秋月遺跡では，前方後円形の墳丘墓が築造されている。紀ノ川北岸では5世紀前半に車駕之古址古墳，後半には大谷古墳が築造され，和歌山市鳴滝遺跡倉庫群・同市楠見遺跡の存在などが注目される。これらの遺跡は，韓国の洛東江流域の出土品と共通する遺物をもち，当時，ヤマト政権と朝鮮半島の交流の窓口として活躍した「紀氏」の重要性を知ることができよう。その後，首長層は岩橋千塚古墳群を造墓した紀ノ川南岸の勢力（紀国造一族と推定）が主導権を握っていくようになる。

　紀伊では7世紀末に急激に寺院の築造が始まり，なかでも紀ノ川流域に多くの寺院が集中しているのは注目されよう。

　律令時代（7世紀後半〜9世紀）になると，条里制の遺構も県内各地にみられ，開発されていったことがわかるが，なかでも紀国造の館がおかれたと考えられる紀ノ川南岸の日前宮付近には，その遺構が明瞭に残っている。紀伊国への行幸も

この頃には多くみられ、紀伊は憧れの地であったようであるが、ほかに行幸と天皇即位との関係も指摘されている。

産業としては沿岸部でとれた塩のほか、カツオ・タイ・アワビなどの魚介類やアラメ・ワカメなどの海草類、米が調として納められていた。紀伊国に特有のものとして、鎌垣船と久恵（クエ）の存在があげられる。鎌垣船は現紀ノ川市粉河付近でつくられていた河川航行用の船で、『延喜式』には毎年9隻ずつ貢上するように規定されていた。クエは現在も鍋物料理で珍重される魚である。

平安時代の816（弘仁7）年には、空海が高野山に道場を開くことを許され、金剛峯寺は、真言密教の根本道場となる。寺では栄枯盛衰はあったが、今もなお篤い信仰が受け継がれている。平安時代末期には、紀伊国7郡中6郡のほとんどが高野山の荘園となった。

平安時代中頃から、熊野は神が宿る神秘な所と考えられるようになり、上皇・天皇などの行幸があいついで行われ、本宮・新宮・那智の熊野三山は賑わった。平安時代末期に武士が台頭するが、熊野三山を統轄した熊野別当や、有田地方で勢力をもった湯浅一族がつぎの時代に活躍する。

中世

源頼朝は平氏を壇ノ浦に滅ぼした後、1185（文治元）年に諸国に守護・地頭を設置し、武家政権の基礎を築いた。紀伊国の守護については、1184（元暦元）年の一の谷の合戦の後に、すでに豊島有経が守護に任じられ、平氏追討のための兵士・兵粮米の徴収を任務としていたが、平氏滅亡にともなって停止され、その後に佐原義連が就任した。『吾妻鏡』によれば、1207（承元元）年から紀伊国は和泉国（現大阪府南部）とともに、とくに重要なことがない限り、守護は設置されないことになった。これは両国が上皇や法皇・女院らの熊野詣の駅家雑用を負担しているという理由からであったが、真の原因は幕府方と朝廷方の政治折衝によって、幕府が譲歩した結果とみられる。しかし、この譲歩も1221（承久3）年におきた承久の乱によって崩壊し、紀伊守護も復活する。守護に就任したのは、三浦義村やその一族佐原家連（義連の子）らであった。1247（宝治元）年に宝治合戦がおこり、三浦氏や佐原氏が滅亡した後、六波羅探題を世襲する北条重時の系統が紀伊守護となり、鎌倉幕府が滅亡するまで続いた。

地頭については、紀伊は荘園領主の支配力が強く、初期の頃はあまり強力に設置できなかった。このなかにあって、有田郡の湯浅氏は紀州最大の御家人として活躍する。湯浅宗重は平清盛との関係も深かったが、時流を巧みに泳いで源氏方に変節し、1185年頃頼朝から湯浅荘（現、有田郡湯浅町）地頭に補任されたと考えられる。この仲介をしたのは、頼朝と縁の深い文覚であった。文覚の弟子に湯浅宗重の子行慈がいたのもこの関係を強くする契機となっていた。湯浅党ともよばれる血縁関係を中心とした湯浅一族は、北は伊都郡桛田荘（現、伊都郡かつらぎ町）

和歌山県のあゆみ　289

から、南は牟婁郡芳養荘(現、田辺市)までの広範囲にわたって勢力を伸ばし、湯浅一族の名字はおのおの地名を冠して名乗った。なかでも1275(建治元)年に阿氏河荘(現、有田郡有田川町)で農民から苛酷な収奪をし、訴えられた地頭の阿氏河(湯浅)氏は著名である。なお、熊野別当は、承久の乱で後鳥羽上皇方に味方したため、幕府方の厳しい処断を受けて衰退していった。

南北朝の内乱は、建武新政の崩壊後、南朝方(後醍醐天皇方)と北朝方(武家方)の対立からおこってくるが、これは後醍醐天皇が吉野に入る1336(建武3・延元元)年から始まった。北朝方は紀伊の南朝方に対抗するため、同年、足利氏一門の畠山国清を紀伊国守護に任命した。国清の守護在任は1351(観応2・正平6)年まで続くが、この間紀州では紀北を中心に、全体的には北朝方が優勢であった。紀南地方は国清の政令が行き届かない点もあって、南朝方の動向が目立つ。このような状況下で紀伊の南朝方が平定されるのは、1378(永和4・天授4)年に山名義理が守護に任命されてからである。山名氏が南朝方鎮圧に成果をあげた結果、1388(嘉慶2・元中5)年には、室町幕府3代将軍足利義満の和歌浦巡遊、翌年には高野山参詣が行われた。これは紀州における南北朝内乱の終結を示す示威行動であった。

山名氏が明徳の乱(1391年)で失脚すると、翌年には大内義弘が紀伊国守護に就任する。1394(応永元)～96年には、高野山領官省符荘(現、橋本市・九度山町・かつらぎ町)などの検注(土地調査)が荘園領主によってなされ、荘園領主は守護権力を背景に、荘園の再建を図ろうとしていたが、この検注には在地の有力層や農民の協力を必要とした。そして、検注終了後、農民たちは官省符荘の荘官である政所一族の非法を、45カ条からなる「官省符荘百姓等申状案」(「岡本家文書」)をもって荘園領主の高野山へ訴えた。この申状案の内容から、百姓の要求で枡が制定されたことなどがわかり、荘園領主や荘官と渡り合う農民の姿がわかる。

大内氏は応永の乱(1399年)で失脚し、乱後の1399(応永6)年末に、畠山基国が紀伊国守護に就任し、地域の統治権力としての性格を強化していく。大内氏以来の国衙領の支配や守護が分国に課す、田地1段単位の課税である守護段銭も整備・強化され、守護所は名草郡大野(現、海南市)に設置され、伊都郡の奉行所が東家(現、橋本市)、那賀郡の奉行所が粉河(現、紀の川市)などに設置された。紀伊国守護は河内国(現、大阪府東部)や越中国(現、富山県)とともに、畠山氏相伝の職として世襲されていく。1455(康正元)年に畠山持国が没すると、畠山義就と畠山政長の家督争いがおこる。これは応仁の乱(1467～77年)の前哨戦となり、山名宗全を頼る義就と細川勝元を頼る政長が、それぞれ政情に応じて守護に就任した。この両畠山氏の争いは、河内・紀州を中心に約半世紀にわたって続いた。この間、政長の頃(15世紀中頃)には、守護所は有田郡の広(現、広川町)に移転し、別に日高郡の南部(現、みなべ町)にも奥郡(日高郡・牟婁郡)支配の拠点が設置された。

戦国時代には畠山氏の支配力は弱体化しつつあったが、分国の軍事動員権は縮小

化しつつも、最後まで備えていた。戦国時代の紀州の宗教勢力は、ルイス・フロイスの『イエズス会日本年報』によれば、高野山・粉河寺・根来寺・雑賀に居住する集団としている。ほかに熊野三山を中心とした勢力がある。在地武士の勢力としては、紀北では隅田一族・雑賀衆、紀中では室町幕府奉公衆の系譜をもつ湯河氏・玉置氏、紀南では同じく奉公衆の系譜をもつ山本氏・水軍の安宅氏、熊野神官の系譜をもつ堀内氏らがいたが、これらの分立した勢力を統合していける力をもった者は存在しなかった。

1573(天正元)年、室町幕府15代将軍足利義昭が織田信長に追放され、室町幕府は滅亡する。この義昭が1576年まで紀伊国由良(現、日高郡由良町)の興国寺にいて、反信長陣営に檄を飛ばしていたことはよく知られている。根来寺とともに鉄砲集団として知られていた雑賀衆は、1570(元亀元)年に始まる信長と大坂本願寺の戦いでは本願寺方として活躍し、信長方をおおいに悩ませた。そこで信長は1577(天正5)年に雑賀攻めを敢行した。鈴木孫一以下の雑賀衆は内応者が出るなどして敗退し、この戦いは1580年の本願寺の降伏をもって終結した。本願寺の顕如は鷺森(現、和歌山市)へ移り、1583年に和泉の貝塚(現、大阪府貝塚市)に移るまで、本願寺は鷺森に存在したが、戦闘集団の指令塔たりえなかった。鈴木孫一も織田信長の配下に属して、1581年の信長方の高野山攻めのおりには使者をつとめている。1582年に本能寺の変がおこると、紀州の反信長方が動き出し、鈴木孫一は紀州を退去することになる。同年山崎の合戦で明智光秀が倒されると、明智方であった土橋氏は、土佐(現、高知県)の長宗我部氏を頼って紀州を退去する。

織田信長の天下統一事業を受け継いだのは羽柴秀吉で、1585年に紀州攻めを敢行し、根来寺を焼き、太田城を水攻めにした。高野山は木食応其を秀吉のもとに送って、戦わずして降伏した。秀吉の紀州侵攻後、紀州は羽柴秀長の支配するところとなり、和歌山には桑山重晴、田辺に杉若無心、新宮に堀内氏善が代官としておかれた。なお、「和歌山」の地名は1585年を初見とし、秀吉の侵攻によって和歌浦と岡山(和歌山城の地)の地名を接合して名づけられたものと推測されている。1591年に秀長が病死し、4年後に秀長の養嗣子秀保も病死すると、紀州は豊臣秀吉の直轄領となった。

近世

1600(慶長5)年11月、浅野幸長は関ヶ原の戦いの功により、甲斐国(20万石。現、山梨県)から紀伊国(37万石)に転封となった。幸長は、海岸線の長い紀州を統治するため、田辺と新宮に一族を配置し、翌1601年には検地を実施して、藩の土地基本台帳である検地帳を作成した。また、和歌山城の修・改築、城下町の整備を行うなど紀州藩の基礎をかためた。こうした浅野氏の統治にもかかわらず、1614〜15年の大坂冬・夏の陣には、領内で大坂方に呼応して大規模な一揆がおこっている。

1619(元和5)年7月、浅野氏が広島に転封となり、徳川家康の10男頼宣が、駿河

(現,静岡県中央部)・遠江(現,静岡県西部)・東三河(現,愛知県東部)50万石から,紀伊・伊勢(現,三重県)55万5000石に移された。紀州に入国した頼宣は,一揆が鎮圧されて5年後であったため,ただちに牢屋の普請を命じて領民を恐れさせた。その一方,和歌山城の拡張に着手し,城下町も1633(寛永10)年の大水害後,紀ノ川の堤防を改修して,城下の入口である嘉家作丁付近を整備した。その後も人口増加にともなって,城下町周辺の農村部もしだいに編入され,17世紀末までに町域はほぼ確定した。また,領内の支配体制確立のため,付家老の安藤・水野両家を田辺城と新宮城にそれぞれ配置し,紀南地域の防備をかためた。

文化面では,1622(元和8)年に家康の菩提を弔うために和歌浦に東照宮を建立し,1660(万治3)年正月には,紀州藩の教育理念をあらわした「父母状」を,頼宣みずから作成して儒臣の李梅渓に清書させ,領内全域に布達した。

徳川吉宗が紀州藩5代藩主に就任した1705(宝永2)年は,5月に3代綱教,8月に2代光貞,9月に4代頼職があいついで死去するというあわただしい年であった。この事態は,それ以前の江戸赤坂(現,東京都港区)の中屋敷の火事(1682年)・御殿の新築・学侶方と行人方の対立による高野山騒動の出兵(1692年)など,臨時の出費で苦しくなっていた藩の財政をさらに悪化させることになった。そのうえ1707年10月,津波が紀州南岸をおそい,日高・有田両郡に大きな被害をもたらし,幕府からは藩札の使用を禁止されるなど,財政は窮乏するばかりであった。このような財政を再建するため,吉宗は藩主就任当初から倹約を奨励し,家臣に対して差上金を命じ,人員整理を断行した。また,町人や農民からも新税を取り立て,新田開発と殖産興業に尽力した。このような政策が功を奏して,吉宗が江戸幕府8代将軍に就任する頃には,和歌山城の金蔵に14万両余りと米11万石余りが蓄えられるまでになっていた。その後,紀州藩主は宗直・宗将・重倫・治貞と交代していき,1789(寛政元)年に治宝が10代藩主に就任した。治宝は,吉宗によって設けられた講釈所(藩校)を修築して「学習館」と命名し,1792年には城下に医学館を設け,江戸中屋敷内にも明教館を設立して藩士の教育に尽力した。また,1806(文化3)年には,仁井田好古・本居大平らに『紀伊続風土記』の編纂を命じ(1839年完成),加納諸平に『紀伊名所図会』を編ませ,文化的な政策も行っている。治宝は,隠居後に常住した西浜御殿(現,県立和歌山工業高校敷地内)の近くに海水を引き込んだ庭園(養翠園)を造営し,京都から陶工を招いて御庭焼を何度も焼いている。

和歌山県域には紀州藩だけでなく,高野山の寺領も存在した。寺領は,おおむね伊都・那賀両郡内の紀ノ川の南部で,1649(慶安2)年以後2万1300石となるが,その大枠は豊臣秀吉によって定められ,徳川家康もこれを追認した。高野山には,学侶方・行人方・聖方の3集団があり,このうち学問僧である学侶方が山内の中心勢力であったが,しだいに雑役に従事していた行人方が勢力を増大し,両者の対立が激しくなった。両者の争いは,1692(元禄5)年に幕府の裁断を不服とする多数の

行人が流刑に処されたことで決着をみたが、その後も寺領は、学侶方領、行人方領、学侶方・行人方共同支配領に分割支配された。
　熊野三山は、かつて「蟻の熊野詣」といわれたほど多数の参詣者で賑わったが、江戸時代になるとしだいに参詣者が減少していったため、熊野名目金とよばれる貸付金によって三山の経済的安定を図った。名目金は、1736(享保21)年に8代将軍徳川吉宗が三山修理料として寄進したものを元金として士民に貸し付け、その利子を社殿修復費に充当させたものである。
　紀州の特産物としては、湯浅醬油・粉河酢・黒江漆器・高野紙・保田紙・備長炭・紀州蜜柑などがある。紀州藩は主要な産物を藩の御仕入方役所を通じて統制し、専売制下に組み入れた。しかし、自由な商品流通を望む農民は、藩の専売政策に反発した。1823(文政6)年の紀ノ川流域を中心とした紀州藩領の一揆勢が、御仕入方役所の廃止を要求の1つに入れていたことも、その間の事情を示している。
　湯浅醬油の起源は、1228(安貞2)年紀伊国由良(現、日高郡由良町)の興国寺の覚心(法燈国師)が中国から径山寺味噌の醸造法をならって帰国し、湯浅で広めたことに始まるという。その工程で槽底に沈殿した液が食物を煮るのに適していることがわかり、種々工夫をこらして醬油を醸造するようになった。粉河酢は、那賀郡で生産される上質米を原料とし、水質にも恵まれ、品質が良いため他国にまでその名が知られていた。粉河寺の門前町で江戸時代初期に室屋が独占的な営業を行っていたが、1700(元禄13)年に室屋を中心とした7軒の株仲間が結成された。黒江漆器は、現在の海南市黒江で生産されたもので、渋地槐・折敷や日常生活に使用する什器類が中心であった。『紀伊続風土記』には、1839(天保10)年頃には黒江漆器が諸国へ出まわっていることや、黒江村に諸国からの賃稼ぎ職人が2000余人もいたことが記されている。
　幕末の紀州藩は、10代藩主徳川治宝が隠居後も藩の権力を握り続けたため、その側近の伊達千広・玉置縫殿ら隠居藩主派と、養子で11代藩主の斉順の側近や付家老水野忠央らの藩主擁立派が対立し、1852(嘉永5)年の治宝死没、隠居藩主派は大弾圧を受けた。その後、1858(安政5)年に紀伊徳川家の分家伊予西条松平家から茂承が14代藩主に就任した。茂承は、1866(慶応2)年の第二次長州征討に際して幕府軍の先鋒総督に任命され、広島方面の戦闘では長州軍と互角に戦ったが、江戸幕府14代将軍徳川家茂の病死により、撤兵した。その後、1868(明治元)年の鳥羽・伏見の戦いを機に藩論を新政府支持に統一し、一旦失脚していた津田出を再登用して藩政改革を断行した。同年1月、付家老の安藤・水野両家が新政府から藩として独立することを許され、ここに田辺藩と新宮藩が誕生した。それも束の間、1871年7月の廃藩置県により、和歌山・田辺・新宮県となり、現在の和歌山県域には、五条県に属していた高野山領とともに4県が混在することになった。それから4カ月後の11月、これらの県が合併されて現在の和歌山県が誕生した。

和歌山県のあゆみ

近・現代

　本県が現代の県域としてスタートするのは、版籍奉還・廃藩置県を経た1871（明治4）年である。

　第二次世界大戦前の日本では、農村は寄生地主制のもとにあったが、本県でも明治10年代から寄生地主・小作農関係が展開され、明治30年代には全国並みの小作地率（約45％）となる。

　江戸時代から和歌山は吉野材、新宮は十津川・北山材の集散地として栄え、明治時代以降も木材市場は全国的に著名であった。用材・薪炭の伐採は大正時代に頂点を迎え、大正時代後半以降に輸入材が盛んに取り引きされるようになり、各河川流域の製材工場は、機械導入とともに発展した。

　江戸時代から有田地方を中心に発展してきた柑橘類の栽培は、明治時代に入って生産地域を紀北地方に拡大し、ミカンはそれまでの小みかんから温州みかんへの作付転換が行われ、従来の国内市場に加えて輸出が急増した。果樹栽培に加え、農家副業の養蚕・養鶏業も急速に伸びた。

　和歌山県域の総生産額は、明治時代から第一次世界大戦までの急成長と1920年代の停滞、昭和恐慌による落ち込みとその後の急速な回復によって好不況が示されるが、その推移は日本経済の動向と合致している。

　明治維新以後始まった綿ネル生産は、本県の新興産業としての道を歩み、日清戦争（1894年）前後にヨーロッパから輸入された捺染ネルに刺激されて、一挙に発展した。1900（明治33）年の生産量は全国の4割を占め第1位となり、大正時代には輸出綿ネルの大半を占めるなどその全盛期を迎え、工場が和歌山市や周辺地域に集中して建設された。第一次世界大戦の勃発でドイツからの染料輸入が途絶し、化学染料の国産化を目指して、化学工業もおこった。他方で捺染ネルへの転換に遅れた業者はメリヤス業に転じ、一大拠点となっていった。橋本市高野口町では再織・パイル織に転進、今日に続く特殊織物地域を形成するに至った。そのほか、御坊市周辺では紡績業や製糸業、田辺市周辺では貝ボタン製造業、さらに新宮周辺では製糸業が営まれた。また、第一次世界大戦時に発展した和歌山市の製靴業や海草郡紀美野町の棕櫚製品、海南市黒江の漆器生産などがあった。

　明治新政府は1873（明治6）年地租改正を実施し、財政収入の安定を図ったが、農民の反対が強く、1876年、現紀の川市粉河の児玉仲らにより粉河騒動とよばれる反対運動が進められた。この動きは自由民権運動にも引き継がれ、彼らは県内各地の資産家約100人の署名を集め、太政官に国会開設の建白書を提出している。日露戦争（1904～05年）に対する戦争批判には、和歌山市での沖野岩三郎らの動き、田辺での『牟婁新報』の非戦論、新宮での医師大石誠之助の演説などがあげられる。1910（明治43）年の大逆事件で暗黒裁判のもと処刑された12人中には、『牟婁新報』の元記者菅野スガと新宮の大石誠之助・成石平四郎の3人、また無期懲役の4人が

おり、本県は大きな犠牲を払うことになる。

　大正デモクラシー期に入り、富山県で発生した米騒動(1918年)はまたたく間に本県にも伝わり、有田郡湯浅町を皮切りに各地に広がった。労働者や農民の組織化も進み、全日本労働総同盟と友愛会の支部がいち早く結成されている。1923(大正12)年5月1日、初めてのメーデーには、「8時間制即時断行」をスローガンに、400人余りが和歌山市砂の丸運動場に集まっている。

　第二次世界大戦後の農地改革で、小作地の74％にあたる田畑が解放された。しかし農業の経営規模は、全国平均の5反歩(約5000m^2)に比して3反歩未満層が4割を超える状況で、とくに東・西牟婁郡では林業・水産業に依存する度合いも高く、耕作地は零細であった。

　高度経済成長期には農山漁村も大きくかわった。農家の兼業化が進み、山林労働者の離村が目立った山村では過疎化が著しく進行した。一方、水田から果樹園への転換も進み、ミカンの生産量がふえた。県は第二次世界大戦後から果樹復興・振興計画を実施し、その結果、ミカン・ネーブル・夏ミカン・ウメ・カキなどが県別生産高で1～3位を占め、「果樹王国」への道を歩んでいる。

　本県の工業発展の担い手は紀北臨海工業地帯であった。そこには、戦前に操業の起源をもつ住友金属・大日本油脂、海南市下津町の丸善・東亜燃料の2つの石油製油工場、海南市黒江湾埋立地に建設された製油所や火力発電所などの大工場がある。工業地帯の発展は、それまでの繊維産業を中心とした本県の産業構成を、鉄鋼・石油工業を中心としたものへと変化させた。他方、おもに中小企業によってになわれてきた地場産業は、繊維を中心に木材・皮革・雑貨などの生産で県の経済に重要な役割をはたしている。

　過疎問題への取り組みは昭和40年代から始まり、小規模集落の移転事業や、過疎町村の中心地でのコミュニティセンターの建設が進められている。

　ナショナルトラスト第1号の認定を受けた田辺市天神崎の保全や、廃線決定をくつがえした「貴志川線を守る会」の活動は、近年の市民運動として著名である。

　「半島県」からの脱皮を目指してきた本県は、関西国際空港の開港、近畿自動車道の田辺への延伸、京奈和自動車道の一部開通を通じて、あらたな経済発展構想を打ち出しつつある。2004(平成16)年には、「紀伊山地の霊場と参詣道」がユネスコの世界遺産(文化遺産)に認定され、観光立県としての取り組みも始まっている。

【地域の概観】

県都和歌山

　和歌山市の古代遺跡は豊富である。旧石器時代の山東大池遺跡，縄文時代の鳴神貝塚を始め，弥生時代の遺跡である太田・黒田，田井ノ瀬の各遺跡からは銅鐸も出土している。古墳時代には，紀ノ川流域に4世紀末から7世紀初めにかけて多数の古墳が築かれた。なかでも岩橋千塚古墳群は，当地域の有力豪族である紀国造一族の墳墓と推定される，600基以上の大古墳群である。紀国造一族が祭祀した日前国懸神宮(日前宮)は，国内有数の歴史ある神社である。また，5世紀末に築造された大谷古墳からは，馬冑・馬甲が出土している。

　鎌倉時代になると，全国に守護が設置されるが，紀伊国の守護所は，律令時代(7世紀後半から9世紀)に国府がおかれていた府中付近であったと推察される。室町時代になり，1399(応永6)年に畠山基国が守護になって以後，守護所は南の大野(現，海南市)に移された。その後，紀伊国は畠山家の分裂により争乱状態が半世紀におよび，在地の武士はその内紛に巻き込まれた。こうしたなかで，雑賀荘を中心に雑賀衆が台頭し，大坂本願寺の門徒となって結束を強めた。

　1577(天正5)年，織田信長は大坂本願寺との戦いを有利にするため，雑賀を攻め，鈴木孫一らの諸将を降伏させた。その後，1585年に羽柴秀吉が紀州を攻め，雑賀衆や根来寺衆が守る諸城を攻略し，根来寺や粉河寺を焼いた。残る抵抗勢力は，太田城に追い込み，水攻めによって降伏させた。秀吉はこの間，和歌山城の築城に着手し，城を弟の羽柴秀長に与えた。1600(慶長5)年，関ヶ原の戦いの功により，浅野幸長が紀州に入国し，ついで1619(元和5)年に徳川頼宣が和歌山城主となった。頼宣は，和歌山城の修築，城下町の整備，支配体制の確立に尽力し，紀州藩の基礎を築いた。

　明治時代になると，城下町は1879(明治12)年に和歌山区に継承され，1889年に市制が施行された。1945(昭和20)年の大空襲で市の中心部は焼失したが，戦後いち早く街路・公園などの整地に着手した。1958年，和歌山城天守閣が再建され，市の繁栄を取り戻した。

紀ノ川流域

　紀ノ川は奈良県大台ケ原(1695m)に水源を発し，和歌山市湊の西部で紀伊水道にそそいでいる。全長136km(最大支流の貴志川は59km)で，県内第2の長さの川であるが，流域面積は県内最大である。紀ノ川平野は，「木の国」(山国)和歌山県にあって最大の穀倉地帯を形成していて，政治・経済の中心をになってきた。

　紀ノ川は古墳時代には，紀氏とかかわる朝鮮半島や大陸の文化をヤマト政権に供給した道であり，奈良・平安時代には聖武天皇を始め，多くの天皇・貴族が和歌浦行幸や高野山参詣のために利用した回廊であった。紀ノ川に並行する南海道には多くの遺跡が散在し，紀の川市の紀伊国分寺や，白鳳期(7世紀後半)の寺院跡に

その様子が偲ばれる。

　平安時代初頭，空海(弘法大師)が唐から帰朝ののち，人びとが山岳で修行することを目的に真言密教の道場として開いたのが高野山である。

　2004(平成16)年「紀伊山地の霊場と参詣道」として世界遺産(文化遺産)に認定された高野山山上は，東西6km・南北2kmの盆地状の地で，その周囲を標高900～1000mの山々が取り囲んでいる。東に奥の院，西に大門があり，奥の院の裏には，摩尼・楊柳・転軸のいわゆる高野三山が聳え立ち，この間から玉川が流れ出ている。高野山は，壇上にあった僧房に加えて，北側にあった中院を中心に東室・西室・北室が建てられ，伽藍の発展とともに，寺はしだいに大門通り・女人堂通りから東に拡大していった。現在は壇上伽藍と奥の院の両壇を中核に，総本山金剛峯寺のもとに，117カ寺，うち宿坊寺院52カ寺があり，これを主体に，伊都郡高野町の人口の過半数を超える人びとが山上に住み，町の機関もすべて山上におかれ，全国でもまれにみる宗教都市が形成されている。

　紀ノ川平野の上流域は，明治維新まで高野山領であった所が多く，高野山とのつながりの深い地域であり，関係する遺跡や史跡をみることができる。また，中流域には粉河寺・根来寺などの寺院があり，今も参詣者で賑わっている。根来寺は，発掘調査によって寺の隆盛時の様子も判明しつつあり，2008(平成20)年には，日本中世中の重要な寺として，境内が国の史跡となった。

　寺とともに，高野紙・粉河酢・粉河鋳物・根来塗などの産業も育ち，近世には用水技術の大畑才蔵，医聖華岡青洲らの逸材が生まれた地域である。

紀中の海岸を行く

　有田市・有田郡の有田地方と御坊市・日高郡の日高地方は，紀北・紀南と区別して紀中とよばれる。

　有田地方は，有田川中・下流域・山田川・広川流域に，日高地方は日高川・南部川下流域などに平野が形成されているが，全体として両地方とも，その地形は奥深い山地であり，水田耕作には適さない土地が多い。海岸線は日の岬を境に，北は沈降海岸，南は砂州地形・隆起海岸・海岸段丘とじつに対照的であるが，古くから漁業が盛んな土地であった。

　弥生時代前期の遺跡である御坊市堅田遺跡・日高郡みなべ町徳蔵地区遺跡にみられるように，平野部は古くから人びとの生活の場所であった。堅田遺跡は環濠集落跡で，地域の拠点的集落の典型と推定されており，その後，奈良時代には日高郡衙がおかれていた。徳蔵地区遺跡では，平安時代末期の条里水田が判明している。

　古代において，紀北と紀南を結ぶ陸路が海岸沿いに設けられていたが，古代末期から中世にかけて熊野詣が盛んになるにつれて，内陸部を通る熊野街道が発達し，街道沿いに王子社や宿泊施設がつくられた。

　中世には，多くの荘園が海岸線・平野部を中心に設置された。地頭の横暴を荘

地域の概観　　297

園領主に訴えたカタカナ書き訴状で有名な阿氐河荘は,有田川上流部にあった。京都栂尾高山寺(京都市右京区)で華厳宗を広めた明恵(高弁)は,有田郡有田川町の出身であり,径山寺味噌や編笠に尺八という姿で托鉢にまわる虚無僧で知られる,普化宗を日本にもたらした覚心は,日高郡由良町の興国寺に住した。

中世前期,党的武士団の代表といわれる湯浅党が,有田地方を中心に勢力を振るい,紀北・紀南にも影響を与えたが,中世末期になると,御坊市の亀山城・小松原館を拠点とした国人領主の湯河氏が強力になり,紀中のみならず,紀北・紀南にもその影響をおよぼした。奥郡の小守護代であった野辺氏は,みなべ町高田城を拠点として,応仁の乱(1467〜77年)前後には,畠山政長方として畠山義就方と戦っている。

近世に入ると有田・日高地方は紀州藩領となったが,日高郡域9組のうち,郡南の切目・南部の両組は紀州藩付家老で田辺領主の安藤氏の支配下におかれた。小泉八雲(ラフカディオ・ハーン)によって「稲むらの火」として世界に紹介された浜口梧陵(儀兵衛)の働きで,1858(安政5)年につくられた広村堤防(現,有田郡広川町)は,その後,地震発生のおりに津波から人びとを守る大きな役割をはたした。

近世以降,有田地方では有田川下流域を中心にしたミカンの栽培や蚊取線香の生産,湯浅を中心にした醬油醸造など,さらに日高地方では南部川流域での梅栽培・梅干生産や備長炭の生産など,園芸農業・漁業を基盤とした産業が盛んである。

世界遺産―熊野路

田辺・新宮の2市と東・西の牟婁郡からなる紀南の地は,面積では県全体の45%と半分近くを占めるが,人口はほぼ5分の1程度にすぎない。

紀南の屋根果無山脈は,熊野の北部を東西に走っている。そこを源流とする日置川・古座川・熊野川などの河川は支流が少なく,谷を深く刻みつつ,やがて海岸へと流れ出る。枯木灘や熊野灘に突き出る岬と入り江,黒潮の本流と分流は長い海岸を洗い,海の幸にも恵まれる。紀伊半島南部は地形上溺れ谷が各地にあり,良港を形成している。港に繋留されているたくさんの漁船,なかでも勝浦や太地港の船は,遙か遠くまで魚を求めて出かけて行く。また,温暖で雨量の多いことが豊かな森林を育て,かつて炭が生活に欠かせない燃料であった頃,備長炭を焼く煙が山々で揺らめき,山から伐り出す木材を集めて,河口の町では製材工場の鋸の音が,辺り一面にうなりを響かせていた。海岸や渓流沿いには,湯煙をあげ湧き出るたくさんの温泉があり,海に山に紀南の地は豊かな自然に包まれている。

田辺市の高山寺貝塚から出土した尖底押型土器は「高山寺式土器」と名づけられ,縄文時代早期のものとして有名である。中世に「蟻の熊野詣」といわれた熊野三山への参詣は中辺路を通り,貴族のみならず,やがて各地からの庶民も多く加わっ

た。その熊野三山を統括する熊野別当湛増の勢力は、源平の戦いでは源氏側に加勢した。羽柴秀吉の紀州攻め(1585年)では、在地の国人領主山本・小山・安宅・周参見・堀内氏らの勢力にはそれぞれ消長があった。江戸時代には幕藩体制のもと、紀州藩の付家老安藤氏・水野氏が田辺領・新宮領をそれぞれ支配し、城下町は現在の田辺・新宮両市の発展のもととなっている。

　近代以降、紀南は大阪や名古屋の経済圏から距離があるという経済発展上大きなハンディを負ってきた。和歌山から新宮まで鉄道が開通したのは1940(昭和15)年、紀勢本線の全通は1959年であり、現在でも新宮から大阪・名古屋へは、特急でも4～5時間かかる。しかし、それにより無謀な開発から免れ、豊かな自然を残している。2007(平成19)年11月、阪和自動車道が南紀田辺まで開通し、紀伊半島を1周する計画が進められているが、今後その恵みを守り、経済的発展と環境問題を人びとの生活とどう調和させていくかが地域の課題であろう。

【文化財公開施設】　　　　　　　　　　　　①内容，②休館日，③入館料

和歌山県立近代美術館　　〒640-8137和歌山市吹上1-4-14　TEL073-436-8690　①県出身の近・現代作家の作品，②月曜日(祝日の場合は翌日)，年末年始，③有料

和歌山県立文書館　　〒641-0051和歌山市西高松1-7-38 和歌山県立図書館2F　TEL073-436-9540　①県内の図書・史料，②月曜日(祝日の場合は翌日)，年末年始，③無料

和歌山県立紀伊風土記の丘資料館　　〒640-8301和歌山市岩橋1411　TEL073-471-6123　①考古・民俗資料，②月曜日(祝日の場合は翌日)，年末年始，③有料

和歌山県立博物館　　〒640-8137和歌山市吹上1-4-14　TEL073-436-8670　①和歌山県の考古・歴史・文化に関する資料，②月曜日，年末年始，③有料

和歌山城天守閣　　〒640-8146和歌山市一番丁3　TEL073-422-8979　①考古資料，武器・武具類，②年末年始，③有料

和歌山市立博物館　　〒640-8222和歌山市湊本町3-2　TEL073-423-0003　①和歌山市の歴史資料，②月曜日(祝日の場合は翌日)，祝日の翌日，年末年始，③有料

和歌山市発明館　　〒640-8214和歌山市寄合町25　TEL073-432-0088　①発明家やその作品，②月曜日(祝日の場合は翌日)，年末年始，③無料

万葉館　　〒641-0022和歌山市和歌浦南3-1700-2　TEL073-446-5553　①『万葉集』関係資料，②年末年始，③有料

淡嶋神社宝物殿　　〒640-0103和歌山市加太118　TEL073-459-0043　①神社奉納の伝世品，②月曜日，7月1日～9月末日，12月1日～2月末日，③有料

和歌山県立自然博物館　　〒642-0001海南市船尾370-1　TEL073-483-1777　①海洋生物を中心とする標本類，②月曜日(祝日の場合は翌日)，年末年始，③有料

海南市海南歴史民俗資料館　　〒640-1174海南市木津233-23　TEL073-487-3808　①考古・歴史・民俗資料，②月・火曜日，年末年始，③無料

海南市下津歴史民俗資料館　　〒649-0164海南市下津町上688　TEL073-492-4826　①歴史・民俗資料，②月・火曜日，年末年始，③無料

温古伝承館　　〒642-0011海南市黒江846　TEL073-482-1115　①酒造器具・道具類，②年始，③有料

黒江ぬりもの館　　〒642-0011海南市黒江680　TEL073-482-5321　①紀州漆器，②水曜日，盆，年末年始，③無料

紀州漆器伝統産業会館　　〒642-0001海南市船尾222　TEL073-482-0322　①紀州漆器，②第2日曜日，盆，年末年始，③無料

丹生都比売神社収蔵庫　　〒649-7141伊都郡かつらぎ町上天野230　TEL0736-26-0102　①美術工芸品，②無休(要予約)，③無料

川上酒かつらぎ文化伝承館　　〒649-7121伊都郡かつらぎ町丁ノ町2470-1　TEL0736-22-7840　①酒造道具，②月曜日(祝日の場合は翌日)，祝日の翌日，年末年始，③無料

橋本市郷土資料館　　〒648-0096橋本市御幸辻786　TEL0736-32-4685　①考古・歴史・民俗資料，②月曜日，祝日の翌日，年末年始，③無料

パイル織物資料館　　〒649-7205橋本市高野口町名倉1067　TEL0736-42-3113　①パイル織物の歴史，製作過程，②土曜日の午後，日曜日，祝日，③無料

高野山霊宝館　　〒648-0211伊都郡高野町高野山306　TEL0736-56-2254　①高野山の文化財，

②年末年始，③有料

真田宝物資料館　〒648-0101伊都郡九度山町九度山1413　TEL0736-54-2218　①真田一族所用の武器・武具類，②無休，③有料

松山常次郎記念館　〒648-0101伊都郡九度山町九度山1452　TEL0736-54-2019　①九度山町出身の政治家松山常次郎関係資料，②月・火曜日(祝日の場合は翌日)，年末年始，③有料

紙遊苑　〒648-0151伊都郡九度山町慈尊院749-6　TEL0736-54-3484　①高野紙関係資料，紙漉き体験，②月・火曜日(祝日をのぞく)，年末年始，③無料

旧名手宿本陣　〒649-6631紀の川市名手市場641　TEL0736-64-2525(紀の川市教育委員会生涯学習課)　①国重文の母屋・南倉・北倉など，②月曜日(祝日の場合は翌日)，年末年始，③無料

青洲の里春林軒　〒649-6604紀の川市西野山419-4　TEL0736-75-6008　①華岡青洲の診療所兼居宅「春林軒」の移築・復元，②火曜日(祝日の場合は翌日)，③有料

青洲の里フラワーヒルミュージアム　〒649-6604紀の川市西野山473　TEL0736-75-6008　①華岡青洲関係資料，②火曜日(祝日の場合は翌日)，③有料

鞆淵八幡神社宝物殿　〒649-6573紀の川市中鞆渕58　TEL0736-79-0198　①鞆淵神社伝世の宝物，②火曜日，年末年始，③無料(要予約)

紀の川市歴史民俗資料館　〒649-6428紀の川市東国分671　TEL0736-77-0090　①歴史・民俗資料，②月・火曜日，祝日の翌日，年末年始，③無料

紀の川市貴志川生涯学習センター文化財展示室　〒640-0415紀の川市貴志川町長原447-1　TEL0736-64-2223　①歴史資料，②月曜日，祝日，年末年始，③無料

乾歴史民俗資料館　〒649-6122紀の川市桃山町元80-3　TEL0736-66-0768　①歴史・民俗資料，②月曜日，③有料

岩出市民俗資料館　〒649-6202岩出市根来2306-1　TEL0736-63-1499　①歴史・民俗資料，②火曜日，祝日の翌日(火・土・日曜日，祝日の場合は翌日)，年末年始，③無料

有田市郷土資料館　〒649-0304有田市箕島27　有田市文化福祉センター内　TEL0737-82-3221　①歴史資料，市内・県内の美術工芸品，②火・水曜日，年末年始，③無料

有田市立みかん資料館　〒649-0304有田市箕島27　有田市文化福祉センター内　TEL0737-82-3221　①蜜柑産業関係資料，②火・水曜日，年末年始，③無料

くまの古道歴史民俗資料館　〒649-0421有田市糸我町中番330-2　TEL0737-88-8528　①熊野古道関係資料，②水・木曜日，年末年始，③無料

有田川町ふるさと創生館　〒643-0521有田郡有田川町清水1070　TEL0737-25-1111　①考古・文献・民俗資料など，②年末年始，③有料

角長醬油資料館・職人蔵　〒643-0004有田郡湯浅町湯浅7　TEL0737-62-2035　①醬油蔵，②日曜日，その他の曜日(要予約)，③無料

手作り行灯・麵資料館　〒643-0004有田郡湯浅町湯浅36　TEL0737-62-2849　①行灯・古民具，②年末年始，③無料

広川町男山焼会館　〒643-0064有田郡広川町上中野88-2　TEL0737-64-0881　①男山焼関係資料，②月曜日，年末年始，③無料

稲むらの火の館　〒643-0071有田郡広川町広671　TEL0737-64-1760　①浜口梧陵関係資料，

②月・火曜日(祝日をのぞく)，年末年始，③有料

道成寺宝仏殿　〒649-1331日高郡日高川町鐘巻1738　TEL0738-22-0543　①道成寺関係資料，②無休，③有料

中津郷土文化保存伝習館　〒644-1122日高郡日高川町高津尾179　TEL0738-54-0326(中津公民館)　①中津地区の歴史・民俗資料，②土・日曜日，祝日，年末年始，③有料

美山歴史民俗資料館　〒644-1231日高郡日高川町初湯川201-1　TEL0738-57-0750　①歴史・民俗資料，明治時代の民家復元，②月・木曜日，年末年始，③無料

御坊市歴史民俗資料館　〒644-0024御坊市塩屋町南塩屋1123　TEL0738-23-2011　①考古・歴史・民俗資料など，②月・水・金曜日，年末年始，③無料

美浜郷土資料館　〒644-0044日高郡美浜町吉原1083-3　TEL0738-22-7309(中央公民館)　①民俗資料，②事前申込み，③無料

アメリカ村資料館　〒645-0045日高郡美浜町三尾2113　TEL0738-62-2326　①カナダ移民関係資料，②無休，③有料

うめ振興館　〒645-0026日高郡みなべ町谷口538-1　TEL0739-74-3444　①ウメ関係資料，旧南部川村の歴史資料，②火曜日(祝日の場合は翌日)，年末，③無料

紀州備長炭振興館　〒645-0201日高郡みなべ町清川1267　TEL0739-76-2258　①備長炭関係資料，②土曜日，年末年始，③無料

天誅倉　〒645-0521田辺市龍神村小又川字津越19-1　TEL0739-78-0301(龍神教育事務所)　①辞世の歌・血書の柱片，②無休，③無料

紀州備長炭発見館　〒646-1020田辺市秋津川1491-1　TEL0739-36-0226　①備長炭関係資料，②水曜日(祝日の場合は翌日)，年末年始，③有料

田辺市立歴史民俗資料館　〒646-0032田辺市下屋敷町120-3　TEL0739-25-0501　①考古・歴史資料，②月曜日(祝日をのぞく)，祝日の翌日，年末年始，③無料

田辺市立美術館　〒646-0015田辺市たきない町24-43　TEL0739-24-3770　①紀州の文人画，田辺ゆかりの作家の美術品，②月曜日(祝日の場合は翌日)，祝日の翌日(土・日曜日をのぞく)，年末年始，③有料

熊野古道館　〒646-1421田辺市中辺路町栗栖川1222-1　TEL0739-64-1470　①熊野古道関係資料，②年末年始，③無料

和歌山県世界遺産センター展示＆交流空間"Kii Spirit"　〒647-1731田辺市本宮町本宮219　TEL0735-42-1044　①熊野三山・熊野古道・高野山関係資料，②無休，③無料

熊野本宮大社宝物殿　〒647-1731田辺市本宮町本宮1110　TEL0735-42-0009　①熊野本宮大社所蔵の宝物，②無休，③有料

南方熊楠顕彰館　〒646-0035田辺市中屋敷町36　TEL0739-26-9909　①南方熊楠関係資料，②月曜日，第2・4火曜日，祝日の翌日(土・日曜日，祝日をのぞく)，年末年始，③無料(隣接の南方邸は有料)

ふるさと自然公園センター　〒646-0051田辺市稲成町1629　TEL0739-25-7252　①ひき岩群を中心とする田辺の自然・動植物資料，②月曜日(祝日の場合は翌日)，年末年始，③無料

田辺市立大塔歴史民俗資料館　〒646-1214田辺市平瀬457-4　TEL0739-63-0625　①歴史・民俗資料，②要予約，③無料

白浜民俗温泉資料館	〒649-2211西牟婁郡白浜町2054-1	TEL0739-43-5270	①白浜町の歴史・民俗資料，②水曜日，年末年始，③無料

白浜民俗温泉資料館　〒649-2211西牟婁郡白浜町2054-1　TEL0739-43-5270　①白浜町の歴史・民俗資料，②水曜日，年末年始，③無料

白浜美術館　〒649-2211西牟婁郡白浜町1-1　TEL0739-42-2589　①密教仏像などの美術品，②年末，③有料

紀州博物館　〒649-2211西牟婁郡白浜町2054-4　TEL0739-43-5108　①陶磁器・浮世絵，②無休，③有料

南方熊楠記念館　〒649-2211西牟婁郡白浜町3601-1　TEL0739-42-2872　①南方熊楠関係資料，②木曜日(7月20日～8月31日は無休)，年末年始，③有料

京都大学白浜水族館　〒649-2211西牟婁郡白浜町459　TEL0739-42-3515　①無脊椎動物を中心とする海洋生物，②無休，③有料

日置川町拠点公民館　〒649-2511西牟婁郡白浜町日置980-1　TEL0739-52-2660　①考古・歴史・民俗資料，②土・日曜日，祝日，年末年始，③無料

すさみ町立歴史民俗資料館　〒649-2621西牟婁郡すさみ町周参見2290　TEL0739-55-4059　①農林水産業関係資料，考古・歴史・民俗資料，②月・水～金・日曜日，盆，年末年始，③無料

串本応挙芦雪館　〒649-3503東牟婁郡串本町串本833　TEL0735-62-6670　①考古・美術品，円山応挙・長沢芦雪の作品，②年末年始，③有料

トルコ記念館　〒649-3631東牟婁郡串本町樫野1025-26　TEL0735-65-0628　①紀伊大島沖で遭難した軍艦エルトゥールル号の模型・遺品など，②無休，③有料

太地町立くじらの博物館　〒649-5171東牟婁郡太地町太地2934-2　TEL0735-59-2400　①捕鯨関係資料，②無休，③有料

太地町立石垣記念館　〒649-5171東牟婁郡太地町太地â2502-1　TEL0735-59-2750　①太地町出身の画家石垣栄太郎の作品・遺品，②木曜日(祝日の場合は翌日)，年末，③有料

熊野那智大社宝物殿　〒649-5301東牟婁郡那智勝浦町那智山1　TEL0735-55-0321　①考古・民俗資料，美術品，②無休，③有料

新宮市立歴史民俗資料館　〒647-0022新宮市阿須賀1-2-28　TEL0735-21-5137　①考古・民俗資料，②月曜日，祝日の翌日，年末年始，③有料

熊野速玉大社熊野神宝館　〒647-0081新宮市新宮1　TEL0735-22-2533　①考古・文献資料，美術品，国宝古神宝類，②無休，③有料

新宮市立佐藤春夫記念館　〒647-0003新宮市新宮1　熊野速玉大社境内　TEL0735-21-1755　①新宮出身の作家佐藤春夫関係資料，②月曜日，祝日の翌日，年末年始，③有料

西村記念館　〒647-0081新宮市新宮7657　TEL0735-22-6570　①新宮市出身の教育者・建築家西村伊作関係資料，②月曜日，祝日の翌日，年末年始，③有料

文化財公開施設

【無形民俗文化財】

国指定

粟生のおも講と堂徒式　　有田郡有田川町粟生(吉祥寺薬師堂)　旧暦1月8日
杉野原の御田舞　　有田郡有田川町杉野原(雨錫寺阿弥陀堂)　2月11日(西暦偶数年)
花園の御田舞　　伊都郡かつらぎ町花園梁瀬(遍照寺)　2月16日付近
那智の田楽　　東牟婁郡那智勝浦町那智山(熊野那智大社)　7月13・14日
河内祭の御舟行事　　東牟婁郡串本町・古座川町(河内神社)　7月24・25日

国選択

名喜里祇園祭の夜見世　　田辺市新庄町(大潟神社)　7月13日

県指定(◎は「国選択」にも指定されている)

団七踊　　和歌山市西(熊野神社)　8月13・14日
岩倉流泳法　　和歌山市西紺屋町(県営秋葉山プール)　8月講習会の最終日曜日
木ノ本の獅子舞　　和歌山市西庄(木本八幡宮)　10月13日過ぎの土・日曜日
藤白の獅子舞　　海南市藤白(藤白神社)　1月1日・10月の第2日曜日
大窪の笠踊り　　海南市下津町大窪(木村神社)　7月中旬
立神の雨乞踊り　　海南市下津町引尾(立神社)　8月12日
塩津のいな踊　　海南市塩津(蛭子神社)　8月15日
山路王子神社の奉納花相撲(泣き相撲)　　海南市下津町市坪(山路王子神社)　体育の日
山路王子神社の獅子舞　　海南市下津町市坪(山路王子神社)　体育の日
妙法壇祇園太鼓　　紀の川市桃山町段(八坂神社〈祇園社〉)　7月7〜14日
粉河祭　　紀の川市粉河(粉河産土神社)　7月最終土曜日
嵯峨谷の神踊り　　橋本市高野口町嵯峨谷(若宮八幡神社)　8月15日
隅田八幡神社の秋祭　　橋本市隅田町垂井(隅田八幡神社)　10月第2土・日曜日
天野の御田祭　　伊都郡かつらぎ町上天野(丹生都比売神社)　1月第3日曜日
花園の仏の舞◎　　伊都郡かつらぎ町花園梁瀬(遍照寺)　旧暦1月8日に近い日曜日(西暦奇数年)
六斎念仏　　伊都郡かつらぎ町下天野(延命寺)　2月15日・8月15日ほか
たい松押し　　伊都郡かつらぎ町花園梁瀬(下花園神社)　12月31日
椎出の鬼舞　　伊都郡九度山町椎出(厳島神社)　8月16日
糸我得生寺の来迎会式　　有田市糸我町中番(得生寺)　5月14日
有田川の鵜飼　　有田市星尾　6月1日〜9月第1土曜日
広八幡神社の田楽◎　　有田郡広川町上中野(広八幡神社)　10月1日
乙田の獅子舞　　有田郡広川町上中野(広八幡神社)　10月1日
久野原の御田　　有田郡有田川町久野原(岩倉三大明神社)　2月11日(西暦奇数年)
二川歌舞伎芝居「三番叟」　　有田郡有田川町二川(城山神社)　10月15日
おとう祭　　御坊市塩屋町南塩屋(須佐神社)　3月10日
戯瓢踊◎　　御坊市薗(小竹八幡神社)　10月4・5日
御坊下組の雀踊　　御坊市薗(小竹八幡神社)・御坊(日別院)　10月5日
阿尾のクエ祭　　日高郡日高町阿尾(白鬚神社)　10月第1土・日曜日
横浜の獅子舞　　日高郡由良町里(宇佐八幡神社)　7月下旬・10月第3日曜日

興国寺の燈籠焼	日高郡由良町門前(興国寺)	8月15日
衣奈祭の神事	日高郡由良町衣奈(衣奈八幡神社)	10月第2日曜日
小引童子相撲	日高郡由良町衣奈(衣奈八幡神社)	10月第2日曜日
神谷の稚子踊	日高郡由良町衣奈(衣奈八幡神社)	10月第2日曜日
阿戸の獅子舞	日高郡由良町里(宇佐八幡神社)	10月第3日曜日
下阿田木神社のお弓神事	日高郡日高川町皆瀬(下阿田木神社)	1月3日
上阿田木神社の春祭(阿田木祭り)	日高郡日高川町初湯川(上阿田木神社)	4月29日
丹生祭	日高郡日高川町江川(丹生神社)	10月体育の日の直前の日曜日
土生八幡神社のお頭神事	日高郡日高川町土生(土生八幡神社)	10月第3日曜日
寒川祭	日高郡日高川町寒川(寒川神社)	11月3日
六斎念仏	日高郡みなべ町晩稲(光明寺)	8月14・20・23日
岩代の子踊り	日高郡みなべ町岩代(東岩代神社・西岩代神社)	10月第2日曜日
名之内の獅子舞	日高郡みなべ町清川(清川天宝神社)	10月最終日曜日
野中の獅子舞	田辺市中辺路町近露(近野神社)	1月2・3日, 11月3日
田辺祭	田辺市湊(闘鶏神社)	7月24・25日
下川上の流れ施餓鬼	田辺市下川上(下川上公民館前の川原)	8月15日
芳養八幡神社の秋祭	田辺市中芳養(芳養八幡神社)	11月2・3日
住吉踊	田辺市長野(長野八幡神社)	11月3日
上野の獅子舞	田辺市下川下(春日神社)	11月3日
伏拝の盆踊	田辺市本宮町伏拝(福寿院〈公民館前広場〉)	8月13~15日
久保の笠踊り	田辺市本宮町士瀬(吉祥院観音堂)	8月13~15日
平治川の長刀踊	田辺市本宮町平治川(温水団地広場)	8月14・15日
萩の餅搗踊	田辺市本宮町萩(公民館前広場)	8月14・15日
お夏清十郎踊り	田辺市本宮町土河屋(公民館前広場)	8月14・15日
湯登神事	田辺市本宮町本宮(熊野本宮大社)	4月13日
御竈木神事	田辺市本宮町本宮(熊野本宮大社)	12月10日
岡の獅子舞	西牟婁郡上富田町岡(八上神社)	7月第1日曜日
一ノ瀬大踊	西牟婁郡上富田町市ノ瀬	随時
堅田祭	西牟婁郡白浜町堅田(堅田八幡神社)	11月14・15日
大島水門祭	東牟婁郡串本町大島(水門神社)	2月11日・10月11日
ねんねこ祭	東牟婁郡串本町田原(木葉神社)	12月第1日曜日
那智の火祭	東牟婁郡那智勝浦町那智山(熊野那智大社)	7月14日
櫂踊	東牟婁郡那智勝浦町浜の宮(熊野三所大神社)	お盆
高芝の獅子舞	東牟婁郡那智勝浦町下里(地区公民館)	敬老の日の前々日
熊野の田498競牛	東牟婁郡串本町・那智勝浦町・古座川町	不定期
太地のくじら踊	東牟婁郡太地町太地(太地港)	8月14日・11月第1日曜日
熊野御燈祭	新宮市新宮(神倉神社)	2月6日
三輪崎の鯨踊	新宮市三輪崎(三輪崎漁港)	9月中旬
熊野速玉祭	新宮市新宮(熊野速玉神社)	10月14~16日
紀州備長炭製炭技術	日高郡・田辺市・西牟婁郡・東牟婁郡	不定期

無形民俗文化財

【おもな祭り】（国・県指定無形民俗文化財をのぞく）

開寅祭	田辺市本宮町本宮（熊野本宮大社）	1月1日
歳旦祭	東牟婁郡那智勝浦町那智山（熊野那智大社）	1月1日
色川の万歳楽	東牟婁郡那智勝浦町大野（色川神社）	1月1日
牛王神璽祭	東牟婁郡那智勝浦町那智山（那智熊野大社）	1月2～8日
稲荷神社御的祭	東牟婁郡串本町二色（稲荷神社）	1月3日
中南のオコナイ	伊都郡かつらぎ町中南（地蔵寺）	1月3日
高倉（矢倉）神社御的祭	東牟婁郡串本町高倉（矢倉神社）	1月4日
御田祭	和歌山市西庄（木本八幡宮）	1月7日
御田の舞	海草郡紀美野町真国宮（真国丹生神社）	1月7日
熊野本宮の八咫烏神事	田辺市本宮町本宮（熊野本宮大社）	1月7日
ぱちぱち祭	日高郡日高川町串本（薬師堂）	1月8日
十日戎	和歌山市小野町（水門吹上神社）	1月9～11日
卯杖祭	和歌山市伊太祁曽（伊太祁曽神社）	1月14・15日
管祭	橋本市隅田町（隅田八幡神社）	1月15日
天狗祭	日高郡由良町門前（興国寺）	1月15日
潮崎本之宮神社御的祭	東牟婁郡串本町串本（潮崎本之宮神社）	1月15日
初大師	橋本市学文路（仁徳寺）	1月21日
立春大護摩供星祭	東牟婁郡那智勝浦町浜の宮（補陀洛山寺）	1月27日
雑賀崎の旧正月	和歌山市雑賀崎（恵比寿神社）	旧正月
粥占いの神事	田辺市稲成町（稲荷神社）	初午
雛流し	和歌山市加太（淡嶋神社）	3月3日
御乙祭	御坊市塩屋町（須佐神社）	3月10日
大飯の盛物	紀の川市国主（大国主神社）	4月第1日曜日
木祭	和歌山市伊太祈曽（伊太祁曽神社）	4月第1日曜日
渡御祭	田辺市本宮町本宮（熊野本宮大社）	4月15日
鐘供養（道成寺会式）	日高郡日高川町鐘巻（道成寺）	4月27日
真田祭	伊都郡九度山町九度山（真田屋敷跡）	5月5日
御田植神事	田辺市稲成町（稲荷神社）	5月5日
藤九郎さんの祭	西牟婁郡白浜町瀬戸（藤九郎神社）	5月5日
和歌祭	和歌山市和歌浦西（和歌山東照宮）	5月中旬の土・日曜日
えび祭り	和歌山市加太（加太春日神社）	5月第3土曜日
青葉祭	伊都郡高野町高野山（高野山一帯）	6月11～19日
天神祭	和歌山市和歌浦西（和歌浦天満神社）	7月24・25日
茅輪祭	和歌山市伊太祈曽（伊太祁曽神社）	7月30日
花火祭	日高郡みなべ町埴田（鹿島神社）	8月1日
つつてん盆踊り	海南市黒江	8月15日
勝浦の獅子舞	東牟婁郡那智勝浦町勝浦（勝浦八幡神社）	旧暦8月15日
田並の獅子舞	東牟婁郡串本町田並（天満神社）	9月25日
印南祭	日高郡印南町山口（山口八幡神社）・北吉（宇杉八幡神社）	10月2日

鮎川祭　　田辺市鮎川(住吉神社・剣神社)　10月3日
大宮祭(よみさし祭)　　岩出市宮(大宮神社)　10月6日
雷公神社例祭　　東牟婁郡串本町樫野(雷公神社)　10月8・9日
御霊祭　　日高郡みなべ町西本庄(須賀神社)　10月9日
長子祭　　日高郡日高川町小釜本(長子八幡神社)　10月10日
出雲の獅子舞　　東牟婁郡串本町出雲(朝貴神社)　10月10日
石垣の獅子舞　　有田郡有田川町吉原(石垣尾神社)　10月14日
千田祭　　有田市千田(須佐神社)　10月14日
有田神社例祭　　東牟婁郡串本町有田(有田神社)　10月14・15日
田子祭　　東牟婁郡串本町田子(住吉神社)　10月14・15日
安指祭　　東牟婁郡串本町安指(矢倉神社)　10月14・15日
和深祭　　東牟婁郡串本町和深(八幡神社)　10月14・15日
潮崎本之宮神社例祭　　東牟婁郡串本町串本(潮崎本之宮神社)　10月14～16日
五名祭　　有田郡有田川町本堂(五名生石神社)　10月15日
清水祭　　有田郡有田川町清水(八幡神社)　10月15日
鹿島祭　　日高郡みなべ町埴田(鹿島神社)　10月15日
橋杭の獅子舞　　東牟婁郡串本町鬮野川(富士橋神社)　10月15日
えびすのお渡り　　伊都郡九度山町上古沢(厳島神社)　10月15日
野上八幡神社秋祭　　海草郡紀美野町小畑(野上八幡神社)　10月15日
日出神社秋祭　　西牟婁郡白浜町日置(日出神社)　10月17日
熊野三所神社祭　　西牟婁郡白浜町瀬戸(熊野三所神社)　10月16・17日
潮御崎神社例祭　　東牟婁郡串本町潮崎(潮御崎神社)　10月17～19日
神楽祭　　西牟婁郡白浜町瀬戸(熊野三所神社)　10月23日
山路祭　　田辺市東(丹生神社)　11月1日
御書祭　　西牟婁郡白浜町湯崎(山神社)　11月2日
和田祭　　日高郡美浜町和田(御崎神社)　11月3日
鯛釣り祭　　東牟婁郡古座川町小森川(神玉神社)　12月5日
万呂の獅子舞　　田辺市中万呂(須佐神社)　12月9日
御幣納め　　伊都郡高野町高野山(龍光院)　12月31日

【有形民俗文化財】

国指定

名づけ帳・黒箱　　紀の川市東野409　若一王子社宮講

県指定

日高地域の地曳網漁用具及び和船 用具・文献資料・和船　　和歌山市岩橋1411(和歌山県立紀伊風土記の丘)　和歌山県
保田紙の製作用具　　和歌山市岩橋1411(和歌山県立紀伊風土記の丘)　和歌山県
伊勢部柿本神社廻船資料 模型・絵馬・石燈籠　　海南市日方　伊勢部柿本神社
橋本の舟楽車　　橋本市橋本　橋本舟楽車若連中
城山神社回舞台　　有田郡有田川町二川　城山神社

おもな祭り・有形民俗文化財

西岩代八幡神社回舞台　　日高郡みなべ町西岩代523　西岩代八幡神社
八咫烏神事　　田辺市本宮町本宮　熊野本宮大社
宮大工道具(儀式用)　　田辺市本宮町本宮　個人蔵
津波警告板　　西牟婁郡白浜町十九淵　日神社
斬始儀式用具　　新宮市新宮1　熊野速玉大社
牛頭　　東牟婁郡那智勝浦町那智山1　熊野那智大社
熊野那智山祭様式図絵　　東牟婁郡那智勝浦町那智山1　熊野那智大社
那智山田楽資料一括　　東牟婁郡那智勝浦町那智山1　熊野那智大社

【散歩便利帳】

[県外の案内所]
わかやま喜集館　　　〒100-0006東京都千代田区有楽町2-10-1　東京交通会館Ｂ１Ｆ
　　TEL03-3216-8000　FAX03-3216-8002
和歌山県名古屋観光センター　　〒460-0008名古屋市中区栄4-1-1　中日ビル４Ｆ
　　TEL052-263-7273　FAX052-265-0327

[県内の教育委員会・観光担当部署など]
社団法人和歌山県観光連盟　　〒640-8585和歌山市小松原通1-1　和歌山県庁観光振興課内
　　TEL073-441-2775・073-422-4631　FAX073-432-8313
財団法人和歌山県文化財センター　　〒640-8404和歌山市湊571-1　TEL073-433-3843
　　FAX073-425-4595
和歌山県教育委員会文化遺産課　　〒640-8585和歌山市小松原通1-1　TEL073-441-3730
　　FAX073-441-3732
和歌山県観光振興課　　〒640-8585和歌山市小松原通1-1　TEL073-441-2775・073-422-4631
　　FAX073-432-8313
和歌山県観光交流課　　〒640-8585和歌山市小松原通1-1　TEL073-441-2785
　　FAX073-427-1523
財団法人和歌山市都市整備公社埋蔵文化財班　　〒640-8146和歌山市一番丁3
　　TEL073-435-1129　FAX073-435-1295
和歌山市教育委員会文化振興課　　〒640-8156和歌山市七番丁23　TEL073-435-1194
　　FAX073-435-1294
和歌山市観光課　　〒640-8511和歌山市七番丁23　TEL073-435-1234　FAX073-435-1263
和歌山市観光協会　　〒640-8511和歌山市七番丁23　和歌山市役所内　TEL073-433-8118
　　FAX073-433-8555
加太観光協会　　〒640-0101和歌山市加太1067　TEL073-459-0003
海南市教育委員会生涯学習課　　〒649-0121海南市下津町丸田217-1　TEL073-492-3349
　　FAX073-492-3390
海南市役所商工観光課　　〒642-8501海南市日方1525-6　TEL073-483-8460　FAX073-484-2135
海南市観光協会　　〒642-8501海南市日方1525-6　海南市役所商工観光課内
　　TEL073-483-8460　FAX073-484-2135
海南市物産観光センター　　〒642-0032海南市名高51-2　JR紀勢本線海南駅構内
　　TEL・FAX073-484-3233
橋本市教育委員会生涯学習課　　〒648-8585橋本市東家1-1-1　TEL0736-33-6112
　　FAX0736-33-2657
橋本市商工観光課　　〒648-8585橋本市東家1-1-1　TEL0736-33-1111　FAX0736-33-1665
橋本市観光協会　　〒648-8585橋本市東家1-1-1　橋本市役所商工観光課内　TEL0736-33-1111
　　FAX0736-33-1665
はしもと広域観光案内所　　〒648-0065橋本市古佐田2-2-3　TEL・FAX0736-33-3552
有田市教育委員会生涯学習課　　〒649-0304有田市箕島27　TEL0737-82-3221
　　FAX0737-82-3311

有田市商工観光課　　〒649-0392有田市箕島50　TEL0737-83-1111　FAX0737-83-3108
有田市観光協会　　〒649-0392有田市箕島50　有田市役所商工観光課内　TEL0737-83-1111　FAX0737-83-3108
御坊市教育委員会生涯学習課　　〒644-0002御坊市薗350　TEL0738-23-5525　FAX0738-24-0528
御坊市商工振興課　　〒644-8686御坊市薗350　TEL0738-23-5531　FAX0738-23-5848
御坊市観光協会　　〒644-8686御坊市薗350　御坊市役所商工振興課内　TEL0738-23-5531　FAX0738-23-5848
田辺市教育委員会文化財振興課文化財係　　〒646-0031田辺市湊1619-8　TEL0739-26-9943　FAX0739-25-6029
田辺市観光振興課　　〒646-0032田辺市下屋敷町31-1　田辺市役所分庁舎内　TEL0739-26-9929　FAX0739-22-9898
田辺市熊野ツーリズムビューロー　　〒646-0035田辺市中屋敷町24-1　TEL0739-26-9025　FAX0739-26-5820
田辺観光協会　　〒646-0032田辺市下屋敷町31-1　田辺市役所観光振興課内　TEL0739-26-9929　FAX0739-26-9898
南紀田辺観光案内センター　　〒646-0031田辺市湊727-5　TEL・FAX0739-25-4919
龍神観光協会　　〒645-0415田辺市龍神村西376　TEL0739-78-2222　FAX0739-78-8015
中辺路町観光協会　　〒646-1492田辺市中辺路町栗栖川1222-1　熊野古道館内　TEL0739-64-0501　FAX0739-64-0966
大塔観光協会　　〒646-1192田辺市鮎川2567　田辺市役所大塔行政局産業建設課内　TEL0739-48-0301　FAX0739-49-0359
熊野本宮観光協会　　〒647-1792田辺市本宮町本宮219　TEL0735-42-0735　FAX0735-42-1606
新宮市教育委員会熊野文化振興室　　〒647-0013新宮市春日1-1　TEL0735-23-3368　FAX0735-23-3370
新宮市商工観光課　　〒647-8555新宮市春日1-1　TEL0735-23-3357　FAX0735-21-7422
新宮市観光協会　　〒647-0020新宮市徐福2-1-1　JR紀勢本線新宮駅構内　TEL0735-22-2840　FAX0735-22-2842
紀の川市教育委員会生涯学習課　　〒640-0413紀の川市貴志川町神戸327-1　TEL0736-64-2525　FAX0736-64-6599
紀の川市商工観光課　　〒649-6593紀の川市粉河412　紀の川市役所粉河分庁舎内　TEL0736-73-3311　FAX0736-73-7267
紀の川市観光協会　　〒649-6593紀の川市粉河412　紀の川市役所粉河分庁舎内　TEL0736-73-3311　FAX0736-73-7267
岩出市教育委員会生涯学習課　　〒649-6292岩出市西野209　TEL0736-61-6963　FAX0736-62-4590
岩出市農林経済課商工観光係　　〒649-6292岩出市西野209　TEL0736-62-2141　FAX0736-63-0075
岩出市観光協会　　〒649-6232岩出市荊本77-3　岩出市商工会内　TEL0736-62-7101　FAX0736-62-7121

紀美野町教育委員会　　〒640-1192海草郡紀美野町動木287　TEL073-489-5910　FAX073-489-2510
紀美野町産業課　　〒640-1192海草郡紀美野町動木287　TEL073-489-5901　FAX073-489-2510
紀美野町観光協会　　〒640-1243海草郡紀美野町神野市場230-3　TEL073-495-2188　FAX073-495-3202
かつらぎ町教育委員会生涯学習課　　〒649-7192伊都郡かつらぎ町丁ノ町2160　TEL0736-22-0303　FAX0736-22-7102
かつらぎ町産業観光課　　〒649-7192伊都郡かつらぎ町丁ノ町2160　TEL0736-22-0300　FAX0736-22-6432
かつらぎ町観光協会　　〒649-7192伊都郡かつらぎ町丁ノ町2160　かつらぎ町役場産業観光課内　TEL0736-22-0300　FAX0736-22-6432
九度山町教育委員会　　〒648-0198伊都郡九度山町九度山1190　TEL0736-54-2019　FAX0736-54-4670
九度山町産業振興課　　〒648-0198伊都郡九度山町九度山1190　TEL0736-54-2019　FAX0736-54-2022
九度山町観光協会　　〒648-0198伊都郡九度山町九度山1190　九度山町役場産業振興課内　TEL0736-54-2019　FAX0736-54-2022
高野町教育委員会　　〒648-0281伊都郡高野町高野山486　TEL0736-56-3050　FAX0736-56-4831
高野町企画課世界遺産情報センター　　〒648-0281伊都郡高野町高野山南谷350　TEL0736-56-2468　FAX0736-56-2481
高野山宿坊組合・高野山観光協会　　〒648-0211伊都郡高野町高野山600　TEL0736-56-2616　FAX0736-56-2889
湯浅町教育委員会　　〒643-0004有田郡湯浅町湯浅1055-1　TEL0737-63-1111　FAX0737-62-3601
湯浅町まちづくり課　　〒643-0004有田郡湯浅町湯浅1055-9　TEL0737-63-2525　FAX0737-63-3791
湯浅町観光協会　　〒643-0004有田郡湯浅町湯浅1055-9　湯浅町役場まちづくり課内　TEL0737-63-2525　FAX0737-63-3791
広川町教育委員会　　〒643-0071有田郡広川町広1500　TEL0737-63-1122　FAX0737-63-3081
広川町産業建設課　　〒643-0071有田郡広川町広1500　TEL0737-63-1122　FAX0737-63-3085
広川町観光協会　　〒643-0071有田郡広川町広658-4　広川町商工会内　TEL0737-63-5611　FAX0737-63-5612
有田川町教育委員会　　〒643-0152有田郡有田川町金屋3　有田川町役場金屋庁舎内　TEL0737-32-3111　FAX0737-32-4827
有田川町産業課　　〒643-0152有田郡有田川町金屋3　有田川町役場金屋庁舎内　TEL0737-32-3111　FAX0737-32-9555
有田川町観光協会　　〒643-0152有田郡有田川町金屋3　有田川町役場金屋庁舎内　TEL0737-32-3111　FAX0737-32-9555
美浜町教育委員会　　〒644-0044日高郡美浜町和田1138-278　TEL0738-23-4955

FAX0738-23-3523
美浜町産業建設課　〒644-0044日高郡美浜町和田1138-278　TEL0738-22-4123
FAX0738-23-3523
日高町教育委員会　〒649-1213日高郡日高町高家631　TEL0738-63-3812　FAX0738-63-3353
日高町産業建設課　〒649-1213日高郡日高町高家626　TEL0738-63-3806　FAX0738-68-3822
日高町観光協会　〒649-1213日高郡日高町高家626　日高町役場産業建設課内
TEL0738-63-3806　FAX0738-63-3822
由良町教育委員会　〒649-1111日高郡由良町里1220-1　TEL0738-65-1800　FAX0738-65-3290
由良町産業建設課　〒649-1111日高郡由良町里1220-1　TEL0738-65-1203　FAX0738-65-0282
由良町観光協会　〒649-1111日高郡由良町里1220-1　由良町役場産業建設課内
TEL0738-65-1203　FAX0738-65-0282
印南町教育委員会　〒649-1534日高郡印南町印南2252-1　TEL0738-42-1700
FAX0738-42-1577
印南町産業課　〒649-1534日高郡印南町印南2252-1　TEL0738-42-1737　FAX0738-42-0662
印南町観光協会　〒649-1534日高郡印南町印南2252-1　印南町役場産業課内
TEL0738-42-1737　FAX0738-42-0662
みなべ町教育委員会　〒645-0002日高郡みなべ町谷口301-4　TEL0739-74-2191
FAX0739-74-3621
みなべ町産業課　〒645-0002日高郡みなべ町芝742　TEL0739-72-1337　FAX0739-72-3893
みなべ観光協会　〒645-0002日高郡みなべ町芝742　みなべ町役場産業課内
TEL0739-72-4949　FAX0739-72-3893
日高川町教育委員会　〒649-1324日高郡日高川町土生160　TEL0738-22-8816
FAX0738-24-0154
日高川町産業振興課　〒649-1324日高郡日高川町土生160　TEL0738-22-2041
FAX0738-22-1762
日高川町観光協会　〒649-1324日高郡日高川町土生160　日高川町役場産業振興課内
TEL0738-22-2041　FAX0738-22-1762
白浜町教育委員会生涯学習課　〒649-2211西牟婁郡白浜町3072-5　TEL0739-43-5830
FAX0739-43-5665
白浜町観光課　〒649-2211西牟婁郡白浜町1600　TEL0739-43-5555　FAX0739-43-5353
白浜観光協会　〒649-2211西牟婁郡白浜町1600　白浜町役場内　TEL0739-43-5511
FAX0739-43-5855
椿温泉観光協会　〒649-2326西牟婁郡白浜町椿1056-22　しらさぎ内　TEL0739-46-0321
日置川観光協会　〒649-2511西牟婁郡白浜町日置980-1　TEL0739-52-2300
FAX0739-52-2186
上富田町教育委員会　〒649-2192西牟婁郡上富田町朝来758-1　上富田文化会館１F
TEL0739-47-5930　FAX0739-47-4339
上富田町総務政策課　〒649-2192西牟婁郡上富田町朝来763　TEL0739-47-0550
FAX0739-47-4005
上富田町観光協会　〒649-2192西牟婁郡上富田町朝来763　上富田町役場総務政策課内

TEL0739-47-0550　FAX0739-47-4005
すさみ町教育委員会　　〒649-2621西牟婁郡すさみ町周参見4120-1　すさみ町総合センター
　3 F　TEL0739-55-2146　FAX0739-55-4590
すさみ町産業経済課　　〒649-2621西牟婁郡すさみ町周参見4089　TEL0739-55-4806
　FAX0739-55-4811
すさみ町観光協会　　〒649-2621西牟婁郡すさみ町周参見4089　すさみ町役場産業経済課内
　TEL0739-55-4806　FAX0739-55-4810
那智勝浦町教育委員会生涯学習課　　〒649-5331東牟婁郡那智勝浦町天満1185-1
　TEL0735-52-4686　FAX0735-52-5272
那智勝浦町産業課　　〒649-5335東牟婁郡那智勝浦町築地7-1-1　TEL0735-52-0555
　FAX0735-52-6543
那智勝浦町観光協会　　〒649-5335東牟婁郡那智勝浦町築地6-1-1　TEL0735-52-5311
　FAX0735-52-0131
太地町教育委員会　　〒649-5171東牟婁郡太地町太地3767-1　TEL0735-59-2335
　FAX0735-59-3375
太地町産業建設課　　〒649-5171東牟婁郡太地町太地3767-1　TEL0735-59-2335
　FAX0735-59-2570
太地町観光協会　　〒649-5171東牟婁郡太地町太地3767-1　太地町役場産業建設課内
　TEL0735-59-2335　FAX0735-59-2570
古座川町教育委員会　　〒649-4104東牟婁郡古座川町高池673-2　TEL0735-72-3344
　FAX0735-72-2018
古座川町産業振興課　　〒649-4104東牟婁郡古座川町高池673-2　TEL0735-72-0180
　FAX0735-72-1858
古座川町観光協会　　〒649-4104東牟婁郡古座川町高池673-2　古座川町役場産業振興課内
　TEL0735-72-0180　FAX0735-72-1858
串本町教育委員会　　〒649-3503東牟婁郡串本町串本2427　串本町文化センター内
　TEL0735-62-0006　FAX0735-62-6038
串本町観光課　　〒649-3592東牟婁郡串本町串本1800　TEL0735-62-0555　FAX0735-62-6970
串本町観光協会　　〒649-3503東牟婁郡串本町串本33　JR紀勢本線串本駅構内
　TEL0735-62-3171　FAX0735-62-1070
古座観光協会　　〒649-4122東牟婁郡串本町西向231-3　JR紀勢本線古座駅構内
　TEL・FAX0735-72-0645
北山村教育委員会　　〒519-5603東牟婁郡北山村大沼42　TEL0735-49-2331　FAX0735-49-2207
北山村観光産業課　　〒519-5603東牟婁郡北山村大沼42　TEL0735-49-2324　FAX0735-49-2317
北山村観光協会　　〒519-5603東牟婁郡北山村大沼42　北山村役場観光産業課内
　TEL0735-49-2324　FAX0735-49-2317
[旅館・民宿組合事務所]
紀三井寺観光協会　　〒641-0012和歌山市紀三井寺673　TEL073-444-1004　FAX073-446-2321
龍神温泉観光宿泊案内所　　〒645-0525田辺市龍神村龍神165-1　TEL0739-79-0339
　FAX0739-79-0654

白浜町温泉旅館協同組合　　〒649-2211西牟婁郡白浜町1650-1　TEL0739-42-2215　FAX0739-42-3059
南紀勝浦温泉旅館組合　〒649-5335東牟婁郡那智勝浦町築地6-1-1　TEL0735-52-0048　FAX0735-52-3930
南紀湯川温泉旅館組合　〒649-5336東牟婁郡那智勝浦町湯川1053　TEL0735-52-0647

[鉄道]
JR西日本和歌山支社営業課　　〒640-8331和歌山市美園町5-22　TEL073-425-6105

[バス]
明光バス営業部　〒649-2201西牟婁郡白浜町堅田2396-12　TEL0739-42-3005
西日本JRバス紀伊田辺営業所　〒646-0031田辺市湊736-1　TEL0739-22-0594
南海りんかんバス　〒648-0073橋本市市脇5-1-24　TEL0736-33-0056　FAX0736-32-5565
龍神自動車株式会社　〒646-0021田辺市あけぼの37-20　TEL0739-22-2100　FAX0739-24-1212
熊野川川舟センター　〒647-1212新宮市熊野川町田長57-1　TEL0735-44-0987
熊野交通株式会社営業部観光センター　〒647-0020新宮市徐福2-1-11　TEL0735-22-6220　FAX0735-23-0001

[船]
南海フェリー
　和歌山港のりば　〒640-8404和歌山市湊2835-1　TEL073-422-2156　FAX073-431-4434

【参考文献】

『有田市誌』　有田市誌編集委員会編　有田市　1974
『岩出町誌』　岩出町誌編集委員会編　岩出町　1976
『打田町史』全3巻　打田町史編さん委員会編　打田町　1981-86
『街道の日本史35　和歌山・高野山と紀ノ川』　藤本清二郎・山陰加春夫編　吉川弘文館　2003
『街道の日本史36　南紀と熊野古道』　小山靖憲・笠原正夫編　吉川弘文館　2003
『海南市史』全5巻　海南市史編さん委員会編　海南市　1979-2000
『角川日本地名大辞典30　和歌山県』　「角川日本地名大辞典」編纂委員会編　角川書店　1985
『カラーブックス419　熊野路』　神坂次郎　保育社　1978
『紀伊古代史研究』　栄原永遠男　思文閣出版　2004
『紀伊続風土記』(復刻)全5巻　仁井田好古編　巌南堂　1975
『紀伊名所図会』(復刻)全4巻　高市志友ほか編　歴史図書社　1970
『紀伊半島をめぐる文人たち――近代和歌山の文学風土』　半田美永　ゆのき書房　1987
『貴志川町史』全3巻　貴志川町史編集委員会編　貴志川町　1981-88
『紀州今昔――和歌山県の歴史と民俗』　田中敬忠　帯伊書店　1979
『紀州史研究』全5巻　安藤精一編　国書刊行会　1985-90
『紀州の歴史と風土』　御坊文化財研究会編　御坊文化財研究会　1996
『紀州の歴史と文化』　田中重雄　国書刊行会　1984
『きのくに井関の世界――学ぶ・歩く・調べる』　山陰加春夫編　清文堂出版　2000・02
『近世都市和歌山の研究』　三尾功　思文閣出版　1994
『熊野古道』(岩波新書)　小山靖憲　岩波書店　2000
『熊野三山と熊野別当』　阪本敏行　清文堂出版　2005
『熊野信仰』　宮家準編　雄山閣出版　1990
『熊野中辺路――歴史と風土』　熊野路編さん委員会編　熊野中辺路刊行会　1991
『熊野の集落と地名――紀南地域の人文環境』　桑原康宏　清文堂出版　1999
『熊野の民俗と歴史』　杉中浩一郎　清文堂出版　1998
『高野山――その歴史と文化』　松永有慶ほか　法蔵館　1984
『高野山町石の研究』　愛甲昇寛　密教文化研究所　1973
『粉河市史』全5巻　粉河町史編さん委員会編　粉河町　1986-2003
『御坊市史』全4巻　御坊市史編さん委員会編　御坊市　1979-81
『下津町史』1-3　下津町史編集委員会編　下津町　1974-76
『城下町和歌山百話』　三尾功著・和歌山市史編纂室編　和歌山市　1985
『新宮あれこれ』　永広柴雪　国書刊行会　1981
『新宮市史』　新宮市史編さん委員会編　新宮市　1972
『図説和歌山県の歴史』　安藤精一　河出書房新社　1988
『続日高郡誌』上・下　続日高郡誌編集委員会編　日高郡町村会　1975
『田辺――ふるさと再見』　「田辺」刊行会編　あおい書店　1980

『田辺市史』全10巻　　田辺市史編さん委員会編　田辺市　1990-2003
『地方史研究の諸視角』　　安藤精一先生還暦記念論文集出版会編　国書刊行会　1982
『中世高野山史の研究』　　山陰加春夫　清文堂出版　1997
『定本・和歌山県の城』　　「定本・和歌山県の城」刊行会編　郷土出版社　1995
『特別展　熊野・那智山の歴史と文化——那智大滝の信仰のかたち』　　和歌山県立博物館編　和歌山県立博物館　2006
『特別展　熊野速玉大社の名宝——新宮の歴史とともに』　　和歌山県立博物館編　和歌山県立博物館　2005
『特別展　熊野本宮大社と熊野古道』　　和歌山県立博物館編　和歌山県立博物館　2007
『都市史の研究——紀州田辺』　　安藤精一編　清文堂出版　1993
『南海沿線百年誌』　　南海道総合研究所編　南海電気鉄道株式会社　1985
『日本歴史地名大系31　和歌山県の地名』　　安藤精一・五来重監修　平凡社　1983
『根来山誌』　　根来山誌編纂委員会編　晃洋書房　1986
『根来寺の歴史と美術——興教大師覚鑁と大伝法堂丈六三尊像』　　根来寺文化研究所編　東京美術　1997
『橋本市史』上・中・下　　橋本市史編さん委員会編　橋本市　1974
『ふるさと地球儀』　　「ふるさと冊子」編集委員会編　海南市企画広報課　1991
『美里の自然』　　前田亥津二　美里町教育委員会　2005
『目で見る海南の歴史』　　海南市企画広報課編　海南市　1984
『山の歴史景観——紀伊山地』　　中野榮治　古今書院　1994
『吉野・熊野信仰の研究』　　五来重編　名著出版　1975
『流域の歴史地理——紀ノ川』　　中野榮治　古今書院　1991
『歴史のなかの"ともぶち"——鞆淵八幡と鞆淵荘』　　和歌山県立博物館編　和歌山県立博物館　2001
『歴史の道調査報告書』Ⅰ-Ⅶ　　和歌山県文化財研究会編　和歌山県教育委員会　1979-83
『和歌の浦——歴史と文学』　　藤本清二郎・村瀬憲夫編　和泉書院　1993
『和歌の浦百景——古写真でみる「名勝」の歴史』　　藤本清二郎　東方出版　1993
『和歌山県史』全24巻　　和歌山県史編さん委員会編　和歌山県　1975-94
『和歌山県の地理』　　小池洋一編　地人書房　1986
『和歌山県の百年』　　高嶋雅明　山川出版社　1985
『和歌山県の文化財』全3巻　　安藤精一編　清文堂出版　1981-83
『和歌山県の歴史』　　安藤精一　山川出版社　1970
『和歌山県の歴史』(新版)　　小山靖憲ほか　山川出版社　2004
『和歌山県文化財ガイドブック』　　和歌山県教育委員会文化遺産課編　和歌山県教育委員会文化遺産課　2007
『和歌山市史』全10巻　　和歌山市史編纂委員会編　和歌山市　1975-92
『和歌山史要』(増補5版)　　和歌山市編　和歌山市　1965
『和歌山地方史の研究——安藤精一先生退官記念論文集』　　安藤精一先生退官記念会編　安藤精一先生退官記念会　1987
『和歌山の研究』全6巻　　安藤精一編　清文堂出版　1978-79

【年表】

時代	西暦	年号	事項
旧石器時代			和歌山市山東大池遺跡,紀の川市平池遺跡,有田川町土生池・藤並・野田遺跡,御坊市壁川崎遺跡
縄文時代		草創期	紀の川市荒見中筋遺跡,和歌山市比丘尼橋遺跡,白浜町十九淵遺跡,有田川町藤並地区遺跡
		早期	田辺市高山寺貝塚
		前期	広川町鷹島遺跡,みなべ町徳蔵地区遺跡,和歌山市鳴神貝塚,和歌山市禰宜貝塚
		中期	田辺市下芳養遺跡,新宮市速玉神社境内遺跡,串本町大水崎遺跡,広川町鷹島遺跡,有田市地ノ島遺跡
		後期	有田市糸野遺跡
		晩期	和歌山市太田・黒田遺跡,海南市岡村遺跡,同市溝ノ口遺跡
弥生時代		前期	由良町里遺跡,御坊市堅田遺跡
		中期	和歌山市宇田森遺跡,和歌山市太田・黒田遺跡
		後期	橋本市血縄遺跡,和歌山市北田井遺跡,串本町笠島遺跡,岩出市吉田遺跡
古墳時代		初期	和歌山市秋月遺跡に前方後円形の墳丘墓がつくられる
		前期	有田市円満寺古墳,山田原古墳,那智勝浦町下里古墳,海南市山崎山5号墳,和歌山市花山44号墳
		中期	和歌山市花山古墳群,那智勝浦町下里古墳,和歌山市鳴滝遺跡(倉庫群),和歌山市車駕之古址古墳・大谷古墳
		後期	和歌山市岩橋千塚古墳群・大谷古墳・井辺前山古墳群・鳴滝古墳群,日高町向山古墳群,橋本市陵山古墳,和歌山市西庄遺跡・大谷山22号墳・大日山35号墳・井辺八幡山古墳
	535	(安閑2)	この頃,経湍・河辺屯倉を設置したと伝える
	646	大化2	改新詔には紀伊兄山を畿内の南限とする
飛鳥時代	658	(斉明4)	斉明天皇,牟婁温泉に行幸
	690	(持統4)	持統天皇,紀伊へ行幸
	701	大宝元	紀大臣道成,道成寺創建。文武天皇・持統上皇,紀伊へ行幸
	702	2	初めて賀陀駅家をおく
	703	3	奈我・名草郡の調を布から糸にかえる
奈良時代	724	神亀元	聖武天皇,玉津島へ行幸
	754	天平勝宝6	遣唐副使吉備真備,牟漏岬に漂着
	765	天平神護元	称徳天皇,玉津島へ行幸,紀伊国の調庸および名草・海部2郡代の田租を免除
	770	宝亀元	紀伊国の狩師大伴孔子古,粉河寺を創建したと伝わる
	796	延暦15	南海道の駅路を変更
	804	23	桓武天皇,玉津島へ行幸

年表 317

平安時代	806	大同元	安諦郡を在田郡に改める
	811	弘仁2	紀伊国萩原・名草・賀太3駅を廃す
	812	3	名草駅を廃止して、萩原駅をおく
	816	7	空海、高野山に真言密教の修禅道場(金剛峯寺)開創
	879	3	紀伊国分寺焼亡
	906	延喜6	伊太祁曽神らに位階を授ける
	907	7	宇多法皇、熊野に行幸(熊野詣の初例)
	919	19	高野山、東寺の末寺となる
	953	天暦7	紀有守を紀伊国造に任ず
	986	寛和2	初めて浄土念仏信仰が有田郡に入る。歓喜寺が道場となる。花山天皇、熊野行幸
	994	正暦5	雷火で高野山の伽藍の大半が焼失
	1016	長和5	祈親、高野山の復興に着手(空海の入定信仰を宣伝する)
	1023	治安3	藤原道長、貴紳として初めて高野山に参詣
	1048	永承3	藤原頼通、高野山、粉河寺に参詣、吹上浜・和歌浦を遊覧。名草郡郡許院収納米帳進未勘文に、紀伊国留守所が初見
	1049	4	高野山領官省符荘、領域型荘園として成立
	1072	延久4	延久の荘園整理令に基づき、野上荘・鞆淵薗・隅田荘・衣奈荘・薗財荘・出立荘の6荘、石清水八幡宮領として認められる
	1086	応徳3	尚侍藤原氏、広・宮前両荘の免田を熊野社に寄進
	1088	寛治2	白河上皇、高野山に参詣。正暦の雷火で焼失した大塔の再建を命じる
	1090	4	白河上皇、熊野に行幸(1回目)して三山検校をおく。紀伊路(中辺路)の徒歩参詣が熊野詣の規範となる
	1091	5	日前・国懸社遷宮日時定める
	1093	7	熊野先達ら禁中に乱入し、捕えられる
	1096	永長元	熊野本宮大社焼亡
	1100	康和2	高野山大塔再建
	1104	長治元	紀伊の悪僧、熊野大衆と称して入京し国司を訴える
	1125	天治2	白河法皇・鳥羽上皇・待賢門院、熊野行幸
	1126	大治元	覚鑁、伝法二会(修学会・練学会)の料所として、石手荘を獲得
	1127	2	白河法皇・鳥羽上皇、高野山にのぼる
	1129	4	覚鑁、状を覚如法親王政所に送り、那賀郡石手村(石手荘)を伝法院領とすることを請う
	1132	長承元	鳥羽上皇、高野山にのぼり、高野山大伝法院の落慶供養法会が行われる。大伝法院・密厳院領として山崎・岡田・弘田・山東・相賀荘が成立
	1140	保延6	覚鑁、根来に移る
	1142	康治元	神野真国荘が鳥羽院領として成立
	1143	2	覚鑁、根来に門明寺・神宮寺を建立

1149	久安5	高野山根本大塔，落雷により焼失
1156	保元元	平清盛の造進により，高野山根本大塔再建
1160	永暦元	後白河法皇，熊野行幸(前後34回におよぶ)
1161	応保元	紀伊守源為長，金剛峯寺領荒川荘に乱入
1162	2	熊野新宮遷宮，平清盛を遣わして奉幣させる。紀伊田仲荘の預所佐藤能清ら荒川荘に乱入
1163	長寛元	関白藤原基実，荒川荘・田仲荘・吉仲荘の境界の争論を裁決
1180	治承4	田辺の熊野権別当湛増，弟湛覚の城を焼き，鹿瀬以南を掠領する
1183	寿永2	後白河法皇，椊田荘を京都神護寺に寄進
1184	3	源頼朝，阿氐河荘を高野山に安堵する。一の谷の合戦後，豊島有経が紀伊国守護に任じられる。湛増が熊野別当に就任する
1185	文治元	熊野別当湛増，熊野水軍を率い源義経の軍に属して四国に渡る。北条時政，紀伊国の国地頭に補任される。その後，佐原義連，大犯3カ条を職権とする最初の守護に補任される
1186	2	北条時政，高野山領の兵糧米・地頭を停止。源頼朝，湯浅宗重の所領を安堵
1187	3	熊野別当湛増を法印に叙す
鎌倉時代 1194	建久5	頌子内親王，相楽・南部荘を高野山蓮華乗院に寄進
1197	8	金剛峯寺不動堂建立。僧文覚を阿氐河荘下司職に補す。のち下司職は湯浅宗光に譲られる
1201	建仁元	後鳥羽上皇，熊野行幸
1206	建永元	熊野本宮大社焼亡
1207	承元元	幕府，和泉・紀伊両国の守護職を停止
1208	2	北条政子，熊野参詣
1221	承久3	幕府，湯浅宗光に阿氐河・保田・田殿・石垣・河北荘などの地頭職を安堵
1222	貞応元	幕府の仲介で高野山南部荘の地頭請成立。幕府，高野山大伝法院領石手・岡田・山東・相賀・渋田荘の新補地頭を停止
1223	2	那智山炎上。高野山金剛三昧院建立
1225	嘉禄元	北条政子，金剛三昧院の多宝塔建立
1227	安貞元	幕府，高野山領神野・真国荘の地頭北条時氏を停止。葛山景倫，由良西方寺(興国寺)を創建，覚心が開基
1228	2	石清水八幡宮から鞆淵八幡宮へ神輿を奉送
1231	寛喜3	湯浅景基，施無畏寺を創建，明恵に寄進
1233	天福元	智定坊，補陀洛山へ赴くと称し，那智浦を出る
1240	仁治元	高野領名手荘と粉河寺領丹生村の用水争論
1258	正嘉2	石清水八幡宮領石走村，高野山領真国荘に包摂される
1259	正元元	寂楽寺，阿氐河荘の新預所に播磨法橋を補任し，地頭湯浅氏との対立が始まる

年表　319

	1266	文永3	高野山町石の建立が始まる
	1271	8	神野・真国・猿川3カ荘の荘官が起請文15カ条を提出。金剛峯寺, 寺規32カ条を制定
	1274	11	一遍, 熊野本宮大社に参詣し, 神示を受ける
	1275	建治元	阿氏河荘上村の百姓, 地頭湯浅氏の非法を13カ条にわたって訴える
	1279	弘安2	熊野神人, 神輿を奉じて伊勢国安濃津(現, 三重県津市)に至る
	1281	4	幕府, 高野山に勧学院を創立
	1286	9	大伝法院の大湯屋建設をめぐり騒動
	1288	正応元	紀忠俊・大伝法院学頭頼瑜, 大伝法院を高野山から根来に移す
	1290	3	高野山領荒川荘で源為時らが百姓の住宅を焼き, 女人・牛馬を殺害し, 資財を奪うなど, 悪党事件が激化(～1291年)
	1304	嘉元2	阿氏河荘が高野山領となる
	1311	応長元	長保寺本堂・多宝塔建立
	1331	元徳3 元弘元	楠木正成の赤坂城が落ち, 湯浅党が任される
	1333	正慶2 元弘3	護良親王, 令旨をくだして粉河寺の僧兵を徴す
	1334	建武元	北条氏の余党, 紀伊飯盛山に拠って兵をおこす
	1335	2	斯波高経, 飯盛城を攻略
南北朝時代	1336	3 延元元	光厳天皇, 粉河寺に井上新荘の領家職を与える。畠山国清, 紀伊国守護に任命される
	1345	貞和元 興国6	守護畠山国清, 粉河寺丹生屋村と高野山領名手荘の用水争論が合戦におよぶのを停止する
	1347	3 正平2	楠木正行の兵, 隅田城を攻める。鞆淵荘で下司鞆淵景教の夫役徴発に反発し, 荘民が高野山三宝院成親をたより, 訴訟をおこす
	1360	延文5 15	畠山国清らの北朝方, 南朝方と和佐峠などで戦う。龍門山の城郭を攻めて陥れる。南朝方阿瀬川城に後退
	1378	永和4 天授4	道成寺本堂建立。守護細川業秀, 南朝方に敗れて淡路(現, 兵庫県)に没落。この頃, 利生護国寺本堂建立
	1379	康暦元 5	守護山名義理, 南朝方の藤並・湯浅・石垣などの城を攻略
	1380	2 6	隅田一族ら, 山名義理に敗れ潰滅。山名氏が紀ノ川筋をほぼ平定
	1382	永徳2 弘和2	山名義理, 生地城を陥れる
	1388	嘉慶2 元中5	長保寺大門建立。室町幕府3代将軍足利義満, 紀伊を遊覧
	1392	明徳3	大内義弘を紀伊国守護に補任。義満, 粉河寺に参詣。義満, 義

		元中9	弘を粉河寺に派遣して山名義理を討たせ,義理は由良興国寺に逃亡
室町時代	1399	応永6	畠山基国を紀伊国守護に補任
	1433	永享5	宮井用水をめぐり,和佐荘と日前宮との用水争論。高野山行人方,山内2000余坊を焼く(永享の高野動乱)
	1439	11	「蟻の熊野詣」の初見
	1449	宝徳元	この頃,紀三井寺護国院多宝塔建立
	1460	寛正元	根来寺と粉河円福寺(守護領)の水論を調停するため,紀伊国守護畠山義就,出兵するが,根来衆の反撃に遭う
	1462	3	鞆淵八幡宮本殿造営
	1463	4	畠山義就が敗れ,牟婁郡北山に逃亡。粉河寺で畠山政長と戦う
	1469	文明元	丹生都比売神社本殿造営
	1471	3	田辺の田所家で『万代記』の記録が始まる(~1839年)
	1486	18	本願寺蓮如,冷水浦に道場(冷水御坊)を開く
	1490	延徳2	畠山義就,畠山政長方の根来一乗山を攻め,敗退する
	1491	3	紀伊国桛田荘絵図作成
	1493	明応2	畠山基家,紀伊国守護となる
	1498	7	南海地震で紀ノ川河口の紀湊被害大(明応の大地震)
	1504	永正元	畠山尚順と畠山義央との和睦成立
	1507	4	御坊を冷水浦から黒江に移す
	1535	天文4	雑賀衆200人,物国の決定により本願寺に入る
	1547	16	根来寺大塔完成
	1550	19	証如,御坊を和歌浦弥勒寺山に移す
	1563	永禄6	本願寺顕如,御坊を鷺森に移す
	1567	10	根来寺衆徒,松永久秀に応じて和泉(現,大阪府)に出陣
	1573	天正元	足利義昭,織田信長に追放され,由良興国寺に移る
安土桃山時代	1576	4	足利義昭,由良興国寺より備後鞆(現,広島県福山市)に移る
	1577	5	織田信長,根来寺杉ノ坊と社家郷・中郷・南郷(雑賀三組)の手引きにより,紀州に向けて出陣。鈴木孫一ら雑賀衆降伏
	1578	6	九鬼嘉隆,雑賀衆の船と対戦し,これを破る
	1580	8	顕如,信長と講和して石山を退去。鷺森に移る
	1581	9	信長,高野山周辺に軍勢を配置する
	1585	13	羽柴秀吉,根来・雑賀衆を下す。秀吉により太田城落城。応其に高野山一山を支配させる。弟羽柴秀長に命じて和歌山城を築く。秀長,小堀新介に紀伊一国の検地を命じる
	1586	14	熊野地方に一揆がおこり鎮圧される。その後,桑山重晴が和歌山,杉若無心が田辺,堀内氏善が新宮へ代官として入る
	1590	18	青岸渡寺本堂建立。三船神社本殿造営
	1592	文禄元	豊臣秀吉,大政所善のため青巌寺を高野山に創建
	1595	4	秀吉,福島正則らを高野山に遣わし,豊臣秀次を自害させる。

			秀吉,高野山根本大塔を再建。加太八幡神社本殿造営
	1600	慶長5	浅野幸長,和歌山37万石を与えられ甲斐国より入国。譜代の浅野左衛門佐が田辺,浅野右近太夫が新宮に配される
	1603	8	田辺洲崎城普請
江戸時代	1606	11	太地村の和田頼元ら刺手組捕鯨を始める。和歌山城下にキリシタン教会と病院が建つ
	1614	19	大坂冬の陣で,紀伊熊野,北山郷の土豪らが蜂起して北山一揆をおこし,新宮城を襲うが敗北,鎮圧される
	1617	元和3	紀伊国は37万6563石との領知判物あり
	1619	5	徳川頼宣,紀伊国・伊勢松坂(現,三重県松阪市)55万5000石を賜り,紀州藩主となる
	1620	6	和歌浦雑賀山に東照宮の造営が始まり,翌年竣工
	1621	7	頼宣,和歌山城を修築。和歌山城岡口門ができる
	1634	寛永11	和歌山城下の寺町を吹上寺町へ移す。滝川村(現,有田市)の藤兵衛,初めて江戸にミカンを出荷
	1640	17	和歌山城下に東町奉行・西町奉行がおかれ,町方を統治する。城下は町・湊に分けられ,町会所は雑賀町,湊会所は久保丁におかれる
	1642	19	紀邸から鉄砲10台を幕府に献上
	1652	承応元	頼宣,桜池を築造させる
	1659	万治2	和歌山城炎上
	1664	寛文4	徳川光貞の弟頼純に幕府領の伊予西条3万石を与え,紀州藩の支藩とする
	1666	6	頼宣,長保寺を菩提所に定め,仏殿一宇を建立
	1667	7	光貞,第2代紀州藩主となる
	1668	8	和歌山大旱魃。幕府より10万両借用
	1687	貞享4	異国船,大島樫野浦(現,串本町)に漂着
	1690	元禄3	那賀郡溝口村(現,海南市)の井沢弥惣兵衛,藩勘定方に出仕
	1691	4	江戸幕府5代将軍徳川綱吉の息女鶴姫,のちの第3代紀州藩主綱教の正室として輿入れ
	1692	5	幕府,高野山内での学侶方・行人方の対立を鎮圧,紀州藩も出兵
	1698	11	綱教,第3代紀州藩主となる。紀伊国屋文左衛門,材木で約50万両の利益を得る
	1701	14	大畑才蔵,藤崎井を完成。この年,郷士256人
	1705	宝永2	綱教死去。徳川光貞・第4代紀州藩主徳川頼職死去。徳川頼方,第5代紀州藩主となり,吉宗と改名
	1707	4	大畑才蔵,小田井の開削に着手。紀ノ川大洪水,田辺地方に大地震
	1710	7	井沢弥惣兵衛,名草郡坂井村(現,海南市)の亀池を築造

1735	享保20	新雑賀町船場へ常舞台を建て，芝居を行う。高野山領の11カ村百姓1300人強訴
1745	延享2	紀州藩，富田川を開削，3番までの舟路が通じる
1751	宝暦元	吉宗死去。田辺浜御蔵より出火
1757	7	徳川宗将，第7代紀州藩主となる
1765	明和2	宗将死去。徳川重倫，第8代紀州藩主となる。田辺で大風雨，本町・紺屋町へ潮入る
1768	5	熊野日置浦へ清国の商船漂着
1769	6	高野山領安楽川荘の農民，高野山年預坊に強訴
1786	天明6	田辺地方で打ちこわし発生
1789	寛政元	徳川治宝，第10代紀州藩主となる
1791	3	湊講堂を改修・増築し，聖堂新築落成。講釈所改め学習館とする。紀伊大島樫野沖に2隻のアメリカ船来航
1792	4	紀州藩，本町(現，和歌山市)に藩校医学館創設
1804	文化元	華岡青洲，世界初の全身麻酔手術に成功
1823	文政6	紀ノ川流域百姓一揆
1824	7	治宝隠居し，徳川斉順が第11代紀州藩主となる
1827	10	崎山利兵衛，有田郡上中野男山(現，広川町)に窯を開く
1833	天保4	西浜御殿大奥造営
1841	12	仁井田好古『紀伊続風土記』を完成する
1846	弘化3	和歌山城天守閣，落雷により炎上
1847	4	和歌山城火災，二の丸もまた落雷により焼ける
1850	嘉永3	和歌山城天守閣再建。不老橋をつくる
1852	5	浜口梧陵，耐久舎を創立
1855	安政2	友ヶ島に砲台建築。和歌山洪水
1856	3	和歌山国学所開設。文武館開設
1858	5	第13代紀州藩主徳川慶福，江戸幕府14代将軍となり，家茂と改名。浜口梧陵，広村堤防を築く
1859	6	この頃，「ころり」(コレラ)が流行。ロシア船13隻が来航
1861	万延2	イギリス船，加太沖に来航し測量を行う
1865	慶応元	第14代紀州藩主徳川茂承，第二次長州征討の総督となる。第二次薩長戦争
1866	2	津田又太郎(津田出)「御国政改革趣法概略表」を出す
1867	3	和歌山城下で「ええじゃないか」がおこる
明治時代 1868	明治元	田辺の安藤，新宮の水野両家藩屛の列となる。藩政改革により議事局設置
1869	2	和歌山藩知事，版籍奉還。津田出，執政に就任。旧高野山領を堺県に編入
1870	3	旧高野山領，堺県から五条県に編入替。洋学所開設(共立学舎)
1871	4	和歌山・田辺・新宮の3県を廃し，和歌山県を設置

年	元号	事項
1872	明治5	旧藩学校を廃止し，県学を創設。旧高野山領，五条県から和歌山県に編入（全県下7大区61小区とする）。岩崎嘉兵衛ら，『和歌山県新聞』創刊
1873	6	始成小学校設置。潮岬灯台開設
1874	7	開知中学校開設許可，8月自修舎に継承。紀ノ川に北島橋を架設
1877	10	児玉仲児ら猛山学校を設立
1879	12	大区・小区制廃止，1区8郡となる。『和歌山日日新聞』創刊。初の県会議員選挙実施。和歌山中学校開校
1880	13	岡山師範学校，和歌山師範学校に改称。児玉仲児ら「国会開設建議書」を太政大臣に提出
1883	16	紀北地方大旱害
1884	17	大阪商船，大阪・和歌山間就航。この頃，有田郡内で除虫菊の栽培が始まる
1885	18	上南部（現，みなべ町）でウメの畑地栽培が始まる
1886	19	和歌山区名草・海部2郡フランネル織同業組合設立。英国船ノルマントン号，紀伊大島付近で沈没
1887	20	和歌山紡績株式会社設立（明治22年操業開始）。有田ミカン，初めてアメリカに輸出
1888	21	県庁舎全焼。伊都郡妙寺村（現，かつらぎ町）で郡役所移転問題の騒動（伊都郡民紛擾）。日高郡三尾村（現，美浜町）工野儀兵衛，カナダへ渡航
1889	22	市町村制施行，1市3町225村1組合になる
1890	23	トルコ軍艦エルトゥール号，紀伊大島樫野沖で遭難
1892	25	『和歌山新報』発刊。この頃からオーストラリアへの真珠採取出稼ぎ移民増加
1893	26	『紀伊毎日新聞』発刊
1895	28	紀陽貯蓄銀行（現，紀陽銀行）創業
1897	30	和歌山市に初めて電灯がつく。重砲兵第3連隊が加太深山（現，和歌山市）に配置
1898	31	紀和鉄道和歌山・船戸間，橋本・五条間開通。南海鉄道難波・和歌山北口間開通
1899	32	和歌山県農工銀行設立
1900	33	紀和鉄道全線開通。毛利柴庵ら『牟婁新報』創刊（1931年廃刊）。紀州綿布精工設立
1903	36	南海鉄道全線開通。和歌山市で電話開通
1907	40	関西鉄道国有化，紀和鉄道線は和歌山線になる
1908	41	県立図書館開館
1909	42	和歌山市内電車（西汀丁・和歌浦間）営業開始
1910	43	医師大石誠之助大逆事件により検挙

時代	西暦	和暦	出来事
	1911	明治44	夏目漱石, 和歌山で「現代日本の開化」を講演
大正時代	1912	大正元	加太軽便鉄道(北島・加太間)営業開始
	1913	2	新宮軽便鉄道(新宮・勝浦間)営業開始
	1914	3	和歌山県立工業学校(現, 県立和歌山工業高校)創立。有田軽便鉄道(湯浅・金屋口間)営業開始。由良浅次郎, アリニン製造に成功
	1915	4	大阪高野鉄道(汐見橋・橋本間)営業開始
	1916	5	野上軽便鉄道(日方・野上間)・山東軽便鉄道(大橋・伊太祈曽間)営業開始。川口軌外ら南紀洋画展を開催
	1918	7	県内で米騒動がおこる
	1920	9	第1回国勢調査実施(本県人口75万411人)
	1922	11	和歌山高等商業学校(現, 和歌山大学経済学部)創立
	1923	12	郡制廃止。和歌山県水平社創立
	1924	13	紀勢西線和歌山・箕島間開通。県内初のメーデー挙行
	1926	15	阪和電気鉄道株式会社設立。高野山金堂全焼
昭和時代	1928	昭和3	県会議員ら, 国粋会員に殺傷される(三番丁事件)
	1929	4	日高郡湯川村・藤田村(ともに現, 御坊市)などで小作争議勃発(日高郡御坊争議)
	1930	5	阪和鉄道全線開通。南海高野線全線開通
	1931	6	喜多村進ら,『南紀芸術』創刊
	1932	7	紀勢西線箕島・山辺間開通
	1933	8	耕田町・三輪崎町が合併し, 新宮市市制施行
	1934	9	海草郡日方町・黒江町・内海町・大野村合併し, 海南市市制施行。室戸台風来襲(死者465人)
	1936	11	熊野地方, 吉野熊野国立公園に指定される
	1938	13	県庁舎完成。丸善石油下津製油所, 操業開始
	1942	17	田辺市市制施行。住友金属工業株式会社和歌山製鉄所開設
	1944	19	和歌山高等商業学校, 和歌山経済専門学校に改編。和歌山工業専門学校設立。東南海大地震
	1945	20	紀南地方で空襲始まる。第144師団司令部丸栖村(現, 紀の川市)に設置。和歌山市にアメリカ軍の空襲(死者1101人), 和歌山城炎上。アメリカ軍, 和歌山市に上陸
	1946	21	高野開拓団の一部, 高野山に帰国。田辺港, 引揚受入港となる。南海大地震
	1947	22	和歌山県全官公庁共同闘争委員会, ストライキ突入宣言大会開催。小野真次, 初の民選知事になる。新制中学校発足
	1948	23	県立医科大学設置。県立高校21校が開校。部落解放全国委員会和歌山県連合会発足。県教育委員会発足
	1949	24	和歌山大学設置
	1950	25	和歌浦・友ヶ島地区, 瀬戸内海国立公園に編入。ジェーン台風

年表 325

		来襲。和歌山商工会議所発足
1953	昭和28	県に移民課を設置。有田・日高地方を中心に大水害、全県下に災害救助法を発動(7・18水害)
1954	29	御坊町市制施行
1955	30	戦後最初のアメリカ移民を送り出す。橋本町市制施行
1956	31	有田町市制施行。吉野熊野特定地域総合開発計画閣議決定
1958	33	和歌山城再建。勤務評定反対・民主教育を守る国民大会和歌山市ほかで開催、デモ行進、流血の惨事となる
1959	34	和歌山放送局開局。最初のミカン列車紀文号走る。紀勢本線全線開通
1961	36	黒江湾埋立工事に着手。第2室戸台風来襲
1962	37	日本初の水中翼船、阪神・白浜間に就航
1963	38	紀三井寺に県内初の大規模住宅団地完成。県立美術館完成。高野口町名古曽(現、橋本市)で奈良三彩蔵骨器出土
1964	39	和歌山工業高等専門学校創立
1965	40	紀勢本線に特急「くろしお」号新設
1966	41	公害防止条例制定
1967	42	和歌山南港の貯木場・工業団地完成(水軒浜埋立)
1968	43	国鉄、東和歌山駅を和歌山駅と改称。南紀白浜空港完成。宇治田一也ら、「海を返せ」運動を進める
1969	44	県章を決定
1970	45	和歌山県民文化会館完成。県立近代美術館開館
1971	46	南海電鉄、和歌山市内軌道線廃止。県立美術館開館。紀伊風土記の丘開園。国体夏季大会(黒潮国体)・国体秋季大会開催
1972	47	和歌山県自然環境保全条例公布。『和歌山新聞』休刊
1974	49	テレビ和歌山開局。小野田寛郎、フィリピンルバング島から海南市に帰る。阪和高速道路開通(県内初の高速道)
1977	52	紀州漆器伝統振興会発足。和歌山県関西空港問題審議会発足。有田市でコレラ禍
1978	53	紀州漆器、国の「伝統的工芸品」に指定。紀勢本線和歌山・新宮間電化完成
1980	55	高野龍神スカイライン完成
1982	57	南方熊楠記念館開館。和歌山市鳴滝で古墳時代中期の倉庫群跡発見。県議会、関西新空港推進要望を決議
1983	58	住友金属和歌山製鉄所の第1号高炉解体
1984	59	県、中国山東省との友好提携に調印。海南湯浅道路開通。和歌山線和歌山・五条間電化完成。関西電力御坊火力発電所第1号ボイラー操業開始
1985	60	和歌山大学、和歌山市吹上・高松から栄谷への統合移転始まる
1986	61	半島振興法の適用地域指定(和歌山市をのぞく県内49市町村)

	1987	昭和62	「天神崎の自然を大切にする会」が，わが国のナショナル・トラスト第1号に認定される
	1988	63	日高町比井崎漁業協同組合，日高原発海上事前調査の受け入れを廃案に。日置川町で反原発派町長誕生。県，総合保養地域整備法(リゾート法)に基づき「紀の国・黒潮リゾート構想(のち"燦"黒潮リゾート構想)」をまとめる
平成時代	1990	平成2	中上健次ら，新宮で「熊野大学」を始める。「古道ピア」開幕
	1994	6	野上鉄道廃止。世界リゾート博覧会開催
	1996	8	南紀白浜空港ジェット化。御坊湯浅道路開通
	1997	9	国道42号線日置川道路開通。和歌山ビッグホエール完成。全国高校分校サミット開催。和歌山市「中核都市」移行
	1998	10	県長期総合計画「和歌山21世紀計画」決定。京奈和自動車道紀北東道都市計画決定。「熊野古道」とスペイン「サンティアゴ・デ・コンポステーラの巡礼路」との姉妹提携締結。県民交流プラザ「和歌山ビッグ愛」完成
	1999	11	南紀熊野体験博開催
	2000	12	御坊市財部堅田遺跡の発掘調査が行われる
	2004	16	第28回世界遺産委員会が「紀伊山地の霊場と参詣道」を世界遺産(文化遺産)にすることを決定
	2007	19	近畿自動車道田辺ICよで開通。京奈和自動車道高野口IC・橋本IC間開通

【索引】

―ア―

秋津王子跡(豊秋津神社)……219
安久川の千躰仏……239
安居用水……242
浅野幸長……4, 10, 14, 16, 174, 176, 181, 210, 213, 235, 249, 279
阿須賀遺跡……280
阿須賀神社……280, 281
安宅本城跡……241
且来八幡神社……45, 51
阿弥陀堂(弥市郎の墓)……64, 65
アメリカ村……182-184
鮎川王子跡……225
あらぎ島……166, 167
荒田神社……142
有田市みかん資料館……152
有田市郷土資料館……152
蟻通神社(伊都郡かつらぎ町)……77
蟻通神社(田辺市)……212
淡嶋神社……34
安養寺(有田市)……154
安養寺(日高郡みなべ町)……198
安楽寺(有田郡有田川町)……165
安楽寺(日高郡日高川町)……190

―イ―

医王寺……61
伊久比売神社……30
井沢弥惣兵衛為永……48, 60
和泉式部供養塔……247
伊勢部柿本神社……38
磯間岩陰遺跡……217
伊太祁曽神社……23, 24
伊達神社……13, 29
市江地蔵院(市江地蔵尊)……240, 241
一ノ瀬王子跡……225
市野々王子社(王子神社)……267, 269
市堀川……12, 13
市脇遺跡……105, 106

糸我王子跡……157
稲葉根王子跡……224
印南港……192, 193
稲むらの火の館……173
猪ノ鼻王子社跡……232, 233
妹山……121
色川神社……272
岩内古墳群……184
岩代王子跡……197
岩代の結松……196
岩橋千塚古墳群……22, 29
岩室城跡……156

―ウ・エ―

上野廃寺跡……25
上野山城跡……210
宇賀部(おこべ)神社……45
雨錫寺……166-168
宇田森遺跡……26
永正寺……38
江須崎……244, 245
衣奈八幡神社……175
煙樹ケ浜……182
役小角(役行者)……29, 33, 35, 112, 191, 231, 251
円満寺(有田市)……155, 156
円満寺(海南市)……49

―オ―

生石高原……60-62, 166
相賀大神社……79, 105, 106, 108
相賀八幡神社……107
扇ヶ浜……212
応其寺……103, 104
王子神社(紀の川市)……128
王子神社(新宮市)……281, 282
大潟神社……218
大国主神社……142, 143
大坂本王子跡……228
太田・黒田遺跡……19

太田城	4, 13, 19, 21
大谷古墳	27, 28
大年(歳)神社(紀の川市)	148
大年神社(和歌山市)	32
大野城跡	46
大宮神社	139, 140
大目津泊り遺跡	197
大斎原	247, 248, 250, 251
岡田遺跡	133, 134
岡村遺跡	44, 45
岡山時鐘堂	6, 7
小川八幡神社	61
小栗車塚	253
小田井堰	79, 117, 118
小田神社	118
織田信長	10, 18, 31, 39, 79, 91, 107, 115, 137
小原桃洞の墓	9
小峰寺	112
温山荘園	43
温泉寺	191

カ

海蔵寺	211, 212
海南港	37, 53
海南市海南歴史民俗資料館	44, 48, 49
海南市下津歴史民俗資料館	59
覚鑁	77, 87, 89, 90, 94, 137, 138, 140
嘉家作丁	11, 12
神島	215, 218
春日神社(田辺市下川下)	226
片男波	14, 15, 17
加太春日神社	32, 33
伽陀寺跡	33
堅田遺跡	180, 185
勝浦港	264, 265, 285
釜滝の甌穴	65, 66
釜山古墳	32
上阿田木神社	189, 190
神倉神社	274
神倉山経塚	274
上富田町郷土資料館	222
上ミ山古墳	244
亀池	48
亀川遺跡	44, 49
亀山城跡	179, 180
加茂神社	56, 57
苅萱堂(伊都郡高野町)	93
苅萱堂(橋本市)	80
川関遺跡	266
川辺王子跡	26
歓喜寺	161
願成寺(海南市)	47, 48
神田城跡(西牟婁郡すさみ町)	244

キ

紀伊大島	255, 258, 259, 283
紀伊国府跡(府守神社・聖天宮)	27
紀伊国分寺跡	132, 133
紀伊風土記の丘	22, 43
岸宮八幡神社	145, 146
紀州漆器伝統産業会館	42
紀州東照宮	15, 56
紀州備長炭発見館	219, 220
北田井遺跡	27
北山廃寺跡	146
吉祥寺	163, 164
橘本王子跡	53
紀伊国屋文左衛門	59, 155, 171
紀三井寺	4, 14, 16, 17, 38, 39, 41, 42, 170
紀見峠	78, 107-110
木本八幡宮	31, 32
旧伊勢街道(大和街道)	11, 104-106, 108, 113-115, 122, 128, 139, 140
旧中筋家住宅	24, 123
旧名手宿本陣	122
旧名手本陣妹背家住宅	122, 123
旧柳川家住宅	22, 43
旧谷山家住宅	22
京街道学文路口	78, 80
切目王子神社(切目王子跡)	194
切目崎塚穴	196

― ク ―

空海(弘法大師) …… 61, 71, 72, 74, 75, 81-91, 94, 96, 97, 106, 110, 118, 154, 168, 191, 210
串本応挙芦雪館 …… 257
串本海中公園 …… 255
楠見遺跡 …… 28
国吉熊野神社 …… 63, 64
熊野街道 …… 37-39, 42, 51, 155-157, 180, 206, 222, 229, 281
熊野九十九王子 …… 39, 52, 157, 172, 185, 193, 194, 206, 219, 229, 234, 281
熊野古道 …… 24, 26, 39, 48-51, 53, 168, 170, 178, 179, 184, 193, 195, 206, 221-223, 228, 229, 239, 240, 249, 250, 257, 267, 273, 282
熊野那智大社 …… 265, 268, 270
熊野速玉大社(新宮大社) …… 275-282
熊野本宮大社(熊野十二所権現社) …… 228, 234, 248, 249, 250, 251
久米崎王子跡 …… 172
黒江ぬりもの館 …… 43

― コ ―

興国寺 …… 158, 170, 176, 177, 265
興山寺 …… 147, 148
高山寺 …… 210, 211
高山寺貝塚 …… 211
興禅寺 …… 224
高野街道(京街道) …… 62, 78, 80, 81, 104, 130
高野山 …… 65, 73-75, 78, 83-87, 89, 91-97, 103, 107, 108, 110, 114-116, 119, 130, 137, 146, 147, 165, 168, 176
高野山奥の院 …… 54, 73, 81, 88, 94-97
高野山奥院経蔵 …… 96, 97
高野山苅萱堂 …… 93, 94
高野山御廟 …… 96, 97
高野山金剛三昧院 …… 89, 92, 176
高野山金剛峯寺 …… 82, 83, 86, 87, 89, 91, 92, 137, 146
高野山大学 …… 92

高野山大門 …… 86, 90
高野山壇上伽藍 …… 83, 84, 87, 89, 90
高野山女人堂 …… 80, 81, 87, 110
高野山霊宝館 …… 84, 89, 90, 91, 97
広利寺 …… 156
粉河寺 …… 4, 125-129, 137, 177
極楽寺(海南市下津町) …… 57
極楽寺(日高郡日高川町) …… 187, 188
五体王子 …… 39, 194, 224, 227, 229, 234
神野々廃寺塔跡 …… 109
御坊市歴史民俗資料館 …… 180, 185
権現平古墳群 …… 238
金剛寺(釜滝薬師) …… 66

― サ ―

雑賀崎 …… 17
雑賀衆 …… 4, 10, 137, 260
西光寺 …… 228-230
西方寺 …… 208
坂田山祭祀遺跡 …… 236
鷺森別院(御坊) …… 10, 181
刺田比古神社(岡の宮) …… 7
真田庵(真田屋敷跡・善名称院) …… 70, 71
真田堀川(北新町川) …… 12, 13
佐野王子跡 …… 273
佐野廃寺跡 …… 119
三郷八幡神社 …… 55

― シ ―

潮岬 …… 255, 256, 258
塩野薬師堂 …… 241
塩屋王子神社 …… 185
地蔵寺(田辺市) …… 209
地蔵寺五輪塔(橋本市) …… 115
地蔵峰寺(藤代塔下王子跡) …… 49, 53
慈尊院 …… 71-74, 89, 108, 118
信太神社 …… 118, 119
小竹八幡神社 …… 181
志磨神社 …… 13
下阿田木神社 …… 188, 189
下尾井遺跡 …… 254
下里古墳 …… 261

車駕之古址古墳	32
十三神社	62, 63
十丈王子跡	228
順心寺	264
浄恩寺	208
正覚寺	141
浄教寺	158
浄国寺(黒江の御坊さん)	42
成就寺	259
浄妙寺	153, 154
醤油資料館・職人蔵	171
勝楽寺	170, 171, 174
少林寺	254
徐福公園	280
白浜温泉	235
白岩丹生神社	162
城山神社	164, 165
新宮共同墓地(南谷共同墓地)	282
深専寺	171
真如寺	282
真別所円通寺	94
神社仏閣	17

―ス―

須賀神社	198, 200-202
須佐神社	154
周参見王子神社	243, 244
すさみ町歴史民俗資料館	244
鈴木屋敷庭園	40
隅田党(隅田一族)	99, 100-102, 111
隅田八幡神社	98-101, 105
住吉神社(田辺市鮎川)	225

―セ―

青岸渡寺	268, 270
清凉寺	118
背ノ山	121
施無畏寺	172
銭坂城跡	108
善徳寺	206
泉養寺	208
専念寺	39, 53
善福院	56
泉福寺	65
千里王子跡	197
千里の浜	197
全龍寺	278
禅林寺(お薬師さん)	46, 47

―ソ―

宗応寺(崗輪寺)	278, 279
寒川神社	189, 190
宗祇屋敷跡	159, 160
総持寺	30, 34, 54, 158
草堂寺	239, 240
惣福寺	64
備宿遺跡	251
園部円山古墳	29

―タ―

高家王子社跡(内原王子神社)	178
耐久舎	173
大泰寺	262
太地町立くじらの博物館	263, 264
大門王子跡	228
大門坂	267
大立寺	18, 19
高尾山古墳群	145
高田土居城跡	200
高原熊野神社	228
滝尻王子跡	227, 228
滝見寺	270
橘谷遺跡	27
立神社(立神社)	54
田辺城跡	213
田辺市立大塔歴史民俗資料館	227
田辺市立歴史民俗資料館	214, 217, 219, 220
多富家王子跡	267
玉川峡	77, 78
玉津島神社	4, 14, 75, 76
田屋遺跡	27
丹鶴城(新宮城・沖見城)跡	279, 280
誕生院	179

| 湛増 | 211, 212, 216 |

―チ―

近露王子跡	230, 231
竹園社(明秀院光雲寺)	54
千種神社	45
地ノ島遺跡	152
町石道	72-74
長保寺(海南市)	38, 57-59
長樂寺	158

―ツ・テ―

津井(叶)王子跡	193
月見岡神社(大日堂の石仏)	250
継桜王子跡(若一王子神社)	231
出立王子跡	208
手取城跡	187
寺町	8, 9
天神崎	209, 217
天神社(東牟婁郡那智勝浦町)	265
天誅組志士幽閉の倉	191

―ト―

闘雞神社	211, 216, 217
東光寺(海南市)	59
東光寺(田辺市本宮町)	252, 253
東光寺(日高郡印南町)	193
道成寺	186, 187
東仙寺	279, 281, 282
堂ノ谷瓦窯跡	214, 219
徳川家康	4, 15, 81, 89, 95
徳川治宝	12, 14, 18, 123, 126, 179
徳川秀忠	5, 10, 81, 82, 89, 95
徳川宗直	118, 233, 234
徳川吉宗	6, 7, 9, 12, 13, 48, 58, 60, 154
徳川頼宣	5-7, 9, 11, 12, 14, 15, 30, 51, 53, 58, 140, 153, 154, 167, 172, 174, 175, 182, 191, 213, 235, 249
得生寺	157
徳蔵地区遺跡	200
所坂王子跡	53
友ヶ島	32, 34-36
鞆淵八幡神社	130, 131, 147

| 鳥屋城跡 | 160 |
| 瀞八丁 | 253 |

―ナ―

中川王子跡	231
中野城跡	31
中原阿弥陀堂	164
長藪城跡	110, 111
中山王子跡(中山王子神社)	195, 196
泣沢女の古墳	160
名杭観音堂	195
名倉城跡	116
名古曽廃寺跡	113, 114
那智山経塚	268, 271
那智滝(那智大滝)	267, 268
七越峰	251
奈良三彩壺出土地	113, 114
鳴神貝塚	20-22
鳴滝遺跡	28, 29

―ニ―

丹生狩場神社	64
丹生官省符神社	71-73
丹生酒殿神社	76
丹生神社(田辺市)	190, 191
丹生神社(橋本市河根)	80
丹生都比売神社	64, 74-76, 106, 131, 147
西岩代八幡神社	196, 197
西国分塔跡	133
西国分Ⅱ遺跡	133
西田井遺跡	27
西田中神社	134
日神社	239, 240
日前宮	19-21, 23, 76
日本基督教団紀南教会	262

―ネ・ノ―

根来寺	4, 41, 90, 116, 135-139
念興寺	177
能満寺	209
野上八幡宮	60

―ハ―

| 椒古墳 | 152 |

332　索引

橋杭岩	258, 260
羽柴(豊臣)秀長	4, 30, 136, 210
羽柴(豊臣)秀吉	4, 13, 16, 21, 30, 31, 41, 56, 82, 125, 136-138, 140, 142, 154, 160, 164, 171, 172, 174-176, 180, 181, 192, 194, 198, 206, 210, 260, 270, 271
橋本市郷土資料館	99, 107, 111
長谷丹生神社	64
畠山秋高(昭高)	102, 111, 116
畠山政長	112, 200, 202
畠山義就	112, 254
八幡塚古墳	134
八幡山城跡	241
華岡青洲	85, 123, 124
浜口梧陵墓	173
浜ノ宮王子社(熊野三所大神社)	265
芳養王子跡(大神社)	206, 207
芳養八幡神社	207
祓戸王子跡	40, 51
祇殿王子社跡	247, 248, 251
蓮椅跡	12

― ヒ ―

東岩代八幡神社	197
東大谷経塚遺跡	165
東田中神社	134
光川王子社	194
引の池	114, 115
火雨塚古墳	237
比曽原王子跡	231
日の岬	182-184
平池遺跡	144
平池古墳群	143, 144
飛滝神社	267, 268
広八幡神社	174
広村堤防	172, 173

― フ ―

福巌寺	227
福勝寺	50
伏拝王子社跡	247, 248
藤白神社(藤白王子跡)	39, 40, 51, 53
普大寺	223
二川ダム	164, 165
補陀洛山寺	265, 266
船岡山	121
船玉神社	232, 233
船戸箱山古墳	140
船戸山古墳群	140
ぶらくり丁	8

― ヘ・ホ ―

平須賀城跡	202
遍照寺	139
報恩講寺	34
法音寺	163
鳳生寺	179
法蔵寺	174
法伝寺	198
法然寺	49
法福寺	165, 166
蓬莱山	280, 281
宝来山神社	120
法輪寺	212, 213
垂井遺跡(岬町梅川遺跡市都波)	154
菩提房王子跡	51
発心門王子社跡	233, 234
法燈国師(心地覚心)	93, 156, 158, 159, 170, 176, 177, 265, 275
本願寺日高別院	181
本広寺	278

― マ ―

真国丹生神社	66
増田家住宅	123, 141, 142
松坂王子跡	51
松代王子跡	51
真土山	98
丸山古墳	144
満福寺	62
万福寺	220
萬福寺	244

― ミ ―

御崎神社	182

陵山古墳 ……………………………… 103
水呑王子跡 …………………………… 234
三栖廃寺塔跡 …………………… 214, 220
南方熊楠 …………… 40, 211, 212, 215-218, 223
南方熊楠記念館 ……………………… 236
南方熊楠顕彰館・旧邸 …………… 214, 215
三鍋王子跡 ……………………… 198, 199
みなべ町立紀州備長炭振興館 ……… 202
南部梅林 ……………………………… 201
箕島神社 ……………………………… 152
三船神社 ………………………… 131, 146, 147
明秀 ……………………… 30, 54, 158, 174
妙心寺 ………………………………… 275
妙法山阿弥陀寺 ……………………… 271
妙楽寺 …………………………… 106, 111
三輪崎八幡神社 ……………………… 273

——ム・モ——
向山古墳 ……………………………… 179
武蔵坊弁慶 …………………………… 211
無量寺 ………………………………… 257
無量寿寺 ……………………………… 278
室山古墳群 …………………………… 44
最上廃寺跡 …………………………… 148
木食応其 …… 79, 82, 97, 100, 103, 104, 114, 115, 147
文覚井 ………………………………… 120

——ヤ——
八上王子跡(八上神社) ……………… 223
薬王寺 ………………………………… 163
八坂神社(紀の川市) ………………… 146
山口廃寺跡 …………………………… 25
山崎神社 ……………………………… 142
山崎山古墳群 ………………………… 44
山路王子神社(一壺王子跡) ……… 52, 53
山名義理 ……………………………… 46

——ユ・ヨ——
湯浅城跡 ……………………………… 169
湯浅党 …………………………… 169, 172
湯浅宗重 ………………………… 162, 169
湯浅宗親 ……………………………… 169

尤廷玉の墓 …………………………… 243
湯川王子跡 …………………………… 232
湯河直光 ………………………… 180, 181
湯崎温泉 …………………… 39, 196, 199, 235
湯ノ峰王子権現社 …………………… 252
湯ノ峰温泉 ……………………… 252, 253
養翠園 ………………………………… 18
吉原遺跡(明恵紀州遺跡率都婆) …… 161

——リ・レ——
力侍神社 ……………………………… 26
利生護国寺(大寺さん) …………… 100, 111
竜松山城跡 …………………………… 225
龍神温泉 ………………………… 190, 191
龍泉寺 …………………………… 208, 209
龍蔵寺 ………………………………… 191
滝法寺 ………………………………… 192
竜門山(紀州富士) ……………… 129, 130
了賢寺(冷水御坊) ……………… 41, 42
蓮乗寺 ………………………………… 30

——ワ——
和歌浦天満宮 …………………… 15, 16
若宮八幡神社(和歌山市) …………… 11
和歌山県立紀伊風土記の丘資料館 … 22, 29
和歌山県立博物館 …………………… 119
和歌山城 ……………………… 4-8, 11, 12, 32
和歌山市立博物館 …………………… 28
和田森城跡 ……………………… 273, 274

【執筆者】(五十音順)

編集委員長
濱岸宏一 はまぎしひろかず(元県立田辺高校)

編集・執筆者
岩倉哲夫 いわくらてつお(県立橋本高校)
小山譽城 こやまよしき(県立陵雲高校)
阪本敏行 さかもととしゆき(元県立南部高校)
橋本厚洋 はしもとあつひろ(元県立日高高校)
長谷正紀 はせまさのり(元近畿大学附属和歌山高校)

執筆者
市ノ瀨伊久男 いちのせいくお(元県立耐久高校)
岡本俊史 おかもとしゅんじ(元県立和歌山第二工業高校)
阪口壽宏 さかぐちとしひろ(県立陵雲高校)
中西仁士 なかにしひとし(県立南紀高校周参見分校)
西田浩之 にしだひろゆき(県立粉河高校)
古田昌稔 ふるたまさとし(元県立日高高校)
前 康博 まえやすひろ(県立有田中央高校清水分校)
松山俊彦 まつやまとしひこ(近畿大学附属和歌山高校)
弓倉弘年 ゆみくらひろとし(県立向陽高校)

【写真所蔵・提供者】(五十音順 敬称略)

有田川町教育委員会
有田川町清水行政局
有田川町清水高齢者生産活動センター
有田市商工観光課
上田修司
海南市教育委員会
海南市商工振興課
株式会社ジオグラフィックフォト
川端章史
歓喜寺
願成寺
紀州漆器協同組合
紀州製竿組合
紀州備長炭発見館

紀の川市教育委員会
紀美野町産業課
串本町商工観光課
熊野本宮大社
高野山霊宝館
金剛峯寺
財団法人徳川記念財団
財団法人南方熊楠顕彰館
三郷八幡神社
浄教寺
新宮市
善福院
泉養寺
大門宏誠
田辺市教育委員会
東寺

NPO法人情報発信センター・たなべ
橋本市教育委員会
橋本市郷土資料館
橋本市商工観光課
日高川町商工観光課
広川町教育委員会
藤田三男編集事務所
法音寺
和歌山県教育委員会文化遺産課
和歌山県広報室
和歌山県立博物館
和歌山県立南部高等学校
和歌山市観光課
和歌山市広報広聴課

本書に掲載した地図の作成にあたっては，国土地理院長の承認を得て，同院発行の2万5千分の1地形図，5万分の1地形図及び20万分の1地勢図を使用したものである(承認番号平20業使，第55-M042598号 平20業使，第56-M042598号 平20業使，第57-M042598号)。

歴史散歩㉚
和歌山県の歴史散歩

2009年5月25日　1版1刷発行　　2013年12月30日　1版2刷発行

編者———	和歌山県高等学校社会科研究協会
発行者———	野澤伸平
発行所———	株式会社山川出版社

〒101-0047　東京都千代田区内神田1-13-13
電話　03(3293)8131(営業)　　03(3293)8135(編集)
http://www.yamakawa.co.jp/　振替　00120-9-43993

印刷所———	協和オフセット印刷株式会社
製本所———	株式会社ブロケード
装幀———	菊地信義
装画———	岸並千珠子
地図———	株式会社昭文社

Ⓒ 2009 Printed in Japan　　　　　　　　　　ISBN 978-4-634-24630-0

・造本には十分注意しておりますが，万一，落丁・乱丁などがございましたら，小社営業部宛にお送りください。送料小社負担にてお取り替えいたします。
・定価は表紙に表示してあります。

高野山山内図・壇上伽藍図（本文 P.81〜97 参照）

和歌山県全図

凡例
- 都道府県界
- 市郡界
- 町村界
- JR線
- 私鉄線
- 高速道路
- 有料道路
- 国道
- 県庁

1:600,000
0　6　12km

主な地名

大阪府
- 泉南市
- 熊取町
- 岸和田市
- 和泉市
- 河内長野市
- 日吉川市
- 貝塚市
- 泉佐野市
- 橋本市
- 阪南市
- 泉南郡岬町
- 岩出市
- かつらぎ町
- 伊都郡
- 高野町
- 紀の川市
- 和歌山市
- 海草郡紀美野町
- 海南市
- 有田市
- 有田川町
- 湯浅町
- 有田郡
- 由良町
- 広川町
- 日高郡
- 日高町
- 日高川町
- 美浜町
- 御坊市
- 印南町
- みなべ町
- 田辺市
- 上富田町
- 白浜町
- 西牟婁郡
- すさみ町

兵庫県
- 洲本市
- 淡路島
- 南あわじ市
- 沼島

その他
- 神戸淡路鳴門自動車道
- 友ヶ島水道
- 地ノ島
- 沖ノ島
- 南海本線
- 阪和自動車道
- JR和歌山線
- 紀ノ川
- 和歌山下津港
- JR紀勢本線
- 有田川
- 日高川
- 紀伊水道
- 日ノ御埼
- 南紀白浜空港